一流本科专业一流本科课程建设系列教材

热 工 基 础

主 编 曹 茹

参 编 王巍巍 苏 梅 马文林

张 昆 严 军 张永恒

机 械 工 业 出 版 社

本书共 12 章，包括工程热力学及传热学的基础知识及其在工程中的应用。书中以热能与机械能转换、热量传递遵循的基本理论为主线，以热工设备为应用背景，讲解了内燃机循环、制冷循环以及压气机、换热器计算等有代表性内容。本书注重理论与实际相结合，反映热工理论在新能源开发与利用中的应用，积极探索应用计算机解决热工领域复杂工程问题的途径，为读者学习后续课程和解决相关工程技术问题打下一定的基础。

本书可以作为机械类、交通运输类、化工与制药类、土木工程类、能源动力类专业的本科生和专科生教材，也可以作为有关工程技术人员的参考书。

本书配有电子课件，向授课教师免费提供，需要者可以登录机工教育服务网（www.cmpedu.com）下载。

图书在版编目（CIP）数据

热工基础/曹茹主编 . —北京：机械工业出版社，2024.1（2025.8 重印）
一流本科专业一流本科课程建设系列教材
ISBN 978-7-111-74594-5

Ⅰ.①热⋯ Ⅱ.①曹⋯ Ⅲ.①热工学−高等学校−教材 Ⅳ.①TK122

中国国家版本馆 CIP 数据核字（2024）第 025311 号

机械工业出版社（北京市百万庄大街 22 号 邮政编码 100037）
策划编辑：尹法欣 责任编辑：尹法欣 高凤春
责任校对：张婉茹 王 延 封面设计：张 静
责任印制：李 昂
涿州市殷润文化传播有限公司印刷
2025 年 8 月第 1 版第 3 次印刷
184mm×260mm·17.25 印张·423 千字
标准书号：ISBN 978-7-111-74594-5
定价：53.80 元

电话服务 网络服务
客服电话：010-88361066 机 工 官 网：www.cmpbook.com
010-88379833 机 工 官 博：weibo.com/cmp1952
010-68326294 金 书 网：www.golden-book.com
封底无防伪标均为盗版 机工教育服务网：www.cmpedu.com

前　言

　　热工基础的主要研究内容是如何最大限度地提高热能利用率。节能减排，提高能源利用率，是每个科学技术工作者的责任和使命。热工基础理论是现代工程技术人员必备的技术基础知识，也是工科类专业人才工程素质的重要组成部分。

　　本书基于"以学生为中心，以学生学习成果为导向"的教育理念，以探索能量转换之奥秘、揭示热量传递之规律、夯实热工应用之基础、锤炼热机运用之能力为目标。在内容取舍和结构安排上，既注重深入浅出，讲清基本概念和基本方法，又注重联系实际，使学生深入理解基本规律的普遍适用性。每章不仅配有例题，而且选编了较多的习题和思考题，力求通过热工基础课程的学习使学生较深入地学懂、弄通和会用热工基础的基本概念、基本方法和基本定律，具备应用热工基础知识分析解决复杂工程实际问题的初步能力，为后续课程的学习打下坚实的基础。

　　本书编者长期从事热工基础课程教学及相关科研工作，面对社会经济快速发展及社会可持续发展对热工基础课程提出的新任务和新要求，在本书编写过程中以 OBE 新视角精选教学内容，以强化内在联系为纽带呈现教学内容，以贴切的工程实际例题使教学内容更加生动。为体现热工基础在新能源开发中的应用，增加了"综合能源系统分析""太阳能热利用中的传热分析"等内容；为提高学生利用现代工具解决复杂热工问题的能力，增加了利用 MATLAB 求解复杂热工问题的内容。

　　本书由兰州交通大学的张永恒（绪论）、马文林（第 1 章、第 2.1~2.3 节、第 7 章）、王巍巍（第 2.4~2.8 节、第 4 章）、曹茹（第 3 章、第 5 章）、苏梅（第 8 章、第 9 章、第 10 章）、张昆（第 11 章、第 12 章）和西北师范大学的严军（第 6 章）编写。张永恒负责 MATLAB 程序编写（附录 B、C、D）及调试，曹茹担任主编并统稿。在编写过程中得到了兰州交通大学能动系同事的帮助与支持，在此表示衷心的感谢。在本书的编写和课件制作过程中，参考了互联网上一些作者的视频、动画、图片等素材，在此一并表示感谢。

　　由于编者水平有限，书中难免有错误及不妥之处，敬请读者批评指正。

编　者

目 录

绪　论

0.1　能量与能源

在能源与动力工程领域，能量有多种含义，其一是表示能或能源的属性，如热能、机械能、化学能等；其二是表示一定量的物质或系统在能量转换或传递过程中所具有的做功能力，这里的功与力学中的机械功是同一含义，即功等于力与沿力作用方向使物体移动距离的乘积。如在理想情况下，电能可以全部转化为热能和机械能，机械能也可全部转化为电能或者热能，因此，在各种能源形式中，电能和机械能具有最高的做功能力；另外，能量作为一个物理参数，表示能的数量，是一个标量，具体到某一种能量，如热能或机械能在转换或传递中的量值则分别称为热量或功量等，在国际单位制中，能量的单位为 J（焦耳）或 kJ（千焦）；若是单位时间转换或交换的能量，则称为能流速率，用单位 W（瓦）或 kW（千瓦）等表示。在核能领域，一个原子经裂变或聚变释放的能量，用 eV（电子伏）表示，$1eV \approx 1.602 \times 10^{-19} J$。

能源是指较集中而又较容易转化的含能物质或含能资源。能源不仅是维持生命体新陈代谢、器官活力和肌体活动的物质，也是社会运行和发展的物质基础。能源种类繁多，根据不同的划分方式，能源可分为不同的类型。

1）按能源的来源，能源分为直接或间接来自太阳的辐射能、地球内部固有的能量、地球与其他天体相互作用的能量，分别称为第一类能源、第二类能源和第三类能源，见表 0-1。

2）按人们开发和使用的程度，能源分为常规能源和新能源。常规能源是指利用技术成熟，使用比较普遍的能源，包括煤、石油、天然气、水力能等。新能源是指新近利用或正在着手开发的能源，包括太阳能、风能、地热能、潮汐能、生物质能、核能等。

表 0-1　按能源来源的分类

来源	能源类型	子类
直接或间接来自太阳辐射	太阳能、风能、水力能、生物质能、波浪能、海流能、海水温差能、煤、石油、天然气、油页岩、可燃冰	第一类
来自地球内部的能量	地热、核燃料（铀、钍、钚）	第二类
地球与其他天体的相互作用	潮汐能	第三类

3）按是否经过转换和加工，能源分为一次能源和二次能源。在自然界中以天然形态存在的能源称为一次能源，如石油、煤、天然气（这三者也称为化石能源）、水力能、核燃料、太阳能、风能等。由一次能源经转换或加工得到的能源称为二次能源，如焦炭、煤气、电能、氢能等。电能是目前最重要、最便于传输和使用的能源。

4）按可再生性，能源分为可再生能源和不可再生能源。在自然界中可以不断再生，不会耗尽的能源称为可再生能源，包括太阳能、风能、生物质能、水力能等。经过亿万年形成，短期内无法恢复的能源称为不可再生能源，包括化石能源和核能。

5）按对环境的影响程度，能源分为清洁能源和非清洁能源。在消费或使用过程中对环境无污染或污染较小的能源称为清洁能源，包括太阳能、风能、水力能、氢能等。对环境污染较大的能源称为非清洁能源，如煤炭和石油等。

6）按资源的形态，能源分为含能体能源和过程性能源。含能体能源是指易于储存和运输的能源，包括化石能源、核燃料、氢能等。能量存于运动过程中，无法直接储存的能源称为过程性能源，包括太阳能、风能、潮汐能等。

7）按能量的属性，能量分为热能、电能、电磁能、化学能、核能和机械能（包括动能和势能），它们之间的转换关系及方式（途径）见表 0-2。

表 0-2 能量转换关系与方式

转换能量	来源能量					
	电磁能	化学能	核能	热能	动能（机械能）	电能
电磁能	—	化学发光（萤火虫）	核反应	热辐射	粒子加速器	电磁辐射
化学能	光合作用	化学反应	—	增加生成焓的反应	辐射解离	电解
核能	核反应	—	—	—	—	—
热能	集热器、热辐射	燃烧	核反应	换热器	摩擦	电阻加热、帕尔贴效应[1]
动能（机械能）	辐射计	新陈代谢	核反应	热膨胀、热机	机械传动装置	电动机
电能	光伏电池	化学电池	核能电池	热力发电、塞贝克效应[2]	发电机	变压器等

[1] Peltier effect，现译为佩尔捷效应。
[2] Seebeck effect，也译为泽贝克效应。

0.2　热能及其利用

从表 0-2 可知，热能可与大多数能量形式进行转换，而其他形式的能量均可通过不同的途径和物理效应转化为热能。在种类繁多的能源中，无论从种类数目上，还是从提供的能量数量上，绝大多数都是先经过热能形式而被利用。例如，石油、煤炭、天然气等燃料的化学能常通过燃烧转换为热能；太阳能常通过集热器将其辐射能转换为热能；核能通过裂变反应或聚变反应释放出热能；海洋温差发电利用的也是热能；地热能本身提供的就是热能。目前，通过热能形式被利用的能源在我国占总能量利用的 90% 以上，世界其他各国也平均超过 85%。因此，热能在能量利用中有着极其重要的意义。

热能利用的方式可分为直接利用与间接利用。直接利用就是不对其能量形式加以转换而直接利用，如通过换热器实现的不同介质间的热量交换，进行干燥物料、供暖、供冷、金属热处理、化学工程中的分离、精馏以及机械、电子等设备的冷却等，这些属于热能工程的范畴，另外通过热电效应（塞贝克效应）可将热能直接转换为电能；间接利用就是将热能转换为其他能量形式之后再进行利用，特别是将热能转换为机械能或进一步转换为电能的方式属于动力工程的范畴，并且是人们获得动力的主要方式。热能的载体通常是气体或液体，除地热、熔岩等外，多数情况下热能是由其他形式的能量转化而来，如燃料中的化学能经燃烧转化为工质的热能，载热工质属于二次能源。

0.3　热工基础的研究内容与研究方法

0.3.1　热工基础的研究内容

热工基础是研究热能利用的基本原理和规律，以提高热能利用率为主要目的的综合性、应用性科学，包括工程热力学和传热学两部分内容。为了更好地间接利用热能，必须研究热能与其他能量形式间相互转换的规律，工程热力学就是研究热能与其他形式能量，特别是热能与机械能间相互转换规律及方法的一门应用科学。传热学是研究在温差驱动下，热量传递规律的科学。

工程热力学主要以热力学第一定律和热力学第二定律为基础，阐述工质的热力性质、基本热力过程和热力循环中的热功转换规律，提出提高装置热能利用效率的途径和措施。具体来说，包括以下三个方面：

1）能量转换的基本原理。其主要内容是热力学第一定律与第二定律。热力学第一定律描述了能量传递与转换时的数量守恒关系，指出了热能的同一性；热力学第二定律描述了能量传递与转换时的方向性和限度，指出了热能的特殊性。

2）工质的热力性质。其主要内容是理想气体、水蒸气、湿空气等常用工质的基本热力性质。工质热力性质的研究是工程热力学的主要研究内容之一，是具体分析计算能量传递与转换过程的前提。研究工质的热力性质主要是研究工质与能量传递及转换有关的各种属性及关系。

3）各种热工设备的热力过程。其主要内容是理想气体的热力过程、喷管及扩压管内的流动过程、动力循环及制冷循环等热力过程的分析计算。对这些典型热工设备热力过程的分析计算可看作是应用工程热力学基本定律并结合工质特性和过程特性，分析计算具体能量传递与转换过程的实例。

传热学以工程热力学和流体力学为基础，研究在温差驱动下，以三种基本传热方式（热传导、热对流、热辐射）为基础的热量传递规律，提出增强或削弱传热的途径和措施。

工程热力学和传热学都是研究与热现象有关的科学，但两者既有联系又有区别。工程热力学关注的是热力系统中工质自身经历一个过程或一个循环状态的变化以及与外界交换的热量和功量，以换热器为例，工程热力学关注的是冷热流体工质在进出口处的热力学状态，并以两端的状态计算传递的热量，而不关注冷热流体以怎样的传热方式进行热量交换，也不涉及换热器具体的结构参数、冷热流体的流动状态，而这正是传热学要解决的问题。对于任何一个物理问题或化学问题，其数学模型的建立都要遵循能量守恒定律，具体到热力学或传热学问题则须遵循热力学第一定律，而对热力系统性能的评价则要依据热力学第二定律。因此，热力学第一定律和热力学第二定律既是进行热工设备设计的出发点也是落脚点，而要完成热工设备的工艺设计、结构设计则需依据传热学的知识。

0.3.2　热工基础的研究方法

　　工程热力学是热力学的一个分支。热力学有两种不同的研究方法：宏观研究方法和微观研究方法。宏观研究方法不考虑物质的微观结构和微观运动规律，把物质看作是连续的整体，用宏观物理量描述其状态，以根据大量的观察和实验所总结出的基本定律为依据，进行逻辑演绎和推理，得出描述物质性质的宏观物理量之间的关系式以及能量传递与转换的结论。宏观研究方法的特点是简单、可靠，而且普遍适用。但这种方法对于一些物理现象和物质属性的本质，说明解释能力较弱。微观研究方法是从物质的微观结构出发，把物质看作是由大量分子、原子等微观粒子组成，以微观粒子运动遵守量子力学原理为依据，在对物质的微观结构及粒子运动规律做某些假设的基础上，应用统计方法得出微观量的统计平均值，由微观量的统计平均值分析研究热现象的基本规律和物质的宏观物理属性。微观研究方法的特点是可以更深刻地解释一些物理现象和物质属性的本质，但由于所假设的简化模型与实际往往相差较远，其可靠性与适用性较差。工程热力学是关于热现象的宏观理论，研究方法以宏观研究方法为主。仅对一些物理现象、物质的性质，引用微观的气体分子运动论和统计热力学的某些观点进行说明和解释，帮助理解宏观现象和物质性质的物理本质。作为应用科学之一的工程热力学普遍采用抽象、概括、简化和理想化的方法，通过抓住主要矛盾，突出本质，略去细节，抽出共性，建立复杂实际现象和问题的物理模型。这种科学合理的抽象，使复杂的实际问题的研究变得简捷、有效，而且可以更深刻地反映问题的本质，是科学研究普遍采用的基本方法。

　　传热学的研究方法主要有：解析方法、实验研究方法、类比方法和数值计算方法。

　　解析方法是将所研究问题的基本物理特征和具体规律用一个理想化的数学模型表述出来，并选择适当的数学方法进行求解。常用的数学解析方法一般可分为精确解法（即直接求解常微分方程或偏微分方程）和积分方程近似解法两大类。

　　由于传热现象的复杂性，有相当多的工程问题尚无法用解析方法求得结果。因此，实验是解决众多工程传热问题不可缺少的重要手段。传热过程中的变量，即影响因素很多，相互间的关系错综复杂，因此做实验必须在正确的理论指导下进行，这个理论就是相似理论。

　　两类不同的物理现象有时可以用相同的微分方程描述，如果边界条件也一样，那么它们必定有相同的解。根据这个原理可以用电阻网络模拟导热的热阻网络；在对流换热中可以用动量传递模拟热量传递；而在辐射换热中亦可以采用一种特殊的电路分析方法帮助求解。

　　解析方法只适用于简单、规则几何物理对象的传热问题，而对于复杂、不规则几何物理对象的传热问题，则需要运用数值方法，利用计算机进行求解。对于多维、不规则几何形状的导热或对流换热问题，常用的数值方法包括有限差分法、有限单元法、有限体积法等方法，这些方法都是将不规则几何对象分割为小的单元，在小的单元上将控制方程转化为代数方程，然后再将这些方程集结，形成以节点处温度等参数为变量的线性方程组，在引入时间和边界条件后，利用计算机进行求解。近20年来，数值计算方法已经逐渐成为上述各种传统方法的有力补充。

　　随着社会经济的发展和人们生活水平的提高，能源消费量持续增加，随之也带来化石能源的短缺和环境污染，应对气候变化和保障社会可持续发展日益受到人们的关注。随着我国

"碳达峰、碳中和"战略目标的提出和实施，将引发能源领域的深刻变革，传统的以化石燃料为主体的能源消费结构将向着清洁能源和零碳能源方向转变。在能源消费结构转型的过程中，一方面，由于技术的进步，用于火力发电的蒸汽动力装置向着高参数、大容量方向发展，同时，在传统领域中，如石油化工、冶金、纺织、食品加工等，由于生产工艺的需要，热能与其他形式能量的转换，以及热量的传递和有效利用仍是需要持续研究的课题。另一方面，新能源开发利用中催生的储能、氢能利用以及其他新兴行业也向热工领域提出了新的课题，开辟了广阔的应用前景。

第1章

热力学基本概念

1.1 工质和热力系统

1.1.1 热机和工质

热能的利用可分为两种方式：一种是直接利用，如烘干、蒸煮、采暖等；另一种是间接利用，即将热量转换为机械能或其他形式的能量，如车辆、船舶及电力工业。不论哪一种方式，都必须借助热工设备。凡可把热能转换为机械能的机器统称为热力发动机，简称为热机，如蒸汽机、内燃机等。

要实现能量转换，必须借助一定的媒介物质，这种实现热能与机械能相互转换的媒介物质即为工质。要求工质有良好的流动性及膨胀性，故一般采用气体或蒸气作为工质，例如内燃机以燃烧产物作为工质，蒸气动力装置中以水蒸气作为工质。

1.1.2 热力系统

做任何分析研究，首先要明确研究的对象。在热力学中，将所研究的一定范围内的物质或空间从周围物质或空间分隔开来作为研究对象，这部分被划定的研究对象称为热力系统，简称为系统。热力系统的划分要根据具体要求而定，对同一物理现象会由于划分系统的方式不同而成为不同的问题。系统以外的物质或空间称为外界，系统和外界的分界面称为边界。系统和外界通过边界交换物质和能量。边界可以是固定的或是移动的，当研究气缸内气体所进行的能量转换时，气缸内的气体可以看成是热力系统，如图 1-1a 中虚线所示，工质和气缸壁之间的边界是固定的，但工质和活塞之间的边界却可以移动；边界可以是真实的，也可以是假想的，汽轮机运行中的工质可以看成系统，如图 1-1b 中虚线所示，工质和汽轮机之间的边界是真实的，但进出口截面为假想的边界。

按照系统和外界有无物质或能量交换，系统可分为开口系统、闭口系统、绝热系统、孤立系统和简单可压缩系统。

与外界无物质交换的系统称为闭口系统，如图 1-1a 所示。由于系统所包含的物质质量保持不变，闭口系统也称为控制质量（control mass，CM）系统，常用控制质量法来研究。与外界有物质交换的系统称为开口系统，如图 1-1b 所示。开口系统通常取一相对固定的空间，也称为控制容积（control volume，CV）系统，常用控制容积法来研究。

与外界无热量交换的系统称为绝热系统。与外界既无能量交换又无物质交换的系统称为孤立系统。

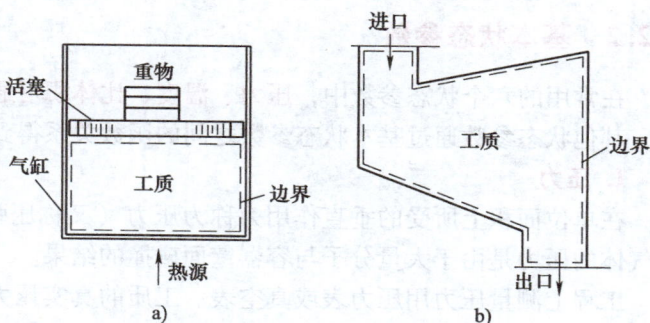

图 1-1 系统和边界

由可压缩流体构成，与外界交换的功量只有体积变化功的系统称为简单可压缩系统，工程热力学讨论的大部分系统都是简单可压缩系统。

1.2 热力学状态及状态参数

1.2.1 状态及状态参数

工质对外做功的过程中，必须通过吸热、膨胀、放热等过程，它的压力、温度、体积等物理量会发生变化。为了能够正确描述工质所处的热力状况，把热力系统在某一瞬间所处的宏观物理状况称为系统的状态，用来描述系统所处状态的一些宏观物理量称为状态参数，例如压力、温度、比体积等。通常系统由工质组成，因此所谓系统的状态，是指系统内工质在某瞬间所呈现的宏观物理状况，而描述工质状态的参数称为工质的状态参数。

状态参数的数值只取决于工质的状态，是状态的单值函数。工质的状态发生变化，状态参数也随之发生改变。工质从一个状态变化到另一个状态，状态参数的差值只与初、终状态有关，而与状态变化的中间状态及路径无关。状态参数是点函数，它的微元差是全微分。当系统由初态 1 变化到终态 2 时，任一状态参数 x 的变化量

$$\Delta x = \int_1^2 \mathrm{d}x = x_2 - x_1 \tag{1-1}$$

当系统经历一系列状态变化又回到初态时，其状态参数的变化为零，即

$$\oint \mathrm{d}x = 0 \tag{1-2}$$

在工程热力学中，常用的状态参数有六个：压力 p、温度 T、体积 V（比体积 v）、热力学能 U、焓 H 和熵 S，这些参数可分为强度参数和广延参数。在给定的状态下，与系统内所含工质的数量无关的状态参数称为强度参数，如 p、T 等；与系统内所含工质的数量有关的状态参数称为广延参数，如 V、U、H 和 S 等。广延参数具有可加性，它的总和等于系统内各部分同名参数值之和。单位质量的广延参数称为比参数，对物质的状态参数均匀一致的系统，可用广延参数除以总质量。比参数用相应的小写字母表示，如比体积 v、比热力学能 u、比焓 h、比熵 s 等。通常为了书写方便，把除比体积以外的其他比参数的"比"字省略。

1.2.2 基本状态参数

在常用的六个状态参数中，压力、温度、比体积可通过仪表测量得到，称为基本状态参数，其他状态参数通过基本状态参数之间的函数关系得到。下面介绍这三个基本状态参数。

1. 压力

在单位面积上所受的垂直作用力称为压力（又称压强），以 p 表示，分子运动学说揭示出气体的压力是由于大量分子与容器壁面碰撞的结果。

工程上测量压力用压力表或真空表。工质的真实压力称为绝对压力 p。当绝对压力大于当地大气压力时，用压力表测量，压力表测量的压力为相对压力（表压力）p_g；当绝对压力小于当地大气压力时，用真空表测量，真空表测量的压力为真空度 p_v。它们与大气压力 p_b 之间的计算式如下：

$$p = p_b + p_g \tag{1-3}$$
$$p = p_b - p_v \tag{1-4}$$

用 U 形管压力表（或真空表）通过液柱高度测定表压力（或真空度）时，其换算关系如下：

$$p_g（或 p_v）= \rho g \Delta z \tag{1-5}$$

式中，ρ 为液体的密度，单位为 kg/m^3；g 为重力加速度，单位为 m/s^2；Δz 为液柱高度差，单位为 m。

相对压力、真空度与绝对压力的关系如图 1-2 所示。

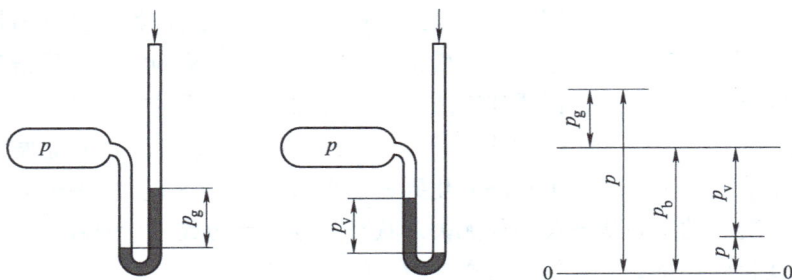

图 1-2 相对压力、真空度与绝对压力的关系

在国际单位制中，压力的单位是帕斯卡（Pa），简称帕，$1Pa = 1N/m^2$。因帕单位太小，通常用千帕（kPa）、兆帕（MPa）作为压力单位。

在工程实际应用中，还采用毫米汞柱（mmHg）、标准大气压（atm）、工程大气压（at）作为压力单位。它们与帕之间的换算关系见表 1-1。

表 1-1 各种压力单位的换算关系

单位符号	Pa	bar	atm	at	mmHg	mmH$_2$O
Pa	1	$1×10^{-5}$	$0.986923×10^{-5}$	$0.101972×10^{-4}$	$7.50062×10^{-3}$	0.101972
bar	$1×10^5$	1	0.986923	1.01972	750.062	10197.2
atm	101325	1.01325	1	1.03323	760	10332.3

（续）

单位符号	Pa	bar	atm	at	mmHg	mmH$_2$O
at	98066.5	0.980665	0.967841	1	735.559	1×10^4
mmHg	133.3224	1.333224×10^{-3}	1.31579×10^{-3}	1.35951×10^{-3}	1	13.5951
mmH$_2$O	9.80665	9.80665×10^{-5}	9.67841×10^{-5}	1×10^{-4}	7.35559×10^{-4}	1

注：由行换算至列。

2. 温度

温度反映了物体的冷热程度。温度概念的建立和温度的测量都是建立在热平衡的基础上。若将冷热程度不同的两个系统相互接触，它们之间会进行热量传递。在不受外界影响的条件下，经过足够长的时间，它们将达到相同的冷热程度，不再进行热量交换，即处于热平衡。热力学第零定律告诉我们，处于热平衡的两个物体，如果分别和第三个物体处于热平衡，则三个物体之间必然处于热平衡。处于同一热平衡的各个系统，无论其是否接触，必定有某一宏观特性是彼此相同的，描述此宏观特性的物理量称为温度。温度相等是物体达到热平衡的标志。

按照气体分子运动学说，气体的温度是组成气体的大量分子平均动能的量度。温度越高，气体内部分子不规则热运动越剧烈。

温度的数值表示方法称为温标，任何一种温度计都是根据某一温标制成的。在国际单位制中，以热力学温标作为基本温标。它所定义的温度为热力学温度，以符号 T 表示，单位为开尔文，以符号 K 表示。热力学温标以水的三相点，即水的气、液、固三相平衡共存的温度为基准点，并规定它的温度为 273.16K。因此，1K 的大小为水的三相点温度的 1/273.16。

与热力学温度并用的有摄氏温度，以符号 t 表示，其单位为摄氏度，以符号℃表示，并定义为

$$\{t\}_{℃} = \{T\}_K - 273.15 ^{\ominus} \tag{1-6}$$

即摄氏温度的零点相当于热力学温度的 273.15K，且这两种温标的温度间隔完全相同。水的三相点温度为 0.01℃。

3. 比体积

比体积是指单位质量的工质所具有的体积，以符号 v 表示，其单位为 m^3/kg。按定义得

$$v = V/m \tag{1-7}$$

式中，m 为工质的质量；V 为工质的体积。

单位体积工质所具有的质量称为密度，以符号 ρ 表示，其单位为 kg/m^3。按定义得

$$\rho = m/V = 1/v \tag{1-8}$$

由式（1-8）可知，比体积和密度互为倒数，它们不是互相独立的参数，在工程热力学中通常取比体积作为独立的参数。

1.2.3　平衡状态

热力系统有不同的状态，在不受外界影响（重力场除外）的条件下，如果系统的状态

$\ominus$　计算精度要求不高时，可取 273。

参数不随时间变化，则该系统所处的状态称为平衡状态。

在没有外界影响的条件下，系统的状态也不一定处于平衡状态。当系统内部存在力差时，各部分之间将发生相对位移，直至系统力差消失而达到平衡，这种平衡称为力平衡。故力差是驱动状态变化的不平衡势差，不存在力差是建立力平衡的充要条件。当系统内部存在温差时，在温差的作用下，各部分之间将发生热量由高温向低温的传递，直至系统温差消失而达到热平衡，温差是引起热量传递的不平衡势差，不存在温差是建立热平衡的充要条件。在有化学反应的情况下，化学势差的消失而建立的平衡称为化学平衡。由上述可见，若系统内部存在力差、温差、化学势差等，就不可能处于平衡状态，因此系统与外界之间及系统内部不存在不平衡势差是建立平衡状态的充要条件。如果系统内部由于存在不平衡势差而处于不平衡状态，那么其内部会自发地发生变化，经过一段时间后，由不平衡状态达到平衡状态。

平衡状态是一个理想的状态，实际工程应用中不存在完全不受外界影响、状态参数绝对不变的系统。但在很多情况下，实际状态偏离平衡状态不远，可以将它作为平衡状态处理，使分析计算大为简化。

一个热力系统，若其两个状态相同，则其所有的状态参数一一对应相等；反之，只有所有的状态参数一一对应相等，该热力系统的两状态才相同。而简单可压缩系统只要两个独立参数对应相等，即可判定两状态相同。可选取基本状态参数中的任意两个独立参数作为自变量，其余参数为因变量，建立状态参数之间的关系。所谓两个独立参数，即其中一个不能是另一个的函数，例如比体积和密度就不是两个独立的状态参数。对于只有两个独立参数的热力系统，可以用任意两个独立状态参数组成的平面坐标图描述工质的状态，这种坐标图称为状态参数坐标图。只有平衡状态才有确定的状态参数，才能在状态参数坐标图中表示出来，不平衡状态无法在坐标图中表示。在工程热力学中常用的状态参数坐标图有压容（p-v）图、温熵（T-s）图等，压容图如图1-3所示。

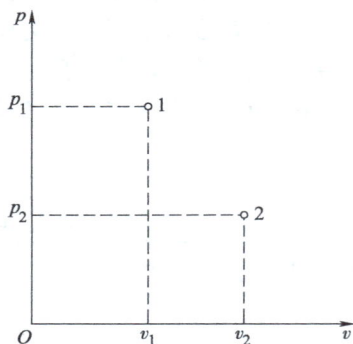

图1-3　状态参数坐标图——压容图

1.2.4　理想气体状态方程式

状态参数之间存在着确定的函数关系，统称为热力学函数。基本状态参数之间的关系为状态方程式，可写为

$$f(p,v,T) = 0 \tag{1-9}$$

在热能动力装置中主要采用气态工质，理想气体是为了分析问题而提出的一个假想的气体模型，假定它的分子是一些弹性的、本身不占有体积的质点，且分子相互之间不存在作用力。反之，和上述理想气体有区别而不完全相符的气体称为实际气体。在工程中应用的气体，如 O_2、N_2、H_2、空气等，在温度较高、压力较低时，其状态远离液态，气体的比体积变得比较大，分子之间距离较远，分子间相互作用力及分子本身的体积均可忽略不计，在工程误差允许的范围内，也可按理想气体处理。引入理想气体的概念，不但可定性地分析气体某些热力学现象，而且可定量地导出状态参数间存在的简单函数关系。

理想气体状态方程式，也称克拉珀龙方程式。对1mol气体状态方程式为

$$pV_m = RT \tag{1-10}$$

式中，V_m 为 1mol 理想气体所占的体积，称为摩尔体积，单位为 m^3/mol；R 为摩尔气体常数。

由阿伏伽德罗定律可知，在同温同压下，任何理想气体的摩尔体积是相同的。在标准状态（压力为 101325Pa，温度为 273.15K），1mol 任何气体的体积都是 $22.414 \times 10^{-3} m^3$，代入式（1-10）可得摩尔气体常数 $R = 8.314 J/(mol \cdot K)$。

物质的量为 n（单位为 mol）的气体的理想气体状态方程式为

$$pV = nRT \tag{1-11}$$

对 1kg 理想气体状态方程式为

$$pv = R_g T \tag{1-12}$$

式中，$v = V_m/M$；$R_g = R/M$，为气体常数，和气体的种类有关。M 为 1mol 理想气体的质量，即摩尔质量，单位为 kg/mol。

对质量为 m 的理想气体状态方程式为

$$pV = mR_g T \tag{1-13}$$

式中，V 为质量为 m 的气体的体积。

例 1-1 氧气瓶内装有氧气，其体积为 $0.025m^3$，表压力读数为 0.5MPa，若环境温度为 20℃，当地大气压为 0.1MPa，求氧气的物质的量。

解： 作用在氧气上的压力为绝对压力，有

$$p = p_b + p_g = 0.1MPa + 0.5MPa = 0.6MPa$$

氧气的热力学温度为

$$T = (20 + 273.15)K = 293.15K$$

根据式（1-11），气体的摩尔体积为

$$V_m = \frac{RT}{p} = \frac{8.314 J/(mol \cdot K) \times 293.15K}{6 \times 10^5 Pa} = 4.062 \times 10^{-3} m^3/mol$$

氧气的物质的量为

$$n = \frac{V}{V_m} = \frac{0.025m^3}{4.062 \times 10^{-3} m^3/mol} = 6.155mol$$

1.3 热力过程

当外界情况发生变化时，系统的平衡遭到破坏，工质的状态发生变化，系统从一个状态变化到另一个状态所经历的连续状态变化称为热力过程，简称过程。热力过程最重要的是准静态过程和可逆过程，它们在工程热力学中有着重要的意义。

1.3.1 准静态过程

一切过程都是不平衡过程，热力过程的实现是对平衡状态的破坏，没有平衡状态的破坏，就没有热力过程。过程和平衡状态这两个概念的含义是对立的。但是如果设想有这样一个过程，由于造成系统状态改变的不平衡势差无限小，每一瞬间的状态无限小地偏离平衡状

态又与平衡状态无限接近，即系统在整个状态变化过程中的所有状态都是平衡状态，这样的过程称为准静态过程或准平衡过程。准静态过程是一种理想化的过程，但是大部分实际过程可以近似地当作准静态过程。在一般工程设备具有的有限空间中，气体的平衡状态被破坏后恢复平衡所需的时间，即弛豫时间非常短，系统恢复平衡的速度快。只有当恢复平衡的速度大于外界条件变化的速度时，新平衡才能建立。在工程中有很多的热力过程，都可以认为破坏系统平衡的速度是很慢的，而系统恢复平衡的速度是较快的，因而可以采用准静态过程进行分析。

在准静态过程中，势差无限小，工质的状态可视为平衡状态，可应用状态参数坐标图对它进行计算分析。在状态参数坐标图中，可用连续实线表示准静态过程，如图1-4所示的过程1-a-2。对非准静态过程，由于状态参数的不确定性，无法以确定的点表示，常用虚线示意，不具有确定的含义，如图1-4所示的过程1-b-2。

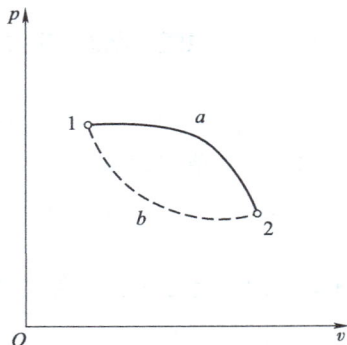

图1-4　准静态过程和非准静态过程

1.3.2　可逆过程

若系统由初始状态变化到终止状态，又由终止状态变化到初始状态时，参与该变化过程的系统及外界均能完全返回原来的状态，这种过程为可逆过程。反之，为不可逆过程。

可逆过程的实现要求其正向过程和反向过程均不存在不平衡势差。以气体在气缸内膨胀做功为例，如果工质在气缸中存在压力势差向外膨胀做功，工质的作用力一定大于反抗力，而反向过程用同反抗力一样大小的作用力是无法压缩工质回缩的。同样，当存在不平衡温差，工质从高温热源吸热后，也不能让工质向同一热源放热而使过程逆行。但没有压力差、温度差就没有机械运动和传热，所以可逆过程可以理解为势差无限小的热力过程，是准静态过程。同时，如果活塞与气缸壁之间存在摩擦，使膨胀过程中传给外界的功减少，而逆向过程所需的外界功增大，原先膨胀过程中外界得到的功不足以在逆向时将系统压缩恢复到初态。所以可逆过程不能存在通过摩擦、电阻、磁阻使功变热的效应，即耗散效应。但耗散效应不影响准静态过程的实现。

综上所述，可逆过程是无功的耗散效应的准静态过程，可逆过程一定是准静态过程，而准静态过程未必是可逆过程。准静态过程主要着眼于热力系统内工质状态参数的变化，而可逆过程不仅涉及热力系统内工质状态参数的变化，还涉及热力系统和外界能量交换时外界的变化。例如系统进行一个可逆膨胀过程，外界所得到的功即为系统的可逆膨胀功；而系统进行一个准静态过程时，如系统和外界间存在摩擦，那么外界所得到的功不会等于系统所做的功。

可逆过程是一个理想化的抽象概念，它不会产生任何能量损失。实际热力过程总是或多或少存在各种不可逆因素，故都是不可逆过程。所以人们总是力图减小不可逆因素，使过程接近可逆过程，减小做功损失。此外可逆过程的引入给实际过程的计算分析带来很大的方便，对不可逆过程，不必深入研究它的复杂变化，可利用适当的系数，对相应的可逆过程的分析结果进行修正，从而求得不可逆过程的能量转换关系及状态变化。

1.4 功和热量

1.4.1 功的计算

热力过程中，系统和外界之间的能量交换通过两种方式来实现，一种是做功，另一种是传热。

功是系统和外界之间在力差的推动下，通过宏观的有序运动的方式传递的能量。功的传递和物体宏观移动有关，例如其全部效果是举起重物，而举起重物实际上是力作用于物体使之产生位移的结果。

热力学中规定，系统对外界做功取正值，外界对系统做功为负值。

功用符号 W 表示，其单位为 J（焦），$1J = 1N \cdot m$；单位质量的系统所做的功为比功，用 w 表示，单位为 J/kg。

在热力系统中，功有很多种，如体积变化功（或称膨胀功）、拉伸机械功、表面张力功等，但工程热力学研究的是简单可压缩系统，主要是体积变化功。系统体积变化所完成的膨胀功或压缩功统称为体积变化功。

如图 1-5 所示，取气缸中质量为 m 的气态工质为系统，气缸活塞面积为 A，其压力为 p，活塞上的外界阻力为 $p_外$，两者相等时处于平衡状态。当外界阻力比气缸内气体的压力降低时，气体膨胀，活塞移动微元距离 $\mathrm{d}x$，则气体克服外界阻力 $p_外$ 所做的功为

$$\delta W = p_外 A \mathrm{d}x = p_外 \mathrm{d}V$$

对准静态过程或可逆过程 $p_外 = p$，可用工质的压力代替外界的压力，可得

$$\delta W = p A \mathrm{d}x = p \mathrm{d}V \qquad (1\text{-}14)$$

式中，$\mathrm{d}V$ 为活塞移动微元距离 $\mathrm{d}x$ 时工质的体积变化量。

因为功（或热量）不是状态参数，不存在全微分，所以，对微元过程的功（或热量）写成 δW（或 δQ）。

工质从 1 状态变化到 2 状态时所做的功为

$$W_{1\text{-}2} = \int_1^2 p \mathrm{d}V \qquad (1\text{-}15)$$

图 1-5 可逆过程的体积变化功

对 1kg 工质所做的功为

$$\delta w = \frac{\delta W}{m} = p \mathrm{d}\left(\frac{V}{m}\right) = p \mathrm{d}v \qquad (1\text{-}16)$$

$$w_{1\text{-}2} = \frac{W_{1\text{-}2}}{m} = \int_1^2 p \mathrm{d}v \qquad (1\text{-}17)$$

当准静态过程或可逆过程中系统的压力 p 随体积 V 或比体积 v 变化的关系已知时，可用式（1-15）~式（1-17）计算体积变化功。

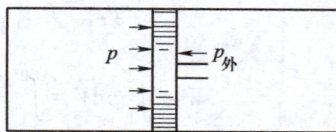

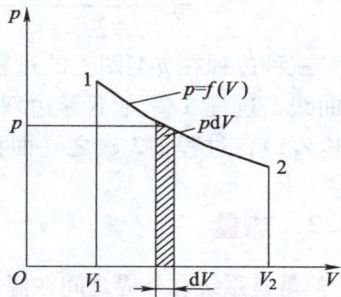

从图 1-5 所示的 p-V 图可知，体积变化功相当于 1-2 过程曲线下面的面积，故 p-V 图也称为示功图。功大小不仅与过程的初、终状态有关，还与过程的路线有关。所以，准静态过程或可逆过程中的体积变化功是与过程特性有关的过程量，而不是系统的状态参数。

例 1-2 某一气缸中气体的体积为 $1000cm^3$，压力为 5MPa，现气体进行可逆膨胀过程，使气体体积变为 $2000cm^3$。设气体的变化过程有三种形式：气体压力保持不变；压力和体积的函数关系保持 pV =定值；压力和体积的函数关系保持 pV^κ =定值，$\kappa = 1.4$。试求这三种过程气体所做的功，并利用 p-V 图进行功的比较。

解： 1）压力不变，即 $p_1 = p_2 = p$ 时，有

$$W = \int_1^2 p\,\mathrm{d}V = p(V_2 - V_1) = 5 \times 10^6 \mathrm{Pa} \times (2000 \times 10^{-6}\mathrm{m}^3 - 1000 \times 10^{-6}\mathrm{m}^3) = 5000\mathrm{J}$$

2）pV =定值时，有

$$W = \int_1^{2'} p\,\mathrm{d}V = \int_1^{2'} \frac{p_1 V_1}{V}\,\mathrm{d}V = p_1 V_1 \ln\frac{V_{2'}}{V_1}$$

$$= (5 \times 10^6 \times 1000 \times 10^{-6} \times \ln 2)\mathrm{J} = 3466\mathrm{J}$$

3）pV^κ =定值时，有

$$p_{2''} = p_1 \left(\frac{V_1}{V_{2''}}\right)^{1.4} = 5 \times 10^6 \mathrm{Pa} \times \left(\frac{1}{2}\right)^{1.4} = 1.89\mathrm{MPa}$$

$$W = \int_1^{2''} p\,\mathrm{d}V = \int_1^{2''} \frac{p_1 V_1^{1.4}}{V^{1.4}}\,\mathrm{d}V = \frac{p_1 V_1 - p_{2''} V_{2''}}{1.4 - 1}$$

$$= \frac{5 \times 10^6 \times 1000 \times 10^{-6} - 1.89 \times 10^6 \times 2000 \times 10^{-6}}{0.4}\mathrm{J} = 3050\mathrm{J}$$

三种过程在 p-V 图上的过程曲线如图 1-6 所示。过程 1-2 为水平线，过程 1-2' 为等边双曲线，过程 1-2" 为不等边双曲线。所以，气体对外界做功以过程 1-2 为最大（面积 $12V_2V_1$），过程 1-2' 次之（面积 $12'V_2V_1$），过程 1-2" 最小（面积 $12''V_2V_1$）。

1.4.2 热量

热量是系统和外界之间在温差的推动下，通过微观粒子的紊乱运动的方式传递的能量。热量的传递不可能把它的全部效果表现为举起重物。热量是热力系统和外界之间仅仅由于温度不同而通过边界传递的能量，不是系统本身所具有的能量。

热量用符号 Q 表示，其单位为 J（焦），单位质量的工质与外界所传递的热量用符号 q 表示，单位为 J/kg。

热力学中规定，系统吸热时热量取正值，系统放热时热量取负值。

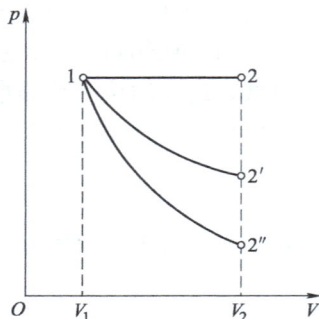

图 1-6　三种可逆过程

系统和外界之间存在压力差时，系统和外界之间传递体积变化功，状态参数比体积 v 的变化是衡量做功的标志。同理，系统和外界之间存在温度差时，系统和外界之间传递热量，引入熵 S 的变化作为衡量传递热量的标志。与可逆过程中体积变化功的表达式相比，可逆过

程中系统和外界传递的热量可表示为

$$\delta Q = T \mathrm{d}S \tag{1-18}$$

$$Q_{1\text{-}2} = \int_1^2 T \mathrm{d}S \tag{1-19}$$

对 1kg 工质传递的热量为

$$\delta q = T \mathrm{d}s \tag{1-20}$$

$$q_{1\text{-}2} = \int_1^2 T \mathrm{d}s \tag{1-21}$$

式中，S 为工质的状态参数熵，单位为 J/K；s 为 1kg 工质的熵，称为比熵，单位为 J/（kg·K）。

对可逆过程，熵的定义式为

$$\mathrm{d}S = \frac{\delta Q}{T} \quad 或 \quad \mathrm{d}s = \frac{\delta q}{T} \tag{1-22}$$

对可逆过程，系统吸热时它的熵增大，系统放热时它的熵减小，系统和外界不发生热交换时它的熵不变。反之，对可逆过程，可用熵变判定系统与外界热交换的情况，$\mathrm{d}s > 0$ 时表示系统吸热，$\mathrm{d}s < 0$ 时表示系统放热，$\mathrm{d}s = 0$ 时表示系统与外界无热交换。

在 $T\text{-}s$ 图上，如图 1-7 所示，积分相当于过程曲线 1-2 下面的面积，**故 $T\text{-}s$ 图又称为示热图**。从图 1-7 可知，热量的大小不仅与过程的初、终状态有关，还与过程的路线有关。所以，可逆过程中的热量是与过程特性有关的过程量，而不是系统的状态参数。只有在能量的传递过程中才有功和热量，没有能量的传递过程也就没有功和热量。说系统在某一状态下有多少功和热量是毫无意义的、错误的。

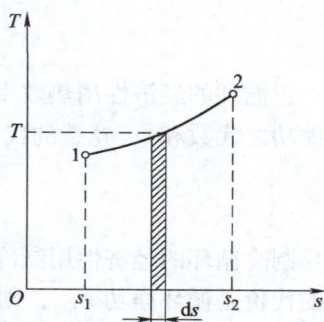

图 1-7　可逆过程的热量

1.5　热力循环

工质从某一初始平衡状态，经过一系列的中间过程又回到初始状态的封闭的热力过程称为热力循环，简称循环。 各种能量转换装置都是利用工质连续不断的循环而实现能量转换的。例如在蒸汽动力装置中，水在锅炉中吸热，生成高温高压的蒸汽，再输入汽轮机中膨胀做功，做功后的乏汽排入冷凝器，被冷却水冷却成凝结水，经水泵加压后再一次进入锅炉吸热，工质完成一个循环。如图 1-8 所示封闭曲线代表一个热力循环。

循环按照可逆性可以分为可逆循环和不可逆循环。若循环全部由可逆过程组成，则称为可逆循环；若有部分过程或全部过程是不可逆的，则称为不可逆循环。

循环按照进行的方向及效果又可分为正循环（又称为热机循环）和逆循环（又称为制冷循环或热泵循环）。正循环的效果是将热能转变为机械能，使外界得到功；逆循环的效果是付出一定的代价，使热量由低温热源传给高温热源。逆循环主要应用于制冷装置和热泵。制冷装置中消耗一定的机械能，使低温冷藏库中的热量输向温度较高的环境。热泵是消耗一定的机械能，从室外低温环境中吸热供给温度较高的室内。

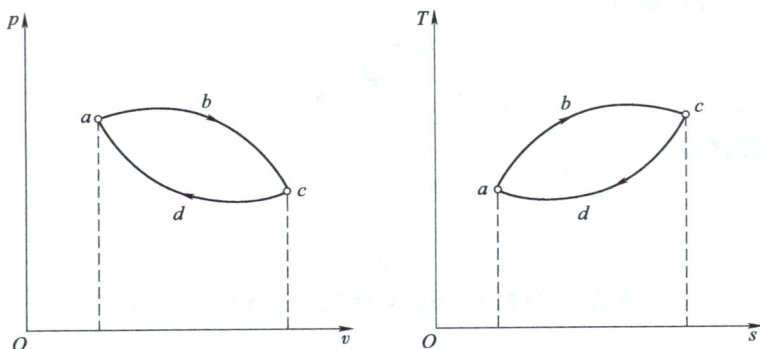

图 1-8　热力循环

循环的经济性指标为

$$经济性指标 = \frac{得到的收益}{花费的代价}$$

正循环的经济性用热效率 η_t 衡量。正循环的收益是循环净功 w_{net}（即循环的膨胀功与压缩功之代数和），花费的代价是工质的吸热量 q_1，则

$$\eta_t = \frac{w_{net}}{q_1} \tag{1-23}$$

制冷循环的经济性用制冷系数 ε 衡量，制冷循环的收益是从冷库中提取的热量 q_2，花费的代价是循环净功 w_{net}，则

$$\varepsilon = \frac{q_2}{w_{net}} \tag{1-24}$$

热泵循环的经济性用供热系数 ε' 衡量，热泵循环的收益是向温度较高的室内供热的热量 q_1，花费的代价是循环净功 w_{net}，则

$$\varepsilon' = \frac{q_1}{w_{net}} \tag{1-25}$$

制冷系数 ε 及供热系数 ε' 也称为性能系数（coefficient of performance，COP）。

思　考　题

1-1　进行热力分析是否都要选取系统？系统分为几种？举例说明。

1-2　平衡状态与稳定状态有何区别和联系？平衡状态与均匀状态有何区别和联系？

1-3　若容器中气体的压力没有改变，试问安装在该容器上的压力表的读数会改变吗？

1-4　试区分下列物理量哪些属于状态量，哪些属于过程量：压力、温度、动能、位能、热能、热量、功量、密度。

1-5　试区分下面物理量中哪些属于强度量：体积、速度、比体积、动能、位能、高度、压力、温度、质量。

1-6　可逆过程与准静态过程有何不同？引入可逆过程对分析实际过程有何意义？

1-7　不可逆过程是无法恢复到初始状态的过程，这种说法是否正确？

1-8　在任何可逆过程中，为什么说只有熵的增减标志着系统的吸热和放热，而温度不能起到标志作用？

1-9　状态参数和功量（热量）的主要不同之处是什么？

1-10　如何区分正循环和逆循环？

1-11　评价动力循环和制冷循环的热力学指标分别是什么？

习　题

1-1　直径为 1m 的球形刚性容器，抽气后真空度为 752.5mmHg，若当地大气压为 0.101MPa。求：

1）容器内绝对压力为多少 Pa？

2）容器外表面受力为多少 N？

1-2　某刚性容器被分为Ⅰ和Ⅱ两部分，并在各处装有测压表，如图 1-9 所示。其中 A 为压力表，读数为 75kPa，B 为真空表，读数为 30kPa。若当地大气压 p_b = 97kPa，求压力表 C 的读数（用 kPa 表示）。

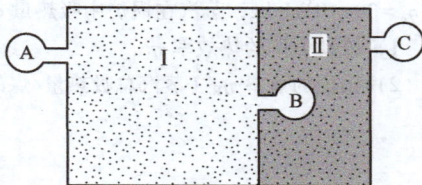

1-3　某电厂汽轮机进口处蒸汽压力用压力表测量，其读数为 9.6MPa；冷凝器内蒸汽压力用真空表测量，其读数为 532mmHg。若大气压为 0.098MPa，试求汽轮机进口处和冷凝器内蒸汽的绝对压力（用 MPa 表示）。

图 1-9　习题 1-2 图

1-4　气压计测得当地大气压为 87kPa，试完成以下计算：

1）绝对压力为 65kPa 时的相应真空度。

2）表压力为 0.16MPa 时的绝对压力。

3）绝对压力为 0.15MPa 时的表压力。

4）真空计读数为 77kPa 时气体的绝对压力。

1-5　试分析下列各热力过程哪些是可逆的、哪些是不可逆的、哪些可以是可逆也可以是不可逆的过程，并扼要说明不可逆原因。

1）对刚性容器内的水加热使其在恒温下蒸发。

2）对刚性容器内的水做功使其在恒温下蒸发。

3）在一绝热的气缸内进行无内外摩擦的膨胀或压缩过程。

4）在一定容积的容器中，将定量气体从 20℃ 缓慢加热到 120℃。

1-6　空气初态为 p_1 = 0.5MPa，V_1 = 0.2m³，经过一个等压过程缓慢可逆地膨胀到 V_2 = 0.8m³，求气体膨胀所做的功。

1-7　压气机气缸中有 0.1kg 氮气，在压缩过程中其压力由 0.1MPa 升高到 0.4MPa，且氮气温度始终保持为 30℃。试求压缩过程中所消耗的功。

1-8　某种气体在气缸中进行一个膨胀过程，其体积由 0.1m³ 增加到 0.3m³。已知膨胀过程中气体的压力与体积变化关系为 ${p}_{MPa} = 0.24{V}_{m^3} + 0.04$。试求：

1）气体所做的膨胀功。

2）把此功量画在 p-V 图上。

3）当活塞和气缸的摩擦力保持为 1000N，而活塞面积为 0.2m² 时，扣除摩擦消耗后活塞所输出的功。

1-9　1kg 气体经历如图 1-10 所示的循环 A-B-C-A，A 到 B 为直线变化过程，B 到 C 为定容过程，C 到 A 为定压过程。试求循环的净功量。如果循环为 A-C-B-A，则循环的净功量有何变化？

1-10　某动力厂锅炉的蒸汽产量 q_m = 100t/h，输出功率 P = 20000kW，全厂耗煤 $q_{m,c}$ = 10t/h，煤的发热

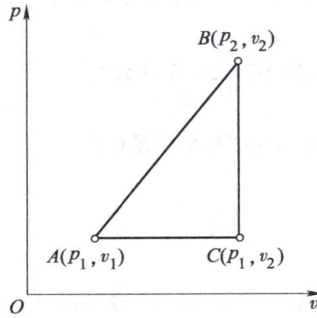

图 1-10　习题 1-9 图

量 $q_c = 30 \times 10^3 \text{kJ/kg}$，蒸汽在锅炉中吸热量 $q = 2360 \text{kJ/kg}$。试求：

1）该动力厂的热效率 η_t。

2）锅炉的效率 η_B（蒸汽总吸热量/煤的总发热量）。

第2章

热力学第一定律和第二定律

2.1　热力学第一定律实质

  自然界中的一切物质都具有能量，能量是物质运动的一种形式，它存在于宇宙万物之中。能量不可能被创造，也不可能被消灭；但能量可以从一种形态转化为另一种形态。在能量的转化过程中，一定量的一种形态的能量总是确定地相应于一定量的另一种（或几种）形态的能量，能量的总量保持不变，这就是能量守恒和转换定律。能量守恒和转换定律是自然界的基本规律之一，而热力学第一定律就是能量守恒和转换定律在热力学中的应用，它主要用来说明热能和机械能在转换时总量不变。热能和机械能之间的当量关系，可用简单的数学式表示，即

$$Q = W \tag{2-1}$$

式中，Q 表示消耗的热能，W 表示完成的功，在国际单位制中，热与功采用相同的单位，即焦耳（J）。

  历史上曾有人想发明一种不需供给能量而能对外做功的机器，即"第一类永动机"，但这种设想以失败告终。为了获得定量的功，必须消耗定量的热量。因此，热力学第一定律可以表述为：

  "热是能的一种，机械能变热能，或热能变机械能时，它们之间的比值是一定的。"或"热可以变为功，功也可以变为热。一定量的热消失时，必产生与之数量相当的功；消耗一定量的功时，也必出现相应数量的热。"也可表述为"第一类永动机是不可能制成的。"热力学第一定律是热力学的基本定律，它存在于一切热力过程，并贯穿于过程的始终，是对参与过程的各种能量进行量的分析的基本依据。

  在研究能量转换中，人们关心的是各种能量在其相互转换过程中彼此之间量的关系。这种关系的实质是热力系统在状态变化过程中能量收支的平衡关系。考虑到系统和外界发生作用后，系统储存的能量会有所改变，因此能量平衡关系式可表述为

输入系统的能量 − 系统输出的能量 = 系统储存能量的变化

  把物质所具有的各种不同形式的能做统一化处理，以便能够对有能量输入、输出和储存

的热力系统进行能量平衡的分析和计算是我们的任务。

任何热力系统都具有一定的储存能。系统的储存能可以分为两部分：一部分是与物质内部粒子的微观运动和粒子空间位形有关的能量，即内部储存能（热力学能）；另一部分是需要用在系统外的参考坐标系内测量的参数来表示的能量，即外部储存能。

2.1.1 内部储存能——热力学能

储存在系统内部的能量称为热力学能。热力学能是组成系统的大量微观粒子本身具有的能量。如果不考虑构成分子的化学能和构成原子的核能（在不发生化学变化和核反应的情况下），则热力学能将由分子的内动能（包括移动、转动、振动的动能）和分子力所形成的内位能组成。气体的内动能取决于气体的温度，内位能取决于气体的体积，所以气体的热力学能是温度和体积的函数，即

$$U = f(T, V)$$

热力学能的单位，在国际单位制中为焦耳（J）或千焦（kJ）。单位质量物体的热力学能称为比热力学能，用 u 表示，单位为 J/kg 或 kJ/kg。

热力学能是状态参数，当系统的状态发生变化时，热力学能的变化量完全取决于初、终状态，而与变化过程无关。对每个状态，热力学能都具有确定的值。

对于理想气体，因为分子间不存在作用力，故其热力学能仅包括分子内动能，所以理想气体的热力学能只是温度的单值函数，即

$$U = f(T)$$

这说明在所有温度变化范围相同的过程中，理想气体热力学能的变化都是一样的。

在热工计算中，通常只需计算热力学能的变化值。在物质性质的计算图表中，是人为规定某状态的热力学能为零，从而给出各种状态下热力学能的数值。

2.1.2 外部储存能

外部储存能包括宏观动能和重力位能。

1. 宏观动能

质量为 m 的物体以速度 c_f 运动时，该物体具有的宏观运动动能为

$$E_k = \frac{1}{2}mc_f^2$$

对于 1kg 工质，比动能为

$$e_k = \frac{c_f^2}{2}$$

当说物质或热力系统的热力学能时，一定要记住它是不包括宏观动能的。

2. 重力位能

重力位能是系统在重力作用下所具有的能量。如果系统的质量为 m，系统质量重心相对于系统外的参考坐标系的高度为 Z，则系统所具有的重力位能为

$$E_p = mgZ$$

相对于 1kg 工质而言的重力位能，叫作比重力位能，可写为

$$e_p = gZ$$

式中，g 为重力加速度，单位为 m/s^2。

宏观动能和重力位能是系统储存的机械能，它们与系统所处的热力状态无关，而取决于力学参数 c_f、Z，故称为外部储存能。

2.1.3　系统的总储存能

一个孤立的热力系统所具有的总能量 E，除了热力学能 U 外，还包括重力位能 E_p 和全系统的宏观动能 E_k，即

$$E = U + E_p + E_k \tag{2-2}$$

或

$$E = U + \frac{1}{2}mc_f^2 + mgZ \tag{2-3}$$

对于 1kg 工质，它的比总能量 e 为

$$e = \frac{E}{m} = u + e_k + e_p = u + \frac{c_f^2}{2} + gZ \tag{2-4}$$

式中，u、e_k、e_p 分别为 1kg 工质所具有的热力学能、宏观动能与重力位能。

2.2　闭口系统能量方程

封闭的热力系统（简称闭口系统）是指与外界没有质量交换的系统。对于这样的热力系统，虽然没有质量交换，但系统中的能量仍然会发生变化。因为这种热力系统与外界可能发生接触传热、辐射传热、机械压缩和膨胀、电磁场作用和重力场作用的变化等，所有这些变化都会引起系统内部能量的变化。一个封闭系统的状态变化可归纳为系统对外做了功（或接受了外功）和由于外界向系统传入了热（或由系统向外界放出了热）两种情况。

现以气缸内的工质为热力系统，研究由于工质状态变化而引起的能量平衡关系。因为过程中没有工质越过边界，所以这是一个闭口系统。如图 2-1 所示，当工质从外界吸入热量后 Q，系统膨胀，从状态 1 变化到状态 2，对外做膨胀功 W。考虑系统储存能的变化只有热力学能的变化 ΔU，根据能量平衡关系式可写出

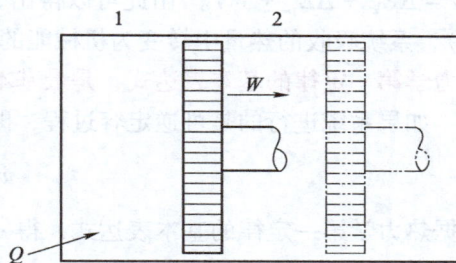

$$Q - W = \Delta U$$

或写成

图 2-1　气缸活塞组成的闭口系统

$$Q = \Delta U + W \tag{2-5}$$

对一个微元过程，得

$$\delta Q = dU + \delta W \tag{2-6}$$

对 1kg 工质，则有

$$q = \Delta u + w \tag{2-7}$$

及

$$\delta q = du + \delta w \tag{2-8}$$

以上是热力学第一定律用于闭口系统所得的能量方程式，适用于任何过程（可逆过程或不可逆过程）和任何工质（理想气体或实际气体）。方程式中任何一项都可以是正值或负

值，也可以是零，根据过程的性质而定。

对可逆过程，有 $w = \int_1^2 p\,dv$，则式（2-7）可写成

$$q = u_2 - u_1 + \int_1^2 p\,dv \tag{2-9}$$

对一个微元过程，则得

$$\delta q = du + p\,dv \tag{2-10}$$

如果在流动工质中选取闭口系统（由划定的假想边界所包围的一团工质组成），系统与外界仍无物质交换，如图 2-2 所示。这时闭口系统能量平衡关系式除了热量交换 Q，对外做功 W 外，系统储存能量变化 ΔE 应为热力学能变化 ΔU、宏观动能变化 ΔE_k 和重力位能变化 ΔE_p 之和，即

$$Q = \Delta E + W \tag{2-11}$$

或

$$Q = \Delta U + \Delta E_k + \Delta E_p + W \tag{2-12}$$

图 2-2 流动工质中的闭口系统

对 1kg 工质，则得

$$q = \Delta e + w \tag{2-13}$$

或

$$q = \Delta u + \Delta e_k + \Delta e_p + w \tag{2-14}$$

式（2-11）~式（2-14）是闭口系统具有宏观动能和重力位能变化时的能量方程式。

从式（2-5）可以看出，加给系统的热量 Q，一部分以热力学能（ΔU）形式储存于系统内，另一部分（$Q - \Delta U$）转变为机械能——对工质不流动过程表现为对外做功（$Q - \Delta U = W$）；对工质流动过程［见式（2-12）］表现为既对外做功又增加系统本身的机械能（$Q - \Delta U = \Delta E_k + \Delta E_p + W$）。由此可以得出，不管系统是否具有整体运动（相应于工质是否流动），系统吸收的热量中转变为机械能的那部分都是 $Q - \Delta U$。所以闭口系统能量方程式又称热力学第一定律的基本表达式，是最基本的能量方程式。

如果系统进行的是可逆定容过程，即 $dv = 0$，则

$$w = \int_1^2 p\,dv = 0$$

根据热力学第一定律的基本表达式，得

$$q = \Delta u \tag{2-15}$$

即在定容过程中，所有加入气体的热量全部用于增加气体的热力学能，也就是气体热力学能的增量等于过程中加入的热量。这一结论是直接从热力学第一定律导出的，对任何工质都适用。

对充满气体的气缸而言，当由外界加热时，气体的压力增大，使活塞移动，活塞杆对外做功，系统内部的温度和压力等参数的变化，将使其热力学能也随着发生变化。如果系统连续地经历一系列过程，最后回到初始状态，热力学能变化应该为零，即 $\oint dU = 0$，于是有

$$\oint \delta Q = \oint \delta W \tag{2-16}$$

$\oint$ 符号表示沿循环过程的积分。式（2-16）表明，循环过程中，系统做出的净功恰好等

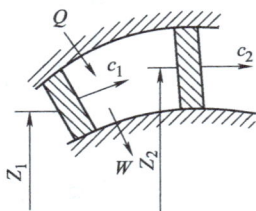

于从外界加入的热量。

例2-1 某刚性绝热容器，被刚性隔板分隔为 A、B 两部分，A 中为氮气，B 中为真空，如图 2-3 所示。抽掉隔板后工质自由膨胀达到新平衡。设氮气初始温度为 t_1，并有 $u=0.74t$ 的关系，试求达到新平衡后的温度 t_2。

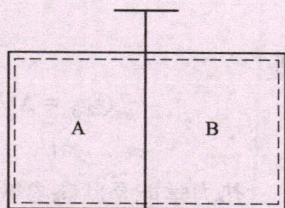

图 2-3 例 2-1 图

解： 1）确定系统：以图 2-3 中虚线所围空间为热力系统，即系统=A+B。该系统与外界无物质交换，故为闭口系统。

2）建立方程：闭口系统的能量方程为

$$Q = \Delta U + W$$

3）化简方程：分析系统与外界的能量交换情况，容器绝热，$Q=0$；气体为自由膨胀，且对外不做功，故 $W=0$。

由能量方程得

$$\Delta U = 0$$

由 $u=0.74t$ 可知

$$\Delta t = 0$$

故

$$t_2 = t_1$$

本题选取 A+B 整个绝热容器内空间为热力系统比较合理，可使问题简化，读者可尝试分别以 A 或 B 为系统进行求解的情况。

例2-2 一闭口系从状态 1 沿 1-2-3 途径到状态 3，传递给外界的热量为 47.5kJ，而系统对外做功为 30kJ，如图 2-4 所示。

1）若沿 1-4-3 途径变化时，系统对外做功为 15kJ，求过程中系统与外界传递的热量。

2）若系统从状态 3 沿图示曲线途径到状态 1，外界对系统做功为 6kJ，求该过程中系统与外界传递的热量。

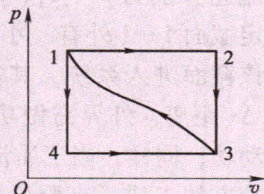

图 2-4 例 2-2 图

3）若 $U_2=175$kJ，$U_3=87.5$kJ，求过程 2-3 传递的热量及状态 1 的热力学能。

解： 对途径 1-2-3，由闭口系能量方程得

$$\Delta U_{1\text{-}2\text{-}3} = U_3 - U_1 = Q_{1\text{-}2\text{-}3} - W_{1\text{-}2\text{-}3}$$
$$= (-47.5\text{kJ}) - 30\text{kJ} = -77.5\text{kJ}$$

1）对途径 1-4-3，由闭口系能量方程得

$$Q_{1\text{-}4\text{-}3} = \Delta U_{1\text{-}4\text{-}3} + W_{1\text{-}4\text{-}3}$$
$$= \Delta U_{1\text{-}2\text{-}3} + W_{1\text{-}4\text{-}3} = (U_3 - U_1) + W_{1\text{-}4\text{-}3}$$
$$= (-77.5\text{kJ}) + 15\text{kJ} = -62.5\text{kJ}（系统向外界放热）$$

2）对途径 3-1，可得到

$$Q_{3\text{-}1} = \Delta U_{3\text{-}1} + W_{3\text{-}1} = (U_1 - U_3) + W_{3\text{-}1}$$
$$= 77.5\text{kJ} + (-6\text{kJ}) = 71.5\text{kJ}$$

3）对途径 2-3，有

$$W_{2\text{-}3} = \int_2^3 p\mathrm{d}V = 0$$

则

$$Q_{2\text{-}3} = \Delta U_{2\text{-}3} + W_{2\text{-}3} = U_3 - U_2 = 87.5\mathrm{kJ} - 175\mathrm{kJ} = -87.5\mathrm{kJ}$$

$$U_1 = U_3 - \Delta U_{1\text{-}2\text{-}3} = 87.5\mathrm{kJ} - (-77.5\mathrm{kJ}) = 165\mathrm{kJ}$$

热力学能是状态参数，其变化只取决于初、终状态，与变化所经历的途径无关。而热与功则不同，它们都是过程量，其变化不仅与初、终态有关，而且还取决于变化所经历的途径。

2.3 稳定流动能量方程及应用

2.3.1 流动功与焓

与闭口系统不同，开口系统中涉及工质的流入、流出，必然伴随着相应的能量进出系统。如图 2-5 所示，在热力设备的进口端与出口端，任取 1—1 和 2—2 两个截面，其截面积分别为 A_1 和 A_2。截面 1—1 和 2—2 处的压力、比体积、比热力学能及流速分别为 p_1、v_1、u_1、c_1 及 p_2、v_2、u_2、c_2。假定截面 1—1 外有一小块质量为 1kg 的工质要越过该截面进入系统，其需克服系统阻力 p_1A_1，移动 Δx 距离，外界需做功 $p_1A_1\Delta x = p_1v_1$，此功称为推动功；同样，当工质流出截面 2—2 时，其需推动前方的工质，克服外界阻力 p_2A_2，可理解为系统做出推动功 $p_2A_2\Delta x = p_2v_2$。进出口推动功之差 $(p_2v_2 - p_1v_1)$，就是开口系统为保持工质流进、流出必须付出的代价，称为流动功。

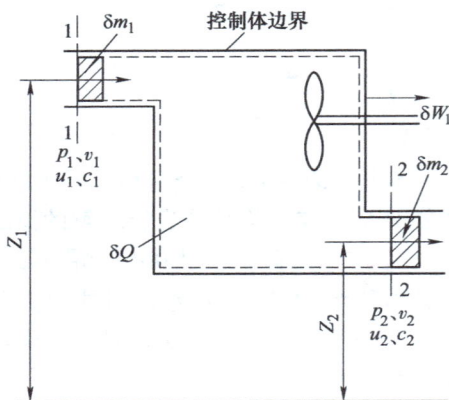

图 2-5 开口系统

有了推动功的概念，可以这样理解工质流动带来的开口系统能量变化。工质流入开口系统时，其热力学能和所需的推动功即一起进入系统；工质流出开口系统时，其热力学能和所需的推动功一起离开系统。开口系统中工质流动时，热力学能 U 和推动功 pV 总是同时出现，所以热力学中把这两种能量形式合并为一项，称为焓，并用 H 表示，即

$$H = U + pV \tag{2-17}$$

由于 U、p、V 都是状态参数，所以焓也是工质的一个状态参数。对于一定状态的工质，U、p、V 都有确定的值，焓的值也就随之而定，质量为 m 的工质的焓 H，单位为 J 或 kJ。1kg 工质的焓称为比焓，用 h 表示，单位为 J/kg 或 kJ/kg，即

$$h = \frac{H}{m} = u + pv \tag{2-18}$$

热力学能 U 是工质本身所具有的能量，推动功 pV 则是随工质流动而转移的能量，因此焓代表工质流入（或流出）开口系统时传入（或传出）系统的能量。由于热力工程中常碰

到工质连续不断流过热力设备的情况，随工质流动而转移的能量不应是热力学能，而应是焓，因此焓的应用比热力学能更广泛。

工质的焓和热力学能一样，无法测定其绝对值。在热工计算中只关心两个状态间焓的变化，因此，可选取某一状态的焓值为零作为计算基准。

2.3.2　稳定流动能量方程

囿于篇幅，这里主要研究开口系统在稳定流动时的能量平衡情况。所谓稳定流动是指工质（流体）在流动中的任何一位置上，其状态参数（温度、压力、比体积、热力学能等）均不随时间变化。反之，则为不稳定流动。稳定流动有以下特征：

1）系统内工质的质量保持不变，即流入、流出系统的质量流量相等且不随时间变化。

2）系统进口和出口处工质状态保持不变。

3）系统与外界经热传递和做功交换的所有能量不随时间而变。

由于稳定运行的开口系统内各点的状态参数都不随时间改变，所以整个系统的热力学能、熵、质量等这些广延性量的总值也不随时间改变，在不同时刻都是相同的。实际中热机除了起动、改变负荷、停车等过程外，在稳定运行时大多可认为是稳定流动过程。

下面研究稳定流动系统的能量平衡情况。如图 2-5 所示，1kg 工质从进入直至流出系统的过程中，自外界吸热 q，对外界做机械功 w_s（因其多通过机器的旋转轴与外界交换，故称为轴功），热力学能变化 $\Delta u = u_2 - u_1$，宏观动能变化 $\dfrac{\Delta c_f^2}{2} = \dfrac{1}{2}(c_{f2}^2 - c_{f1}^2)$，宏观位能变化 $g\Delta Z = g(Z_2 - Z_1)$，为维持流动，消耗流动功 $\Delta(pv) = p_2 v_2 - p_1 v_1$。需要注意的是，由于稳定流动中系统任意一点处的各种参数都不随时间改变，所以系统内总热力学能的变化量为零，即 $\Delta U = U(\tau + \Delta\tau) - U(\tau) = 0$，其中 $U(\tau)$ 和 $U(\tau + \Delta\tau)$ 分别为工质流入和流出时刻系统的总热力学能。根据热力学第一定律，可写为

$$\left(u_1 + p_1 v_1 + \frac{c_{f1}^2}{2} + gZ_1 + q \right) - \left(u_2 + p_2 v_2 + \frac{c_{f2}^2}{2} + gZ_2 + w_s \right) = 0 \qquad (2\text{-}19)$$

整理后得

$$q - (u_2 - u_1) = (p_2 v_2 - p_1 v_1) + \frac{1}{2}(c_{f2}^2 - c_{f1}^2) + g(Z_2 - Z_1) + w_s \qquad (2\text{-}20)$$

分析式（2-20），其右端第一项是流动功，是维持工质流动所需做的功；中间两项是工质流经开口系统的宏观机械能变化；最后一项是工质流经开口系统时输出的轴功。左端表明流经开口系统的工质与外界交换的热量，一部分转变为其热力学能增量，其余即转变为各种功。可见工质稳定流经开口系统时的宏观机械能增量及对外输出轴功的根本来源是，工质通过状态变化把吸收的热量的一部分转变为可用的机械功。

对式（2-20）进行重新整理，有

$$q = (u_2 - u_1) + \frac{1}{2}(c_{f2}^2 - c_{f1}^2) + g(Z_2 - Z_1) + w_s + (p_2 v_2 - p_1 v_1)$$

$$q = (u_2 + p_2 v_2) - (u_1 + p_1 v_1) + \frac{1}{2}(c_{f2}^2 - c_{f1}^2) + g(Z_2 - Z_1) + w_s$$

即

$$q = (h_2 - h_1) + \frac{1}{2}(c_{f2}^2 - c_{f1}^2) + g(Z_2 - Z_1) + w_s \tag{2-21}$$

式（2-21）也可写成其微元过程，即

$$\delta q = dh + \frac{dc_f^2}{2} + gdZ + \delta w_s \tag{2-22}$$

对 $h = u + pv$ 进行微分，可得 $du = dh - pdv - vdp$，将之带入热力学第一定律解析式 $\delta q = du + pdv$，得

$$dh = \delta q + vdp \tag{2-23}$$

将式（2-23）代入式（2-22）得 $-vdp = \frac{dc_f^2}{2} + gdZ + \delta w_s$，积分后得

$$w_t = -\int_1^2 vdp = \frac{1}{2}(c_{f2}^2 - c_{f1}^2) + g(Z_2 - Z_1) + w_s \tag{2-24}$$

式（2-24）中，w_t 称为技术功，表示技术上可以利用的功，它等于 $\frac{1}{2}(c_{f2}^2 - c_{f1}^2)$、$g(Z_2 - Z_1)$ 及轴功 w_s 三者之和。当稳定流动系统进出口处的流速变化不大、进出口的高度差也可以不考虑时，则动能变化及位能变化均可忽略不计。此时，轴功就等于技术功，即 $w_t = -\int_1^2 vdp$。所以技术功可以用 p-v 图上的面积表示，如图 2-6 中的面积 $12ab1$，所以 p-v 图上过程线 1-2 与 p 轴包围的面积即代表技术功的量。从图上还可以看出：面积 $12ab1$ = 面积 $1dOb1$ + 面积 $12cd1$ - 面积 $2cOa2$，即

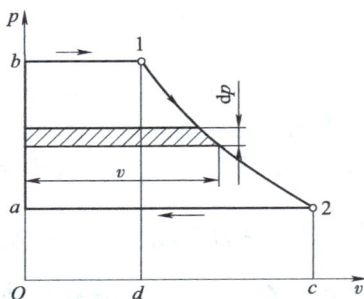

图 2-6 可逆过程的技术功

$$w_t = -\int_1^2 vdp = p_1v_1 + \int_1^2 pdv - p_2v_2 = w - (p_2v_2 - p_1v_1)$$

以上关系表明，气体在过程中的技术功等于气体的膨胀功减去工质的流动功，因而无论是轴功还是气体机械能的变化，均是由气体的膨胀功而来，而为了维持流动，膨胀功还需减去保持工质流动的代价——流动功。

利用技术功概念，稳定能量方程可改写为

$$q = \Delta h + w_t \tag{2-25}$$

对于可逆微元过程为

$$\delta q = dh - vdp \tag{2-26}$$

式（2-21）、式（2-22）、式（2-25）和式（2-26）就是工质稳定流动的能量方程式，即热力学第一定律应用于稳定流动的数学表达式。其符号规定为：工质吸热为正、放热为负；工质对外做功为正、接受外功为负。

2.3.3 稳定流动能量方程的应用

稳定流动能量方程在工程上用途广泛，在不同场合它可以简化成不同形式，现举例如下：

1. 动力机

动力机是利用工质在机器中膨胀获得机械功的设备，如燃气轮机、蒸汽轮机、蒸汽机等。在这些设备中，因为工质的进、出口速度变化不大，进、出口高度差很小，通过外壳对外界的散热也可忽略，根据稳定流动能量方程可得

$$w_s = h_1 - h_2 \tag{2-27}$$

因此，动力机所做的轴功等于工质的焓降。

2. 压气机

压气机是消耗机械功使气体压力升高的机器。在压气机中进、出口气流的动能差和位能差可以忽略，如无专门的冷却措施，外壳对外的散热也可忽略，即 $q \approx 0$。根据稳定流动能量方程则得

$$-w_s = h_2 - h_1 \tag{2-28}$$

因此，压气机所消耗的绝热压缩功等于焓的增加。如果压气机设有专门的冷却措施，即散热量 q 不能忽略，则得消耗的压缩功为

$$-w_s = h_2 - h_1 - q \tag{2-29}$$

3. 燃烧室或换热器

燃烧室或换热器的主要任务是传递热量。在这类设备中没有功量的交换，即 $w_s = 0$。如果略去工质进、出口动能差和位能差，则得

$$q = h_2 - h_1 \tag{2-30}$$

因此，在燃烧室或换热器中，工质所吸收的热量等于焓的增加。

4. 喷管

喷管是一种变截面的管道。气体流经喷管后，压力下降，流速增加。在喷管中，气体与外界没有功量交换，位能差很小可以忽略，又因为管道很短，气流速度较高，与外界交换的热量也可忽略，则得

$$\frac{1}{2}(c_{f2}^2 - c_{f1}^2) = h_1 - h_2 \tag{2-31}$$

因此，在喷管中气流宏观动能的增量等于焓降。

例 2-3　某燃气轮机装置，如图 2-7 所示。已知压气机进口处空气的比焓 $h_1 = 290\text{kJ/kg}$。经压缩后，空气升温使比焓增为 $h_2 = 580\text{kJ/kg}$。在截面处空气和燃料的混合物以速度 $c_{f2} = 20\text{m/s}$ 进入燃烧室，在定压下燃烧，使工质吸入热量 $q = 670\text{kJ/kg}$。燃烧后燃气进入喷管绝热膨胀到状态 $3'$，$h_3' = 800\text{kJ/kg}$，流速增加到 c_{f3}'，此燃气进入动叶片，推动转轮旋转做功。若燃气在动叶片中的热力状态不变，最后离开燃气轮机的速度 $c_{f4} = 100\text{m/s}$。求：

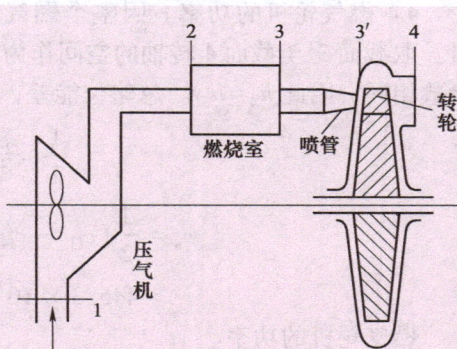

图 2-7　例 2-3 图

1）若空气流量为 100kg/s，压气机消耗的功率为多少？

2）若燃气的发热值 $q_B = 43960kJ/kg$，燃料的耗量为多少？

3）燃气在喷管出口处的流速 c'_{f3} 是多少？

4）燃气轮机的功率为多少？

5）燃气轮机装置的总功率为多少？

解： 1）压气机消耗的功率。取压气机开口系统为热力系统。假定压缩过程是绝热的，忽略宏观动能差、位能差的影响。由稳定流动能量方程

$$q = \Delta h + \frac{1}{2}\Delta c_f^2 + g\Delta Z + w_s$$

得

$$w_s = -\Delta h = h_1 - h_2$$
$$= 290kJ/kg - 580kJ/kg = -290kJ/kg$$

可见，压气机中所消耗的轴功增加了气体的焓值。

压气机消耗的功率

$$P_C = q_m w_s = 100kg/s \times 290kJ/kg = 29000kW$$

2）燃料的耗量。

$$q_{m,B} = \frac{q_m q}{q_B} = \frac{100 \times 670}{43960}kg/s = 1.52kg/s$$

3）燃料在喷管出口处的流速 c'_{f3}。取截面 2 至 $3'$ 的空间作为热力系统，工质做稳定流动，若忽略重力位能差值，则能量方程为

$$q = (h'_3 - h_2) + \frac{1}{2}(c_{f3'}^2 - c_{f2}^2) + w_s$$

因 $w_s = 0$，故

$$c_{f3'} = \sqrt{2[q - (h'_3 - h_2)] + c_{f2}^2}$$
$$= \sqrt{2 \times [670 \times 10^3 - (800 - 580) \times 10^3] + 20^2}\, m/s = 949m/s$$

4）燃气轮机的功率。因整个燃气轮机装置为稳定流动，所以燃气流量等于空气流量。取截面 $3'$ 至截面 4 转轴的空间作为热力系统，由于截面 $3'$ 和截面 4 上工质的热力状态参数相同，因此 $h_4 = h_{3'}$。忽略位能差，则能量方程为

$$\frac{1}{2}(c_{f4}^2 - c_{f3'}^2) + w_s = 0$$

$$w_s = \frac{1}{2}(c_{f3'}^2 - c_{f4}^2) = \frac{1}{2} \times (949^2 - 100^2)J/kg$$

$$= 445.3 \times 10^3 J/kg = 445.3kJ/kg$$

燃气轮机的功率

$$P_T = q_m w_s = 100kg/s \times 445.3kJ/kg = 44530kW$$

5）燃气轮机装置的总功率。

装置的总功率=燃气轮机产生的功率-压气机消耗的功率

即

$$P = P_T - P_C = 44530 \text{kW} - 29000 \text{kW} = 15530 \text{kW}$$

由例 2-3 可知：

1）根据具体问题，选好热力系统是相当重要的。例如求喷管出口处燃气流速时，若选截面 3 至截面 3' 的空间为热力系统，则能量方程为

$$(h_{3'} - h_3) + \frac{1}{2}(c_{f3'}^2 - c_{f3}^2) = 0$$

方程中的未知量有 c_{f3}'、c_{f3}、h_3，显然无法求得 c_{f3}'。

热力系统的选取以有利于方便地解决问题为原则。

2）要特别注意在能量方程中，动能差、位能差项与其他项的量纲统一。

例 2-4　空气在某压气机中被压缩，如图 2-8 所示。压缩前空气的参数是 $p_1 = 0.1 \text{MPa}$，$v_1 = 0.845 \text{m}^3/\text{kg}$；压缩后的参数是 $p_2 = 0.8 \text{MPa}$，$v_2 = 0.175 \text{m}^3/\text{kg}$。假定在压缩过程中，1kg 空气的热力学能增加 146kJ，同时向外放出热量 50kJ，压气机每分钟生产压缩空气 10kg。求：

1）压缩过程中对每千克气体所做的功。

2）每生产 1kg 的压缩气体所需的功。

3）带动此压气机至少要多大功率的电动机？

解：

分析：要正确求出压缩过程的功和生产压缩气体的功，必须依赖于热力系统的正确选取，及对功的类型的正确判断。压气机的工作过程包括进气、压缩和排气三个过程。在压缩过程中，进、排气阀均关闭，因此此时的热力系统是闭口系统，与外界交换的功是体积变化功 w。

要生产压缩气体，则进、排气阀要周期性地打开和关闭，气体进出气缸，因此气体与外界交换的功为轴功 w_s。又考虑到气体动能、位能的变化不大，可忽略，则此功也是技术功 w_t。

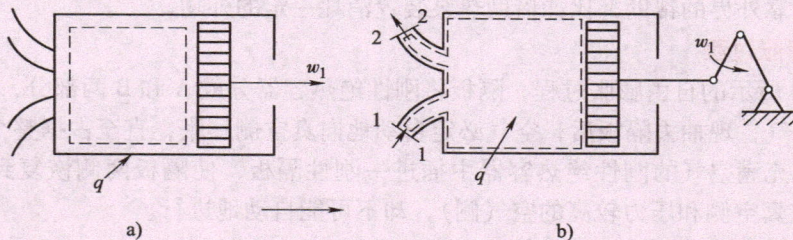

图 2-8　例 2-4 图

1）压缩过程所做的功。由上述分析可知，在压缩过程中，进、排气阀均关闭，因此取气缸中的气体为热力系统，由闭口系统能量方程得

$$w = q - \Delta u = -50 \text{kJ/kg} - 146 \text{kJ/kg} = -196 \text{kJ/kg}$$

2）生产压缩空气所需的功。选气体的进出口、气缸内壁及活塞左端面所围空间为热力系统。由开口系统能量方程得

$$w_t = q - \Delta h = q - \Delta u - \Delta(pv)$$
$$= -50\text{kJ/kg} - 146\text{kJ/kg} - (0.8 \times 10^3\text{kPa} \times 0.175\text{m}^3\text{/kg} - 0.1 \times 10^3\text{kPa} \times 0.845\text{m}^3\text{/kg})$$
$$= -251.5\text{kJ/kg}$$

3）电动机的功率。

$$P = q_m w_t = \frac{10\text{kg}}{60\text{s}} \times 251.5\text{kJ/kg} = 41.9\text{kW}$$

区分所求功的类型是本章的一个难点，读者可根据所举例题仔细体会。

2.4 过程的方向性与热力学第二定律的表述

由热力学第一定律可知：如果发生了一个热力过程，其能量的传递和转换必然遵循热力学第一定律。事实上，自然界中遵循热力学第一定律的热力过程未必一定能够发生。这是因为涉及热现象的热力过程都具有方向性，揭示热力过程具有方向性这一普遍规律的是热力学第二定律。它阐明了能量不但有"数量"多少的问题，而且有"品质"的高低问题。在能量的传递和转换过程中能量的"量"守恒，但"质"却不守恒。下面就从自然界中热力过程具有方向性的种种现象入手进行讨论。

2.4.1 过程的方向性

自然界中发生的涉及热现象的热力过程都具有方向性。下面几个典型过程可以反映这一客观规律。

1. 不等温传热过程

如图 2-9 所示的两物体 A 和 B，物体 A 的温度高于物体 B 的温度。两物体接触，不考虑两物体与周围物体间的热交换，则热量一定自动地从物体 A 传向物体 B。但反向过程，即热量从物体 B 传向物体 A，系统恢复到原状态的过程，却不可能自动进行。如果此过程可以发生，则需要依靠外界的帮助，比如借助热泵装置消耗一定的外功。

2. 自由膨胀过程

如图 2-10 所示的自由膨胀过程，隔板将刚性绝热容器分成 A 和 B 两部分，一侧为真空，另一侧充满空气，现抽去隔板后，空气必定自动地向真空侧膨胀，直至占据整个容器。但反向过程，即在充满空气的刚性绝热容器中插进一刚性隔板，使隔板两侧恢复到原状态的过程（分别形成真空侧和压力较高的空气侧），却不可能自动地进行。

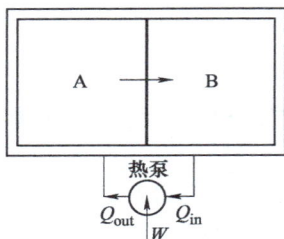

图 2-9 不等温传热过程

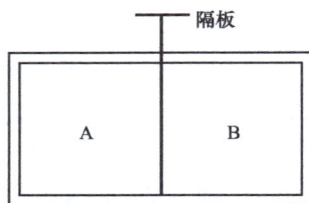

图 2-10 自由膨胀过程

3. 热功转换过程

如图 2-11 所示的热功转换过程，重物自动下降时带动叶轮旋转，叶轮搅拌容器内的空气。因为空气存在黏性阻力，所以重物下降的位能通过空气与叶轮之间的摩擦转换为热能和空气的热力学能，即功可以自动地转换为热。但反向过程，即减少空气的热力学能转换为功重新举起重物恢复到原状态的过程，则不能自动地进行，即热不可能全部无条件地转换为功。

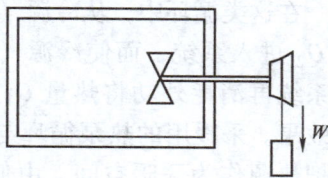

图 2-11　热功转换过程

除了上述三个比较典型的过程外，还有许多过程可以说明热力过程的方向性。虽然都满足热力学第一定律，但有些热力过程可以自动发生，有些则不能。把可以自动发生的过程称为自发过程，反之是非自发过程。因此，热力过程的方向性也可以说是自发过程具有方向性。热力过程的方向性说明：在自然界中，热力过程若要发生，必然遵循热力学第一定律，但满足热力学第一定律的热力过程却未必都能自动发生。因而一定有一个独立于热力学第一定律之外的另一个基本定律在决定着热力过程的方向性，或者说决定着热力过程能否实现，这个定律就是热力学第二定律。

在涉及热力过程的方向性时，只是说自发过程可以自动发生，非自发过程不能自动发生，强调的是"自动"，并没有说非自发过程不能发生。事实上，许多实际过程都是非自发过程。例如，制冷就是把热量从温度低的物体传向温度高的物体，但这一非自发过程的发生，必须以外界消耗功等作为代价。同样地，在热机中可以使热能转变为机械能，但这一非自发过程的发生是以一部分热量从高温物体传向低温物体作为代价的。还有很多其他例子都说明：一个非自发过程的进行必须以某种代价作为补偿。

虽然为实现各种非自发过程付出补偿是必不可少的，但是为了能够提高能量利用的经济性，人们一直在最大限度地减少补偿。例如，在以消耗功作为补偿的制冷工程中，在相同制冷量条件下，为提高制冷系数尽量减少外界耗功；同样地，在热机中为了提高热效率，在相同吸热量条件下尽量减少向冷源放热。于是这就存在一个减少所付补偿的最大限度是多少的问题，它也正是热力学第二定律要解决的问题。

综上所述，研究热力过程的方向性，以及由此而引出的非自发过程的补偿和补偿限度等问题是热力学第二定律的任务，从而解决能量"品质"的高低问题。

2.4.2　热力学第二定律的表述

热力学第二定律是热力过程方向性这一客观事实和客观规律的反映。由于热力过程方向性现象的多样性，因此，反映这一客观规律的说法不止一种。其中最为典型的热力学第二定律的说法有以下两种：

1. 克劳修斯说法

不可能把热量从低温物体传向高温物体而不引起其他变化。

这种表述从热量传递的角度阐明了热力学第二定律。如图 2-12a 所示的热机循环，若不输入任何外功，而要产生把热量由低温物体传向高温物体的效果是不可能的，但若加入外功，把动力循环的方向逆转而变成逆循环，就可以实现把热量由低温物体传向高温物体的效果，这就是图 2-12b 所示的逆向热机循环，这种逆向循环为制冷循环或热泵循环。在第 1 章已经讲过，其经济性指标分别为制冷系数或供热系数。

在这类循环中，从冷源（制冷空间）中提取热量 Q_2 进入系统，而使冷源（制冷空间）降温，然后系统再消耗外功将热量 Q_1 压入热源，取得制冷的效果。采暖用的热泵循环与制冷循环不一样，只是把热源作为采暖空间，由低温冷源（大气环境）提取热量 Q_2 送入系统，系统再消耗外功把热量 Q_1 压入热源，达到提高采暖空间温度的目的，这类循环也不违反热力学第二定律，因为它们都消耗外功，只是把动力循环的方向逆转而成为逆向循环而已。

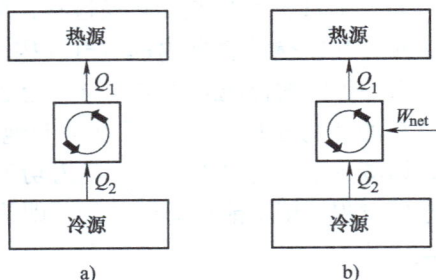

图 2-12　热机循环

克劳修斯的表述方法，很早就被自然过程所证实，人们熟知的事实是任何物体都不会自发地由冷变热。制冷和采暖循环刚好也是说明它们能取得制冷和采暖的效果绝不是自发的，而是消耗了外功。这个过程既遵守了热力学第一定律，也遵守了热力学第二定律。

2. 开尔文-普朗克说法

不可能从单一热源取热使之完全变为功而不引起其他变化。

这种表述从热功转换的角度阐明了热力学第二定律。它表明不想付出任何附加的代价，而从单一恒温热源取得热量，令它源源不断地转换成机械能是不可能实现的，这是违反热力学第二定律的。即热量和功虽然同是能量，但这两种形式的能量却有质的不同，它反映了能量的品位差别。从理论上讲，功是可以无限地转换为热量，而热量却不可能无限地转换为功。这种转换可能实现的程度决定着能量的品位。图 2-13 为一个不可能实现的，从单一恒温热源吸热，而要连续对外输出功的热机示意图。其中 $Q_2 = 0$，$Q_1 = W_{net}$，故

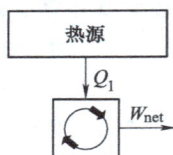

图 2-13　热机示意图

$$\eta_t = \frac{W_{net}}{Q_1} = 100\%$$

如果这样的循环可能实现，从大气或海水中提取大量的热量便可以源源不断地以功的形式输出，这便成了永动机。把从单一热源取热并使之完全变为机械能而不引起其他变化的循环发动机，称为"第二类永动机"。因此，热力学第二定律又可以表述为："第二类永动机是不可能制造成功的"。

由此可见，热力学第二定律指出的，动力循环除了需要热源外，还需要冷源。这点具有重大意义，就像使能量不断增加的热机，即第一类永动机不可能制造成功一样，因为它是违反热力学第一定律的。

在这两种说法中，关键是"不引起其他变化"。制冷装置虽然是把热量从低温物体传向了高温物体，却引起一个变化——外界消耗功之类的代价；透热气缸内与环境温度相同、压力较高的理想气体进行定温膨胀，虽然从环境吸收热量对外能做出等量的功，却引起了系统状态的变化——气体压力降低。因此，这两种情况都不违反上述说法，即不违反热力学第二定律。

2.4.3　热力学第二定律两种表述的等效性证明

虽然热力学第二定律有很多不同的说法，但是它们都反映了热力过程具有方向性这一共

同实质，因而它们是互为等效的。可以采用反证法进行等效性的证明，即假设各种说法中有一种不成立，则必然导致其他说法也被推翻。

热力学第二定律和第一定律一样，是不能用数学方法证明的，但又没有任何实例可以违反它，从而以事实证明了它的正确性。证明它的最重要的实例就是热机循环，因为热机循环做功，典型地体现了热力学第二定律的实质。下面证明这两种说法的一致性，采用反证法，即如果克劳修斯说法不成立，则开尔文-普朗克说法也不能成立。

假设与克劳修斯说法相反，如图 2-14 所示循环过程，热量 Q_2 能够从低温热源自发地传到高温热源。在这两热源间有一热机从高温热源吸取热量 Q_1，并使其传给低温热源的热量恰好等于 Q_2。这样整个系统在循环过程终了时，所产生的唯一结果是热机从单一热源吸取热量（Q_1-Q_2）并全部转换为有用功 W_{net}，即整个系统成了第二类永动机，因而违反了开尔文-普朗克说法。由此可见，违反了克劳修斯说法，就必然违反了开尔文-普朗克说法。同样地，可以证明违反了开尔文-普朗克说法，也必然违反了克劳修斯说法。这说明这两种说法是完全等效的。

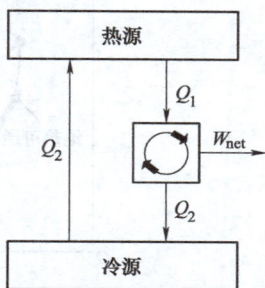

图 2-14　循环过程

分析前述三个具有方向性的热力过程，不难发现不等温传热过程和自由膨胀过程均是存在势差的不可逆过程，即非准平衡过程；热功转换过程是有耗散效应的不可逆过程，显然，如果一个热力过程中不存在任何不可逆因素（根据分析问题需要和系统选择不同，不可逆因素可分为存在于系统内部的内不可逆因素和系统与外界之间的外不可逆因素），那么热力过程就没有方向性问题。例如，在热量传递过程中，若两物体间温差趋于零，则热量传递就不存在方向性问题；同样地，在热功转换过程中，若能实现没有摩阻等耗散效应的准平衡过程，也不会有热力过程的方向性问题。因此可以说，热力过程的方向性在于热力过程的不可逆性，正是由于自然界中不存在没有不可逆因素的可逆过程，故而才有热力过程的方向性问题。过程的不可逆性和方向性互为因果，解决了过程的不可逆性问题也就解决了过程的方向性问题。反映热力过程方向性的热力学第二定律的各种说法是互为等效的，因而所有不可逆过程的不可逆性的属性也是互为等效的，其本质是相同的。这样就可以用一个统一的热力学参数描述所有不可逆过程的共同特性，并作为热力过程方向性的判据。

2.5　卡诺循环和卡诺定理

单一热源的热机已被热力学第二定律所否定，也就是说热效率是 100% 的热机是不可能造成的。最简单的热机必须至少有两个热源，那么具有两个热源的热机的热效率最高是多少呢？卡诺循环和卡诺定理正好解决了这一问题，并且指出了改进循环和提高热效率的途径和原则。同时，卡诺循环和卡诺定理是推导热力过程方向性判据的基础。因此，卡诺循环和卡诺定理具有更深刻、更广泛的理论和实践意义。

2.5.1　卡诺循环

卡诺循环是工作在恒温的高、低温热源间的理想可逆循环。它由两个定温和两个绝热可逆过程所构成，如图 2-15 所示。卡诺循环如此构成的原因是：为了实现两恒温热源间的可逆循环，必须消除循环过程中包括内不可逆和外不可逆的所有不可逆因素。为此，工质从高温热源吸热和向低温热源放热必须是工质和热源间温差趋于零（即工质和热源的温度相同）的定温吸热过程 1→2 和定温放热过程 3→4；当工质温度在热源温度 T_1 和冷源温度 T_2 之间变化时，不允许工质与热源进行有温差的热交换，并且内部无耗散效应，故只能是绝热可逆过程 2→3 和 4→1。

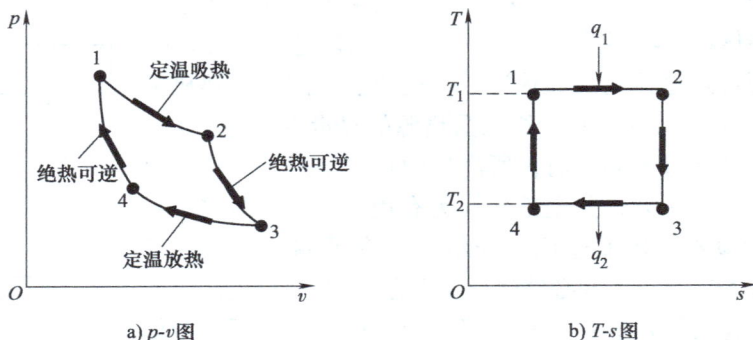

图 2-15 卡诺循环

卡诺循环的吸热量 $q_1 = T_1(s_2 - s_1)$，放热量 $q_2 = T_2(s_3 - s_4)$，卡诺循环热效率用 η_c 表示

$$\eta_c = 1 - \frac{T_2}{T_1} \tag{2-32}$$

这里卡诺循环的热效率，读者可根据热力循环的热效率计算公式推导得到。

分析卡诺循环热效率公式，可得出下列重要结论：

1）卡诺循环的热效率只与高温热源和低温热源（冷源）的温度 T_1 和 T_2 有关，与工质性质无关。

2）提高 T_1 或降低 T_2 均可以提高卡诺循环热效率。

3）因为 $T_1 = \infty$ 或 $T_2 = 0$ 都是不可能实现的，故卡诺循环的热效率总是小于 1。

4）当 $T_1 = T_2$ 时，卡诺循环的热效率等于零，即没有温度差，只靠单热源做功的第二类永动机是不可能制成的。

逆卡诺循环也是由四个可逆过程，即两个定温过程和两个绝热过程所组成，不同之处在于状态变化方向相反，逆卡诺循环消耗了外界提供的循环净功，而从低温热源等温地吸取热量，向高温热源放出热量。把逆卡诺循环用于制冷机，可以得到逆卡诺循环的制冷系数为

$$\varepsilon_c = \frac{T_2}{T_1 - T_2} \tag{2-33}$$

把逆卡诺循环用于热泵，可以得到逆卡诺循环的供热系数为

$$\varepsilon_c' = \frac{T_1}{T_1 - T_2} \tag{2-34}$$

2.5.2 卡诺定理

卡诺定理表明，在两恒温热源间工作的所有热机中，以可逆热机的热效率为最高。其有

两个推论：

推论一：在相同的高温热源和相同的低温热源间工作的所有可逆热机具有相同的热效率，而与循环的具体构成过程无关，与所采用的工质也无关。

推论二：在相同的高温热源和相同的低温热源间工作的可逆热机的热效率大于不可逆热机的热效率。

下面采用反证法证明卡诺定理推论一。

如图 2-16a 所示，设有可逆热机 A 和 B，分别从高温热源 T_1 吸取热量 Q_{1A} 和 Q_{1B}，对外做功 W_A 和 W_B，向低温热源 T_2 放出热量 Q_{2A} 和 Q_{2B}，则它们的热效率 $\eta_{t,A}$ 和 $\eta_{t,B}$ 分别为

$$\eta_{t,A} = \frac{W_A}{Q_{1A}} = 1 - \frac{Q_{2A}}{Q_{1A}} \tag{2-35}$$

$$\eta_{t,B} = \frac{W_B}{Q_{1B}} = 1 - \frac{Q_{2B}}{Q_{1B}} \tag{2-36}$$

若 $\eta_{t,A} \neq \eta_{t,B}$，假定 $\eta_{t,A} > \eta_{t,B}$。由于 A 和 B 均为可逆热机，现使热机 B 逆转。由可逆过程的性质可知，热机 B 逆转的结果是工质从低温热源吸收热量 Q_{2B}，外界输入功 W_B，向高温热源放出热量 Q_{1B}，从而成为一台制冷机。为证明方便起见，假定 $Q_{2A} = Q_{2B}$，且制冷机所耗的功 W_B 由热机 A 提供，从而热机 A 和 B 构成一台联合运转的机器，如图 2-16b 所示。

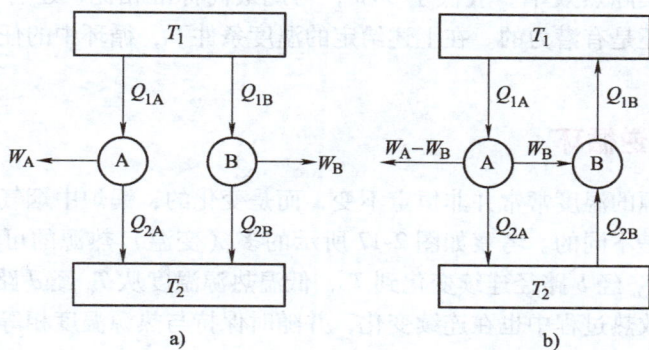

图 2-16 卡诺定理的证明

由 $\eta_{t,A} > \eta_{t,B}$ 及式（2-35）和式（2-36）可得

$$\frac{Q_{2A}}{Q_{1A}} < \frac{Q_{2B}}{Q_{1B}}$$

又由

$$Q_{2A} = Q_{2B}$$

可得

$$Q_{1A} > Q_{1B}$$

$$W_A - W_B = (Q_{1A} - Q_{2A}) - (Q_{1B} - Q_{2B})$$
$$= (Q_{1A} - Q_{1B}) - (Q_{2A} - Q_{2B})$$
$$= Q_{1A} - Q_{1B} = Q_0 > 0$$

这样，两机器联合运转的结果是：工质循环回到原来状态无变化，低温热源所得到的热

量和放出的热量相抵消，也没有变化，唯有高温热源放出了热量 $Q_0 = Q_{1A} - Q_{1B}$，并对外输出了净功 $W_{net} = W_A - W_B$，说明联合运转的机器是一个单一热源的热机，这违背了热力学第二定律开尔文-普朗克说法，故而不可能实现。因此开始的假设 $\eta_{t,A} > \eta_{t,B}$ 不成立。

同理，可以证明 $\eta_{t,A} < \eta_{t,B}$ 也不成立，因此，唯一可以成立的结果是 $\eta_{t,A} = \eta_{t,B}$，卡诺定理推论一得证。

利用同样的方法可以证明卡诺定理推论二。

采用理想气体作为工质的卡诺循环热效率为 $\eta_c = 1 - T_2/T_1$，而卡诺定理证明了两热源间一切可逆循环的热效率都相等，故两恒温热源间一切可逆循环的热效率都应是

$$\eta_t = \eta_c = 1 - \frac{T_2}{T_1}$$

而与工质、热机形式及循环构成过程无关。在两恒温热源间的一切循环，以卡诺循环即可逆循环的热效率为最高。

卡诺定理给出了在给定温限下的热机循环热效率的最高值，为衡量热机运行的经济性提供了客观标准。目前应用于内燃机燃烧的最高温度约为 2000℃，而排气温度通常按 500℃ 计算，在这两个温限间工作的内燃机的热效率最高值可达

$$\eta_c = 1 - T_2/T_1 = 0.66$$

当前内燃机的实际热效率一般低于 50%，与此最高标准相比，还有一定的差距。说明在提高热效率方面还是有潜力的。在上述给定的温度条件下，循环中的任何不可逆性都会使其热效率低于 66%。

2.5.3 多热源可逆循环

实际循环中热源的温度常常并非恒定不变，而是变化的，锅炉中烟气的温度在炉膛、过热器和尾部烟道中是不同的。考察如图 2-17 所示的多（变温）热源的可逆循环，该循环中高温热源的温度从 T_a 经 b 路径连续变化到 T_c，低温热源温度从 T_c 经 d 路径连续变化到 T_a。工质温度在吸热和放热过程中也在连续变化，并随时保持与热源温度相等，与热源进行无温差的传热。工质在吸热过程中温度从 T_a 经 b 路径连续变化到 T_c，在放热过程中工质温度从 T_c 经 d 路径连续变化到 T_a。变温热源的可逆循环也可看作是由温度相差无限小的无穷多个恒温热源组成的可逆循环——多热源可逆循环。为了分析和比较方便起见，对变温热源的可逆循环引入平均吸热温度和平均放热温度的概念。所谓平均吸热温度（或平均放热温度），是工质在变温吸热（或放热）过程中温度变化的积分平均值。如图 2-17 所示，工质在变温吸热过程 $a \rightarrow c$ 中的吸热量为

$$Q_1 = \int_a^c T \mathrm{d}S$$

假设一定温吸热过程，使该过程吸入的热量与变温吸热过程的吸热量 Q_1 相同，且熵变相等，则该定温吸热过程的温度即为变温吸热过程的平均吸热温度 T_{m1}，也即循环的平均吸热温度，则有

$$T_{m1} = \frac{Q_1}{\Delta S} = \frac{\int_a^c T \mathrm{d}S}{\Delta S} \tag{2-37}$$

同理，工质的平均放热温度 T_{m2} 为

$$T_{m2} = \frac{|Q_2|}{\Delta S} = \frac{\int_a^c T dS}{\Delta S} \tag{2-38}$$

引入平均吸热温度和平均放热温度后，变温热源可逆循环的热效率可用平均温度表示，即

$$\eta_t = 1 - \frac{Q_2}{Q_1} = 1 - \frac{T_{m2}\Delta S}{T_{m1}\Delta S}$$

$$\eta_t = 1 - \frac{T_{m2}}{T_{m1}} \tag{2-39}$$

分析式（2-39）可以得到：对于任何可逆循环，工质平均吸热温度 T_{m1} 越高，平均放热温度 T_{m2} 越低，则循环热效率越高。因此，对于实际变温热源的可逆循环，在可能的条件下，尽量提高工质的平均吸热温度 T_{m1} 和降低工质的平均放热温度 T_{m2} 是提高其热效率的有效措施和途径。

从图 2-17 可知，T_1 和 T_2 是变温热源可逆循环的最高温度和最低温度。但循环的 $T_{m1}<T_1$，$T_{m2}>T_2$，比较式（2-32）和式（2-39）可以看出，在相同温度界限 T_1 和 T_2 之间，变温热源可逆循环的热效率小于卡诺循环热效率。因此，相同温限间卡诺循环热效率最高，是实际循环力争达到的最高目标。提高循环平均吸热温度 T_{m1} 和降低平均放热温度 T_{m2} 的目的，就是使循环接近相同温限间的卡诺循环。

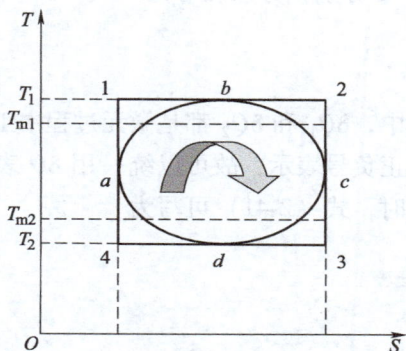

图 2-17 多热源可逆循环

平均温度概念的引入，使得两任意可逆循环热效率的比较十分方便。在做定性比较时无须计算，仅比较两循环的平均吸热温度和平均放热温度即可判定。

2.6 克劳修斯积分

对于卡诺循环有

$$\eta_t = 1 - \frac{Q_2}{Q_1} = 1 - \frac{T_2}{T_1}$$

从而有

$$\frac{Q_1}{T_1} = \frac{Q_2}{T_2}, \frac{Q_1}{T_1} - \frac{Q_2}{T_2} = 0$$

式中，T_1 和 T_2 分别为热源温度和冷源温度；Q_1 和 Q_2 分别为工质在循环中的吸热量和放热量，且为绝对值，考虑到 Q_2 是工质放热量，取值为负，则有

$$\frac{Q_1}{T_1} + \frac{Q_2}{T_2} = 0 \tag{2-40}$$

对于如图 2-18 所示的任意可逆循环，用无数条可逆绝热过程线把循环分割成无数个微

元循环。对于每一个微元循环（如图中的 $a \to b \to c \to d \to a$），由于两绝热可逆过程线无限接近，可以认为是由两个定温过程和两个可逆绝热过程构成的微元卡诺循环。若微元卡诺循环的热源和冷源的温度分别为 T_1 和 T_2，工质在循环中的吸热量和放热量分别为 δQ_1 和 δQ_2，则由式（2-40）有

$$\frac{\delta Q_1}{T_1} + \frac{\delta Q_2}{T_2} = 0$$

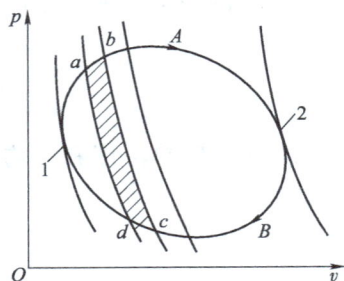

图 2-18　任意可逆循环

对于构成循环 $1 \to A \to 2 \to B \to 1$ 的无数个微元卡诺循环均有类似的表达式，对吸热过程 $1 \to A \to 2$ 和放热过程 $2 \to B \to 1$ 分别积分求和可得

$$\int_{1A2} \frac{\delta Q_1}{T_1} + \int_{2B1} \frac{\delta Q_2}{T_2} = 0 \qquad (2\text{-}41)$$

式中，δQ_1 和 δQ_2 都是微元过程中工质与热源交换的热量，由于已用代数值，吸热和放热已由正负号表示，故可以统一用 δQ 表示；T_1 和 T_2 都是传热时热源的温度，也可用 T 表示，此时，式（2-41）可写为

$$\int_{1A2} \frac{\delta Q}{T} + \int_{2B1} \frac{\delta Q}{T} = 0$$

即

$$\oint \frac{\delta Q}{T} = 0 \qquad (2\text{-}42)$$

式（2-42）说明任意可逆循环的吸热量和放热量与相应的热源温度之比的积分等于零。式（2-42）中的积分为克劳修斯积分，式（2-42）为克劳修斯积分等式。

对任意不可逆循环 $1 \to A \to 2 \to B \to 1$，如图 2-19 所示，其中虚线表示循环中的不可逆过程。利用前述推导状态参数熵的方法，用无数条可逆绝热过程线将循环分成无穷多个微元循环。对于其中每一个不可逆微元循环，根据卡诺定理可知其热效率 η_t 小于同温限的卡诺循环的热效率 η_c，即

$$\eta_t = 1 - \frac{\delta Q_2}{\delta Q_1} < \eta_c = 1 - \frac{T_2}{T_1}$$

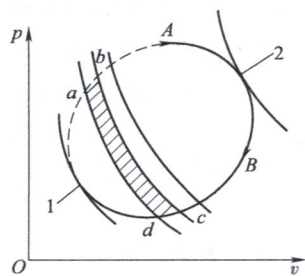

图 2-19　任意不可逆循环

从而有

$$\frac{\delta Q_1}{T_1} < \frac{\delta Q_2}{T_2}$$

考虑到 δQ_2 为工质放热量，则有

$$\frac{\delta Q_1}{T_1} + \frac{\delta Q_2}{T_2} < 0$$

对于每一个可逆微元循环，有

$$\frac{\delta Q_1}{T_1} + \frac{\delta Q_2}{T_2} = 0$$

对包括可逆与不可逆的所有微元循环进行积分求和，则有

$$\int_{1A2}\frac{\delta Q_1}{T_1}+\int_{2B1}\frac{\delta Q_2}{T_2}<0$$

即

$$\oint\frac{\delta Q}{T}<0 \tag{2-43}$$

式（2-43）说明任意不可逆循环的吸热量和放热量与相应的热源温度之比的积分小于零。式（2-43）为克劳修斯积分不等式。将式（2-42）与式（2-43）相结合得任意多热源循环关系式：

$$\oint\frac{\delta Q}{T}\leqslant 0 \tag{2-44}$$

此关系式说明任何循环的克劳修斯积分永远小于或等于零，且循环可逆时等于零，它可以用来判断循环是否可能发生以及是否可逆。克劳修斯积分 $\oint\delta Q/T$ 等于零即为可逆循环，小于零为不可逆循环，大于零为不可能发生的循环。正是由于克劳修斯不等式有这样的功能，所以它可以作为热力学第二定律的数学表达式之一。

2.7　状态参数熵及孤立系熵增

2.7.1　状态参数熵

针对可逆循环，根据克劳修斯积分有

$$\oint\frac{\delta Q}{T}=0 \tag{a}$$

对于图 2-18，有

$$\int_{1A2}\frac{\delta Q}{T}+\int_{2B1}\frac{\delta Q}{T}=0$$

由积分性质得

$$\int_{1A2}\frac{\delta Q}{T}=\int_{1B2}\frac{\delta Q}{T} \tag{b}$$

说明 $\delta Q/T$ 的积分，无论是经 $1\to A\to 2$ 还是经 $1\to B\to 2$，只要是可逆过程其积分值就相等，即 $\delta Q/T$ 的积分与路径无关。因此，可以断定可逆过程的 $\delta Q/T$ 一定是某一状态参数的全微分，按照第 1 章的定义为熵，即有

$$dS=\frac{\delta Q_{re}}{T}$$

带入式（a）、式（b）中可得

$$\oint dS=0 \tag{2-45}$$

$$\int_{1A2}dS=\int_{1B2}dS$$

即熵的变化与过程无关，仅取决于初态及终态，熵为状态参数。

2.7.2 不可逆过程熵变

为了分析不可逆过程熵的变化，考察如图 2-20 所示的不可逆过程 1→A→2，辅加一可逆过程 2→B→1，根据克劳修斯积分不等式，有

$$\int_{1A2} \frac{\delta Q}{T} + \int_{2B1} \frac{\delta Q}{T} < 0$$

从而有

$$\int_{1A2} \frac{\delta Q}{T} < - \int_{2B1} \frac{\delta Q}{T}$$

即

$$\int_{1A2} \frac{\delta Q}{T} < \int_{1B2} \frac{\delta Q}{T}$$

由于过程 1→B→2 是可逆过程，故有

$$S_2 - S_1 = \int_{1B2} \frac{\delta Q}{T}$$

代入 $\int_{1A2} \dfrac{\delta Q}{T} < \int_{1B2} \dfrac{\delta Q}{T}$，则

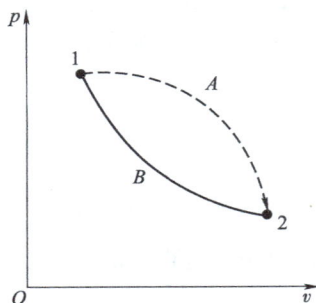

图 2-20 任意循环过程

$$\Delta S = S_2 - S_1 > \int_{1A2} \frac{\delta Q}{T} \tag{2-46}$$

对于一不可逆微元过程，则有

$$dS > \frac{\delta Q}{T} \tag{2-47}$$

由此可知，在不可逆过程中，初态、终态熵的变化量大于过程中工质与热源的换热量除以热源温度（$\delta Q/T$）。将此差值用 δS_g 表示，称为熵产，则有

$$\delta S_g = dS - \frac{\delta Q}{T}$$

或

$$dS = \frac{\delta Q}{T} + \delta S_g \tag{2-48a}$$

从式（2-48a）可以看出，在不可逆过程中熵的变化量由两部分构成：一部分是与外界热交换引起的 $\delta Q/T$，称为熵流，用 δS_f 表示；另一部分是不可逆因素引起的熵产 δS_g。

$$dS = \delta S_f + \delta S_g \tag{2-48b}$$

虽然熵流 δS_f 可以因工质吸热、放热或与外界无热交换，而使其值大于零、小于零或等于零，但熵产是由不可逆因素引起的，故其值只能恒大于零，即使对于可逆过程也只能等于零，绝不会出现熵产小于零的情况。因此恒有

$$\delta S_g \geqslant 0 \tag{2-49}$$

不可逆过程的熵产 δS_g 是由不可逆因素引起的。虽然不可逆因素的形式可以不同，但其实质相同，属性等效。不可逆性越大，熵产 δS_g 的值越大，反之不可逆性越小，熵产 δS_g 的

值越小。因此，无论是什么性质的不可逆，熵产是所有不可逆过程不可逆性大小的共同度量。

利用式（2-48b）可以计算熵产为

$$\delta S_g = dS - \delta S_f$$

鉴于过程和不可逆性的复杂性，更多的则是利用孤立系熵增原理计算熵产。

2.7.3 孤立系熵增原理

孤立系是与外界无任何能量交换和物质交换的系统，于是 $\delta Q = 0$，因此

$$\delta S_f = \frac{\delta Q}{T} = 0$$

这样孤立系的熵变 dS_{iso} 就只有一部分——熵产 δS_g，即

$$dS_{iso} = \delta S_g$$

由熵产的性质知

$$dS_{iso} \geqslant 0 \qquad (2-50a)$$

及

$$\Delta S_{iso} \geqslant 0 \qquad (2-50b)$$

式（2-50a）和式（2-50b）中，等号适用于可逆过程，大于号适用于不可逆过程，若出现小于号则表示过程不可能发生。这两式说明：孤立系的熵只能增加，不能减少，极限的情况（可逆过程）保持不变，称为孤立系熵增原理。

根据孤立系熵增原理，若一个过程进行的结果是使孤立系的熵增加，则该过程就可以发生和进行，而且是不可逆过程，前述所有的自发过程都是此种过程。例如，热量从高温物体向低温物体的传递过程，有摩擦的热功转换过程等。而这些过程的反过程，即欲使非自发过程自动发生的过程，一定是使孤立系的熵减少的过程。例如，热量从低温物体向高温物体的自发传递过程，就是使孤立系的熵减少的过程，由于它违背了孤立系熵增原理和热力学第二定律，显然不可能发生。要使非自发过程能够发生，一定要有补偿，补偿的目的在于使孤立系的熵不减少。例如，在制冷过程中消耗功的补偿是使包括热源、冷源和制冷机在内的孤立系的熵增加。在理想情况下最低限度的补偿也要使孤立系的熵增为零，此时的制冷循环为可逆循环。

正是由于孤立系熵增原理解决了过程的方向性问题，解决了由此引出的非自发过程的补偿和补偿限度问题，因此，孤立系熵增原理的表达式（2-50a）及式（2-50b）也可作为热力学第二定律的数学表达式。

2.7.4 孤立系熵增原理的应用

在利用孤立系熵增原理进行熵产计算时，常需要将系统划分为若干个子系统，每个子系统的熵变可根据熵的定义式及后面几章工质热力性质有关熵变的计算公式、计算图表等进行计算，整个孤立系的熵增为各个子系统熵变的代数和。

下面通过几个例子说明如何利用孤立系熵增原理进行热力学第二定律的定量分析计算。

例 2-5 某一热机从 $T_1 = 1500K$ 的热源吸收热量 2000kJ，向 $T_2 = 300K$ 的冷源放出热量 1000kJ。试求：

1）该热力循环是否能实现？是否可逆？

2）若将此热机作为制冷机用，能否从 $T_2 = 300K$ 的冷源吸收热量 1000kJ，而向 $T_1 = 1500K$ 的热源放出热量 2000kJ？

解：1）选取图 2-21 所示动力循环的热源、热机和冷源为孤立系，则孤立系总熵变为热源 T_1、热机 A 和冷源 T_2 三个子系统熵变的代数和，即

$$\Delta S_{\mathrm{iso}} = \Delta S_{T_1} + \Delta S_A + \Delta S_{T_2}$$

热源 T_1 放出热量 Q_1，其熵变为

$$\Delta S_{T_1} = \frac{Q_1}{T_1}$$

冷源 T_2 吸收热量 Q_2，其熵变为

$$\Delta S_{T_2} = \frac{Q_2}{T_2}$$

热机 A 经历了一个循环又回到初态，其熵变为

$$\Delta S_A = 0$$

则有

$$\Delta S_{\mathrm{iso}} = \Delta S_{T_1} + \Delta S_A + \Delta S_{T_2} = \frac{Q_1}{T_1} + \frac{Q_2}{T_2}$$

$$= \left(\frac{-2000}{1500} + \frac{1000}{300} \right) \mathrm{kJ/K} = 2.0 \mathrm{kJ/K} > 0$$

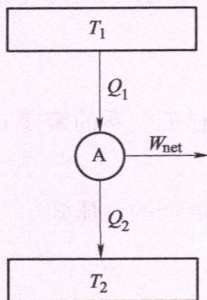

图 2-21 例 2-5 图

根据孤立系熵增原理，判定该热力循环可以实现。由于孤立系熵变大于零，故为不可逆循环。

2）将该热机作为制冷机用，则 Q_1 和 Q_2 的正负号与热机刚好相反。仍按上述方法选取孤立系，则

$$\Delta S_{\mathrm{iso}} = \Delta S_{T_1} + \Delta S_A + \Delta S_{T_2} = \frac{Q_1}{T_1} + \frac{Q_2}{T_2}$$

$$= \left(\frac{2000}{1500} - \frac{1000}{300} \right) \mathrm{kJ/K} = -2.0 \mathrm{kJ/K} < 0$$

根据孤立系熵增原理，判定该热力循环不可能实现。

由本例题可知：

1）可以通过计算孤立系划分成的几个子系统熵变的代数和，得出孤立系的总熵变，从而判断循环是否可行、是否可逆，对于该循环也可以利用卡诺定理和克劳修斯不等式进行计算和判断。

2）在计算各个子系统熵变时，常常涉及热量的正负号。应值得注意的是热量的正负号是按子系统是吸热还是放热来判定的。

3）分析本题第 2）问可知，该制冷机是有补偿、有代价地把热量从低温热源传向高温热源的非自发过程，代价是外界消耗功，即

$$W_{\text{net}} = Q_1 - Q_2 = 2000\text{kJ} - 1000\text{kJ} = 1000\text{kJ}$$

但由于 $\Delta S_{\text{iso}}<0$，说明该制冷机得到的补偿不够，仍违背孤立系熵增原理和热力学第二定律，因此不能实现。只有补偿到使 $\Delta S_{\text{iso}} \geq 0$ 时，该制冷循环才能实现。

例 2-6 如图 2-22 所示，有物体 A 和物体 B，温度分别为 $T_A=1200\text{K}$ 和 $T_B=400\text{K}$。试分析下面两种情况是否可行。若可行，该过程是否可逆？

1）物体 B 向物体 A 传递热量 800kJ。

2）物体 A 向物体 B 传递热量 800kJ。

解：1）选取物体 A 和物体 B 构成孤立系，由热力学第一定律可知，物体 B 放出的热量 Q_B 与物体 A 得到的热量 Q_A 在数值上相等，即

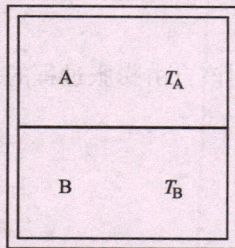

图 2-22 例 2-6 图

$$|Q_B| = |Q_A| = Q = 800\text{kJ}$$

由于物体 B 放热，则 $Q_B=-800\text{kJ}$，于是有

$$\Delta S_{\text{iso}} = \Delta S_A + \Delta S_B = \frac{Q_A}{T_A} + \frac{Q_B}{T_B}$$

$$= Q\left(\frac{1}{T_A} - \frac{1}{T_B}\right) = 800 \times \left(\frac{1}{1200} - \frac{1}{400}\right)\text{kJ/K}$$

$$= -1.33\text{kJ/K} < 0$$

根据孤立系熵增原理，判断物体 B 向物体 A 传递热量 800kJ 的过程不可行。

2）同理，对于物体 A 向物体 B 传递热量 800kJ 的情况，有

$$\Delta S_{\text{iso}} = \Delta S_A + \Delta S_B = \frac{Q_A}{T_A} + \frac{Q_B}{T_B}$$

$$= Q\left(\frac{1}{T_B} - \frac{1}{T_A}\right) = 800 \times \left(\frac{1}{400} - \frac{1}{1200}\right)\text{kJ/K}$$

$$= 1.33\text{kJ/K} > 0$$

根据孤立系熵增原理，判断物体 A 向物体 B 传递热量 800kJ 的过程可行。但由于 $\Delta S_{\text{iso}}>0$，所以该过程为不可逆过程，不可逆是由于不等温传热造成的。

本例题通过计算孤立系的总熵变，验证了热力学第二定律的克劳修斯说法。由于 $T_A>T_B$，故热量只能从物体 A 向物体 B 传递；想要不花任何代价地使热量从物体 B 传向物体 A 的过程违反热力学第二定律，因此是不可行的。显然，若 $T_A=T_B$，则无论是热量从物体 A 传向物体 B，还是从物体 B 传向物体 A，都有 $\Delta S_{\text{iso}}=0$，因此是可行的理想情况——可逆过程。

例 2-7 在充满空气的刚性绝热容器中插进一刚性隔板，使隔板两侧分别形成压力较高的空气空间 A 和真空 B，若抽掉隔板后空气达到的新平衡压力为原 A 中的一半，试求该自由膨胀过程的熵产。空气的熵变公式为

$$\Delta s = c_p \ln \frac{T_2}{T_1} - R_g \ln \frac{p_2}{p_1}$$

式中，c_p 为比定压热容；R_g 为气体常数。

对于空气，$c_p = 1.004\text{kJ}/(\text{kg} \cdot \text{K})$，$R_g = 0.287\text{kJ}/(\text{kg} \cdot \text{K})$。

解： 选取 A 和 B 构成孤立系，由题意可知

$$T_2 = T_1, p_2 = 0.5\, p_1$$

则该自由膨胀过程的熵产为

$$\Delta s_g = \Delta s_{iso} = \Delta s = c_p \ln \frac{T_2}{T_1} - R_g \ln \frac{p_2}{p_1}$$

$$= -R_g \ln \frac{p_2}{p_1} = (-0.287 \times \ln 0.5)\text{kJ}/(\text{kg} \cdot \text{K})$$

$$= 0.199\text{kJ}/(\text{kg} \cdot \text{K}) > 0$$

由本例题可知：根据热力学第一定律，自由膨胀过程中有 $\Delta T = 0$ 和 $\Delta U = 0$。本例题的计算说明，虽然此过程遵循热力学第一定律，但却是熵产大于零的不可逆过程。

2.8 热量的有效能和有效能损失

2.8.1 热量有效能

在卡诺循环和卡诺定理中曾讨论过两个恒温热源间最高热效率的问题，当低温热源温度为环境温度 T_0 时，温度为 T 的热源放出的热量 Q 中能转变为有用功的最大份额称为热量有效能，或热量㶲，又称为热量的做功能力，用 $E_{x,Q}$ 表示，即

$$E_{x,Q} = Q\left(1 - \frac{T_0}{T}\right) \qquad (2\text{-}51)$$

热量 Q 中不能转变为有用功的那部分能量称为热量无效能，或热㶲，又称为热量的非做功能力，用 $A_{n,Q}$ 表示为

$$A_{n,Q} = Q\frac{T_0}{T} \qquad (2\text{-}52)$$

热量有效能和无效能可以分别用如图 2-23 所示的面积 abcda 和 dcfed 表示。

当一个系统经历了从 T_1 到 T_2 的变温吸热过程时，则该系统所吸收的热量可以用如图 2-24 所示的面积 1236541 表示，显然该系统在环境温度为 T_0 时微元过程所吸取的热量有效能和无效能为

$$\delta E_{x,Q} = \delta Q\left(1 - \frac{T_0}{T}\right) \qquad (2\text{-}53\text{a})$$

$$\delta A_{n,Q} = \delta Q\frac{T_0}{T} \qquad (2\text{-}53\text{b})$$

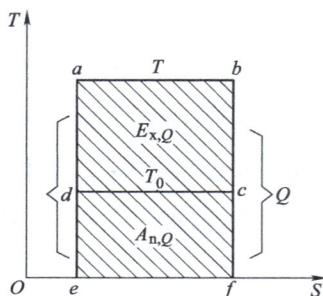

图 2-23 热量有效能

在整个过程中所吸收的热量有效能和无效能分别为

$$E_{x,Q} = \int_1^2 \delta Q \left(1 - \frac{T_0}{T}\right) \tag{2-54a}$$

$$A_{n,Q} = \int_1^2 \delta Q \frac{T_0}{T} \tag{2-54b}$$

如图 2-24 中的面积 12341 和面积 34563 所示。

显然，当 Q 值一定时，温度 T 越高，热量有效能越大。考察例 2-6 的温差传热过程，物体 A 放出的热量中热量有效能为

$$E_{x,Q_A} = Q \left(1 - \frac{T_0}{T_A}\right)$$

物体 B 得到的热量中热量有效能为

$$E_{x,Q_B} = Q \left(1 - \frac{T_0}{T_B}\right)$$

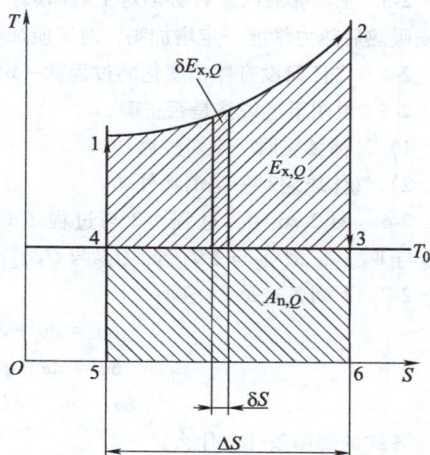

2.8.2 有效能损失

在不等温传热过程中，虽然热量的"量"守恒，但由于 $T_A > T_B$，$E_{x,Q_A} > E_{x,Q_B}$，热量的有效能不守恒。由于不等温的不可逆传热，有一部分有效能转化成了无效能，称为有效能损失或做功能力损失，又称为㶲损失，用 I 表示，则有

$$I = E_{x,Q_A} - E_{x,Q_B} = T_0 Q \left(\frac{1}{T_B} - \frac{1}{T_A}\right) \tag{2-55}$$

在例 2-6 中已讨论过，不可逆传热引起的孤立系熵增为

$$\Delta S_{iso} = Q \left(\frac{1}{T_B} - \frac{1}{T_A}\right)$$

代入式（2-55）则得

$$I = T_0 \Delta S_{iso} \tag{2-56}$$

在图 2-25 中，矩形面积 $abcda$ 为 E_{x,Q_A}，面积 $a'b'c'da'$ 为 E_{x,Q_B}，图中横轴上 fg 为孤立系熵增，阴影面积即为有效能损失 I。可以看出，不可逆的有效能损失造成无效能由矩形面积 $dcfed$ 增大到 $dc'ged$。

可以推论，当孤立系内发生任何不可逆过程时，系统内有效能损失都可以用式（2-56）进行计算。孤立系的熵增即为熵产，因此对于孤立系而言，式（2-56）还可写成

$$I = T_0 \Delta S_g \tag{2-57}$$

事实上，任何不可逆都会造成熵产，都会造成有效能转变成无效能的有效能损失。既然不可逆的实质是相同的，因此式（2-57）适用于所有不可逆过程的有效能损失计算。

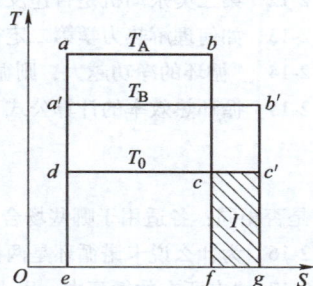

图 2-24 热量有效能和无效能

图 2-25 温差传热的有效能损失

思 考 题

2-1 为什么把 $q = \Delta u + w$ 称为热力学第一定律的基本表达式？它适用于什么工质和过程？

2-2 膨胀功、流动功、轴功和技术功之间有何差别？相互有何联系？试用 $p\text{-}v$ 图说明。

2-3 工质膨胀时是否必须对工质加热？工质是否能边膨胀边放热？工质是否能边被压缩边吸入热量？工质吸热后热力学能一定增加吗？对工质加热，其温度反而降低，是否可能？

2-4 "任何没有体积变化的过程就一定不对外做功"的说法是否正确？

2-5 说明下述说法是否正确：

1）气体膨胀时一定对外做功。

2）气体压缩时一定消耗外功。

2-6 图 2-26 中，过程 1-2 与过程 1-a-2 有相同的初态、终态，试比较：$W_{1\text{-}2}$ 与 $W_{1\text{-}a\text{-}2}$，$\Delta U_{1\text{-}2}$ 与 $\Delta U_{1\text{-}a\text{-}2}$，$Q_{1\text{-}2}$ 与 $Q_{1\text{-}a\text{-}2}$。

2-7 下列各式是否正确：

$$\delta q = \mathrm{d}u + \delta w$$
$$\delta q = \mathrm{d}u + p\mathrm{d}v$$
$$\delta q = \mathrm{d}u + \mathrm{d}(pv)$$

各式的使用条件是什么？

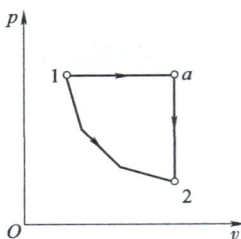

图 2-26 思考题 2-6 图

2-8 热力学第一定律的能量方程式是否可写成

$$q = \Delta u + pv$$
$$q_2 - q_1 = (u_2 - u_1) + (w_2 - w_1)$$

的形式？为什么？

2-9 热力学第一定律解析式有时写成下列两种形式：

$$q = \Delta u + w$$
$$q = \Delta u + \int_1^2 p\mathrm{d}v$$

分别讨论上述两式的使用范围。

2-10 "自发过程是不可逆过程，非自发过程是可逆过程"的说法对吗？为什么？

2-11 热力学第二定律是否可以表述为"机械能可以全部变为热能，而热能不能全部变为机械能"？为什么？

2-12 第二类永动机是否违反热力学第一定律？与第一类永动机有何区别？

2-13 如何理解热力学第二定律的克劳修斯说法和开尔文-普朗克说法的实质是互为等效的？

2-14 "循环的净功越大，则循环的热效率越高"的说法对吗？为什么？

2-15 循环热效率的计算公式

$$\eta_{\mathrm{t}} = 1 - \frac{q_2}{q_1} \text{ 和 } \eta_{\mathrm{t}} = 1 - \frac{T_2}{T_1}$$

是否相同？各适用于哪些场合？

2-16 为什么说卡诺循环是两恒温热源间最简单的可逆循环？

2-17 "在所有的循环中，以卡诺循环的热效率为最高"的说法对吗？为什么？

2-18 对于多热源热机提出"平均温度"的概念意义何在？

2-19 卡诺定理是针对正循环推导得到的。对于逆循环卡诺定理适用吗？为什么？

2-20 系统经历了一不可逆过程，已知终态熵小于初态熵，能判断该过程一定放出热量吗？为什么？

2-21 分析下述说法是否正确，并说明理由：

1）使系统熵增大的过程必为不可逆过程。

2）使系统熵产增大的过程必为不可逆过程。

3）熵增大的过程必定为吸热过程。

4）熵减小的过程必定为放热过程。

5）如果工质从同一初态到同一终态有两条途径，一为可逆，一为不可逆，则不可逆途径的 Δs 必大于可逆过程的 Δs。

6）系统经历了一可逆过程后，其终态熵大于初态熵，则该过程一定为吸热过程。

2-22 熵是状态参数，熵的变化仅与初态、终态有关，试问熵流与熵产是否也仅与初态、终态有关？为什么？

2-23 工质经过不可逆循环后是否有 $\oint dS > 0$，$\oint \dfrac{\delta Q}{T} < 0$？

2-24 "定熵过程必为可逆绝热过程"的说法对吗？反之呢？

2-25 根据热力学第一定律，能量在传递和转换过程中是守恒的，那么本章所谓的"能量损失"是什么？

习 题

2-1 一汽车在 1h 内消耗汽油 34.1L，已知汽油的发热量为 44000kJ/kg，汽油密度为 0.75g/cm^3。测得该车通过车轮输出的功率为 64kW，试求汽车通过排气、水箱散热等各种途径所放出的热量。

2-2 在冬季，某加工车间每小时经过墙壁和玻璃等处损失热量 $3 \times 10^6 \text{kJ}$，车间中各种机床的总功率为 375kW，且全部动力最终变成热能。另外，室内经常亮着 50 盏 100W 的电灯。为使该车间温度保持不变，问每小时需另外加入多少热量？

2-3 系统经一热力过程，吸热 6kJ，对外做功 18kJ。为使其返回初始状态，对系统加热 8kJ，问需对系统做功多少？

2-4 气体在某一过程中吸收了 50J 的热量，同时热力学能增加了 84J，问此过程是膨胀过程还是压缩过程？对外做功是多少？

2-5 某闭口系统经历一个由两热力过程组成的循环。在过程 1-2 中系统热力学能增加 35kJ，在过程 2-1 中系统放热 45kJ，系统经历该循环所做出净功为 10kJ。求系统在过程 1-2 中传递的热量和过程 2-1 中传递的功量。

2-6 某系统经历了四个热力过程组成的循环，试计算并填写表 2-1 中所缺数据。

表 2-1 习题 2-6 表

热力过程	Q/kJ	$\Delta U/\text{kJ}$	W/kJ
1-2	890		0
2-3		230	−230
3-4	−550		−550
4-1	0		
循环热效率 η_t			

2-7 用一台水泵将井水从 6m 深的井中抽到比地面高 30m 的水塔中，水流量为 $25\text{m}^3/\text{h}$，水泵消耗功率为 12kW。冬天井水的温度为 3.5℃。为防止冬天结冰，要求进入水塔的水温不低于 4℃。整个系统及管道均包有一定厚度的保温材料，问是否有必要在管道中设置加热器？如有必要的话，需加入多少热量？设管道中水进口、出口的动能差可忽略不计；水的比定压热容 $c_p = 4.187\text{kJ/(kg·K)}$，且水的焓差 $\Delta h = c_p \Delta t$；水

的密度为 $1000kg/cm^3$。

2-8 某蒸汽动力装置，蒸汽流量为 $50t/h$，汽轮机进口处压力表读数为 $9MPa$，进口比焓值 $h_1 = 3256kJ/kg$，出口比焓值 $h_2 = 2240kJ/kg$，出口真空表读数为 $90kPa$，当时当地大气压力为 $96kPa$，不考虑汽轮机对环境放热。试求：

1）汽轮机进出口蒸汽的绝对压力各为多少？

2）单位质量蒸汽流经汽轮机时对外做功多少？

3）汽轮机的功率是多少？

4）若考虑进出口蒸汽流速分别为 $50m/s$ 和 $120m/s$ 时，对汽轮机输出功率有多大影响？

2-9 某发电厂冷凝器，进口的乏汽压力为 $p = 0.008MPa$，比焓 $h_1 = 2600kJ/kg$，出口为同压下的水，比焓 $h_2 = 140kJ/kg$，若蒸汽流量为 $24t/h$，进入冷凝器的冷却水温度为 $t_1' = 17℃$，冷却水出口温度为 $t_2' = 30℃$，水的比热容取 $4.2kJ/(kg \cdot K)$，试求冷却水流量。

2-10 利用活塞式压气机压缩氮气，压缩前后氮气的参数分别为：$p_1 = 0.1MPa$，$v_1 = 0.86m^3/kg$；$p_2 = 1.0MPa$，$v_2 = 0.16m^3/kg$。设压缩过程中每千克氮气的热力学能增加 $160kJ$，同时向外放热 $60kJ$。压气机每分钟生产压缩氮气 $20kg$，试求：

1）压缩过程对每千克氮气所做的功。

2）生产每千克压缩氮气所需的功。

3）带动此压气机至少要多大功率的电动机？

2-11 流速为 $500m/s$ 的高速空气突然受阻停止流动，即 $c_2 = 0$，称为滞止。如滞止过程进行迅速，以致气流受阻过程中与外界的热交换可以忽略。问滞止前后空气焓值变化多少？

2-12 一卡诺机工作在 $1000℃$ 和 $20℃$ 的两热源间。试求：

1）卡诺机的热效率。

2）若卡诺机每分钟从高温热源吸入 $1200kJ$ 热量，此卡诺机净输出功率为多少？

3）求每分钟向低温热源排出的热量。

2-13 某动力循环在平均温度 $800K$ 下得到单位质量工质的热量为 $3300kJ/kg$，向温度为 $300K$ 的冷却水放出的热量为 $900kJ/kg$。如果工质没有其他热交换，此循环满足克劳修斯不等式吗？

2-14 某制冷循环，工质从温度 $-23℃$ 的冷源吸热 $100kJ$，并将热量 $250kJ$ 传给温度为 $27℃$ 的环境，此循环满足克劳修斯不等式吗？

2-15 试利用 T_1 和 T_2 表示如图 2-27 所示的 a 循环和 b 循环的热效率比。

2-16 某热机循环，工质从温度为 $T_1 = 1800K$ 的热源吸热 Q_1，并向温度为 $T_2 = 300K$ 的冷源放热 Q_2。试根据孤立系熵增原理在下述两种情况下确定该热机循环是否可行和可逆：

1）$Q_1 = 1500J$，$Q_2 = 800J$。

2）$Q_1 = 2000J$，$W_{net} = 1500J$。

2-17 闭口系统中工质在某一热力过程从热源（$300K$）吸收热量 $660kJ$。在该过程中工质熵变为 $5kJ/K$，试判断此过程是否可行，是否可逆。

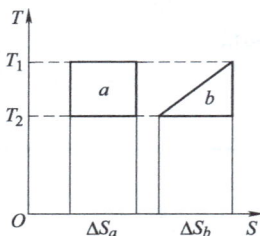

图 2-27 习题 2-15 图

2-18 有人设计了一台热机，工质分别从温度为 $T_1 = 800K$ 和 $T_2 = 500K$ 的两个高温热源吸热，$Q_1 = 1500kJ$ 和 $Q_2 = 500kJ$，以 $T_0 = 300K$ 的环境为冷源，放热 Q_3，试求：

1）要求热机做出循环净功 $W_{net} = 1000kJ$，该循环能否实现？

2）最大循环净功 $W_{net,max}$ 为多少？

2-19 将 $5kg$ 温度为 $0℃$ 的冰投入到装有 $25kg$ 温度为 $40℃$ 的水的容器中。假定容器绝热，试求冰完全融化且与水的温度达到热平衡时系统的熵产。已知冰的熔化热为 $333kJ/kg$。

2-20 以温度为 $27℃$ 的环境为热源、以 $1000kg$ 的 $0℃$ 的水为冷源的可逆热机，当冷源的水温升高到 $27℃$ 时可逆热机对外所做的净功为多少？

2-21　某物体的初温为 T_1，冷源温度为 T_2。现有一热机在此物体和冷源间工作，直至物体的温度降至 T_2 为止。若热机从物体中吸取的热量为 Q_1，物体的质量为 m，比热容为 c，试用孤立系熵增原理证明此热机所能输出的最大功为 $W_{net,\ max} = Q_1 - T_2 mc \ln \dfrac{T_1}{T_2}$。

2-22　在常压下对 1kg 水加热，使水温由 27℃ 升高到 100℃，设环境温度为 27℃，试求所加热量中有多少是热量有效能，$c_水 = 4.187 \mathrm{kJ/(kg \cdot K)}$。

2-23　单位质量气体在气缸中被压缩，压缩功为 180kJ/kg，气体的热力学能增加为 80kJ/kg，熵变化为 $-0.280 \mathrm{kJ/(kg \cdot K)}$，温度为 27℃ 的环境可与气体发生热交换，试确定压缩 1kg 气体的熵产。

2-24　两个质量相等、比热容相同且为定值的物体 A 和物体 B，初始温度分别为 T_A 和 T_B。用它们作为热源和冷源使可逆机在其间工作，直到两物体温度相等为止。

1）试证明平衡时的温度为 $T_m = \sqrt{T_A T_B}$。

2）求可逆机做的总功。

3）如果两物体直接接触进行热交换，直至温度相等，求此时的平衡温度及两物体的总熵增。

2-25　温度为 1800K 的恒温热源，向温度为 600K 的工质传热 100kJ。大气环境温度为 27℃。试求传热量中的有效能、无效能以及传热过程中引起的有效能损失，并在 T-s 图上表示出来。

第 3 章

理想气体的性质及热力过程

在第 1 章介绍了理想气体概念，在热功转换过程中，往往还要借助工质的某些物性变化，热机工作的经济性与选择的工质性质有关，研究工质的性质有着重要的意义。工程上许多气体在常用范围内可以作为理想气体处理，因此，理想气体作为气体的一个理想化模型有着实际意义。本章主要讨论理想气体的比热容、热力学能、焓和熵的计算，并讲解理想气体的热力过程，分析过程中能量的变化。

3.1　理想气体的比热容

气体与外界的热量交换的计算要涉及气体的比热容，气体的性能参数计算也与比热容相关，故气体的比热容是气体的重要热力参数。

3.1.1　比热容的定义

1kg 物质温度升高 1K（或 1℃）时所需要的热量称为物质的质量热容或比热容，用符号 c 表示，单位为 J/（kg·K），即

$$c = \frac{\delta q}{\mathrm{d}T} \tag{3-1}$$

热量是过程量，故对不同的过程比热容的数值也不同。在热力设备中，常用到定容过程及定压过程，相应的比热容称为比定容热容 c_V 和比定压热容 c_p，对定容过程 $\mathrm{d}v = 0$，对定压过程 $\mathrm{d}p = 0$，则

$$c_V = \left(\frac{\delta q}{\mathrm{d}T}\right)_V = \left(\frac{\mathrm{d}u + p\mathrm{d}v}{\mathrm{d}T}\right)_V = \left(\frac{\partial u}{\partial T}\right)_V \tag{3-2}$$

$$c_p = \left(\frac{\delta q}{\mathrm{d}T}\right)_p = \left(\frac{\mathrm{d}h - v\mathrm{d}p}{\mathrm{d}T}\right)_p = \left(\frac{\partial h}{\partial T}\right)_p \tag{3-3}$$

式（3-2）和式（3-3）由比热容的定义式和热力学第一定律导出，适用于一切工质，且 c_V 和 c_p 分别是状态参数 u 和 h 的偏导数，可见，它们与工质的状态有关。

除了比热容外，在热工计算中还经常用到摩尔热容及体积热容。1mol 物质温度升高

1K（或1℃）时所需要的热量称为摩尔热容，用符号 C_m 表示，单位为 $J/(mol \cdot K)$。在标准状态下 $1m^3$ 物质温度升高 1K（或1℃）时所需要的热量称为体积热容，用符号 C' 表示，单位为 $J/(m^3 \cdot K)$。三者之间的关系为

$$C_m = Mc = 0.0224141C' \tag{3-4}$$

3.1.2　理想气体的比定压热容与比定容热容的关系

理想气体是分子间无作用力的气体，故理想气体热力学能不含有分子间内位能，仅有与温度有关的内动能，比热力学能仅是温度的单值函数 $u = f(T)$。理想气体的比定容热容为

$$c_V = \left(\frac{\partial u}{\partial T}\right)_V = \frac{du}{dT}$$

由理想气体焓的表达式及理想气体状态方程式，可得

$$h = u + pv = u + R_g T = f'(T)$$

故理想气体的比焓也仅是温度的单值函数。理想气体的比定压热容为

$$c_p = \left(\frac{\partial h}{\partial T}\right)_p = \frac{dh}{dT}$$

可以求出理想气体的比定容热容 c_V 和比定压热容 c_p 的关系为

$$c_p - c_V = \frac{dh - du}{dT} = \frac{d(u + pv) - du}{dT} = \frac{d(R_g T)}{dT} = R_g$$

即

$$c_p - c_V = R_g \tag{3-5}$$

式（3-5）称为迈耶公式。两边各乘以摩尔质量 M，可得

$$C_{p,m} - C_{V,m} = R \tag{3-6}$$

比定压热容与比定容热容之比，称为比热比，用符号 γ 表示。由于比定压热容与比定容热容都是温度的函数，故 γ 也是温度的函数。

$$\gamma = \frac{c_p}{c_V} \tag{3-7}$$

代入式（3-5）可得

$$c_p = \frac{\gamma}{\gamma - 1} R_g \tag{3-8}$$

$$c_V = \frac{1}{\gamma - 1} R_g \tag{3-9}$$

3.1.3　理想气体的比热容的计算

1. 真实比热容

实验表明，理想气体的比热容是温度的单值函数，随着温度的升高而增大，其函数关系式可表示为

$$c = a_0 + a_1 T + a_2 T^2 + a_3 T^3 + \cdots \tag{3-10}$$

对于不同的气体，常数 a_0、a_1、a_2、a_3 有不同的实验数值。一些常用气体在理想气体状态下摩尔定压热容 $C_{p,m}$ 与温度的关系见表 3-1。

根据真实比热容随温度的变化，可求出气体温度由 T_1 变化到 T_2 时所需的热量：

$$q = \int_{T_1}^{T_2} c \, \mathrm{d}T = \int_{T_1}^{T_2} (a_0 + a_1 T + a_2 T^2 + a_3 T^3 + \cdots) \mathrm{d}T \qquad (3-11)$$

表 3-1　常用气体在理想气体状态下摩尔定压热容 $C_{p,\mathrm{m}}$ 与温度的关系

$$C_{p,\mathrm{m}} = a_0 + a_1 T + a_2 T^2 + a_3 T^3 \qquad [\text{单位为：} \mathrm{J/(mol \cdot K)}]$$

气体	a_0	$a_1 \times 10^3$	$a_2 \times 10^6$	$a_3 \times 10^9$	温度范围/K	最大误差
H_2	29.21	−1.916	−4.004	−0.8705	273~1800	1.01
O_2	25.48	1.520	−5.062	1.312	273~1800	1.19
N_2	28.90	−1.570	8.081	−28.73	273~1800	0.59
CO	28.16	1.675	5.372	−2.222	273~1800	0.89
CO_2	22.26	59.811	−35.01	7.470	273~1800	0.647
空气	28.15	1.967	4.801	−1.966	273~1800	0.72
H_2O	32.24	19.24	10.56	−3.595	273~1500	0.52
CH_4	19.89	50.24	12.69	−11.01	273~1500	1.33
C_2H_4	4.026	155.0	−81.56	16.98	273~1500	0.3
C_2H_6	5.414	178.1	−69.38	8.712	273~1500	0.7
C_3H_6	3.746	234.0	−115.1	29.31	273~1500	0.44

2. 平均比热容

应该指出，利用积分计算热量是不方便的。为了避免积分的麻烦，可利用平均比热容进行热量计算。平均比热容是指一定温度范围（t_1，t_2）内，真实比热容的积分平均值，它们的定义式为

$$c_p \Big|_{t_1}^{t_2} = \frac{\int_{t_1}^{t_2} c_p \mathrm{d}t}{t_2 - t_1} \qquad (3-12)$$

$$c_V \Big|_{t_1}^{t_2} = \frac{\int_{t_1}^{t_2} c_V \mathrm{d}t}{t_2 - t_1} \qquad (3-13)$$

式中，$c_p \big|_{t_1}^{t_2}$、$c_V \big|_{t_1}^{t_2}$ 分别表示温度从 t_1 到 t_2 的平均比定压热容、平均比定容热容，随 t_1 和 t_2 的变化而不同。为了应用方便，将各种气体的平均比热容制成表格，供计算时查用。要列出 t_1 到 t_2 的平均比热容表将很繁杂，为了解决这一问题，选平均比热容的初始温度同为 0℃，故同种气体的平均比热容只取决于终态温度。表 3-2 中列出各种气体的平均比定压热容。如需平均比定容热容，按迈耶公式即式（3-5）确定。

由平均比热容的定义式，热量 q 可用下式计算：

$$q_p = \int_{T_1}^{T_2} c_p \mathrm{d}T = \int_{t_1}^{t_2} c_p \mathrm{d}t = \int_{0℃}^{t_2} c_p \mathrm{d}t - \int_{0℃}^{t_1} c_p \mathrm{d}t = c_p \Big|_{0℃}^{t_2} t_2 - c_p \Big|_{0℃}^{t_1} t_1 \qquad (3-14)$$

$$q_V = \int_{T_1}^{T_2} c_V \mathrm{d}T = \int_{t_1}^{t_2} c_V \mathrm{d}t = \int_{0℃}^{t_2} c_V \mathrm{d}t - \int_{0℃}^{t_1} c_V \mathrm{d}t = c_V \Big|_{0℃}^{t_2} t_2 - c_V \Big|_{0℃}^{t_1} t_1 \qquad (3-15)$$

表3-2 理想气体状态下气体的平均比定压热容 $c_p\Big|_{0℃}^{t}$

[单位：kJ/(kg·K)]

温度/℃	O_2	N_2	CO	CO_2	H_2O	SO_2	空气
0	0.915	1.039	0.040	0.815	1.859	0.607	1.004
100	0.923	1.040	1.042	0.866	1.873	0.636	1.006
200	0.935	1.043	1.046	0.910	1.894	0.662	1.012
300	0.950	1.049	1.054	0.949	1.919	0.687	1.019
400	0.965	1.057	1.063	0.983	1.948	0.708	1.028
500	0.979	1.066	1.075	1.013	1.978	0.724	1.039
600	0.993	1.076	1.086	1.040	2.009	0.737	1.050
700	1.005	1.087	1.098	1.064	2.042	0.754	1.061
800	1.016	1.097	1.109	1.085	2.075	0.762	1.071
900	1.026	1.180	1.120	1.104	2.110	0.775	1.081
1000	1.035	1.118	1.130	1.122	2.144	0.783	1.091
1100	1.043	1.127	1.140	1.138	2.177	0.791	1.100
1200	1.051	1.136	1.149	1.153	2.211	0.795	1.108
1300	1.058	1.145	1.158	1.166	2.243	—	1.117
1400	1.065	1.153	1.166	1.178	2.274	—	1.124
1500	1.701	1.160	1.173	1.189	2.305	—	1.131
1600	1.077	1.167	1.180	1.200	2.335	—	1.138
1700	1.083	1.174	1.187	1.209	2.363	—	1.144
1800	1.089	1.180	1.192	1.218	2.391	—	1.150

3. 定值比热容

在温度变化不大的范围内，或对计算要求不十分精确，可把气体的比热容视为与温度无关的常数，这种比热容称为定值比热容。根据分子运动论，凡原子数相同的气体，其摩尔热容也相同。定值摩尔热容和比热比与一定原子数气体的关系见表3-3。

表3-3 理想气体的定值摩尔热容和比热比

	单原子气体	双原子气体	多原子气体
$C_{V,m}$	3×R/2	5×R/2	7×R/2
$C_{p,m}$	5×R/2	7×R/2	9×R/2
$\gamma = c_p/c_V$	1.67	1.40	1.29

实际应用中，为了简化运算过程，把25℃时理想气体状态下各种气体的实验数据确定为定值比热容的值，可以参考书后表A-1中常用气体的比热容。

例 3-1   在燃气轮机装置中，用从燃气轮机中排出的废气对空气进行加热（加热在空气回热器中进行），然后将加热后的空气送入燃烧室进行燃烧。若空气在回热器中，从 127℃定压加热到 327℃。试求加热 1kg 空气所需的热量：按定值比热容计算；按真实比热容计算；按平均比热容计算。

解： 空气在回热器中定压加热，$q = \int_1^2 c_p \mathrm{d}T$。

（1）按定值比热容计算   由表 A-1 查得空气的 $M = 28.97\mathrm{g/mol}$，结合表 3-3 可得空气的比定压热容为

$$c_p = \frac{C_{p,m}}{M} = \frac{7R}{2M} = \frac{7 \times 8.314}{2 \times 28.97 \times 10^{-3}} \mathrm{kJ/(kg \cdot K)} = 1.0045 \mathrm{kJ/(kg \cdot K)}$$

则

$$q = c_p(t_2 - t_1) = 1.0045 \times (327 - 127)\mathrm{kJ/kg} = 200.9\mathrm{kJ/kg}$$

（2）按真实比热容计算   由表 3-1 可得空气的摩尔定压热容公式为

$$C_{p,m} = 28.15 + 1.967 \times 10^{-3}T + 4.801 \times 10^{-6}T^2 - 1.966 \times 10^{-9}T^3$$

$$q = \int_1^2 c_p \mathrm{d}T = \int_1^2 \frac{C_{p,m}}{M}\mathrm{d}T$$

$$= \frac{1}{28.97} \times \left[28.15 \times (600 - 400) + 1.967 \times 10^{-3} \times \frac{600^2 - 400^2}{2} + \right.$$

$$\left. 4.801 \times 10^{-6} \times \frac{600^3 - 400^3}{3} - 1.966 \times 10^{-9} \times \frac{600^4 - 400^4}{4} \right] \mathrm{kJ/kg}$$

$$= 207.76\mathrm{kJ/kg}$$

（3）按平均比热容计算

$$q = c_{p,m} \Big|_{0℃}^{t_2} t_2 - c_{p,m} \Big|_{0℃}^{t_1} t_1$$

查表 3-2，经插值计算得空气的平均比定压热容为

$$c_p \Big|_{0℃}^{127℃} = 1.0076\mathrm{kJ/(kg \cdot K)}, c_p \Big|_{0℃}^{327℃} = 1.0214\mathrm{kJ/(kg \cdot K)}$$

$$q = (1.0214 \times 327 - 1.0076 \times 127)\mathrm{kJ/kg} = 206.03\mathrm{kJ/kg}$$

由于平均比热容表是根据比热容的精确数值编制的，因此可以求得最可靠的结果，与它们相比按真实比热容算得的结果，其相对误差在 1% 左右。定值比热容是近似计算，误差较大，但由于其计算简便，在计算精度要求不高或气体温度不太高且变化范围不大时，一般按定值比热容计算。

3.2   理想气体的热力学能、焓和熵

3.2.1   理想气体的热力学能

气体的热力学能由内动能及内位能组成，内动能仅和气体的温度有关，内位能和气体的比体积有关。理想气体分子之间没有作用力，即不存在内位能，因此，理想气体的比热力学

能仅是温度的单值函数，即 $u = f(T)$。

根据理想气体的这一特性，凡温度相同的状态，理想气体的热力学能必相同。如图 3-1 所示，2、3、4 点有相同的温度，则由点 1 至各点的过程中，比热力学能的变化都相同。

$$\Delta u_{1\text{-}2} = \Delta u_{1\text{-}3} = \Delta u_{1\text{-}4}$$

定容过程的膨胀功为零，根据热力学第一定律，定容过程 1-2 的比热力学能变化为

$$\Delta u = q_V = \int_1^2 c_V \mathrm{d}T$$

对理想气体来说，只要初状态、终状态温度一定，任何过程的比热力学能的变化都可表示为

$$\Delta u = \int_1^2 c_V \mathrm{d}T \tag{3-16}$$

及

$$\mathrm{d}u = c_V \mathrm{d}T \tag{3-17}$$

只要知道比定容热容随温度的变化关系，就可利用式（3-16）、式（3-17）计算理想气体的比热力学能。当比定容热容 c_V 为定值时，$\Delta u = c_V(T_2 - T_1)$。

图 3-1 理想气体的 Δu 和 Δh

3.2.2 理想气体的焓

根据焓的定义式，理想气体的比焓可表示为

$$h = u + pv = u + R_{\mathrm{g}}T$$

理想气体的比热力学能仅是温度的单值函数，则理想气体的比焓也仅是温度的单值函数，即

$$h = f(T)$$

根据能量方程式，对定压过程，技术功为零。如图 3-1 所示，过程 1-4 的比焓为

$$\Delta h = q_p = \int_1^2 c_p \mathrm{d}T$$

对理想气体只要初状态、终状态温度一定，任何过程的比焓的变化都相同，都可表示为

$$\Delta h = \int_1^2 c_p \mathrm{d}T \tag{3-18}$$

及

$$\mathrm{d}h = c_p \mathrm{d}T \tag{3-19}$$

只要知道比定压热容随温度的变化关系，就可利用式（3-18）、式（3-19）计算理想气体的比焓。当比定压热容 c_p 为定值时，$\Delta h = c_p(T_2 - T_1)$

3.2.3 理想气体的熵

由式（1-22）可知对可逆过程熵的定义式为

$$\mathrm{d}s = \frac{\delta q}{T}$$

根据热力学第一定律的能量方程式，对可逆过程有

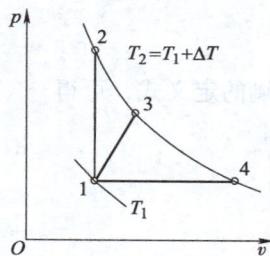

$$\delta q = \mathrm{d}u + p\mathrm{d}v$$

和

$$\delta q = \mathrm{d}h - v\mathrm{d}p$$

代入熵的定义式，可得

$$\mathrm{d}s = \frac{\mathrm{d}u + p\mathrm{d}v}{T} = \frac{\mathrm{d}u}{T} + \frac{p}{T}\mathrm{d}v = c_V\frac{\mathrm{d}T}{T} + R_g\frac{\mathrm{d}v}{v} \tag{3-20}$$

$$\mathrm{d}s = \frac{\mathrm{d}h - v\mathrm{d}p}{T} = \frac{\mathrm{d}h}{T} - \frac{v}{T}\mathrm{d}p = c_p\frac{\mathrm{d}T}{T} - R_g\frac{\mathrm{d}p}{p} \tag{3-21}$$

将理想气体状态方程 $pv = R_g T$ 表示成微分形式，即

$$\frac{\mathrm{d}p}{p} + \frac{\mathrm{d}v}{v} = \frac{\mathrm{d}T}{T}$$

代入熵的微分关系式（3-20），可得理想气体熵的另一个微分表达式为

$$\mathrm{d}s = c_V\frac{\mathrm{d}p}{p} + c_p\frac{\mathrm{d}v}{v} \tag{3-22}$$

当比热容为定值时，系统由状态 1 变化到状态 2 时的熵的变化为

$$\Delta s = s_2 - s_1 = c_V\ln\frac{T_2}{T_1} + R_g\ln\frac{v_2}{v_1} \tag{3-23}$$

$$\Delta s = s_2 - s_1 = c_p\ln\frac{T_2}{T_1} - R_g\ln\frac{p_2}{p_1} \tag{3-24}$$

$$\Delta s = s_2 - s_1 = c_V\ln\frac{p_2}{p_1} + c_p\ln\frac{v_2}{v_1} \tag{3-25}$$

由以上计算公式可知，**理想气体的熵的变化只与初状态、终状态的状态参数有关，而与中间的变化过程无关**，证明了理想气体的熵是一个状态参数。

例 3-2 有 $0.8m^3$ 空气，温度 $t_1 = 130℃$，压力 $p_1 = 0.3MPa$。空气进行一个膨胀过程，其压力降为 $0.08MPa$，温度降为 $20℃$，试求空气的熵变化。

解：根据题意，已知过程前后的温度和压力，选熵变化的计算式（3-24），可得

$$\Delta s = s_2 - s_1 = c_p\ln\frac{T_2}{T_1} - R_g\ln\frac{p_2}{p_1}$$

由表 A-1 查得空气的 $R_g = 0.2871 kJ/(kg \cdot K)$，比热容为定值 $c_p = 1.004 kJ/(kg \cdot K)$，代入上式，可得

$$\Delta s = \left(1.004 \times \ln\frac{293}{403} - 0.2871 \times \ln\frac{0.08 \times 10^6}{0.3 \times 10^6}\right) kJ/(kg \cdot K)$$

$$= 0.0594 kJ/(kg \cdot K)$$

根据理想气体状态方程，空气的质量为

$$m = \frac{p_1 V_1}{R_g T_1} = \frac{0.3 \times 10^6 \times 0.8}{287.1 \times (273 + 130)} kg = 2.074 kg$$

所以，质量为 m 的空气的熵变为

$$\Delta S = m\Delta s = 2.074 \times 0.0594 kJ/K = 0.123 kJ/K$$

3.3　理想气体的基本热力过程

本节以热力学第一定律为基础，以理想气体为工质，结合可逆过程的特征来分析研究不同热力过程中的能量转换关系。

3.3.1　研究热力过程的目的和方法

1. 研究目的

热能和机械能的相互转换是通过工质状态变化过程实现的，不同的过程表征不同的外部条件。研究热力过程的目的在于研究不同的外部条件对热能和机械能转换的影响，揭示各种热力过程中状态参数的变化规律和相应的能量转换状况，以进一步安排有利的热力过程，提高热能转换为机械能的效率。

2. 研究方法及步骤

实际的热力过程非常复杂，为了分析研究方便，分析时采用简化、抽象的方法将复杂的不可逆过程简化为可逆过程处理，然后再借助经验系数或效率来修正，并将实际过程中状态参数变化的特征加以抽象，概括成为具有简单规律的典型过程，如定压、定容、定温、绝热等。如在某些换热器中，主要是流体温度的变化，可以认为是在压力不变的条件下进行的；在动力机械中，由于流体通过速度较快，可以认为与外界交换的热量较少，进行了绝热过程，等等。

具体步骤如下：

1）建立过程方程式，即建立该过程中系统的状态参数之间的关系，用压力随比体积变化的关系表示出来。

2）根据已知的参数及过程方程式，求解其他的未知参数。对工质初、终状态的 Δu、Δh、Δs，不论对哪种过程，或过程是否可逆，对定值比热容，都可按下列公式计算：

$$\Delta u = c_V(T_2 - T_1)$$
$$\Delta h = c_p(T_2 - T_1)$$
$$\Delta s = s_2 - s_1 = c_V\ln\frac{T_2}{T_1} + R_g\ln\frac{v_2}{v_1}$$
$$\Delta s = s_2 - s_1 = c_p\ln\frac{T_2}{T_1} - R_g\ln\frac{p_2}{p_1}$$
$$\Delta s = s_2 - s_1 = c_V\ln\frac{p_2}{p_1} + c_p\ln\frac{v_2}{v_1}$$

3）将过程中状态参数的变化规律表示在 p-v 图、T-s 图中，用图示方法进行定性分析，如体积功、技术功和热量的正负。

4）根据热力学第一定律，计算过程中与外界交换的功量（膨胀功或技术功）和热量。

3.3.2　理想气体基本热力过程的分析

定容、定压、定温、绝热等过程，称为理想气体基本热力过程。

1. 定容过程

系统的比体积保持不变时，系统状态发生变化所经历的过程称为定容过程。

（1）过程方程式　定容过程的过程方程式为

$$v = 定值 \tag{3-26}$$

（2）状态参数之间的关系　按理想气体状态方程及过程方程式可得

$$\frac{p_2}{p_1} = \frac{T_2}{T_1} \tag{3-27}$$

（3）理想气体膨胀功、技术功及热量的计算

膨胀功为

$$w = \int_1^2 p\,\mathrm{d}v = 0 \tag{3-28}$$

技术功为

$$w_t = -\int_1^2 v\,\mathrm{d}p = v(p_1 - p_2) \tag{3-29}$$

工质与外界交换的热量（比热容取定值）为

$$q = w + \Delta u = c_V(T_2 - T_1) \tag{3-30}$$

（4）过程的 p-v 图和 T-s 图　如图 3-2 所示，1-2 为定容加热过程，1-2′ 为定容放热过程。定容过程在 p-v 图上是一条垂直于 v 轴的直线，在 T-s 图上是一条指数曲线。其斜率根据理想气体的可逆过程 $T\mathrm{d}s = \mathrm{d}u + p\mathrm{d}v$，对定容过程 $\mathrm{d}v = 0$，可得

$$\left(\frac{\partial T}{\partial s}\right)_V = \frac{T}{c_V} \tag{3-31}$$

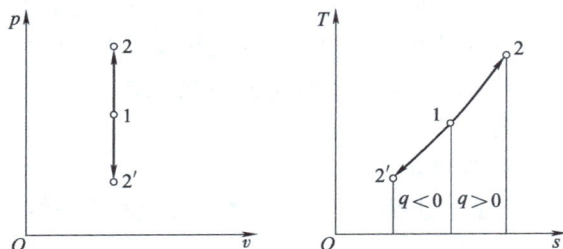

图 3-2　定容过程的 p-v 图和 T-s 图

所以，在 T-s 图上定容线是斜率为 T/c_V 的曲线，且斜率随着温度的升高而增大。

2. 定压过程

系统的压力保持不变时，系统状态发生变化所经历的过程称为定压过程。

（1）过程方程式　定压过程的过程方程式为

$$p = 定值 \tag{3-32}$$

（2）状态参数之间的关系　按理想气体状态方程及过程方程式可得

$$\frac{v_2}{v_1} = \frac{T_2}{T_1} \tag{3-33}$$

（3）理想气体膨胀功、技术功及热量的计算

膨胀功为

$$w = \int_1^2 p\,\mathrm{d}v = p(v_2 - v_1) \tag{3-34}$$

技术功为

$$w_t = -\int_1^2 v\,\mathrm{d}p = 0 \tag{3-35}$$

工质与外界交换的热量（比热容取定值）为

$$q = w_t + \Delta h = c_p(T_2 - T_1) \tag{3-36}$$

（4）过程的 p-v 图和 T-s 图　如图 3-3 所示，1-2 为定压加热过程，1-2′ 为定压放热过程。定压过程在 p-v 图上是一条垂直于 p 轴的直线，在 T-s 图上是一条指数曲线。其斜率根据理想气体的可逆过程 $T\mathrm{d}s = c_p\mathrm{d}T - v\mathrm{d}p$，对定压过程 $\mathrm{d}p = 0$，可得

$$\left(\frac{\partial T}{\partial s}\right)_p = \frac{T}{c_p} \tag{3-37}$$

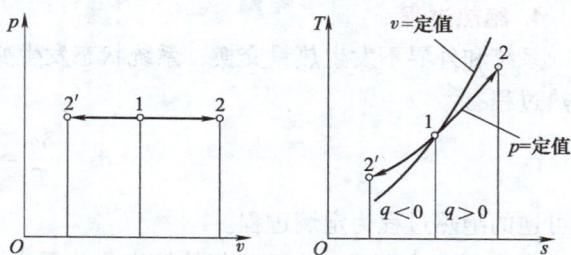

图 3-3　定压过程的 p-v 图和 T-s 图

所以，在 T-s 图上定容线是斜率为 T/c_p 的曲线，且斜率随着温度的升高而增大。与定压过程线相比，由于 $c_p > c_V$，所以，定压过程线较定容过程线平坦。

3. 定温过程

系统的温度保持不变时，系统状态发生变化所经历的过程称为定温过程。

（1）过程方程式　定温过程的特征方程为 $T=$ 定值，根据理想气体状态方程，可得定温过程的过程方程式为

$$pv = 定值 \tag{3-38}$$

（2）状态参数之间的关系　由过程方程式可得

$$\frac{p_2}{p_1} = \frac{v_1}{v_2} \tag{3-39}$$

（3）理想气体膨胀功、技术功及热量的计算

工质与外界交换的热量为

$$q = \int_1^2 T\mathrm{d}s = T\Delta s = R_g T\ln\frac{p_1}{p_2} = R_g T\ln\frac{v_2}{v_1} \tag{3-40}$$

膨胀功为

$$w = q - \Delta u = q \tag{3-41}$$

技术功为

$$w_t = q - \Delta h = q \tag{3-42}$$

或利用计算式 $w = \int_1^2 p\mathrm{d}v$ 和 $w_t = -\int_1^2 v\mathrm{d}p$ 积分，可得到同样的结果。

（4）过程的 p-v 图和 T-s 图　如图 3-4 所示，1-2 为定温加热过程，1-2′ 为定温放热过程。定温过程在 T-s 图上是一条垂直于 T 轴的直线，在 p-v 图上是一条等轴双曲线。其斜率由 $pv=$ 定值可得，$\mathrm{d}(pv) = 0$，即 $p\mathrm{d}v + v\mathrm{d}p = 0$，所以定温过程线在 p-v 图上的斜率为

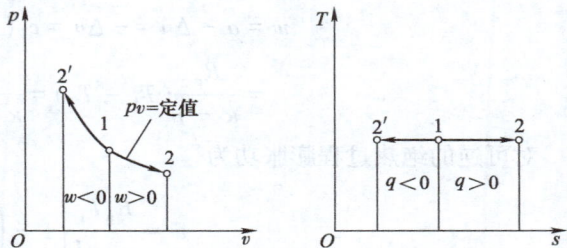

图 3-4　定温过程的 p-v 图和 T-s 图

$$\left(\frac{\partial p}{\partial v}\right)_T = -\frac{p}{v} \tag{3-43}$$

4. 绝热过程

系统和外界不发生热量交换，系统状态发生变化所经历的过程称为绝热过程。对可逆的绝热过程有

$$ds = \frac{\delta q}{T} = 0$$

即可逆的绝热过程为定熵过程。

（1）过程方程式　由理想气体熵变化关系式（3-22）得

$$ds = c_V \frac{dp}{p} + c_p \frac{dv}{v} = 0$$

$$\frac{dp}{p} + \gamma \frac{dv}{v} = 0$$

当比热容为定值时，比热比也为定值，积分可得

$$\ln p + \gamma \ln v = 定值$$

$$pv^\gamma = 定值 \tag{3-44}$$

对理想气体，式（3-44）中的指数称为等熵指数，用 κ 表示，式（3-44）又可以表示为

$$pv^\kappa = 定值 \tag{3-45}$$

式（3-45）即为可逆绝热过程的过程方程式。

（2）状态参数之间的关系　按理想气体状态方程及过程方程式可得

$$\frac{p_2}{p_1} = \left(\frac{v_1}{v_2}\right)^\kappa \tag{3-46}$$

$$\frac{T_2}{T_1} = \left(\frac{v_1}{v_2}\right)^{\kappa-1} \tag{3-47}$$

$$\frac{T_2}{T_1} = \left(\frac{p_2}{p_1}\right)^{\frac{\kappa-1}{\kappa}} \tag{3-48}$$

（3）理想气体膨胀功、技术功及热量的计算　因为是绝热过程，工质与外界交换的热量为

$$q = 0$$

取定值比热容时，过程的膨胀功为

$$w = q - \Delta u = -\Delta u = c_V(T_1 - T_2)$$
$$= \frac{R_g}{\kappa-1}(T_1 - T_2) = \frac{1}{\kappa-1}(p_1 v_1 - p_2 v_2) \tag{3-49}$$

对可逆的绝热过程膨胀功为

$$w = \frac{R_g T_1}{\kappa-1}\left[1 - \left(\frac{p_2}{p_1}\right)^{\frac{\kappa-1}{\kappa}}\right] \tag{3-50}$$

取定值比热容时，过程的技术功为

$$w_t = q - \Delta h = -\Delta h = c_p(T_1 - T_2)$$

$$= \frac{\kappa R_g}{\kappa - 1}(T_1 - T_2) = \frac{\kappa}{\kappa - 1}(p_1 v_1 - p_2 v_2) \tag{3-51}$$

对可逆的绝热过程技术功为

$$w_t = \frac{\kappa R_g T}{\kappa - 1}\left[1 - \left(\frac{p_2}{p_1}\right)^{\frac{\kappa-1}{\kappa}}\right] \tag{3-52}$$

或利用计算式 $w = \int_1^2 p\,dv$ 和 $w_t = -\int_1^2 v\,dp$ 积分，可得到同样的结果。

对比膨胀功和技术功的计算式，可以发现

$$w_t = \kappa w \tag{3-53}$$

（4）过程的 $p\text{-}v$ 图和 $T\text{-}s$ 图 如图 3-5 所示，1-2 为绝热压缩过程，1-2′ 为绝热膨胀过程。绝热过程在 $T\text{-}s$ 图上是一条垂直于 s 轴的直线，在 $p\text{-}v$ 图上是一条高次双曲线。其斜率由 $pv^\kappa =$ 定值可得，$d(pv^\kappa) = 0$，即 $\kappa p\,dv + v\,dp = 0$，所以定熵过程线在 $p\text{-}v$ 图上的斜率为

$$\left(\frac{\partial p}{\partial v}\right)_s = -\kappa \frac{p}{v} \tag{3-54}$$

与定温过程线在 $p\text{-}v$ 图上的斜率［式（3-43）］相比，因为 $\kappa > 1$，定熵过程线斜率的绝对值大于定温过程线，所以定熵过程线更陡些。

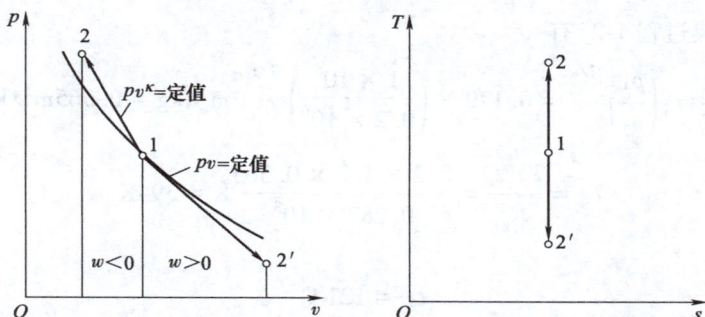

图 3-5 绝热过程的 $p\text{-}v$ 图和 $T\text{-}s$ 图

例 3-3 有 2kg 空气分别经过定温膨胀和绝热膨胀的可逆过程，如图 3-6 所示，从初态 $p_1 = 1\text{MPa}$，$t_1 = 350℃$ 膨胀到终态压力为 $p_2 = 0.2\text{MPa}$。试计算不同过程中空气的终态参数，对外界所做的膨胀功及过程中热力学能、焓、熵的变化。空气的 $c_p = 1.004\text{kJ/}$(kg·K)，$\kappa = 1.4$，$R_g = 0.287\text{kJ/}$(kg·K)。

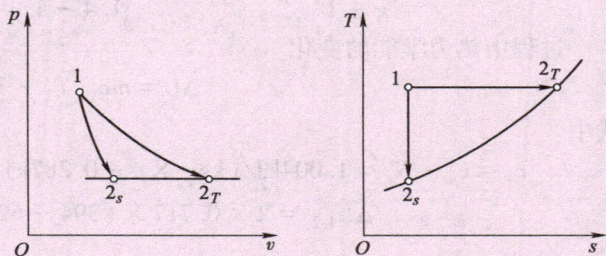

图 3-6 例 3-3 图

解：1）可逆定温过程 1-2$_T$ 有

$$v_1 = \frac{R_g T_1}{p_1} = \frac{0.287 \times (273 + 350)}{1 \times 10^3} \text{m}^3/\text{kg} = 0.179 \text{m}^3/\text{kg}$$

$$v_{2_T} = v_1 \frac{p_1}{p_2} = 0.179 \times \frac{1 \times 10^6}{0.2 \times 10^6} \text{m}^3/\text{kg} = 0.895 \text{m}^3/\text{kg}$$

过程中交换的热量和做的膨胀功为

$$W = Q = m R_g T_1 \ln \frac{v_2}{v_1} = 2 \times 0.287 \times 623 \times \ln \frac{0.895}{0.179} \text{kJ} = 575.5 \text{kJ}$$

过程中热力学能的变化为

$$\Delta U_{1\text{-}2_T} = 0$$

过程中焓的变化为

$$\Delta H_{1\text{-}2_T} = 0$$

过程中熵的变化为

$$\Delta S_{1\text{-}2_T} = \frac{Q}{T} = \frac{575.5}{623} \text{kJ/K} = 0.92 \text{kJ/K}$$

或

$$\Delta S_{1\text{-}2_T} = m R_g \ln \frac{v_2}{v_1} = 2 \times 0.287 \times \ln \frac{0.895}{0.179} \text{kJ/K} = 0.92 \text{kJ/K}$$

2）可逆绝热过程 $1\text{-}2_s$ 有

$$v_{2_s} = v_1 \left(\frac{p_1}{p_2} \right)^{1/\kappa} = 0.179 \times \left(\frac{1 \times 10^6}{0.2 \times 10^6} \right)^{1/1.4} \text{m}^3/\text{kg} = 0.565 \text{m}^3/\text{kg}$$

$$T_{2_s} = \frac{p_2 v_{2_s}}{R_g} = \frac{0.2 \times 10^6 \times 0.565}{0.287 \times 10^3} \text{K} = 394 \text{K}$$

或

$$t_{2_s} = 121 \text{℃}$$

气体与外界交换的热量为

$$Q = 0$$

气体对外做的膨胀功为

$$W = m \frac{R_g}{\kappa - 1} (T_1 - T_2) = 2 \times \frac{0.287}{1.4 - 1} \times (623 - 394) \text{kJ} = 328.6 \text{kJ}$$

过程中热力学能的变化

$$\Delta U = m c_V (T_2 - T_1)$$

式中

$$c_V = c_p - R_g = 1.004 \text{kJ/(kg·K)} - 0.287 \text{kJ/(kg·K)} = 0.717 \text{kJ/(kg·K)}$$

$$\Delta U_{1\text{-}2_s} = 2 \times 0.717 \times (394 - 623) \text{kJ} = -328.4 \text{kJ}$$

或

$$\Delta U_{1\text{-}2_s} = -W = -328.6 \text{kJ}$$

过程中焓的变化

$$\Delta H_{1\text{-}2_s} = mc_p(T_2 - T_1) = 2 \times 1.004 \times (394 - 623)\,\text{kJ} = -459.8\,\text{kJ}$$

过程中熵的变化

$$\Delta S_{1\text{-}2_s} = 0$$

3.4　理想气体多变过程

3.4.1　过程方程式

能量转换装置中，工质进行各种热力过程，其过程方程式通常都可以近似表示为

$$pv^n = 定值 \qquad\qquad (3\text{-}55)$$

式（3-55）称为多变过程的过程方程式，n 为多变指数，它可以是 $-\infty$ 到 $+\infty$ 之间的任意数值。

当 $n=0$ 时，过程方程式简化为 $p=$ 定值，即为定压过程；当 $n=1$ 时，过程方程式简化为 $pv=$ 定值，即为定温过程；当 $n=\pm\infty$ 时，过程方程式简化为 $v=$ 定值，即为定容过程；当 $n=\kappa$ 时，过程方程式简化为 $pv^\kappa=$ 定值，即为定熵过程。

因此，前面所述的四种基本热力过程均为多变过程的特例。

3.4.2　状态参数之间的关系

按理想气体状态方程及过程方程式可得

$$\frac{p_2}{p_1} = \left(\frac{v_1}{v_2}\right)^n \qquad\qquad (3\text{-}56)$$

$$\frac{T_2}{T_1} = \left(\frac{v_1}{v_2}\right)^{n-1} \qquad\qquad (3\text{-}57)$$

$$\frac{T_2}{T_1} = \left(\frac{p_2}{p_1}\right)^{\frac{n-1}{n}} \qquad\qquad (3\text{-}58)$$

3.4.3　理想气体膨胀功、技术功及热量的计算

对可逆过程膨胀功为

$$w = \int_1^2 p\,\mathrm{d}v = \int_1^2 p_1 v_1^n \frac{\mathrm{d}v}{v^n} = \frac{p_1 v_1}{n-1}\left[1 - \left(\frac{p_2}{p_1}\right)^{\frac{n-1}{n}}\right] = \frac{1}{n-1}(p_1 v_1 - p_2 v_2) = \frac{R_g}{n-1}(T_1 - T_2)$$

$$(3\text{-}59)$$

在多变过程条件下，由 $\mathrm{d}(pv^n) = 0$ 可得

$$-v\mathrm{d}p = np\mathrm{d}v$$

所以，技术功为

$$w_t = -\int_1^2 v\mathrm{d}p = n\int_1^2 p\mathrm{d}v = \frac{nR_g}{n-1}(T_1 - T_2) \qquad\qquad (3\text{-}60)$$

工质与外界交换的热量为

$$q = \Delta u + w = c_V(T_2 - T_1) + \frac{R_g}{n-1}(T_1 - T_2) = c_V \frac{n-\kappa}{n-1}(T_2 - T_1) \qquad (3\text{-}61)$$

根据比热容的定义多变过程吸收的热量为

$$q = \int_1^2 c_n \mathrm{d}T = c_n(T_2 - T_1) \qquad (3\text{-}62)$$

式中，c_n 为多变过程的比热容，式（3-62）和式（3-61）相比，可得

$$c_n = c_V \frac{n-\kappa}{n-1} \qquad (3\text{-}63)$$

理想气体工质的各可逆过程计算公式见表 3-4。

3.4.4 多变过程的 *p-v* 图和 *T-s* 图

1. 过程线的分布规律

在 *p-v* 图和 *T-s* 图上，从同一状态出发的四种基本热力过程如图 3-7 所示。观察过程线的分布规律可以发现，从定容线出发，n 由 $-\infty \to 0 \to 1 \to \kappa \to +\infty$，按顺时针方向递增。对于任一多变过程，已知多变指数 n 的值，就能确定其在图上的相对位置。

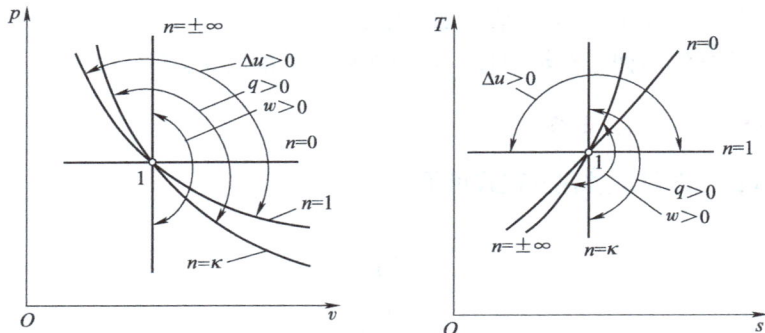

图 3-7　各种过程的 *p-v* 图及 *T-s* 图

2. 参数的变化趋势

多变过程线在 *p-v* 图和 *T-s* 图上的位置确定后，可直接观察 p、v、T、s 等参数的变化趋势和过程中能量的传递方向。

膨胀功 $\delta w = p\mathrm{d}v$，所以，膨胀功以定容线为分界，如图 3-7 所示，在 *p-v* 图上定容线右侧和 *T-s* 图上定容线右下区域（见图中箭头所示范围）的各过程 $\mathrm{d}v>0$，$w>0$，工质膨胀对外界做功；反之，为压缩过程。

热量 $\delta q = T\mathrm{d}s$，所以，热量以定熵线为分界，如图 3-7 所示，在 *T-s* 图上定熵线右侧和 *p-v* 图上定熵线右上区域（见图中箭头所示范围）的各过程 $\mathrm{d}s>0$，$q>0$，工质吸热；反之，为放热过程。

对理想气体的热力学能 $\Delta u = c_V \mathrm{d}T$，所以，热力学能以定温线为分界，如图 3-7 所示，在 *T-s* 图上定温线上侧和 *p-v* 图上定温线右上区域（见图中箭头所示范围）的各过程 $\mathrm{d}T>0$，$\Delta u>0$，工质热力学能增大；反之，热力学能减小。对理想气体的焓，判断增大或减小区域与热力学能相同。

例3-4 空气按照 pv^2=定值的规律膨胀，问空气的温度是升高还是降低？吸热还是放热？

解： 在 T-s 图上画出4种基本热力过程线，如图3-8所示。因 n=2，空气的 κ=1.4，故 n 介于 κ 和 ∞ 之间，又要求空气膨胀，$dv>0$。同时满足上述两个条件的，只有图3-8中的阴影所示的区域，画出过程线 1→2，从图中可以看出温度是下降的，且过程熵减少，是放热的。

对多变过程的范围确定主要是找出各种要求重叠的区域，可以得到过程线的各种性质。本例还可以用 p-v 图或按照过程方程式求解，请读者自行完成。

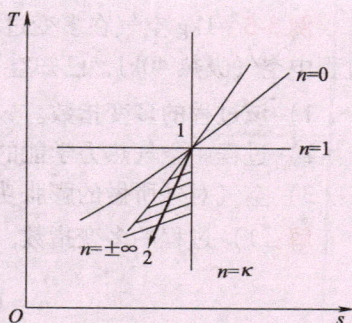

图3-8 例3-4图

表3-4 理想气体可逆过程计算公式

参数	定容过程 v=定值	定压过程 p=定值	定温过程 pv=定值	定熵过程 pv^κ=定值	多变过程 pv^n=定值
p、v、T 之间的关系	$\dfrac{p_2}{p_1}=\dfrac{T_2}{T_1}$	$\dfrac{v_2}{v_1}=\dfrac{T_2}{T_1}$	$\dfrac{p_1}{p_2}=\dfrac{v_2}{v_1}$	$\dfrac{p_2}{p_1}=\left(\dfrac{v_1}{v_2}\right)^\kappa$ $\dfrac{T_2}{T_1}=\left(\dfrac{v_1}{v_2}\right)^{\kappa-1}$ $\dfrac{T_2}{T_1}=\left(\dfrac{p_2}{p_1}\right)^{\frac{\kappa-1}{\kappa}}$	$\dfrac{p_2}{p_1}=\left(\dfrac{v_1}{v_2}\right)^n$ $\dfrac{T_2}{T_1}=\left(\dfrac{v_1}{v_2}\right)^{n-1}$ $\dfrac{T_2}{T_1}=\left(\dfrac{p_2}{p_1}\right)^{\frac{n-1}{n}}$
Δu	$c_V(T_2-T_1)$	$c_V(T_2-T_1)$	0	$c_V(T_2-T_1)$	$c_V(T_2-T_1)$
Δh	$c_p(T_2-T_1)$	$c_p(T_2-T_1)$	0	$c_p(T_2-T_1)$	$c_p(T_2-T_1)$
Δs	$c_V\ln\dfrac{T_2}{T_1}$ $c_V\ln\dfrac{p_2}{p_1}$	$c_p\ln\dfrac{T_2}{T_1}$ $c_p\ln\dfrac{v_2}{v_1}$	$R_g\ln\dfrac{v_2}{v_1}$ $R_g\ln\dfrac{p_1}{p_2}$	0	$c_V\ln\dfrac{T_2}{T_1}+R_g\ln\dfrac{v_2}{v_1}$ $c_p\ln\dfrac{T_2}{T_1}-R_g\ln\dfrac{p_2}{p_1}$ $c_V\ln\dfrac{p_2}{p_1}+c_p\ln\dfrac{v_2}{v_1}$
膨胀功 $w=\displaystyle\int_1^2 pdv$	0	$p(v_2-v_1)$ $R_g(T_2-T_1)$	$R_gT\ln\dfrac{v_2}{v_1}$ $R_gT\ln\dfrac{p_1}{p_2}$	u_1-u_2 $\dfrac{R_g}{\kappa-1}(T_1-T_2)$ $\dfrac{R_gT}{\kappa-1}\left[1-\left(\dfrac{p_2}{p_1}\right)^{\frac{\kappa-1}{\kappa}}\right]$	$\dfrac{R_g}{n-1}(T_1-T_2)$ $\dfrac{R_gT}{n-1}\left[1-\left(\dfrac{p_2}{p_1}\right)^{\frac{n-1}{n}}\right]$
技术功 $w_t=-\displaystyle\int_1^2 vdp$	$v(p_1-p_2)$	0	$w_t=w$	h_1-h_2 $\dfrac{\kappa R_g}{\kappa-1}(T_1-T_2)$ $\dfrac{\kappa R_gT}{\kappa-1}\left[1-\left(\dfrac{p_2}{p_1}\right)^{\frac{\kappa-1}{\kappa}}\right]$	$\dfrac{nR_g}{n-1}(T_1-T_2)$ $\dfrac{nR_gT}{n-1}\left[1-\left(\dfrac{p_2}{p_1}\right)^{\frac{n-1}{n}}\right]$ $w_t=nw$
热量 q	$c_V(T_2-T_1)$	$c_p(T_2-T_1)$	$T(s_2-s_1)$ $q=w=w_t$	0	$c_n(T_2-T_1)$ $\dfrac{n-\kappa}{n-1}c_V(T_2-T_1)$

例 3-5 1kg 空气在多变过程中膨胀到原体积的 8 倍，压力降低到原压力的 1/6，在该过程中空气吸热 40kJ，已知空气 $c_V = 0.716$kJ/(kg·K)，$\kappa = 1.4$。求：

1）该过程的多变指数。

2）过程中空气热力学能的变化量。

3）空气对外所做的膨胀功及技术功。

解：1）过程的多变指数。对 $p_1 v_1^n = p_2 v_2^n$ 两边取对数并整理，可得

$$n = \ln\left(\frac{p_1}{p_2}\right) \Big/ \ln\left(\frac{v_2}{v_1}\right) = \ln 6 / \ln 8 = 0.862$$

2）过程中空气热力学能的变化量。由式（3-61）得

$$q = c_V \frac{n - \kappa}{n - 1}(T_2 - T_1) = \frac{n - \kappa}{n - 1}\Delta u$$

所以

$$\Delta u = q \frac{n - 1}{n - \kappa} = 40\text{kJ} \times \frac{0.862 - 1}{0.862 - 1.4} = 10.26\text{kJ}$$

3）气体对外所做的膨胀功及技术功。

膨胀功：

$$w = q - \Delta u = 40\text{kJ/kg} - 10.26\text{kJ/kg} = 29.74\text{kJ/kg}$$

技术功：

$$w_t = nw = 0.862 \times 29.74\text{kJ/kg} = 25.64\text{kJ/kg}$$

在本例中计算热力学能变化 Δu 的过程中采用了多变过程热量计算式 $q = c_V \frac{n - \kappa}{n - 1}(T_2 - T_1) = \frac{n - \kappa}{n - 1}\Delta u$ 进行计算，也可以用计算出温度的方法来计算空气热力学能的变化量。

3.5 压气机的压气过程

在工程上，压缩气体的应用十分广泛，例如，各种类型的风动工具、气体液化及化工过程等都离不开压缩气体。消耗外功使气体升压的设备统称为压气机。

压气机的构造形式很多，工作的压力范围也很广。有的压气机直接通过改变工质的体积实现压缩过程，如活塞式压气机和转子式压气机；有的压气机则利用高速旋转的叶轮推动气体以很高的速度流动，有的还同时提高气体的压力，然后再利用扩压管使气流的动能降低而提高压力实现气体的压缩，如离心式压气机和轴流式压气机。本节以活塞式压气机为例讲述气体的压缩。

3.5.1 活塞式压气机的压气过程

活塞式（也称往复式）压气机（见图 3-9）依赖进气阀、排气阀的开启和关闭以及活塞的往复运动，在气缸中完成气体压缩过程。在活塞式压气机中气体的压缩是间歇地、周期性地进行。但是，因其间歇时间极短，运动速度极快；又因一般压气机进、排气均有足够大的空间，可维持进、排气近乎连续而稳定，因此，活塞式压气机的压缩过程可以作为稳定流动过程处理。活塞式压气机整个装置由进气、压缩和排气三个过程组成，其中进气与排气过程都不是热

力过程，只是气体简单的移动过程，缸内气体的数量发生变化，而热力状态不变。唯有压缩过程才是热力过程。

压气机在可逆过程中压送气体所消耗的技术功称为理论压缩消耗功，以 W_c 表示。

对 1kg 工质，有

$$w_c = -w_t = \int_1^2 v \mathrm{d}p \qquad (3\text{-}64)$$

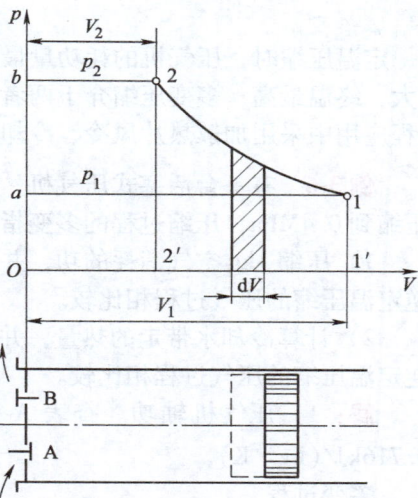

图 3-9　活塞式压气机压气过程

压缩过程可能出现三种情况，第一种是过程进行得很快，气体与外界来不及交换热量或交换热量甚微，可视为绝热压缩过程；第二种是过程进行得十分缓慢，并且散热条件良好，压缩时随即向外界传出热量，使气体温度始终保持与初温相同，可视为定温压缩过程；第三种是压气机的一般压缩过程，气体既向外界散热，温度又有所提高，介于上述两种过程之间，可视为 n 介于 1 与 κ 之间的多变压缩过程。根据技术功的表达式，结合压缩过程的过程方程，可导出绝热、定温、多变三种压缩过程相应的理论消耗功，对理想气体可逆压缩过程，1kg 工质所需要的功可以表示为

定温压缩

$$w_{c,T} = R_g T_1 \ln \frac{p_2}{p_1} \qquad (3\text{-}65)$$

绝热压缩

$$w_{c,s} = \frac{\kappa R_g}{\kappa - 1}(T_2 - T_1) = \frac{\kappa R_g T_1}{\kappa - 1}\left[\left(\frac{p_2}{p_1}\right)^{\frac{\kappa-1}{\kappa}} - 1\right] \qquad (3\text{-}66)$$

多变压缩

$$w_{c,n} = \frac{n R_g}{n - 1}(T_2 - T_1) = \frac{n R_g T_1}{n - 1}\left[\left(\frac{p_2}{p_1}\right)^{\frac{n-1}{n}} - 1\right] \qquad (3\text{-}67)$$

式中，p_2/p_1 是压缩过程中气体终压与初压之比，称为增压比，记为 π。

将三种压缩过程表示在 $p\text{-}v$ 图和 $T\text{-}s$ 图中如图 3-10 所示，可以看出

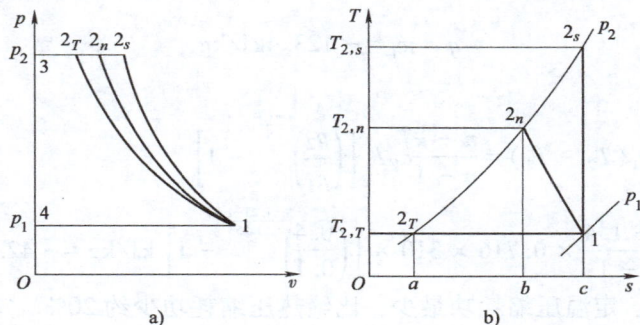

图 3-10　压气过程的 $p\text{-}v$ 图和 $T\text{-}s$ 图

$$w_{c,s} > w_{c,n} > w_{c,T}$$

$$T_{2,s} > T_{2,n} > T_{2,T}$$

定温压缩时，压气机的耗功量最省，压缩终了的气体温度最低；绝热压缩时，压气耗功最大，终温最高；多变压缩介于两者之间。故在多变压缩过程中，应尽量使 $n \rightarrow 1$。在实际工程应用中采用加散热片风冷、冷却水套等冷却形式，使压缩过程尽量接近定温。

例 3-6 有一台活塞式压气机，其气缸有水套冷却。若把空气由 0.1MPa、37℃的状态压缩到 0.4MPa，压缩过程的多变指数为 1.25。设压缩过程为可逆过程，试求：

1）压缩 1kg 空气消耗的功，并与具有相同初始状态、终了压力的可逆绝热压缩及可逆定温压缩的压气过程相比较。

2）计算冷却水带走的热量，并与具有相同初始状态、终了压力的可逆绝热压缩及可逆定温压缩的压气过程相比较。

解： 1）压气机轴功。查表 A-1 得空气的气体常数 $R_g = 0.2871 \text{kJ}/(\text{kg} \cdot \text{K})$，$c_V = 0.716 \text{kJ}/(\text{kg} \cdot \text{K})$。

多变过程

$$
\begin{aligned}
w_{c,n} &= \frac{n}{n-1} R_g T_1 \left[\left(\frac{p_2}{p_1} \right)^{\frac{n-1}{n}} - 1 \right] \\
&= \frac{1.25}{0.25} \times 0.2871 \times (37 + 273) \times \\
&\quad (4^{0.25/1.25} - 1) \text{kJ}/\text{kg} = 142.2 \text{kJ}/\text{kg}
\end{aligned}
$$

绝热压缩

$$
\begin{aligned}
w_{c,s} &= \frac{\kappa}{\kappa-1} R_g T_1 \left[\left(\frac{p_2}{p_1} \right)^{\frac{\kappa-1}{\kappa}} - 1 \right] \\
&= \frac{1.4}{0.4} \times 0.2871 \times \\
&\quad 310 \times (4^{0.4/1.4} - 1) \text{kJ}/\text{kg} = 151.4 \text{kJ}/\text{kg}
\end{aligned}
$$

定温压缩

$$
w_{c,T} = R_g T_1 \ln \frac{p_2}{p_1} = 0.2871 \times 310 \times \ln \frac{0.4 \times 10^6}{0.1 \times 10^6} \text{kJ}/\text{kg} = 123.4 \text{kJ}/\text{kg}
$$

2）计算冷却水带走的热量。

定温压缩

$$
q = w_t = -123.4 \text{kJ}/\text{kg}
$$

多变压缩

$$
\begin{aligned}
q &= \frac{n-\kappa}{n-1} c_V (T_2 - T_1) = \frac{n-\kappa}{n-1} c_V T_1 \left[\left(\frac{p_2}{p_1} \right)^{\frac{n-1}{n}} - 1 \right] \\
&= \frac{1.25-1.4}{1.25-1} \times 0.716 \times 310 \times \left[\left(\frac{0.4}{0.1} \right)^{\frac{1.25-1}{1.25}} - 1 \right] \text{kJ}/\text{kg} = -42.55 \text{kJ}/\text{kg}
\end{aligned}
$$

由本例题可知：定温压缩耗功最少，比绝热压缩耗功少约 20%。定温压缩时冷却水需带走的热量要达到多变压缩时的 2.9 倍，但实际上很难在气缸中实现如此大的冷却量，所以实际压缩多为多变压缩。

3.5.2 活塞式压气机的余隙影响

实际的活塞式压气机，为避免活塞与气缸盖的撞击以及便于安排进气阀、排气阀等，当活塞处于上止点时，活塞顶面与缸盖之间必须留有一定的空隙，称为余隙容积，如图 3-11 所示的 V_3。由于余隙容积的存在，使得排气终了仍有部分高压气体残留在余隙容积内。当活塞从上止点往下止点移动时，余隙容积内的高压气体膨胀到进气压力 p_1 时，才能开始吸气。

图 3-11 中 $V_h = V_1 - V_3$ 代表活塞扫过气缸的容积，为活塞的工作容积，也称为气缸的排量。$V_{ef} = V_1 - V_4$ 是实际进入气缸的气体容积，为有效吸气容积。

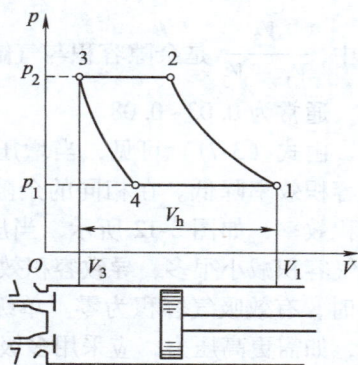

图 3-11 压气机工作过程

由图 3-11 可见，有余隙时的理论消耗功为压缩耗功与余隙容积内残留气体膨胀做功之差。假定压缩过程 1-2 及膨胀过程 3-4 的 n 相同，则

$$W_{c,n} = \frac{n}{n-1}p_1V_1\left[\left(\frac{p_2}{p_1}\right)^{\frac{n-1}{n}}-1\right] - \frac{n}{n-1}p_4V_4\left[\left(\frac{p_3}{p_4}\right)^{\frac{n-1}{n}}-1\right]$$

由于 $p_1 = p_4$，$p_3 = p_2$，所以

$$W_{c,n} = \frac{n}{n-1}p_1(V_1-V_4)\left[\left(\frac{p_2}{p_1}\right)^{\frac{n-1}{n}}-1\right] = \frac{n}{n-1}p_1V_{ef}\left[\left(\frac{p_2}{p_1}\right)^{\frac{n-1}{n}}-1\right] \tag{3-68}$$

压气机吸入口压力为 p_1，温度为 T_1，则 $p_1V_{ef} = mR_gT_1$，代入式（3-68）得

$$W_{c,n} = \frac{n}{n-1}mR_gT_1\left[\left(\frac{p_2}{p_1}\right)^{\frac{n-1}{n}}-1\right]$$

对 1kg 空气，消耗的功为

$$w_{c,n} = \frac{n}{n-1}R_gT_1\left[\left(\frac{p_2}{p_1}\right)^{\frac{n-1}{n}}-1\right] \tag{3-69}$$

式（3-69）与式（3-67）相比可知，不论有无余隙容积，压缩单位质量气体所需的理论压缩消耗功相同。

活塞式压气机的余隙容积虽然理论上不影响压缩单位质量气体所消耗的轴功，但实际上由于膨胀和压缩过程的不可逆损失，压气机耗功会增加。由于余隙容积 V_3 的存在，活塞就不可能将高压气体全部排出，而有一部分残留在气缸内，因此，活塞在下一个吸气行程中，必须等待余隙容积中残留的高压气体膨胀到进气压力 p_1 时，才能从外界吸入新气，显然，有效的吸气容积小于气缸工作容积，降低了气缸工作容积的利用率。有效吸气容积与气缸工作容积的比值即容积效率 η_V 表示。

$$\eta_V = \frac{V_1-V_4}{V_1-V_3} = 1 - \frac{V_4-V_3}{V_1-V_3} = 1 - \frac{V_3}{V_1-V_3}\left(\frac{V_4}{V_3}-1\right) \tag{3-70}$$

由于 $\frac{V_4}{V_3} = \left(\frac{p_3}{p_4}\right)^{\frac{1}{n}} = \left(\frac{p_2}{p_1}\right)^{\frac{1}{n}}$，故式（3-70）可写成

$$\eta_V = 1 - \frac{V_3}{V_1 - V_3}\left[\left(\frac{p_2}{p_1}\right)^{\frac{1}{n}} - 1\right] \tag{3-71}$$

式中，$\dfrac{V_3}{V_1 - V_3}$ 是余隙容积与气缸工作容积的比值，称为余隙比，通常为 $0.03 \sim 0.08$。

由式（3-71）可见，当增压比一定时，余隙比加大，将使容积效率降低。在相同的余隙比时，提高增压比，将减小容积效率，如图 3-12 所示，当压力由 p_2 提高到 $p_{2'}$ 时，有效吸气容积减小很多，导致容积效率下降。当压力由 $p_{2'}$ 提高到 $p_{2''}$ 时，有效吸气容积为零。单级压缩时，p_2/p_1 一般为 10 左右，如需更高压力，应采用多级压缩。

总之，有余隙容积时，虽然理论压气消耗功不变，但进气量减小，气缸容积不能充分利用，当压缩同量气体时，必须采用气缸较大的压气机，而且这一不利的余隙影响还随增压比的增大而增加。所以应该尽量减小余隙容积。

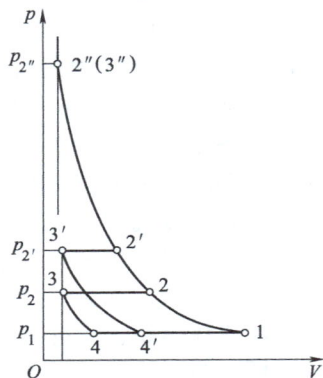

图 3-12　余隙容积的影响

例 3-7　有一单缸活塞式压气机，进气压力为 $p_1 = 0.097\text{MPa}$，温度为 $t_1 = 20℃$，经多变压缩到 $p_2 = 0.55\text{MPa}$。若可逆多变过程指数 $n = 1.3$，压气机余隙比为 0.05，求压气机的容积效率。若压缩终了的压力提高到 $p_2 = 1.552\text{MPa}$，压气机容积效率为多少？压气机耗功为多少？

解：压缩到 $p_2 = 0.55\text{MPa}$ 时，压气机的容积效率为

$$\eta_V = 1 - \frac{V_3}{V_1 - V_3}\left[\left(\frac{p_2}{p_1}\right)^{\frac{1}{n}} - 1\right] = 1 - 0.05 \times \left[\left(\frac{0.55}{0.097}\right)^{\frac{1}{1.3}} - 1\right] = 0.86$$

压缩到 $p_2 = 1.552\text{MPa}$ 时，压气机的容积效率为

$$\eta_V = 1 - \frac{V_3}{V_1 - V_3}\left[\left(\frac{p_2}{p_1}\right)^{\frac{1}{n}} - 1\right] = 1 - 0.05 \times \left[\left(\frac{1.552}{0.097}\right)^{\frac{1}{1.3}} - 1\right] = 0.63$$

压气机的耗功为

$$w_{c,n} = \frac{n}{n-1}R_g T_1\left[\left(\frac{p_2}{p_1}\right)^{(n-1)/n} - 1\right]$$

$$= \frac{1.3}{0.3} \times 0.2871 \times (20 + 273) \times$$

$$(16^{0.3/1.3} - 1)\text{kJ/kg} = 326.6\text{kJ/kg}$$

由本例题可知：随着增压比的增大，余隙容积的存在会使容积效率下降，即每循环输出高压气体不断减少。当压气机容积效率降低到 50% 左右时，再加上不可逆损失，压气机已失去实用价值。

3.5.3　多级压缩、级间冷却

趋近定温压缩，是改善压缩过程的主要方向，而采用多级压缩、级间冷却是其中一种有

效措施。图 3-13 所示为两级压缩中间冷却示意图。气体在低压气缸中压缩，再进入中间冷却器进行冷却，把热量传给冷却水，然后进入高压气缸继续压缩。

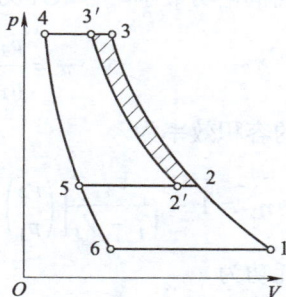

图 3-14 所示的 p-V 图中 1-2 为低压气缸的压缩过程，压力由 p_1 升高到 p_2，温度由 T_1 升高到 T_2；2-2′为压缩气体在中间冷却器中的定压冷却过程，理论上充分冷却到压缩前的温度 $T_{2'} = T_1$；体积从 V_2 减小到 $V_{2'}$；2′-3′为冷却后的气体在高压气缸的压缩过程，压力由 $p_{2'}$ 升高到 $p_{3'}$。

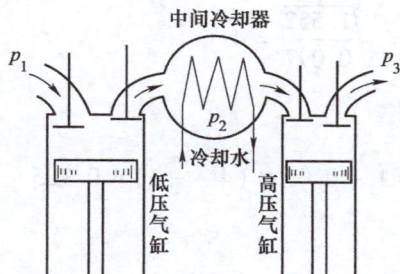

图 3-13　两级压缩中间冷却示意图　　图 3-14　两级压缩示功图

两级压缩的压气机耗功等于每一级耗功的总和。在 p-V 图上，总耗功量相当于面积 122′3′4561。如果不分级，且从相同的初压直接压缩到同一终压，耗功量相当于面积 1234561，显然，分级压缩的耗功量比单级的少面积 22′3′32。理论上，分级越多，节省的功越多，耗功量越少，若分为无限多级，就趋于定温压缩，但这样会使系统太复杂且工作不可靠，实际上通常根据增压比的大小分为 2~4 级。

最有利的分级增压比应该是使总耗功量最小的增压比，这可以通过求压气机理论压气功的最小值导出。对理想气体进行两级压缩，且多变指数 n 相等，则两级压缩的总耗功量为

$$W_{c,n} = \frac{n}{n-1}p_1 V_1 \left[\left(\frac{p_2}{p_1}\right)^{\frac{n-1}{n}} - 1 \right] + \frac{n}{n-1}p_{2'} V_{2'} \left[\left(\frac{p_3}{p_2}\right)^{\frac{n-1}{n}} - 1 \right]$$

若定压冷却充分，即 $T_1 = T_{2'}$，则 $p_1 V_1 = p_{2'} V_{2'}$，有

$$W_{c,n} = \frac{n}{n-1}p_1 V_1 \left[\left(\frac{p_2}{p_1}\right)^{\frac{n-1}{n}} + \left(\frac{p_3}{p_2}\right)^{\frac{n-1}{n}} - 2 \right] \tag{3-72}$$

由式（3-72）可见，压缩耗功 $W_{c,n}$ 随中间压力 p_2 而变化。为求总耗功最小，令 $dW_{c,n}/dp_2 = 0$，得

$$p_2 = \sqrt{p_1 p_3}$$

即

$$p_2/p_1 = p_3/p_2 \tag{3-73}$$

式（3-73）说明两级的增压比相等时，压气机耗功达最小值。此时高压气缸与低压气缸压缩过程的压气功相等，气体温升相同。Z 级压缩时，也可按照等增压比的原则进行分级压缩，中间冷却，每级压力比 π_i 应为

$$\pi_i = \sqrt[Z]{p_{Z+1}/p_1} \tag{3-74}$$

式中，p_{Z+1} 是压缩终了时气体的压力。

按照等增压比的原则进行分级压缩，中间冷却，则 Z 级压缩消耗的总功为

$$W_c = ZW_{c,n} \qquad (3-75)$$

例 3-8　在例 3-7 中如采用两级中间冷却活塞式压气机，进气压力为 $p_1 = 0.097\text{MPa}$，温度为 $t_1 = 20℃$，经多变压缩到 $p_2 = 1.552\text{MPa}$，若可逆多变过程指数 $n = 1.3$，压气机余隙比为 0.05，求压气机容积效率及压气机耗功。

解：压气机耗功最小时各级压力比相等，且为

$$\pi = \frac{p_2}{p_1} = \sqrt{\frac{p_3}{p_1}} = \sqrt{\frac{1.552}{0.097}} = 4$$

压气机的容积效率为

$$\eta_V = 1 - \frac{V_3}{V_1 - V_3}\left[\left(\frac{p_2}{p_1}\right)^{\frac{1}{n}} - 1\right] = 1 - 0.05 \times (4^{\frac{1}{1.3}} - 1) = 0.905$$

压气机耗功为

$$w_{c,n} = 2\frac{n}{n-1}R_g T_1\left[\left(\frac{p_2}{p_1}\right)^{\frac{n-1}{n}} - 1\right]$$

$$= 2 \times \frac{1.3}{0.3} \times 0.2871 \times (20 + 273) \times (4^{0.3/1.3} - 1)\text{kJ/kg} = 275\text{kJ/kg}$$

本例题与例 3-7 对比可知：采用两级压缩中间冷却的方式，可以较大地提高压气机的容积效率，且减少耗功。

3.5.4　压气机的效率

实际中压气机的压气过程总是存在摩擦和损耗，特别是叶片式压气机，在离心式及轴流式压气机中，气流速度较高，黏性摩阻影响不可以忽略。因此实际中压气机的压气过程要比理想的可逆过程消耗更多的功。通常用压气机的效率反映实际压气机中不可逆因素的影响。

压气机的绝热效率 $\eta_{c,s}$ 为在初态及终了压力与实际绝热压气过程相同的条件下，定熵压气过程的轴功与实际绝热压气过程轴功之比，即

$$\eta_{c,s} = \frac{w_{c,s}}{w_c} = \frac{h_1 - h_{2,s}}{h_1 - h_2} \qquad (3-76)$$

根据 $\eta_{c,s}$ 的公式，可利用定熵过程的轴功及终态参数，计算实际压气过程消耗的轴功及压气过程的终态参数。一般轴流式及离心式压气机的绝热效率为 0.80~0.90。

思　考　题

3-1　气体常数与气体种类及状态有无关系？通用气体常数与气体种类及状态有无关系？

3-2　理想气体的 c_p 及 c_V 值与气体种类有关吗？$c_p - c_V$ 及 c_p/c_V 与气体种类有关吗？

3-3　摩尔气体常数 R 是否随气体种类的不同而不同？是否因所处的状态不同而不同？

3-4　气体的热力学能 u 可以表示为 p 和 v 的函数，即 $u = f(p, v)$。但理想气体的热力学能只取决于温度，这两点是否矛盾？为什么？

3-5 理想气体熵变计算式由可逆过程导出，这些计算式能否用于不可逆过程的熵变计算？

3-6 理想气体组成的闭口系统吸热后，温度一定增加吗？哪一种状态参数必定增加？

3-7 如何在 $T\text{-}s$ 图中将理想气体任意两状态间的热力学能变化及焓变化表示出来？

3-8 是否所有的热力过程都是多变过程？

3-9 根据 $p\text{-}v$ 图上四种基本热力过程的过程曲线的位置，画出自 1 点出发的热力学能增大过程的曲线及吸热过程的曲线，并指出其变化范围。

3-10 根据 $T\text{-}s$ 图上四种基本热力过程的过程曲线的位置，画出自 1 点出发的膨胀做功过程的曲线及压力升高的过程曲线，并指出其变化范围。

3-11 如图 3-15 所示，1-2 及 1-3 为任意两个过程，而 2-3 为一多变过程，若多变过程的多变指数 $n=0.9$ 或 $n=1.1$ 时，1-2 和 1-3 两过程的 Δu 哪一个大？

3-12 在 $u\text{-}v$ 图上画出定值比热容理想气体的可逆定容加热、可逆定温加热和可逆绝热膨胀过程。

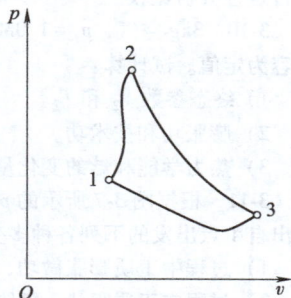

图 3-15 思考题 3-11 图

3-13 工程上压气机气缸为什么常通过水套或在气缸上装肋片来冷却？

3-14 采用多级压缩而没有中间冷却器，能否达到省功的目的？此时的压缩机与单级压缩有何异同？

习 题

3-1 测得储气罐中的丙烷 C_3H_8 的压力为 4MPa，温度为 120℃，若将其视为理想气体，则丙烷的比体积多大？若要储存 1000kg 这种状态的丙烷，问储气罐的容积需要多大？

3-2 空气从 150℃定压加热到 350℃，试按理想气体计算 1kg 空气吸收的热量：

1）按定值比热容计算。

2）按比热容随温度变化的经验公式计算。

3）按平均比热容表计算。

3-3 有 1mol 氧气，温度由 300K 增加至 600K，且压力由 0.2MPa 降低到 0.15MPa，试按定值比热容计算其熵的变化。

3-4 某理想气体初态时 $p_1=520\text{kPa}$，$V_1=0.1419\text{m}^3$，经放热膨胀过程，终态的 $p_2=170\text{kPa}$，$V_2=0.2744\text{m}^3$，过程中的焓值变化 $\Delta H=-67.95\text{kJ}$。已知该气体的比定压热容 $c_p=5.20\text{kJ/(kg·K)}$，且为定值。试求：

1）热力学能变化量 ΔU。

2）比定容热容 c_V 和气体常数 R_g。

3-5 设气缸中有 0.1kg 二氧化碳，其压力为 0.1MPa，温度为 27℃，进行一个定压过程，气体对外做功 3kJ，设比热容为定值，试求过程中气体热力学能和熵的变化以及过程中气体吸收的热量。

3-6 2kg 理想气体，定容下吸热量 367.6kJ，同时输入搅拌功 468.3kJ，该过程中气体的比定压热容 $c_p=1.124\text{kJ/(kg·K)}$，比定容热容 $c_V=0.934\text{kJ/(kg·K)}$。已知初态温度为 280℃，试求：

1）终态温度。

2）热力学能、焓、熵的变化量。

3-7 1kg 理想气体由初态 $p_1=0.1\text{MPa}$，温度 $T_1=400\text{K}$ 被定温压缩到终态 $p_2=1\text{MPa}$，温度 $T_2=400\text{K}$。试分别计算：经历一可逆过程以及经历一不可逆过程，两种情况下的气体熵变、环境熵变及做功能力损失。已知不可逆过程实际耗功比可逆耗功多 20%，环境温度为 300K。

3-8 有一密封容器，用隔板分成 A、B 两部分，并各充有压缩空气，已知：$V_A=2.5\text{m}^3$，$p_A=6.86\times10^5\text{Pa}$，$T_A=80℃$；$V_B=1\text{m}^3$，$p_B=9.8\times10^5\text{Pa}$，$T_B=30℃$。现抽去隔板使两部分空气混合，混合过程中容器向外散出热量 41900J。设比热容为定值，试求混合后空气的温度及压力。

3-9　有一气缸，其中氮气的压力为 0.15MPa，温度为 300K。如果按两种不同的过程变化：在定压下温度变化到 450K；在定温下压力下降到 0.1MPa，然后在定容下压力、温度分别变化到 0.15MPa 和 450K。设比热容为定值，试求两种过程中气体热力学能和熵的变化，以及从外界吸收的热量，并用 p-v 图及 T-s 图进行定性分析比较。

3-10　3kg 空气，$p_1 = 1.0$MPa，$T_1 = 900$K，可逆绝热膨胀到 $p_2 = 0.1$MPa，空气可视为理想气体，且比热容为定值。试计算：

1）终态参数 V_2 和 T_2。

2）膨胀功和技术功。

3）热力学能和焓的变化量。

3-11　根据图 3-7 所示的 p-v 图和 T-s 图上自 1 点出发的四种基本热力过程的过程曲线的位置，在图上画出自 1 点出发的下列各种多变过程：

1）过程中工质膨胀做功，同时向外放热。

2）过程中工质吸热、膨胀做功，同时压力升高。

3）过程中工质压力升高，温度升高，同时向外放热。

4）过程为多变指数 $n = 2$ 的压缩过程。

3-12　有 1kg 空气，初态 $p_1 = 1$MPa，$t_1 = 500$℃，可逆定容放热到 $p_2 = 0.5$MPa。然后可逆绝热压缩到 $t_3 = 500$℃，再经可逆定温过程回到初态。试计算各过程中热力学能、焓、熵的变化及与外界所交换的功、热量，并在 p-v 图和 T-s 图画出这三个过程。

3-13　某气缸吸入温度为 $t_1 = 50$℃，压力为 $p_1 = 0.1$MPa 的空气 0.032m^3，经过多变压缩过程，使气体压力上升为 $p_2 = 3.2$MPa，体积为 $V_2 = 0.00213\text{m}^3$，求在多变压缩过程中，气体与外界交换的功量、热量及气体的热力学能的变化。

3-14　2kg 某种理想气体按可逆多变膨胀到原体积的 3 倍，温度从 300℃降到 60℃，膨胀期间做膨胀功 420kJ，吸热 83.7kJ，求：

1）过程的多变指数。

2）c_p 和 c_V。

3-15　试导出理想气体定值比热容时多变过程熵差的计算式为

$$s_2 - s_1 = \frac{n - \kappa}{n(\kappa - 1)} R_g \ln \frac{p_2}{p_1}$$

$$s_2 - s_1 = \frac{n - \kappa}{(n - 1)(\kappa - 1)} R_g \ln \frac{T_2}{T_1} \quad (n \neq 1)$$

3-16　试证明理想气体在 T-s 图上，如图 3-16 所示的任意两条定压线（或定容线）之间的水平距离相等，即 $\Delta s_{1,2} = \Delta s_{1',2'}$。

3-17　试证明理想气体在 T-s 图上，任意两条定压线（或定容线）1-1′ 及 2-2′ 之间的纵坐标之比保持不变，如图 3-17 所示，即 $\dfrac{T_1}{T_2} = \dfrac{T_1'}{T_2'}$。

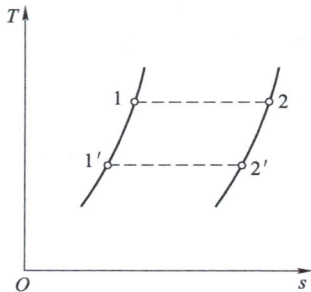

图 3-16　习题 3-16 图　　　　图 3-17　习题 3-17 图

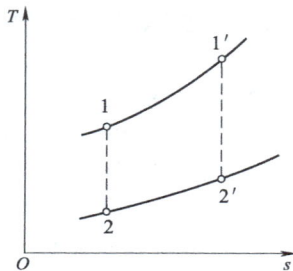

3-18　容器中有一隔板，容器和隔板均为绝热材料制成，容器两部分的容积均为 $500cm^3$，其中一部分充有压力为 0.5MPa、温度为 100℃ 的空气，另一部分为真空。在隔板上开一个小孔使空气充满两部分，试求两部分中压力相等时，每一部分中空气的压力及温度。

3-19　设把习题 3-18 中的真空部分改为充有压力为 0.1MPa、温度为 17℃ 的空气，试求空气经小孔充满两部分而压力相等时，每一部分中空气的压力及温度。

3-20　空气在压气机中被绝热压缩。压缩前空气的参数为 $p_1=0.1MPa$，$t_1=25℃$；压缩后空气的参数为 $p_2=0.6MPa$，$t_2=240℃$。

1）此压缩过程是否可逆？为什么？

2）求压缩 1kg 空气所消耗的轴功。

3）如压缩为可逆等温过程，求压缩 1kg 空气所消耗的轴功。

3-21　空气由初态压力为 0.1MPa，温度 20℃，采用有中间冷却的两级压气机压缩后，压力提高到 2MPa。若空气进入各级气缸的温度相同，且各级压缩过程的多变指数均为 1.2，则最佳的中间压力为多少？并求生产 1kg 压缩空气所消耗的理论功及各级气缸的排气温度。

3-22　一台两级压气机，压气机吸入空气的温度 $t_1=27℃$、压力 $p_1=0.1MPa$。压气机将空气压缩到 $p_3=2.5MPa$。两个气缸中的压缩过程均按多变指数 $n=1.25$ 进行。以压气机所需的功最小为条件，试求：

1）空气在低压气缸中被压缩后所达到的压力 p_2。

2）每级压气机中所消耗的功 w_{c1} 和 w_{c2} 以及压气机所消耗的总功 w_c。

3）空气在中间冷却器中放出的热量。

3-23　某活塞式压气机，进口空气的压力为 $p_1=0.1MPa$，温度为 $t_1=37℃$，增压比 $p_2/p_1=6$。若其绝热效率 $\eta_{c,s}=0.84$，试求：

1）在 T-s 图上表示出定熵压缩过程和实际绝热压缩过程。

2）压气机定熵过程出口温度 $T_{2,s}$ 和实际绝热过程出口温度 T_2。

3）压缩 1kg 空气的实际耗功量。

4）1kg 空气实际压缩过程的不可逆熵产。

第4章

水蒸气的热力性质及热力过程

众所周知，工程上常常把气体分为理想气体和实际气体两大类。自然界中没有真正的理想气体，水蒸气是人类在热力发动机中最早应用的工质。除水蒸气外，在工程中还常常用到其他蒸气，如氨蒸气、氟利昂蒸气及逐步替代 CFCs（氯氟烃）的各种蒸气。

由于水蒸气来源丰富，生产成本低，无毒无味，比热容大，传热性好，有良好的膨胀性和载热性能，所以其成为热工技术上应用最广泛的一种工质。但水蒸气是由液态水经汽化而来的一种气体，它离液态较近，工程上不能把它当作理想气体处理，它的物理性质较理想气体复杂得多，它的状态方程、热力学能、焓和熵的计算式都不像理想气体的计算式那样简单。工程计算中，水和水蒸气的热力参数以前采用查取有关水蒸气热力性质图表的方法来获取，现在可借助计算机对水蒸气的物性及过程做高精度的计算。水蒸气热力性质图表是多年来通过理论分析与实验相结合，在综合大量可靠数据，得出复杂的水蒸气物性方程的基础上编制而成的。

4.1　实际气体

4.1.1　范德瓦耳斯方程

最早的实际气体状态方程式是 1873 年范德瓦耳斯（Van der Waals）提出的方程式，他根据理想气体的两个基本假设，对理想气体状态方程式进行了修正，提出了一个著名的实际气体状态方程式即范德瓦耳斯方程式[⊖]：

$$p = \frac{R_g T}{v - b} - \frac{a}{v^2} \tag{4-1a}$$

或

[⊖] 以前多译为范德瓦尔方程。

$$\left(p + \frac{a}{v^2}\right)(v - b) = R_g T \tag{4-1b}$$

式中，a、b 为与气体种类有关的常数，称为范德瓦耳斯常数，根据实验数据确定。a 是考虑分子之间吸引力的修正值，由于分子之间的相互吸引，分子撞击容器壁面的力减小了，使压力减小；b 是考虑分子本身所占体积的修正值，由于分子本身占有一定的体积，分子自由活动的空间相应缩小。

范德瓦耳斯方程是从理论分析得出的，与理想气体状态方程 $pv = R_g T$ 相比可以看出，比体积越大，则两方程的差别越小。因此，当压力越低，温度越高时，实际气体性质越接近理想气体。

范德瓦耳斯方程是半经验的状态方程，其以两个常数来修正理想气体状态方程还是比较粗略，所以该方程尚不能精确地揭示实际气体的 p、v、T 之间的关系。对于接近液态的气体，在较高的压力下，也显示较大的误差。但范德瓦耳斯方程在理论上仍有较大的价值，为理论研究方法开拓了道路，后人在此基础上提出了许多派生的状态方程，半经验的多常数状态方程也不断出现，感兴趣的读者可以参看其他参考书。

4.1.2　对比状态方程及通用压缩因子图

1. 对比状态方程

实际气体状态方程式中包含有与物质固有性质有关的常数，不具有普遍性。当缺乏被考察工质的较系统的实验数据时，可以采用一种近似的普遍化方法计算实际气体的热力性质。

自然界中各种物质都存在临界状态，此时其液态比体积与气态比体积相同，临界状态的状态参数称为临界参数，如临界压力、临界温度和临界比体积等，分别用 p_c、T_c 和 v_c 表示。表 4-1 列出了几种常用气体的临界参数。所有的流体在接近临界点时，都显示出相似的性质，因此，可用相对于临界参数的对比值代替压力、温度和比体积的绝对值，这些比值称为对比状态参数。常用的对比状态参数有

$$p_r = \frac{p}{p_c}, T_r = \frac{T}{T_c}, v_r = \frac{v}{v_c}$$

式中，p_r、T_r、v_r 分别称为对比压力、对比温度及对比比体积，它们均为无量纲量。对比参数表明物质所处的状态离其临界状态的远近程度。如果两种或几种物质具有相同的对比参数，表明其离临界状态的远近程度相同，则称这些物质处于对应状态。在临界状态，任何物质的对比参数都相同，均等于 1。

用对比参数表示的状态方程称为对比状态方程，对比状态方程式都可表示为如下形式：

$$f(p_r, T_r, v_r) = 0 \tag{4-2}$$

在相同的压力与温度下，不同气体的比体积是不同的，但是只要它们的 p_r 和 T_r 分别相同，它们的 v_r 必定相同，这就是所谓的对比态原理，说明各种气体在对应状态下有相同的对比性质。

表 4-1　几种常用气体的临界参数

气体	T_c/K	p_c/MPa	气体	T_c/K	p_c/MPa
He	5.3	0.229	CO	133.0	3.49589
H_2	33.3	1.297	CO_2	304.20	7.38696
N_2	126.2	3.39456	H_2O	647.30	22.1297
O_2	154.6	5.04663	CH_4	190.7	4.64091

2. 通用压缩因子图

实际气体的状态参数间的关系可通过修正理想气体状态方程得到，即

$$z = \frac{pv}{R_g T} = \frac{pV_m}{RT} \tag{4-3a}$$

或

$$pV_m = zRT \tag{4-3b}$$

对理想气体的 z 值恒等于 1，对实际气体的 z 值可大于 1，也可小于 1。z 值偏离 1 的大小，反映了实际气体对理想气体的偏离程度。z 值的大小不仅与气体的种类有关，而且同种气体的 z 值还随压力和温度而变化，z 是状态函数，$z = z(p, T)$。将式（4-3a）改写为

$$z = \frac{pv}{R_g T} = \frac{v}{R_g T/p} = \frac{v}{v_i} \tag{4-4}$$

式中，v 为实际气体在 p、T 时的比体积；v_i 为在相同 p、T 时把实际气体当作理想气体时计算的比体积。因而，压缩因子是温度、压力相同时的实际气体与理想气体比体积之比。

将对比状态参数代入压缩因子的定义式可得

$$z = \frac{pv}{R_g T} = \frac{p_c v_c}{R_g T_c} \frac{p_r v_r}{T_r} = z_c \frac{p_r v_r}{T_r} \tag{4-5a}$$

根据对比态原理，式（4-5a）可改写为

$$z = f_1(p_r, T_r, z_c) \tag{4-5b}$$

若 z_c 取一定值，式（4-5b）可进一步简化为

$$z = f_2(p_r, T_r) \tag{4-5c}$$

根据式（4-5c）可以绘出 z 与 p_r、T_r 的关系的线图，这种线图称为通用压缩因子图。各种气体临界压缩因子 z_c 的数值大部分在 0.23～0.31 之间，大多数烃类气体的 z_c 在 0.27 左右，故最常见的通用压缩因子图的 $z_c = 0.27$，该图也常用于 z_c 不等于 0.27 的气体的近似计算，当用于 $z_c = 0.26～0.28$ 的各种气体时，除临界点附近的状态外，所得 z 的数值误差小于 5%。通用压缩因子图以 z 与 p_r 为坐标，绘出各种对比态温度 T_r 下的 $z \sim p_r$ 曲线，如图 4-1 所示。

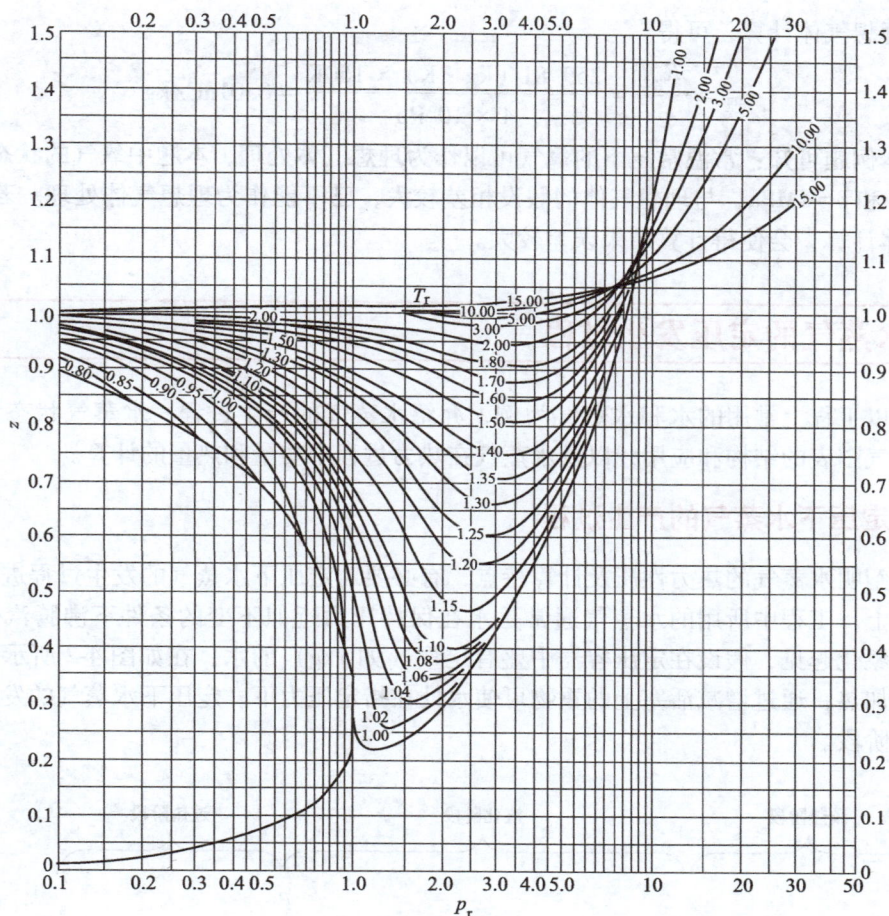

图 4-1 通用压缩因子图（$z_c = 0.27$）

通用压缩因子图具有通用性好，使用方便等优点。但由于通用压缩因子图是根据工质的实验数据绘制而成的，故精度不高，当有气体的热力性质图表时，可不再用该图计算。

例 4-1 确定 O_2 在温度为 160K、压力为 4MPa 时的比体积，并与由理想气体状态方程算得的结果进行比较。

解：查表 4-1 得 O_2 的临界参数 $T_c = 154.6$K，$p_c = 5.04663$MPa。

对比参数

$$p_r = \frac{p}{p_c} = \frac{4\text{MPa}}{5.04663\text{MPa}} = 0.79$$

$$T_r = \frac{T}{T_c} = \frac{160\text{K}}{154.6\text{K}} = 1.035$$

由对比参数的值，在通用压缩因子图中查得 $z = 0.713$。

$$v_{实} = \frac{zR_gT}{p} = \frac{0.713 \times 259.8\text{J}/(\text{kg} \cdot \text{K}) \times 160\text{K}}{4 \times 10^6\text{Pa}} = 0.0074\text{m}^3/\text{kg}$$

按理想气体计算，可得

$$v_{理} = \frac{zR_gT}{p} = \frac{259.8J/(kg \cdot K) \times 160K}{4 \times 10^6 Pa} = 0.01 m^3/kg$$

由本例题可知：常温常压下的氧气可以作为理想气体处理，本题中氧气的状态参数为 $T=160K$ 和 $p=4MPa$，与理想气体的假设相差较大，已不能作为理想气体处理。若仍按照理想气体计算，会使得计算结果误差较大。

4.2 水蒸气的定压发生过程

下面以工程上常用的水和水蒸气为例，介绍水蒸气的产生过程、水蒸气状态参数的确定、水蒸气图表的结构和应用，以及水蒸气在热力过程中功量和热量的计算。

4.2.1 定压下水蒸气的产生过程

为了阐明水蒸气的热力性质及计算特点，有必要对定压下水蒸气的发生过程进行分析研究。事实上，工程中所用的水蒸气通常是水在保持压力近似不变的条件下沸腾汽化而产生的。为形象化起见，假设在定压容器中盛有定量（如 1kg）的水，在如图 4-2 所示的气缸内进行定压加热，通过增减活塞上的重物可使水处在指定压力下。定压下水蒸气的发生过程可分为三个阶段。

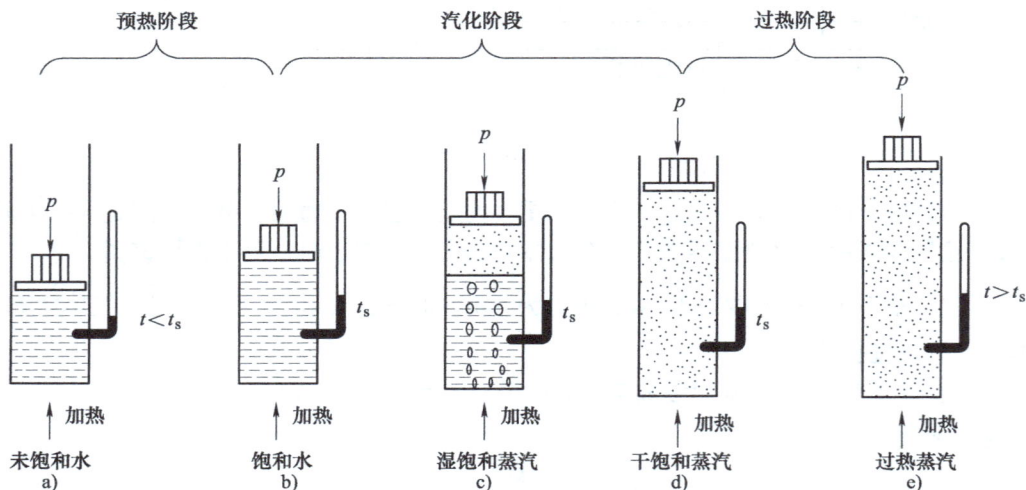

图 4-2 水蒸气的定压加热示意图

1. 预热阶段

假设水开始处于压力为 0.1MPa、温度为 0.01℃ 的状态，在如图 4-3 所示的 p-v 图和 T-s 图上用 a 表示。在保持压力不变的条件下对水加热，水温逐渐升高，水的比体积稍有增大，水的熵因吸热而增大，焓也增大。当水温升至 99.634℃ 时，若持续对水加热，水将开始沸腾而产生蒸汽。此沸腾温度称为饱和温度 t_s，处于饱和温度的水称为饱和水（其他工质则称为饱和液，以下类同），在图 4-3 中用 b 所示。除压力和温度外，饱和水的状态参数均加一上角标 "′"，以区别水蒸气的其他状态，如 h'、v' 和 s' 等。低于饱和温度的水称为未饱和水（或过冷水），未饱和水的状态参数 $t<t_s$，$v<v'$，$s<s'$，$h<h'$。水在定压下从未饱和状态加热到饱和状态，即为预热阶段。单位质量的未饱和水加热到饱和水所需的热量称为液体热，用 q_1 表示。根据热力学第一定律有

$$q_1 = h' - h_{0.01} \tag{4-6}$$

式中，h' 为饱和水的比焓；$h_{0.01}$ 为同一压力下 0.01℃未饱和水的比焓。

在 T-s 图上，从 0.01℃的未饱和水状态 a 定压加热到饱和水状态 b 的过程线如图 4-3b 所示，q_1 可以用 a-b 下的阴影面积表示。

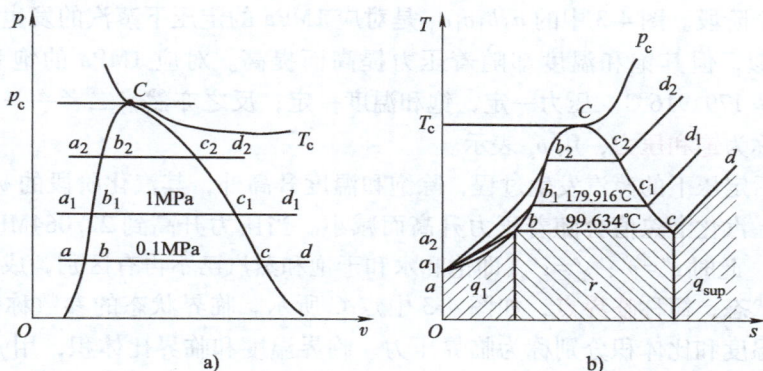

图 4-3 不同压力下水蒸气的定压发生过程

2. 汽化阶段

在保持压力不变的条件下，对饱和水持续加热，饱和水开始沸腾发生相变而产生蒸汽。沸腾时水的温度保持不变，仍为饱和温度 t_s。在整个水的液-气相变过程中，所经历的状态是液、气两相共存的状态，形成饱和水和饱和蒸汽的混合物，称为湿饱和蒸汽（其他工质称为湿饱和蒸气，以下类同），简称为湿蒸汽，如图 4-2c 所示。随着加热过程的持续，饱和水逐渐减少，饱和蒸汽逐渐增加，直至饱和水全部变为饱和蒸汽 c，称为干饱和蒸汽，简称饱和蒸汽。类似于饱和水状态，除压力和温度外，干饱和蒸汽的状态参数均加一上角标 "″"，如 h''、v'' 和 s'' 等。水从饱和水变成干饱和蒸汽这一阶段，称为汽化阶段。在这一阶段中，虽然容器内的温度不变，水的比体积却随着蒸汽增多而增大，熵值也因吸热而增大，焓也增大，湿蒸汽的状态参数 $v'<v<v''$，$s'<s<s''$，$h'<h<h''$。整个汽化过程在图 4-3 所示的 p-v 图和 T-s 图上是水平线段 bc。单位质量的饱和水加热到饱和蒸汽所需的热量称为汽化潜热，用 r 表示。根据热力学第一定律有

$$r = h'' - h' \tag{4-7}$$

式中，h'' 为干饱和蒸汽的比焓；h' 为同一压力下饱和水的比焓。此热量在图 4-3b 上可以用线段 bc 下的阴影面积表示。

3. 过热阶段

对干饱和蒸汽再持续加热时，蒸汽的温度自饱和温度起往上升高，比体积增大，熵值和焓值也增大，如图 4-3 所示的线段 cd。由于此阶段的蒸汽温度高于同压力下的饱和温度，故

称为**过热蒸汽**。过热蒸汽的状态参数满足 $t>t_s$，$v>v''$，$s>s''$，$h>h''$。由干饱和蒸汽转变为过热蒸汽这一阶段称为**过热阶段**。过热蒸汽的温度与同压力下的饱和温度之差记为

$$D = t - t_s \tag{4-8}$$

称为**过热度**。在这一阶段所吸收的热量称为过热热，用 q_{sup} 表示

$$q_{sup} = h - h'' \tag{4-9}$$

式中，h 为过热蒸汽的比焓。此热量在图 4-3b 上可以用线段 cd 下的阴影面积表示。

4.2.2　水蒸气的 p-v 图和 T-s 图

如果改变压力，例如将压力升高，再次考察水在定压下的蒸汽发生过程，可以得到类似上述过程的三个阶段。图 4-3 中的 $a_1b_1c_1d_1$ 是对应 1MPa 的定压下蒸汽的发生过程曲线。虽然三个阶段类似，但其饱和温度却随着压力提高而提高。对应 1MPa 的饱和温度不再是 99.634℃，而是 179.916℃。压力一定，饱和温度一定；反之亦然，二者一一对应。对应饱和温度的压力称为**饱和压力**，用 p_s 表示。

升高压力后定压下的蒸汽发生过程，除饱和温度升高外，其汽化阶段的 $v''-v'$ 和 $s''-s'$ 值却减小，因此，汽化潜热值会随着压力升高而减小。当压力升高到 22.064MPa 时，饱和温度为 373.99℃，此时 $v''=v'$，$s''=s'$，即饱和水和干饱和蒸汽已不再有区别，成为同一个状态点，称为临界状态，简称**临界点**，如图 4-3 中点 C 所示。临界状态的参数称为临界状态参数，其压力、温度和比体积分别称为临界压力、临界温度和临界比体积，用 p_c、t_c 和 v_c 表示。临界状态的出现说明，当压力升高到临界压力时，汽化过程不再存在两相共存的湿蒸气状态，而是在温度达到临界温度 t_c 时，液体连续地由液态变为气态，即汽化过程缩短为一点，整个汽化过程在一瞬间完成。如果持续升高压力，只要压力大于临界压力，汽化过程均和临界压力下的一样，即汽化过程不存在两相共存的湿蒸汽状态，而且都在温度达到临界温度 t_c 时，液体连续地由液态变为气态。由此可知，只要工质的温度大于临界温度 t_c，不论压力多大，其状态均为气态；也就是说，当 $t>t_c$ 时，保持温度不变，无论压力多大也不能使气体液化，因此，又常将 $t>t_c$ 的气体称为永久气体。

如图 4-3 的 p-v 图和 T-s 图所示，连接图上不同压力下的饱和水状态 b、b_1、b_2……和临界点 C 所得到的曲线称为**饱和水线或下界线**；连接图上不同压力下的干饱和蒸汽状态 c、c_1、c_2……和临界点 C 所得到的曲线称为**饱和蒸汽线或上界线**。两线合在一起称为饱和线，饱和线将 p-v 图和 T-s 图分为三个区域：**未饱和水区**（下界线左侧）、**湿蒸汽区**（又称两相区或饱和区，上下界线之间）和**过热蒸汽区**（上界线右侧）。位于三区和二线上的水和水蒸气呈现五种状态：**未饱和水、饱和水、湿饱和蒸汽、干饱和蒸汽和过热蒸汽**。

水蒸气的定压发生过程在 p-v 图和 T-s 图上所表示的特征归纳起来如下：

一点：临界点 C。

两线：饱和水线（下界线）、饱和蒸汽线（上界线）。

三区：未饱和水区、湿蒸汽区、过热蒸汽区。

五态：未饱和水、饱和水、湿饱和蒸汽、干饱和蒸汽和过热蒸汽。

以上是关于水的相变过程特征和结论。其他工质，如氨、氟利昂等也有类似的特征和结论，不过其临界参数值，p_s 与 t_s 的关系以及 p-v 图和 T-s 图上各曲线的斜率等各不相同。

4.3 水蒸气的热力性质图表

蒸气热力性质图表是热力工程计算的重要依据。由于水蒸气在工程应用上的广泛性，故目前使用的水和水蒸气热力性质图表在国际上是统一的、通用的。本书表 A-2、表 A-3 和表 A-4 所列的水和水蒸气热力性质数据，全部符合 1985 年国际水蒸气骨架表的规定，基准点是三相点的液相水：规定三相点饱和水的热力学能和熵的值为零。其中，三相点的液相水的参数为

$$p_{0.01} = 0.0006112\text{Pa}, v_{0.01} = 0.00100022\text{m}^3/\text{kg}, T_{0.01} = 273.16\text{K}$$

对于氟利昂、氨蒸气的热力性质图表，各国编制的蒸气图表的基准点不同，故数据差异较大。因而，查用不同文献中的数据图表时要注意基准点，不同基准点的图表不能混用。

下面针对水和水蒸气热力性质图表的讨论，在理论和形式上对其他蒸气同样适用。

4.3.1 水和水蒸气热力性质表

水和水蒸气热力性质表是按压力 p 和温度 t 为自变量，比体积 v、比焓 h 和比熵 s 为因变量的形式排列的。比热力学能 u 在需要时可由 $u = h - pv$ 求取。由于饱和线上的状态与湿蒸汽的压力和温度中只有一个是独立变量，未饱和水和过热蒸汽的压力和温度均是独立变量，因此水蒸气热力性质表分为"饱和水与饱和蒸汽表"及"未饱和水与过热蒸汽表"。

根据工程计算需要，饱和水与饱和蒸汽表又分为按温度排列（见表 A-2）和按压力排列（见表 A-3），依次列出不同温度（或压力）下的饱和压力（或饱和温度）、v'、v''、h'、h''、r、s'、s''。

未饱和水与过热蒸汽热力性质表（见表 A-4）列出了各种压力及温度下的未饱和水与过热蒸汽的比体积 v、比焓 h 和比熵 s 值。表中的粗线是未饱和水与过热蒸汽的分界线，线的上方为未饱和水，线的下方为过热蒸汽。表头上的饱和水与饱和蒸汽参数是供使用该表时参考和采用的。

值得注意的是，湿蒸汽是饱和水与饱和蒸汽的混合物，不同饱和蒸汽含量（或饱和水含量）的湿蒸汽，虽然具有相同的饱和压力和饱和温度，但其状态不同。为了说明湿蒸汽中所含饱和蒸汽的含量，以确定湿蒸汽的状态，引入干度 x 的概念。所谓干度是指湿蒸汽中所含饱和蒸汽的质量分数，即

$$x = \frac{m_g}{m_f + m_g} \tag{4-10}$$

式中，m_g 为干饱和蒸汽的质量；m_f 为饱和水的质量。显然，饱和水的干度 $x = 0$，干饱和蒸汽的干度 $x = 1$。

对湿蒸汽的比焓、比熵及比体积可表示为

$$h = xh'' + (1 - x) h' \tag{4-11a}$$

$$s = xs'' + (1 - x) s' \tag{4-11b}$$

$$v = xv'' + (1 - x) v' \tag{4-11c}$$

所以只要知道了湿蒸汽的干度，利用饱和水与干饱和蒸汽的状态参数，便可求得同压力下的湿饱和蒸汽相应的状态参数的数值。

如果已知温度（或压力）外，还知道湿蒸汽的任意一个状态参数，可由这一参数和已查得的饱和参数先将湿蒸汽的干度求出来，再代入上述式（4-11a）、式（4-11b）或式（4-11c）求出湿蒸汽的其余参数。

在使用水和水蒸气热力性质表时，常需先根据已知参数确定状态，以决定所要使用的表。饱和水与干饱和蒸汽表要与未饱和水与过热蒸汽表配合使用，先用前者确定水的状态后方能使用后者。例如，当 t、p 已知时，先查出 p 对应的饱和温度 t_s，若 $t>t_s$ 则为过热蒸汽，$t=t_s$ 则为饱和状态，$t<t_s$ 则为未饱和水，再进一步查应使用的表。另外，表中的变量及所对应的数值是不连续的，如果求表中没有列出的数值，可按线性关系进行插值计算。

例 4-2 利用水蒸气表，确定下列各点的状态和 h、s 值：

1）$p=1MPa$，$t=250℃$。

2）$t=100℃$，$h=2200kJ/kg$。

解： 1）由饱和水与干饱和蒸汽表查得 $p=1MPa$ 所对应的饱和温度 $t_s=179.88℃$，由于 $t>t_s$，故该状态为过热蒸汽。查未饱和水与过热蒸汽表，可得

$$p=1MPa, t=200℃ 时, h=2827.5kJ/kg, s=6.6940kJ/(kg·K)$$
$$p=1MPa, t=300℃ 时, h=3051.3kJ/kg, s=7.1239kJ/(kg·K)$$

$t=250℃$，采用插值法，则

$$h=2827.5kJ/kg+(3051.3-2827.5)kJ/kg×\frac{50}{100}=2939.4kJ/kg$$

$$s=6.694kJ/(kg·K)+(7.1239-6.6940)kJ/(kg·K)×\frac{50}{100}=6.909kJ/(kg·K)$$

2）当 $t=100℃$ 时，由饱和水与干饱和蒸汽表查得

$$h'=419.06kJ/kg, h''=2676.3kJ/kg$$

因为 $h'<h<h''$，故该状态为湿蒸汽，根据式（4-11a）计算的干度 x 为

$$x=\frac{2200-419.06}{2676.3-419.06}=0.789$$

查饱和水与干饱和蒸汽表得

$$s'=1.3069kJ/(kg·K), s''=7.3564kJ/(kg·K)$$

则

$$s=xs''+(1-x)s'=0.789×7.3564kJ/(kg·K)+(1-0.789)×1.3069kJ/(kg·K)=6.08kJ/(kg·K)$$

湿蒸汽状态参数 h、v 和 s 等的求取，需知道干度 x。若干度 x 未知，则需通过已知参数先求得 x。

4.3.2 水和水蒸气热力性质图

利用水蒸气热力性质表求取状态参数，所得的值比较精确。但由于要经常使用线性插值，使得查表工作十分烦琐，因此在实际工程分析和计算中还经常使用水蒸气热力性质图。利用水蒸气热力性质图不但使状态参数查取简便，而且使水蒸气热力过程的分析更加直观、清晰和方便。

常用水蒸气热力性质图有 p-v 图和 T-s 图，这两张图主要用于定性分析水蒸气热力过程和热力循环：p-v 图主要用于分析水蒸气系统与外界交换的功量；T-s 图主要用于分析系统与外界交换的热量。比较详细的 p-v 图和 T-s 图均有上界线、下界线和定干度线——不同压力下具有相同干度 x 的状态点连接线；p-v 图上还有定温线和定熵线，如图 4-4 所示；T-s 图上还有定压线和定容线，如图 4-5 所示。值得注意的是，由于液体的压缩性极小，可视为不可压缩流体，因而 p-v 图的下界线很陡，几乎是一条竖直线。

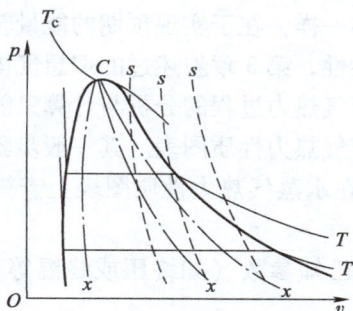

图 4-4 水蒸气的 p-v 图

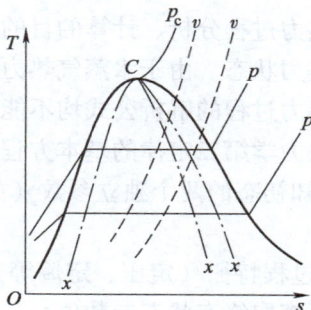

图 4-5 水蒸气的 T-s 图

水蒸气的 p-v 图和 T-s 图在分析水蒸气热力过程和热力循环时虽有优点，但由于热量和功在 p-v 图和 T-s 图上均以面积表示，故进行定量计算时很不方便。而在以 h 和 s 分别为纵横坐标的焓熵图（h-s 图）上，技术功为零的热力过程的热量和绝热过程的技术功均可用线段 Δh 表示，从而使计算更加方便，并能直观、清晰地反映水蒸气的热力过程。因此，水蒸气的 h-s 图（见附录图 A-1）已成为工程上广泛使用的一个重要的定量计算用图。

如图 4-6 所示，水蒸气的 h-s 图同 p-v 图和 T-s 图一样，也有上界线、下界线和临界点，此外还有定压线、定温线、定容线和定干度线。

定压线在 h-s 图上呈发散状，由热力学一般关系式 $T\mathrm{d}s = \mathrm{d}h - v\mathrm{d}p$ 可知，$\mathrm{d}p = 0$ 时定压线的斜率为

$$\left(\frac{\partial h}{\partial s}\right)_p = T$$

在湿蒸汽区，定压时温度不变，所以定压线是斜率为常数的直线。在过热蒸汽区，定压线的斜率随着温度的升高而增大，所以定压线逐渐趋于陡峭。

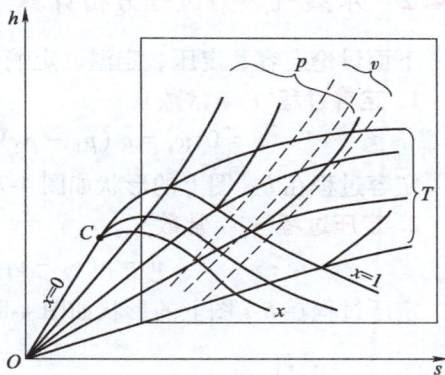

图 4-6 水蒸气的 h-s 图

在湿蒸汽区由于温度与压力一一对应，故定温线与定压线重合。在过热蒸汽区，温度越高，压力越低，水蒸气越接近理想气体性质，定温线越接近定焓线，而低于定压线。

定干度线是饱和区特有的曲线，它是定压线上由 $x=0$ 的下界线至 $x=1$ 的上界线的等分点连接而成。

在工程计算用的详图上还有定容线，定容线在 h-s 图上的趋势与定压线相同，但比定压线稍陡，定容线常用红线标出。

由于 h-s 图中干度小于 0.5 的区域的图线过于密集，而且工程中不经常使用这部分图表，故通常所用的 h-s 图仅绘出图中右上方的部分。

4.4 水蒸气的热力过程

4.4.1 水蒸气热力过程分析计算依据

水蒸气热力过程分析、计算的目的和理想气体一样，在于实现预期的能量转换和获得预期的工质的热力状态。由于水蒸气热力性质的复杂性，第 3 章叙述过的理想气体的状态方程和理想气体热力过程的解析公式均不能使用。水蒸气热力过程的分析与计算只能利用热力学第一定律和热力学第二定律的基本方程，以及水蒸气热力性质图表。其一般步骤如下：

1）由已知初态的两个独立参数（如 p、T），在水蒸气热力性质图表上查算出其余各初态参数值。

2）根据过程特征（定压、定熵等）和终态的已知参数（如终压或终温等），由水蒸气热力性质图表查取终态状态参数值。

3）由查算得到的初、终态参数，应用热力学第一定律和热力学第二定律的基本方程，即

$$q = \Delta u + w, q = \Delta h + w_t$$

$$w = \int_1^2 p\mathrm{d}v, w_t = -\int_1^2 v\mathrm{d}p, q = \int_1^2 T\mathrm{d}s$$

计算 q、w、w_t、Δh、Δu、Δs 等。

4.4.2 水蒸气热力过程分析计算

下面讨论定容、定压、定温、定熵四种基本热力过程中的能量转换关系。

1. 定容过程（v=常数）

$$w = 0, w_t = v(p_1 - p_2), q = \Delta u = (h_2 - h_1) - v(p_2 - p_1)$$

定容过程在 h-s 图上的形状如图 4-7 中曲线 1-2 所示。

2. 定压过程（p=常数）

$$w = p(v_2 - v_1), w_t = 0, q = \Delta h = h_2 - h_1$$

定压过程在 h-s 图上的形状如图 4-8 中曲线 1-2 所示。

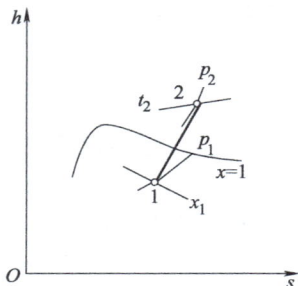

图 4-7 水蒸气的定容过程　　　图 4-8 水蒸气的定压过程

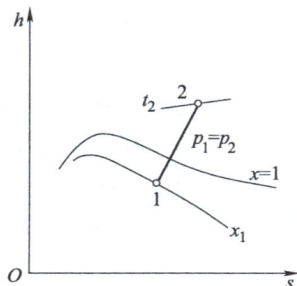

3. 定温过程（T＝常数）

$$q = T(s_2 - s_1), w_t = q - \Delta h, w = q - \Delta u = q - [(h_2 - h_1) - (p_2 v_2 - p_1 v_1)]$$

定温过程在 h-s 图上的形状如图 4-9 中曲线 1-2 所示。

4. 定熵过程（s＝常数）

$$q = 0, w_t = q - \Delta h = h_1 - h_2, w = q - \Delta u = h_1 - h_2 + (p_2 v_2 - p_1 v_1)$$

定熵过程在 h-s 图上的形状如图 4-10 中直线 1-2 所示。

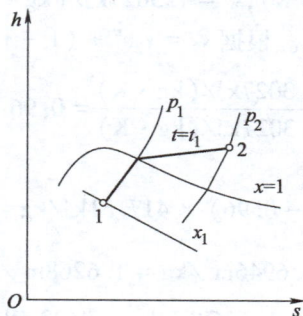

图 4-9 水蒸气的定温过程　　　图 4-10 水蒸气的定熵过程

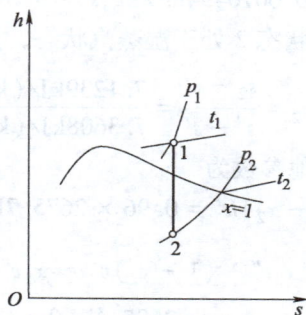

在实际工程应用中，定压过程和定熵过程是水蒸气的主要和典型的热力过程。

例 4-3 水蒸气从 $p_1 = 1\text{MPa}$、$t_1 = 300\text{℃}$ 可逆绝热膨胀到 $p_2 = 0.1\text{MPa}$，试分别用水蒸气 h-s 图和水蒸气表，求 1kg 水蒸气所做的膨胀功和技术功。

解：1. 用 h-s 图求解

（1）初始状态参数　参看图 4-10 中的过程 1-2，由已知条件 $p_1 = 1\text{MPa}$ 的定压线及 $t_1 = 300\text{℃}$ 的定温线得初始状态点 1，可由图查得

$$h_1 = 3052\text{kJ/kg}, v_1 = 0.26\text{m}^3/\text{kg}, s_1 = 7.12\text{kJ/(kg·K)}$$

所以

$$u_1 = h_1 - p_1 v_1 = 3052\text{kJ/kg} - 1 \times 10^3 \times 0.26\text{kJ/kg} = 2792\text{kJ/kg}$$

（2）终态参数　因为是可逆绝热过程，故 $s_2 = s_1 = 7.12\text{kJ/(kg·K)}$，从 1 点作竖直线与 $p_2 = 0.1\text{MPa}$ 的定压线交于 2 点，可由图查得

$$h_2 = 2592\text{kJ/kg}, v_2 = 1.62\text{m}^3/\text{kg}, x = 0.97, t_2 \approx 100\text{℃}$$

$$u_2 = h_2 - p_2 v_2 = 2592\text{kJ/kg} - 0.1 \times 10^3 \times 1.62\text{kJ/kg} = 2430\text{kJ/kg}$$

（3）膨胀功和技术功

$$w = u_1 - u_2 = 2792\text{kJ/kg} - 2430\text{kJ/kg} = 362\text{kJ/kg}$$

$$w_t = h_1 - h_2 = 3052\text{kJ/kg} - 2592\text{kJ/kg} = 460\text{kJ/kg}$$

2. 用水蒸气表求解

（1）初始状态参数　根据 $p_1 = 1\text{MPa}$、$t_1 = 300\text{℃}$，查未饱和水与过热蒸汽表，得

$$h_1 = 3051.3\text{kJ/kg}, v_1 = 0.2580\text{m}^3/\text{kg}, s_1 = 7.1239\text{kJ/(kg·K)}$$

所以

$$u_1 = h_1 - p_1 v_1 = 3051.3 \text{kJ/kg} - 1 \times 10^3 \times 0.2580 \text{kJ/kg} = 2793.3 \text{kJ/kg}$$

（2）终态参数　根据 $p_2 = 0.1 \text{MPa}$、$s_2 = s_1 = 7.1239 \text{kJ/(kg·K)}$，查饱和水和干饱和蒸汽表，得

$$t_2 = 99.63\text{℃}, h'' = 2675.7 \text{kJ/kg}, h' = 417.51 \text{kJ/kg}, v'' = 1.6946 \text{m}^3/\text{kg}$$

$$v' = 0.0010434 \text{m}^3/\text{kg}, s'' = 7.3608 \text{kJ/(kg·K)}, s' = 1.3027 \text{kJ/(kg·K)}$$

由 $s'' > s > s'$ 判定状态 2 处于湿蒸汽状态，先求干度 x_2。根据 $s_2 = x_2 s'' + (1 - x_2)s'$，得

$$x_2 = \frac{s_2 - s'}{s'' - s'} = \frac{7.1239 \text{kJ/(kg·K)} - 1.3027 \text{kJ/(kg·K)}}{7.3608 \text{kJ/(kg·K)} - 1.3027 \text{kJ/(kg·K)}} = 0.96$$

则状态 2 的其他参数为

$$h_2 = x_2 h'' + (1 - x_2)h' = 0.96 \times 2675.7 \text{kJ/kg} + (1 - 0.96) \times 417.51 \text{kJ/kg} = 2585.4 \text{kJ/kg}$$

$$v_2 = x_2 v'' + (1 - x_2)v' \approx x_2 v'' = 0.96 \times 1.6946 \text{m}^3/\text{kg} = 1.6268 \text{m}^3/\text{kg}$$

$$u_2 = h_2 - p_2 v_2 = 2585.4 \text{kJ/kg} - 0.1 \times 10^3 \times 1.6268 \text{kJ/kg} = 2422.7 \text{kJ/kg}$$

（3）膨胀功和技术功

$$w = u_1 - u_2 = 2793.3 \text{kJ/kg} - 2422.7 \text{kJ/kg} = 370.6 \text{kJ/kg}$$

$$w_t = h_1 - h_2 = 3051.3 \text{kJ/kg} - 2585.4 \text{kJ/kg} = 465.9 \text{kJ/kg}$$

由本例题可知：

1）本例题给出了水蒸气热力过程的求解步骤。求解中终态参数的确定按过程是定熵的特征和终压 p_2 查取。因此，水蒸气热力过程求解的关键是掌握过程的特征和熟练运用水蒸气热力性质图表。

2）通过本例题的查算说明，查 h-s 图简单、方便，但所得结果精度相对较低。查表结果精确（本题用了教学用表，如果采用实际工程用表数据将更精确），但由于要进行多次线性内插，比较烦琐。

思　考　题

4-1　范德瓦耳斯方程的精度不高，但是在实际气体状态方程的研究中范德瓦耳斯方程的地位却很高，为什么？

4-2　范德瓦耳斯方程中的常数 a 和 b 分别是考虑什么因素引入的？

4-3　什么是对比态原理？什么是对比状态参数？

4-4　压缩因子 z 的物理意义怎么理解？能否将 z 当作常数处理？

4-5　$q = \int_1^2 c_p \text{d}T$ 适用于任何工质的定压过程。水蒸气定压汽化过程中 $\text{d}T = 0$，由此得出结论，水蒸气定压汽化时 $q = \int_1^2 c_p \text{d}T = 0$。此结论是否正确？为什么？

4-6　根据比定压热容 $c_p = \left(\frac{\partial h}{\partial T}\right)_p$，故定压过程有 $\Delta h = \int_1^2 c_p \text{d}T$。水蒸气定压汽化过程中 $\text{d}T = 0$，由此

得出结论，水蒸气定压汽化时 $\Delta h = \int_1^2 c_p dT = 0$。此结论是否正确？为什么？

4-7 在什么条件下水蒸气可以视为理想气体？

4-8 水的汽化潜热是否是常数？有什么变化规律？

4-9 有没有 500℃ 的水？有没有 0℃ 的水蒸气？为什么？

4-10 水的三相点的状态参数是不是唯一确定的？三相点和临界点有何不同？

4-11 锅炉中产生的水蒸气在定温过程中是否满足关系 $q=w$？为什么？

4-12 压力 25MPa 的水，是否也像压力 1MPa 的水那样经历汽化过程？为什么？

4-13 为什么不能由 t 和 p 确定饱和状态的水和水蒸气的其他参数？

4-14 水蒸气热力过程的计算步骤是什么？为什么没有类似理想气体热力过程的计算公式？

4-15 对于水蒸气，为什么定量计算采用 $h\text{-}s$ 图，而不采用 $p\text{-}v$ 图和 $T\text{-}s$ 图？

习　题

4-1 氨气的压力 $p=10.13\text{MPa}$，温度 $t=360℃$。试利用通用压缩因子图求其密度 ρ，并和由理想气体状态方程计算的密度 ρ 进行比较。

4-2 某容积为 3m^3 的容器中储有状态为 $p=4\text{MPa}$、$T=160\text{K}$ 的氧气，试通过下述方式求容器内氧气的质量 m：

1）利用理想气体状态方程。

2）利用通用压缩因子图。

4-3 容积为 0.425m^3 的容器内充满氮气，压力 $p=16.21\text{MPa}$，温度 $T=189\text{K}$，试通过下述方式计算容器中氧气的质量 m：

1）利用理想气体状态方程。

2）利用通用压缩因子图。

4-4 试利用下述方法求压力 $p=5\text{MPa}$、温度 $t=450℃$ 的水蒸气的比体积 v：

1）利用理想气体状态方程。

2）利用通用压缩因子图。

已知此状态时水蒸气的比体积 $v=0.063291\text{m}^3/\text{kg}$，以此比较上述两种方法计算结果的误差。

4-5 利用水的热力性质表确定下列各点的状态及状态参数 t、v、h 及 s 的值：

1）$p=3\text{MPa}$，$t=300℃$；

2）$p=5\text{MPa}$，$t=155℃$；

3）$p=0.5\text{MPa}$，$x=0.92$。

4-6 利用水的热力性质表，填充表 4-2 的空白。

表 4-2　习题 4-6 表

序号	p/MPa	$t/℃$	$h/(\text{kJ/kg})$	$s/[\text{kJ}/(\text{kg}\cdot\text{K})]$	x	过热度/℃
1	3.0	500				
2	0.5		3244			
3		360	3140			
4	0.02				0.9	

4-7 湿饱和蒸汽，$p=1.0\text{MPa}$，$x=0.95$，试由水蒸气热力性质表求 t、h、v、s。

4-8 过热蒸汽，$p=3.0\text{MPa}$、$t=400℃$，试用水蒸气热力性质表求 h、v、s 和过热度，再用 $h\text{-}s$ 图求上

述参数。

4-9 已知水蒸气的压力 $p=0.5\text{MPa}$，比体积 $v=0.35\text{m}^3/\text{kg}$，试判断这是不是过热水蒸气。如果不是，那么是干饱和蒸汽还是湿饱和蒸汽？试用水蒸气热力性质表求出其他参数。

4-10 已知水蒸气 $p=0.2\text{MPa}$，$h=1300\text{kJ/kg}$，试求其 t、v 和 s。

4-11 质量为 1kg 的蒸汽，$p_1=2.0\text{MPa}$、$x_1=0.9$，定温膨胀至 $p_2=1.0\text{MPa}$，求终态 t、h、v、s 及过程中加入的热量和蒸汽对外所做的膨胀功。

4-12 汽轮机的进口蒸汽参数为 $p_1=3.0\text{MPa}$、$t_1=450\text{℃}$，若经可逆绝热膨胀至 $p_2=4\text{kPa}$，求汽轮机的膨胀功和技术功。

4-13 容积为 0.36m^3 的刚性容器中储有 $t=350\text{℃}$ 的水蒸气，其压力表读数为 100kPa。现容器对环境散热使压力下降到压力表读数为 50kPa，试：

1）确定初始状态是什么状态。

2）求水蒸气终态温度。

3）求过程放出的热量和放热过程的有效能损失。

设环境温度为 20℃，大气压力为 0.1MPa。

4-14 压力为 200kPa 的 R134a 干饱和蒸气经可逆绝热压缩过程至 1.2MPa，试求压缩单位质量 R134a 所消耗的技术功。

第5章

气体与蒸气的流动

在实际工程应用中，常常需要对气体或蒸气的流动进行计算。如在一些动力装置中，通过喷管把工质的热能转变为动能，利用高速气流冲击叶轮旋转而输出机械能，实现热能向机械能的转换。此外工程上还经常遇到气流通过阀门、孔板等狭窄通道的节流现象，也需要分析工质的状态参数及能量变化。

工质实际流动过程一般都比较复杂。在流体流动的各点上的参数不仅随着空间位置变化，也随着时间变化。但是我们通常所遇到的动力设备管道内，在正常工作的情况下，工质的流量、参数都可以假定其在流经空间任何一个固定点时，不随时间变化，这样的流动过程称为稳定流动。如果工质在其流道的任一截面上的参数变化比沿流动方向上的参数变化小得多，就可以假定在同一截面上的参数没有变化而具有平均值，这样便可以只考虑沿流动方向的参数变化，这就是一维流动的基本假定。一般的热力管道外都包有隔热保温材料，且流体通过设备的时间极短，基本和外界无热量交换，可视为绝热。本章主要讨论喷管的可逆绝热的一维稳定流动，也可以用于分析扩压管的流动。

5.1 稳定流动的基本方程式

5.1.1 连续方程式

连续方程式是质量守恒原理应用于工质流动的数学表达式。如图 5-1 所示，工质由截面 1—1 流至截面 2—2。如果流动是稳定流动，则各截面上的参数均不随时间变化。令两截面的面积分别为 A_1 和 A_2，工质的流速分别为 c_{f1} 和 c_{f2}，比体积分别为 v_1 和 v_2，质量流量分别为 q_{m1} 和 q_{m2}，则

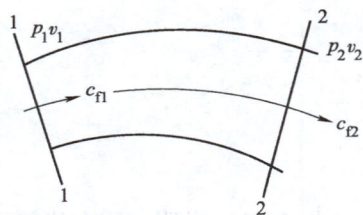

图 5-1 气体一维流动

$$q_{m1} = \frac{A_1 c_{f1}}{v_1}$$

$$q_{m2} = \frac{A_2 c_{f2}}{v_2}$$

根据质量守恒原理，稳定流动情况下，单位时间内流经截面 1—1 的工质质量流量与流经截面 2—2 的质量流量相同，即 $q_{m1} = q_{m2} =$ 常数：

$$q_m = \frac{A c_f}{v} = 常数 \tag{5-1}$$

对式（5-1）微分，可得到连续方程式的微分表达式，即

$$dq_m = d\left(\frac{A c_f}{v}\right) = 0$$

或

$$\frac{dA}{A} + \frac{dc_f}{c_f} - \frac{dv}{v} = 0 \tag{5-2}$$

式（5-2）建立了截面积、流速及比体积之间的关系，这是分析工质变化规律不可缺少的。在推导此式的过程中，仅仅使用了流动的条件，故无论流动过程是否可逆，是否有能量传递，只要是稳定流动，式（5-2）都普遍适用。

5.1.2 稳定流动能量方程式

根据能量转换与守恒原理可得稳定流动能量方程。对 1kg 流体有

$$q = (h_2 - h_1) + \frac{1}{2}(c_{f2}^2 - c_{f1}^2) + g(z_2 - z_1) + w_s$$

写成微分形式

$$\delta q = dh + \frac{1}{2}dc_f^2 + g dz + \delta w_s$$

流体在管道内流动时，密度小且高度变化不大，一般可忽略势能差；在管内流动也没有功输出，即 $\delta w_s = 0$；管道段，流速大，来不及与外界进行热交换，可视为绝热过程，即 $\delta q = 0$；则稳定流动能量方程可简化成

$$h_2 - h_1 = \frac{1}{2}(c_{f1}^2 - c_{f2}^2)$$

$$h_1 + \frac{1}{2}c_{f1}^2 = h_2 + \frac{1}{2}c_{f2}^2$$

即

$$h + \frac{1}{2}c_f^2 = 常数 \tag{5-3}$$

式（5-3）说明工质在绝热不做外功的稳定流动过程中，任一截面上工质的焓与动能之和保持不变，因而气体动能的增加等于气流的焓降，这便是一维稳定流动的能量方程式。其微分形式为

$$dh + \frac{1}{2}dc_f^2 = 0 \tag{5-4}$$

稳定流动能量方程式由能量守恒导得，故对流体的性质没有限制，并与过程的可逆与否无关。

5.1.3　过程方程式

过程方程式是根据过程的特点，描述流体参数变化规律的数学表达式。如果流体在流动过程中是连续变化且没有摩擦、扰动，与外界没有热量交换，则为可逆绝热流动，即定熵流动。其过程方程式为

$$pv^\kappa = 常数$$

其微分形式为

$$\kappa \frac{\mathrm{d}v}{v} + \frac{\mathrm{d}p}{p} = 0 \tag{5-5}$$

式（5-5）只适用于理想气体定值比热容可逆绝热流动过程，但对于水蒸气一类的实际气体在喷管内做可逆绝热流动分析时也近似采用上述关系式，式中 κ 值就不是比定压热容 c_p 与比定容热容 c_V 的比值了，而是一个经验数据，且随实际气体状态的不同有较大的变化。

5.1.4　声速和马赫数

1. 声速

声速是分析流体流动特性的重要概念。由物理学可知，声速是一种在连续介质中受到微弱扰动而产生的波动的传播速度。在气体介质中，声速一般很高，因此可以忽略在过程中的热量传递；同时由于波动引起的状态变化又是弱扰动，其引起的摩擦作用也可以忽略，所以波动过程可看作是定熵过程。按照物理学中声速的公式有

$$c = \sqrt{\left(\frac{\partial p}{\partial \rho}\right)_s} = \sqrt{-v^2\left(\frac{\partial p}{\partial v}\right)_s} \tag{5-6}$$

式（5-6）表明声速与气体的压缩性、状态有关。

对于理想气体的定熵过程，有

$$\left(\frac{\partial p}{\partial v}\right)_s = -\kappa\frac{p}{v}$$

所以

$$c = \sqrt{\kappa pv} = \sqrt{\kappa R_g T} \tag{5-7}$$

因为 κ 与流体的种类有关，温度和压力是状态参数，因此声速既与流体的物性有关，又与流体的状态有关。当流体在流动过程中状态发生改变，声速也会改变。为了明确声速的这一特性，引入"当地声速"这一概念。把某一状态下的声速值称为当地声速。因为稳定流动过程中气体的状态是沿流程变化的，所以在流程的各个截面上的当地声速是各不相同的。

2. 马赫数

气体的流动速度 c_f 与当地声速 c 的比值，称为马赫数，通常以符号 Ma 表示，即

$$Ma = \frac{c_f}{c} \tag{5-8}$$

马赫数是研究气体流动特性的一个很重要的数值。对于理想气体，可以写成

$$Ma = \frac{c_f}{\sqrt{\kappa p v}} = \frac{c_f}{\sqrt{\kappa R_g T}}$$

当气流速度大于当地声速时，$Ma > 1$，称为超声速流动；当气流速度小于当地声速时，$Ma < 1$，称为亚声速流动；当气流速度等于当地声速时，$Ma = 1$。亚声速流动与超声速流动有着根本不同的特性，用马赫数可以方便地进行分析。

5.2 管内定熵流动的基本特性

喷管是变截面短管，使通过后的气流流速增加；扩压管与喷管的热力过程相反。为了得到沿流动方向上的气体状态变化规律，及其与管道截面积的关系，需要依据前面的基本方程式来导出。流速与压力、比体积的变化关系是管内流动的力学条件，流速与截面积的变化关系是管内流动的几何条件。

5.2.1 流速与压力的关系

取一段任意形状的管段，置于压力均匀的空气中，管段中的空气是不会自动流动的。要想使管中的流体流动，必须使管两端产生压力差。压差越大，流速就越高。可见，压差是改变流速的决定因素。由热力学第一定律，有

$$\delta q = dh - vdp$$

对于可逆绝热过程，即

$$dh = vdp$$

将式（5-4）代入，得

$$\frac{1}{2}dc_f^2 = -vdp \tag{5-9}$$

整理得

$$c_f dc_f = -vdp \tag{5-10}$$

将式（5-10）两端同除以 c_f^2，再把右端的分母分子同乘以 κp，整理得

$$\frac{dc_f}{c_f} = -\frac{\kappa p v}{\kappa c_f^2}\frac{dp}{p}$$

将 $c = \sqrt{\kappa p v}$ 和式（5-8）代入，则

$$\frac{dp}{p} = -\kappa Ma^2 \frac{dc_f}{c_f} \tag{5-11}$$

可见，dp 与 dc_f 符号相反。气体在流动中，若要流速增加，$dc_f > 0$，则压力必降低，$dp < 0$；若压力升高，则流速必降低。所以压差的改变是流速改变的先决条件。

5.2.2 流速与比体积的关系

由定熵过程方程式 $pv^\kappa =$ 常数，可得

$$\frac{dp}{p} = -\kappa \frac{dv}{v}$$

将式（5-11）代入，可得

$$\frac{\mathrm{d}v}{v} = Ma^2 \frac{\mathrm{d}c_f}{c_f} \tag{5-12}$$

由式（5-12）可见，$\mathrm{d}v$ 与 $\mathrm{d}c_f$ 的符号是一致的。当流速增大时，比体积也随之增大；反之，当流速降低时，比体积也随之减小。

5.2.3　流速与截面积的关系

由式（5-2）知

$$\frac{\mathrm{d}A}{A} = \frac{\mathrm{d}v}{v} - \frac{\mathrm{d}c_f}{c_f}$$

将式（5-12）代入，可得

$$\frac{\mathrm{d}A}{A} = (Ma^2 - 1)\frac{\mathrm{d}c_f}{c_f} \tag{5-13}$$

从式（5-13）可见，流动截面积与流速的变化和马赫数有关。使流体得到加速的管道为喷管。当气流通过喷管时，因绝热膨胀，压力降低，流速增加（$\mathrm{d}c_f > 0$），所以气流截面变化规律是：

对于亚声速流动（$Ma<1$），则 $\mathrm{d}A$ 与 $\mathrm{d}c_f$ 异号，随着流速逐渐增大（$\mathrm{d}c_f>0$），流动截面应逐渐缩小（$\mathrm{d}A<0$），这种喷管称为渐缩喷管。

对于超声速流动（$Ma>1$），则 $\mathrm{d}A$ 与 $\mathrm{d}c_f$ 同号，随着流速逐渐增大（$\mathrm{d}c_f>0$），流动截面应逐渐增大（$\mathrm{d}A>0$），这种喷管称为渐扩喷管。

对马赫数由 $Ma<1$ 转变为 $Ma>1$ 的流动过程中，气体流速由亚声速变为超声速，流速一直在增大，要求流通截面由渐缩变成渐扩，这种喷管称为缩放喷管，也称为拉伐尔喷管。在气体流动过程中必然出现 $Ma=1$ 的情况，此处气流速度达到声速，气流截面缩至最小，$\mathrm{d}A=0$，称为喷管的喉部或临界截面。此时，气流速度即临界流速 $c_{f,cr}$ 为

$$c_{f,cr} = c = \sqrt{\kappa p_{cr} v_{cr}} = \sqrt{\kappa R_g T_{cr}} \tag{5-14}$$

喷管的截面变化情况如图 5-2 所示。

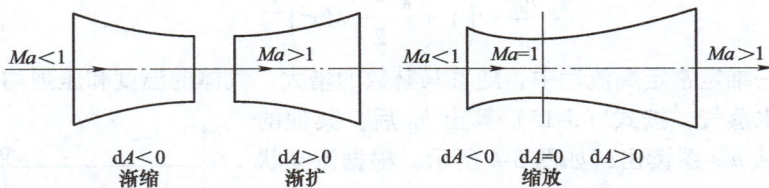

图 5-2　喷管的截面变化

使流体减速增压的管道为扩压管。气流通过扩压管时，因绝热压缩，压力升高，流速降低（$\mathrm{d}c_f < 0$），所以气流截面变化规律根据进口流体不同的马赫数 Ma 的值，相应地对扩压管的要求是：$Ma>1$，做成渐缩扩压管；$Ma<1$，做成渐扩扩压管；气流从 $Ma>1$ 一直降至 $Ma<1$，做成渐缩渐扩扩压管（缩放扩压管）。扩压管的截面变化情况如图 5-3 所示。

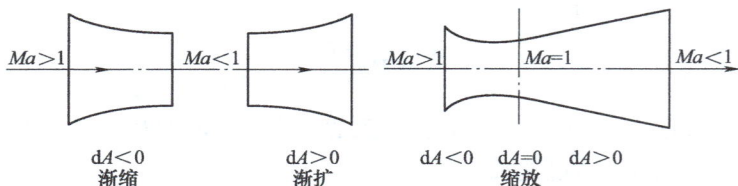

图 5-3　扩压管的截面变化

5.3　滞止参数和临界参数

5.3.1　滞止参数

在喷管的分析计算中，进口的初始流速的大小将影响出口状态的数值，为了简化计算，采用绝热滞止参数作为进口参数。使流体的流速降低直至变为零的绝热过程称为绝热滞止。绝热滞止状态的参数称为滞止参数，滞止参数符号加下标"0"表示，如 p_0、T_0、h_0 等。

绝热滞止由能量方程有

$$h_0 = h + \frac{1}{2}c_f^2 = h_2 + \frac{1}{2}c_{f2}^2 = 常数 \tag{5-15}$$

式（5-15）中 h_0 为总焓或滞止焓，等于任一截面上气流的焓和其动能的总和。

对理想气体，$h = c_p T$，c_p 为常量，则式（5-15）可写为

$$c_p T_0 = c_p T + \frac{1}{2}c_f^2 = 常数$$

将 $c_p = \kappa R_g / (\kappa - 1)$、$c = \sqrt{\kappa R_g T}$、$Ma = c_f/c$ 代入，可得

$$\frac{T_0}{T} = 1 + \frac{\kappa - 1}{2}Ma^2 \tag{5-16}$$

由定熵过程关系式可以得到

$$\frac{p_0}{p} = \left(1 + \frac{\kappa - 1}{2}Ma^2\right)^{\frac{\kappa}{\kappa-1}} \tag{5-17}$$

可见，在一维定常定熵流动中，随着马赫数的增大，气体的温度和压强均降低。

如工质为水蒸气，按式（5-15）算出 h_0 后，其他的滞止参数可以从 $h\text{-}s$ 图读出，如图 5-4 所示。根据流动状态参数 p_1、t_1 求得状态点 1，沿着定熵线向上取点 0，使 $h_0 = h_1 + 1/2 c_{f1}^2$，0 点即为滞止点。或根据 $s_0 (= s_1)$ 和 h_0 利用水蒸气热力性质表查得滞止温度、滞止压力等滞止参数。

在后续的内容中，如无特殊说明，喷管进口参数均指滞止参数，如果进口速度很大且不能忽略时，应先求滞止参数，再用有关公式进行计算。

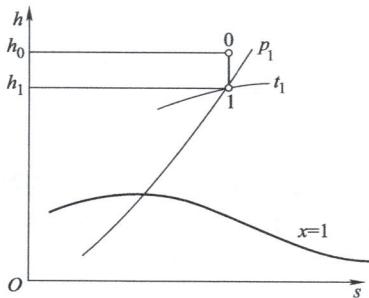

图 5-4　水蒸气的滞止状态

5.3.2 临界参数

工质进入喷管定熵膨胀，当气流速度等于当地声速时，即 $Ma=1$ 的状态称为**临界状态**，**临界状态的气流参数称为临界参数**，临界参数符号加下标"cr"表示，如 p_{cr}、T_{cr}、h_{cr} 等。

实际计算中，经常遇到临界参数和滞止参数的比值，利用式（5-16）、式（5-17）可以导出临界参数和滞止参数的关系式，令 $Ma=1$，可得

$$\frac{T_{cr}}{T_0} = \frac{2}{\kappa+1} \tag{5-18}$$

$$\frac{p_{cr}}{p_0} = \left(\frac{2}{\kappa+1}\right)^{\frac{\kappa}{\kappa-1}} \tag{5-19}$$

令 $p_{cr}/p_0 = \nu_{cr}$ 为**临界压力比**，通过临界压力比判断气流速度所处的范围（亚声速还是超声速），可为分析流动特性、判别喷管管型提供依据，在喷管计算分析中非常重要。由上面公式可知，对于一定的气体，$\kappa=$ 常数，临界压力比也为常数。常见气态工质的临界压力比值如下：

双原子的理想气体：$\kappa=1.4$ $\nu_{cr}=0.528$

多原子的理想气体：$\kappa=1.3$ $\nu_{cr}=0.546$

单原子的理想气体：$\kappa=1.67$ $\nu_{cr}=0.487$

过热蒸汽： $\kappa=1.3$ $\nu_{cr}=0.546$

饱和蒸汽： $\kappa=1.135$ $\nu_{cr}=0.577$

喷管的设计选型除了与临界压力比有关，还与喷管出口的环境背压 p_b 有关。当 $p_b/p_0 \geq p_{cr}/p_0$ 时，气流在喷管中最多只能被加速到声速，整个过程气流处于亚声速流动状态，应选取渐缩喷管。当 $p_b/p_0 < p_{cr}/p_0$ 时，气流在喷管中首先被加速到声速，然后继续加速到超声速，故应选用缩放喷管（拉伐尔喷管）。

5.4 喷管的计算

喷管的计算分为设计计算和校核计算两种。设计计算通常已知工质的初状态（喷管进口截面的状态）和背压（喷管出口的环境压力），以及流经喷管的工质的质量流量，要求选择喷管的形状并计算喷管的尺寸；校核计算通常已知喷管的形状和尺寸，要求在不同的工作条件下，确定通过喷管的质量流量和喷管的出口速度。

5.4.1 流速的计算

选择好喷管的形状，首先要判断工质流动速度所处的区域（亚声速、超声速或是从亚声速到超声速）。为此必须依照已知的条件，计算流体的速度。

由喷管中绝热稳定流动的能量方程式（5-15）

$$h_0 = h + \frac{1}{2}c_f^2 = h_2 + \frac{1}{2}c_{f2}^2 = 常数$$

可以求得任一截面流速

$$c_\mathrm{f} = \sqrt{2(h_0 - h)} \qquad (5\text{-}20)$$

出口截面流速为

$$c_\mathrm{f2} = \sqrt{2(h_0 - h_2)} \qquad (5\text{-}21)$$

如果工质是理想气体，且当比热容为定值时，式（5-21）可写为

$$c_\mathrm{f2} = \sqrt{2c_p(T_0 - T_2)} \qquad (5\text{-}22)$$

如果工质为水蒸气，其焓值可由蒸汽参数表或水蒸气的 $h\text{-}s$ 图查得，然后按式（5-21）算出喷管的出口速度。

对于理想气体绝热流动，假定比热容为定值，由式（5-21）和式（5-22）可得

$$c_\mathrm{f2} = \sqrt{2(h_0 - h_2)} = \sqrt{2c_p(T_0 - T_2)}$$

$$= \sqrt{2\frac{\kappa R_\mathrm{g}}{\kappa - 1}(T_0 - T_2)}$$

$$= \sqrt{2\frac{\kappa}{\kappa - 1}R_\mathrm{g}T_0\left(1 - \frac{T_2}{T_0}\right)}$$

如为可逆绝热，则由定熵关系式得

$$c_\mathrm{f2} = \sqrt{2\frac{\kappa}{\kappa - 1}p_0 v_0\left[1 - \left(\frac{p_2}{p_0}\right)^{\frac{\kappa-1}{\kappa}}\right]} \qquad (5\text{-}23)$$

式中，p_0、v_0、T_0 为喷管进口截面上的工质参数；p_2 为喷管出口截面上的压力。从式（5-23）可见，喷管出口工质的速度取决于喷管进口截面上工质的参数和出口、进口截面上工质的压力比 p_2/p_0。

当工质的性质及进口截面参数一定时，喷管出口的流速与压力比 p_2/p_0 有关，其变化趋势如图 5-5 所示。当 $p_2/p_0 = 1$ 时，即喷管的出口压力等于进口压力，则出口流速为零，气体不流动；当 p_2/p_0 逐渐减小时，c_f2 逐渐增加；当出口截面上的压力为零时，出口流速将趋于最大值。

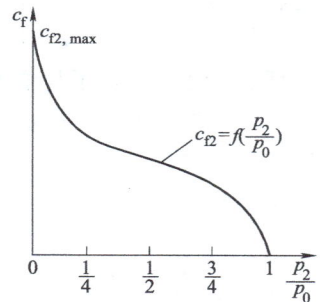

图 5-5 喷管流速与压力比的关系

$$c_\mathrm{f2,max} = \sqrt{\frac{2\kappa}{\kappa - 1}p_0 v_0} = \sqrt{\frac{2\kappa}{\kappa - 1}R_\mathrm{g}T_0} \qquad (5\text{-}24)$$

这一速度实际上不可能达到，因为当 $p_2 \to 0$ 时，$v_2 \to \infty$，而喷管出口截面积不可能达到无穷大。

当工质流经喷管达临界状态时，其速度 $c_\mathrm{f} = c_\mathrm{f,cr} = c$，压力为 p_cr，代入式（5-23）则

$$c_\mathrm{f,cr} = \sqrt{\frac{2\kappa}{\kappa - 1}p_0 v_0\left[1 - \left(\frac{p_\mathrm{cr}}{p_0}\right)^{\frac{\kappa-1}{\kappa}}\right]} \qquad (5\text{-}25)$$

将临界压力比的关系式（5-19）代入式（5-25），可得临界流速的另一计算式：

$$c_\mathrm{f,cr} = \sqrt{\frac{2\kappa}{\kappa + 1}p_0 v_0} \qquad (5\text{-}26)$$

对理想气体可写为

$$c_{f,cr} = \sqrt{\frac{2\kappa}{\kappa+1} R_g T_0}$$ (5-27)

可见，临界流速不仅与工质性质有关，还与工质的初参数有关。

5.4.2 流量的计算

前面已计算出通过喷管的气流速度，通过喷管的质量流量可以根据连续方程式，选择任一截面进行计算，所得结果均应相等。一般按照出口截面或喉部截面（缩放喷管）计算流量。

$$q_m = \frac{c_{f2}A_2}{v_2} \quad 或 \quad q_m = \frac{c_{f,cr}A_{cr}}{v_{cr}}$$

将式（5-23）及定熵的关系式 $\frac{v_0}{v_2} = \left(\frac{p_2}{p_0}\right)^{\frac{1}{\kappa}}$ 代入出口截面流量公式，可得

$$q_m = A_2 \frac{1}{v_0} \left(\frac{p_2}{p_0}\right)^{\frac{1}{\kappa}} \sqrt{2\frac{\kappa}{\kappa-1}p_0 v_0 \left[1 - \left(\frac{p_2}{p_0}\right)^{\frac{\kappa-1}{\kappa}}\right]}$$

整理得

$$q_m = \frac{A_2 c_{f2}}{v_2} = A_2 \sqrt{\frac{2\kappa}{\kappa-1}\frac{p_0}{v_0}\left[\left(\frac{p_2}{p_0}\right)^{\frac{2}{\kappa}} - \left(\frac{p_2}{p_0}\right)^{\frac{\kappa+1}{\kappa}}\right]}$$ (5-28)

式（5-28）表明，当初参数 p_0、v_0 以及喷管出口截面积 A_2 保持恒定时，流量仅依 p_2/p_0 而变化，如图 5-6 所示。当 $p_2/p_0 = 1$ 时，喷管两边压力相等，气体无流动，$q_m = 0$。p_2 的取值与喷管出口的环境压力（背压）及 p_{cr} 有关。

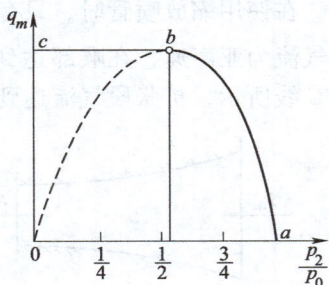

图 5-6 喷管流量与压力的关系

对于渐缩喷管，当背压从大于临界压力 p_{cr} 逐渐降低，出口截面从 $p_2/p_0 = 1$ 变化到临界压力比 $v_c = p_{cr}/p_0$，气流速度增大，流量也逐渐增大，当 $p_2 = p_{cr}$ 时，气流达到声速，流量 q_m 达到最大，如图 5-6 中曲线 ab 所示。

如若 p_b 继续降低，由于渐缩喷管的截面限制，气流出口速度仍为声速，p_2 仍等于 p_{cr}，q_m 不变，如图 5-6 中直线 bc 所示。

应该指出的是如按照式（5-28）进行分析，流量的变化应是曲线 $ab0$，但实际 p_2 的最低值是 p_{cr}，不可能出现 $p_2 < p_{cr}$ 的情况，因此在渐缩喷管中，$b0$ 这一段曲线是不会出现的，实际流量只能沿着曲线 abc 变化。

若气流出口为临界状态，将 $\frac{p_2}{p_0} = \frac{p_{cr}}{p_0} = \left(\frac{2}{\kappa+1}\right)^{\frac{\kappa}{\kappa-1}}$ 代入式（5-28），可得

$$q_{m,max} = A_2 \sqrt{\frac{2\kappa}{\kappa+1}\left(\frac{2}{\kappa+1}\right)^{\frac{2}{\kappa-1}}\frac{p_0}{v_0}}$$ (5-29)

对于缩放喷管，其设计工况 $p_b < p_{cr}$，且 $p_2 = p_b$，喷管在最小截面（喉部）处达到声速，随后进入渐扩段，气流速度达到超声速，流量保持不变，如图 5-6 中的 bc 线所示。

5.4.3 喷管内气体流动分析

喷管在设计工况工作时，气流由入口开始膨胀加速。对渐缩喷管，在出口时达到临界状态；对缩放喷管，在喉部达到临界状态，气流由亚声速加速到声速，在出口气流压力降到设计压力 p_2，达到超声速流动。但喷管在运行中工作条件常会发生变化，下面根据环境压强的变化对喷管进行分析。

1. 渐缩喷管

由前面讨论可知，在 $p_b/p_0 > p_{cr}/p_0$ 时，渐缩喷管内气体能够随着压力下降进行膨胀，由于出口环境压力高于临界压力，出口截面压力 p_2 只能降到背压，即 $p_2 = p_b > p_c$，如图 5-7 中的 AB 线所示，沿喷管各截面的气流速度都是亚声速。当背压降低时，速度和流量都增大，气体在喷管内得以完全膨胀。

当 $p_b/p_0 = p_{cr}/p_0$ 时，喷管内气体完全膨胀到 $p_2 = p_b = p_{cr}$，如图 5-7 中的 AC 线所示。喷管内气流速度是亚声速流，出口截面气体达到临界状态，$Ma = 1$，流量达到相应条件下的最大值。气体在喷管内仍可得到完全膨胀。

当 $p_b/p_0 < p_{cr}/p_0$ 时，整个喷管的气体流动为亚声速流动，出口截面气体达到临界状态，$Ma = 1$，由于出口压力大于环境背压，气体在喷管内没有完全膨胀，气体流出喷管后将继续膨胀，压力由 p_{cr} 降为 p_b，如图 5-7 中的 ACD 线所示。这种现象为膨胀不足。流量也不随背压的减小而增大，称为渐缩喷管的"壅塞"现象。

2. 缩放喷管

在使用缩放喷管时，只有使得 p_b/p_0 等于设计工况 p_2/p_0 时，喷管才能正常工作。收缩段气流为亚声速，在喉部达到临界状态，在出口气流压力降到设计压力 p_2，如图 5-8 中的 ABC 线所示，扩张段气流达到超声速。

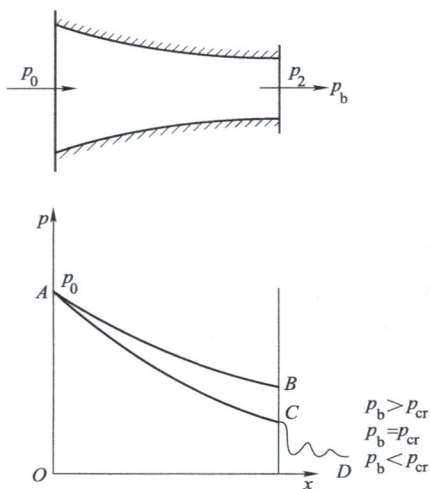

图 5-7　渐缩喷管压力变化曲线　　　　图 5-8　缩放喷管压力变化曲线

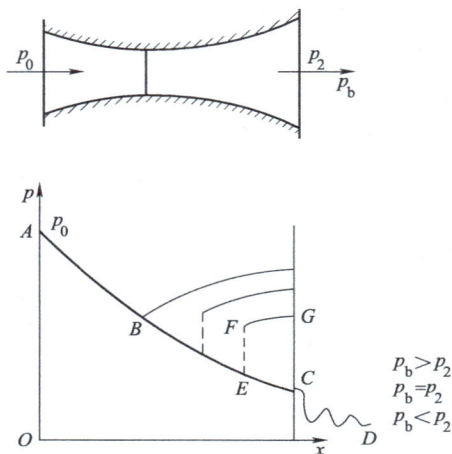

若工作条件变动后，p_b/p_0 小于设计值 p_2/p_0，此时喉部截面气流仍为临界状态，喷管的流量不变，气体在喷管内只降压到设计值 p_2，气流膨胀不足。只能在喷管出口外面自由膨

胀，降压至 p_b，如图 5-8 中的 ABCD 线所示，这种现象称为缩放喷管的"壅塞"现象。

若 p_b/p_0 大于设计值 p_2/p_0，此时喷管内的流动情况较为复杂，在喷管出口附近产生冲击波，气体压力跃升，气流速度急剧降低，气体再按照扩压管方式升压至背压流出喷管。冲击波产生截面位置随背压 p_b 的升高逐渐向喷管内移动，如图 5-8 中的 ABEFG 线所示。发生冲击波的过程是不可逆过程，应避免发生这种情况。

例 5-1 从燃烧室产生的燃气，其压力为 0.8MPa，温度为 900℃，燃气通过喷管流入压力为 0.1MPa 的空间，以获得高速气流。试求采用渐缩喷管和缩放喷管两种喷管气流出口截面的流速。已知燃气 $R_g = 0.2874\text{kJ}/(\text{kg} \cdot \text{K})$，$\kappa = 1.34$。

解： 燃气可视作理想气体，$\kappa = 1.34$。

$$\frac{p_{cr}}{p_0} = \left(\frac{2}{\kappa+1}\right)^{\frac{\kappa}{\kappa-1}} = \left(\frac{2}{1.34+1}\right)^{\frac{1.34}{0.34}} = 0.539$$

喷管出口背压 $p_b = 0.1\text{MPa}$，故

$$\frac{p_b}{p_0} = \frac{0.1}{0.8} = 0.125 < 0.539$$

1）当采用渐缩喷管时，出口截面压力必定等于临界压力，气体流速可按声速计算，即

$$T_{cr} = \frac{2}{\kappa+1}T_0 = \frac{2}{1.34+1} \times (900+273)\text{K} = 1002.6\text{K}$$

$$c_{f,cr} = \sqrt{\kappa R_g T_{cr}} = \sqrt{1.34 \times 287.4 \times 1002.6}\,\text{m/s} = 621.4\text{m/s}$$

2）当采用缩放喷管时，按照设计工况，取 $p_2 = p_b$ 计算，即

$$T_2 = \left(\frac{p_2}{p_0}\right)^{\frac{\kappa-1}{\kappa}}T_0 = \left(\frac{0.1}{0.8}\right)^{\frac{0.34}{1.34}} \times (900+273)\text{K} = 692.1\text{K}$$

$$c_{f2} = \sqrt{2c_p(T_0-T_2)} = \sqrt{2\frac{\kappa}{\kappa-1}R_g(T_0-T_2)}$$

$$= \sqrt{2 \times \frac{1.34}{1.34-1} \times 287.4 \times (1173-692.1)}\,\text{m/s} = 1043.8\text{m/s}$$

由本例题可知：当 $p_b < p_{cr}$ 时，可以计算出当地声速 $c_{f,cr} = \sqrt{\kappa R_g T_2} = 516.27\text{m/s}$，采用缩放喷管，出口的气流为超声速气流，较采用渐缩喷管的出口速度高出很多。

5.4.4 喷管的尺寸计算

对于渐缩喷管，需要计算出口截面积 A_2，对于缩放喷管，需要计算 A_{min}、A_2 和渐扩部分的长度 l。A_{min}、A_2 可以按下面关系计算：

$$A_{min} = \frac{q_m v_{cr}}{c_{f,cr}}, A_2 = \frac{q_m v_2}{c_{f2}}$$

式中，A_{min} 是喷管的最小截面积；v_{cr}，$c_{f,cr}$ 是喷管最小截面积处的临界比体积和临界速度；v_2、c_{f2} 是喷管出口截面上的比体积和气流速度。

喷管的长度应该适当，喷管太长会导致流体与管壁之间的摩擦损失太大，而喷管太短则会增加流体本身的扰动。如图 5-9 所示，缩放喷管渐扩部分长度为

$$l = \frac{d_2 - d_{min}}{2\tan\dfrac{\varphi}{2}} \qquad (5\text{-}30)$$

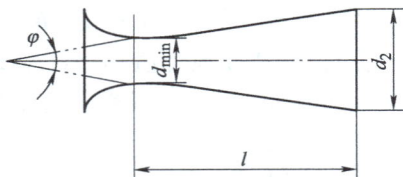

图 5-9　喷管渐扩长度计算

式中，φ 为渐扩部分的顶锥角，可取 $\varphi = 10° \sim 12°$；d_2、d_{min} 为出口截面和最小截面的直径。

例 5-2　试设计一个喷管，将与例 5-1 情况相同的初始压力为 0.8MPa、初始温度为 900℃的燃气送往压力为 0.1MPa 的空间，其流量为 1kg/s。设燃气的气体常数 $R_g = 0.2874\text{kJ/(kg·K)}$，$\kappa = 1.34$。

解： 燃气可视作理想气体，$\kappa = 1.34$。

$$\frac{p_{cr}}{p_0} = \left(\frac{2}{\kappa+1}\right)^{\frac{\kappa}{\kappa-1}} = \left(\frac{2}{1.34+1}\right)^{\frac{1.34}{0.34}} = 0.539$$

喷管出口背压 $p_b = 0.1\text{MPa}$，故

$$\frac{p_b}{p_0} = \frac{0.1}{0.8} = 0.125 < 0.539$$

当 $p_b/p_0 < p_{cr}/p_0$ 时，应选择缩放喷管。

（1）计算出口截面及喉部截面尺寸　喷管出口按设计工况计算，$p_2 = p_b = 0.1\text{MPa}$，分别计算出口截面及喉部截面，再按照圆形截面求取直径。先算出口截面积：

$$T_2 = \left(\frac{p_2}{p_0}\right)^{\frac{\kappa-1}{\kappa}} T_0 = \left(\frac{0.1}{0.8}\right)^{\frac{0.34}{1.34}} \times (900+273)\text{K} = 692.1\text{K}$$

$$v_2 = \frac{R_g T_2}{p_2} = \frac{287.4 \times 692.1}{0.1 \times 10^6}\text{m}^3\text{/kg} = 1.99\text{m}^3\text{/kg}$$

$$c_{f2} = \sqrt{2c_p(T_0-T_2)} = \sqrt{2\frac{\kappa}{\kappa-1}R_g(T_0-T_2)} = 1043.8\text{m/s}$$

$$A_2 = \frac{q_m v_2}{c_{f2}} = \frac{1 \times 1.99}{1043.8}\text{m}^2 = 19.06\text{cm}^2$$

采用圆形截面时

$$d_2 = \sqrt{\frac{4}{\pi}A_2} = \sqrt{\frac{4}{3.14} \times 19.06}\,\text{cm} = 4.93\text{cm}$$

再计算缩放喷管喉部截面积，喉部达到声速：

$$p_{cr} = p_0\left(\frac{2}{\kappa+1}\right)^{\frac{\kappa}{\kappa-1}} = 0.8 \times \left(\frac{2}{1.34+1}\right)^{\frac{1.34}{0.34}}\text{MPa} = 0.43\text{MPa}$$

$$T_{cr} = \frac{2}{\kappa+1}T_0 = \frac{2}{1.34+1} \times (900+273)\text{K} = 1002.6\text{K}$$

$$c_{f,cr} = \sqrt{\kappa R_g T_{cr}} = \sqrt{1.34 \times 287.4 \times 1002.6}\,\text{m/s} = 621.4\text{m/s}$$

$$v_{cr} = \frac{R_g T_{cr}}{p_{cr}} = \frac{287.4 \times 1002.6}{0.43 \times 10^6} \, \text{m}^3/\text{kg} = 0.67 \, \text{m}^3/\text{kg}$$

$$A_{min} = \frac{q_m v_{cr}}{c_{f,cr}} = \frac{1 \times 0.67}{621.4} \, \text{cm}^2 = 10.78 \, \text{cm}^2$$

采用圆形截面时

$$d_{min} = \sqrt{\frac{4}{\pi} A_{min}} = \sqrt{\frac{4}{3.14} \times 10.78} \, \text{cm} = 3.7 \, \text{cm}$$

（2）计算渐扩部分的管长　若取缩放喷管渐扩部分顶锥角为 $\varphi = 10°$，则渐扩段长度为

$$l = \frac{d_2 - d_{min}}{2\tan\dfrac{\varphi}{2}} = \frac{4.93 - 3.7}{2 \times \tan 5°} \, \text{cm} = 7.03 \, \text{cm}$$

5.4.5　摩阻的绝热流动

在实际流动中由于流体与管壁之间总会有摩擦，流体本身也会有扰动，从而导致能量损失。损失的能量将转化为热能，这部分热能主要由工质本身所吸收，这些不可逆的因素必然造成不可逆的熵增。所以，过程是不可逆绝热过程。

工质流经喷管时，由能量方程得

$$h_1 + \frac{1}{2}c_{f1}^2 = h_2 + \frac{1}{2}c_{f2}^2 = h_{2'} + \frac{1}{2}c_{f2'}^2$$

由图 5-10 可知，有摩阻的绝热流动出口温度及焓比可逆绝热流动出口温度及焓高，故有摩阻的绝热流动动能会减少。摩阻越大，动能损失越大。

通常用喷管效率衡量实际出口流速下降和动能减少的大小。喷管效率被定义为流体流经喷管，在出口处的实际动能与理想（无摩阻）动能的比值，以 η_N 表示，则

$$\eta_N = \frac{\dfrac{1}{2}c_{f2'}^2}{\dfrac{1}{2}c_{f2}^2} = \frac{h_0 - h_{2'}}{h_0 - h_2} \qquad (5\text{-}31)$$

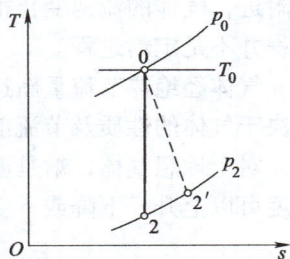

图 5-10　不可逆因素对喷管的影响

工程中还常用实际出口流速与定熵流动的出口流速之比，即速度系数 φ 表示摩阻影响的大小，即

$$\varphi = \frac{c_{f2'}}{c_{f2}} \qquad (5\text{-}32)$$

速度系数通常由实验确定，对设计正确、加工光滑的喷管，其速度系数一般在 0.93～0.98 之间。

对比喷管效率公式，可得

$$\eta_N = \varphi^2 \qquad (5\text{-}33)$$

在工程应用中，一般根据喷管类型、尺寸、制造精度等选取 φ 或 η_N，计算出工质的实际出口 $h_{2'}$，再结合 p_2，利用图表或有关计算公式确定喷管出口处的其他状态参数。

5.5 绝热节流

管道中流动的流体，经过通道截面突然缩小的阀门、狭缝及孔口等设备后发生压力降低的现象，称为节流。在节流过程中气流与外界的热交换可以忽略不计，可以认为节流过程是绝热过程，故称为绝热节流。

节流过程是一种典型的不可逆过程，气流通过节流孔的变化如图 5-11 所示。当气体通过孔口时，在孔口附近截面积收缩，气体的压力降低，流速增大，在孔口处截面积最小。随后，截面积又逐渐增大，气体的压力逐渐提高，流速逐渐降低，最后达到稳定。在孔口附近发生强烈的扰动及摩擦，造成了不可逆的压力损失，因而当气流恢复稳定时，气体的压力 p_2 较节流前稳定气流的压力 p_1 要低。

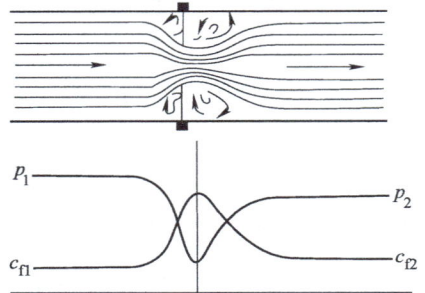

图 5-11 绝热节流

一般情况下，节流前后气流的流速变化很小，气体流动动能的变化可以忽略不计。此外，也可以忽略位能的变化。因而根据稳定流动能量方程式可得节流前后的能量关系为

$$h_1 = h_2 \tag{5-34}$$

式（5-34）表明在节流前后气体的焓值相等。但必须指出，在节流过程中，特别是在孔口附近，气体的流速变化很大，气体的焓也变化很大，气体不处于平衡状态，因而绝热节流过程并不是定焓过程。

气体经绝热节流重新达到平衡后，焓值不变，由于不可逆绝热，熵增加。温度的变化则取决于气体的性质及节流前后气体的状态、节流压降的大小等因素。

对于理想气体，焓是温度的单值函数，故节流前后温度不变。对于实际气体，节流前后温度可以上升、下降或不变，可以通过焦耳-汤姆孙系数 μ_J 计算。

$$\mu_J = \left(\frac{\partial T}{\partial p} \right)_h = \frac{T \left(\dfrac{\partial v}{\partial T} \right)_p - v}{c_p} \tag{5-35}$$

由于节流过程压力下降（$dp<0$），所以当 $\mu_J>0$ 时，$dT<0$，节流后的温度降低；当 $\mu_J<0$ 时，$dT>0$，节流后的温度升高；当 $\mu_J=0$ 时，$dT=0$，节流后的温度不变。

对理想气体 $pv=R_g T$，$T(\partial v/\partial T)_p=v$，故 $\mu_J=0$，理想气体绝热节流前后的温度不变。

例 5-3 空气经绝热节流，由状态 $p_1=0.6\mathrm{MPa}$，$t_1=127℃$ 变化到状态 $p_2=0.1\mathrm{MPa}$，试确定 1kg 空气做功能力的不可逆损失。已知大气温度 $T_0=300\mathrm{K}$，空气的 $R_g=0.2871\mathrm{kJ/(kg·K)}$。

解： 由热力学第一定律知，绝热节流过程

$$h_1 = h_2$$

空气可视作理想气体，则

$$T_1 = T_2 = 400K$$

$$\Delta s = c_p \ln \frac{T_2}{T_1} - R_g \ln \frac{p_2}{p_1} = - R_g \ln \frac{p_2}{p_1} = - 0.2871 \text{kJ}/(\text{kg} \cdot \text{K}) \times \ln \frac{0.1}{0.6} = 0.514 \text{kJ}/(\text{kg} \cdot \text{K})$$

做功能力损失为

$$w_1 = T_0 \Delta s = 300 \text{K} \times 0.514 \text{kJ}/(\text{kg} \cdot \text{K}) = 154.2 \text{kJ/kg}$$

理想气体绝热节流前后温度不变，但存在不可逆性，造成做功能力损失。

思 考 题

5-1　气体在喷管中加速有力学条件和几何条件之分。两个条件之间的关系怎样？哪个条件为主？不满足几何条件会发生什么问题？

5-2　气体在喷管中流动加速时，为什么会出现要求喷管截面积逐渐扩大的情况？常见的河流和小溪，遇到流道狭窄处，水流速度会明显上升；流道截面积加大的地方，很少见到水流速度加快处，这是为什么？

5-3　什么是临界压力比？临界压力在分析气体在喷管中流动情况方面起什么作用？

5-4　什么是滞止参数？在给定的某定熵流动中，各截面上的滞止参数是否相同？

5-5　气体在喷管中绝热流动，不管其过程是否可逆，出口处的流速都可以用 $c_{f2} = \sqrt{2(h_0 - h_2)}$ 进行计算。不可逆过程会在什么地方表现出能量的损失？

5-6　对于亚声速气流和超声速气流，渐缩、渐扩、缩放三种管各可作为喷管还是扩压管？

5-7　渐缩喷管的进口参数不变时，逐渐降低出口外的背压，试分析出口压力、出口流速及流量的变化情况。

5-8　渐缩喷管和缩放喷管的最小截面积相同，在它们进口气流的参数相同，背压均足够低时，两者最小截面处的压力及流速是否相同？又若把两者的出口部分各切去一段或按原管道的形状加长一段，则两者出口截面的压力及流速、流量将有何变化？

5-9　绝热节流是不是等焓过程？在绝热节流过程中，状态参数如何变化？

习 题

5-1　飞机在20000m高空（-56.5℃）中，以2400km/h的速度飞行，试求气流相对于飞机的马赫数。

5-2　一股空气流的流速为380m/s、温度为20℃，另一股空气流的流速为550m/s、温度为750℃。已知空气在750℃时 $\kappa = 1.335$，20℃时 $\kappa = 1.4$，这两股气流各属于亚声速还是超声速？其马赫数各为多少？

5-3　压力为0.1MPa，温度为20℃的空气，分别以100m/s、200m/s的速度流动。当空气完全滞止时，试求空气的滞止温度、滞止压力。

5-4　空气定熵流过一渐缩喷管，已知喷管进口压力可调，进口温度 $t_1 = 27$℃，喷管外环境压力 $p_b = 0.1$MPa，求当进口压力分别为0.15MPa和0.25MPa时，喷管出口截面空气的压力和速度。喷管进气速度可忽略不计，空气比热容为定值，$c_V = 0.717 \text{kJ}/(\text{kg} \cdot \text{K})$，$c_p = 1.004 \text{kJ}/(\text{kg} \cdot \text{K})$。

5-5　进入喷管的氮气的压力为0.4MPa、温度为227℃，而出口背压为0.15MPa，试选用喷管形状，并计算出口截面气体的压力、速度及马赫数。

5-6　某渐缩喷管出口截面积为5cm²，进口空气压力为0.6MPa，温度为580℃。问背压为多大时达到最大的质量流量？并计算 $q_{m,\max}$。

5-7 水蒸气由初态 1.0MPa、300℃定熵地流经渐缩喷管射入压力 $p_b = 0.6$MPa 的空间。若喷管的出口截面积为 $30cm^2$，水蒸气初速度可以忽略不计。试求喷管出口处水蒸气的压力、温度、流速以及质量流量。

5-8 在习题 5-7 中，如果背压 p_b 改变为 0.3MPa，喷管的最小截面积为 $30cm^2$，试求喷管出口处水蒸气的压力、温度、流速以及质量流量。

5-9 初态为 1.0MPa、25℃的氢气在渐缩喷管中膨胀到 0.8MPa。已知喷管的出口截面积为 $80cm^2$，若可忽略摩阻损失，试确定气体在喷管中绝热流动和定温流动的质量流量各为多少？假定氢气比定压热容为定值 $c_p = 14.32$kJ/$(kg \cdot K)$，$\kappa = 1.4$。

5-10 空气流经喷管做定熵流动。已知进口截面压力为 0.6MPa，温度为 600℃，流速为 120m/s，出口截面压力为 0.10135MPa，质量流量为 5kg/s。求喷管出口截面的温度、比体积、流速以及出口截面积，并分别计算进口、出口截面处的当地声速。

5-11 已知大容器内过热蒸汽的参数，压力为 2.94MPa，温度为 773K。通过喷管使蒸汽加速。如喷管出口处背压为 0.98MPa，分析应采用何种形式的喷管？若不计蒸汽流过喷管的损失，试求蒸汽的临界流速、出口流速和马赫数。已知蒸汽 $\kappa = 1.3$，$R_g = 462$J/$(kg \cdot K)$。

5-12 空气流经渐缩喷管做定熵流动。已知进口截面压力为 0.6MPa，温度为 500℃，流速为 312m/s，出口截面积为 $30mm^2$。试确定滞止参数、临界参数、最大质量流量及达到最大质量流量时的背压。

5-13 试设计一喷管，已知压缩空气的温度为 327℃，压力为 0.6MPa，喷管出口背压为 0.1MPa，空气的流量为 1kg/s。试确定喷管的出口流速、喷管的尺寸、渐扩部分的锥角为 10°时的管长。

5-14 按习题 5-4 所述条件，若喷管效率为 0.95，试求喷管出口截面的流速及压力。

5-15 在习题 5-7 中，若流动过程有摩阻损失且速度系数为 0.95。试求：

1）出口处水蒸气的压力、温度和速度。

2）与无摩阻情况相比的动能损失。

3）流动过程的熵增量。

5-16 空气的温度为 300K，压力为 4.5MPa，绝热节流后压力降为 1.5MPa，试求：

1）节流造成的空气比熵增加 Δs。

2）节流过程造成空气的熵产 s_g。

3）如果空气不经过节流，而是经过涡轮机进行可逆绝热膨胀，压力也降为 1.5MPa，那么 1kg 空气将能做出多少功？

5-17 压力为 1MPa 的饱和水，经节流阀压力降为 0.1MPa，已知环境温度 $T_0 = 300$K，求：

1）节流后的温度、焓和热力学能。

2）节流引起的做功能力损失。

第6章

热力循环

要实现连续的能量转换必须通过循环，循环可以分成两种，一种为热机循环，另一种为制冷循环或热泵循环。循环分析的目的是寻求整个装置的能量经济性。本章将分析以气体为工质的内燃机循环、燃气轮机循环和以蒸汽为工质的蒸汽动力循环、制冷循环等各种循环的热力性能，解释能量利用的完善程度和影响其性能的主要因素，给出评价和改进这些装置热力性能的方法和措施。

6.1 循环分析的一般方法

6.1.1 实际循环的抽象简化

实际热力设备或消耗燃料释放的热能，将之转换为可用机械功输出；或需要外界输入功量，将热量从低温物体传递到高温物体。由于采用工质和热力循环的差别，导致各种热机结构有很大不同。热力学研究中并不纠结于这些具体的结构细节，而是更为关注其进行的热力循环，对循环热效率进行理论计算，并分析影响热效率的各种因素，给出提高热效率的可行措施。由于实际热力循环的多样性、复杂性和不可逆性，在热力学研究中经常需要对实际循环加以抽象和简化，以得到可逆的封闭循环，方便进行热力学分析和计算。

下面以四冲程柴油机的实际示功图为例，说明活塞式内燃机实际循环简化的几点假设。四冲程柴油机的实际示功图如图6-1所示。图中0-1为吸气过程，由于进气阀的节流作用，气缸内气体的最大压力稍低于大气压力。活塞右行到下止点1时，气阀关闭。活塞回行，1-2为压缩过程，随着活塞向上止点移动，气缸容积减小，气体压力不断升高，由于缸壁夹层中有水冷却，所以1-2为多变过程。在活塞左行到上止点之前，柴油被高压油泵喷入气缸，并在活塞到上止点附近时燃烧起来。2-3-4为燃烧过程，

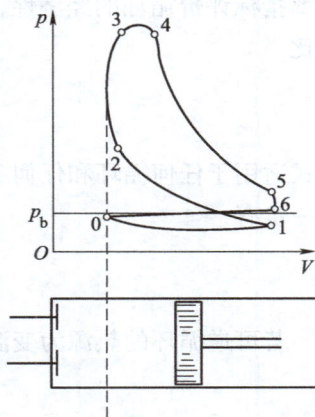

图6-1　柴油机的实际示功图

其中 2-3 表示活塞左行到上止点附近时，燃料在气缸中的燃烧过程，此时，由于气缸容积无显著变化，导致气体压力迅速上升，2-3 接近于定容过程。3-4 表示活塞开始向下止点移动，此时燃料继续燃烧，气缸内气体的压力变化很小，3-4 接近于定压过程。4-5 为膨胀过程，气缸内高温高压的燃气推动活塞移动而做功，同时，向冷却水放热，所以 4-5 是一个多变膨胀过程。到点 5 时排气阀打开，开始时活塞处于下止点附近，容积变化较慢，5-6 过程接近于定容过程，随着活塞向上止点移动，气缸容积减小，废气在压力稍高于大气压力下被排出气缸，实现排气过程 6-0，完成一个循环。这个循环是开式的不可逆循环，循环中工质的成分、质量也在改变。但为了便于从理论上分析，忽略一些次要因素，对实际循环加以合理的抽象和概括，主要有：

1）实际循环燃烧后的燃气可看成是空气，且作为理想气体处理，比热容为定值。

2）忽略实际过程的摩擦阻力及进气阀、排气阀节流损失，认为进气过程工质对活塞所做的功和排气过程活塞对工质所做的功相抵消，0-1 和 6-0 线重合，可把循环看成是封闭的。

3）把燃料燃烧加热燃气的过程简化为工质从高温热源可逆定容及定压吸热过程，把5-6 过程简化为工质向低温热源可逆定容放热过程。在膨胀和压缩过程中忽略气体与气缸壁之间的热交换，简化为可逆绝热过程。

6.1.2　循环分析的一般步骤

对实际循环的分析一般包括以下两步：

1）将实际循环抽象简化为可逆的理论循环，分析并计算循环热效率，找出影响其热效率的主要因素以及提高循环热效率的措施，以指导实际循环的优化改进。如发动机设计中不断提高燃烧室温度、各种动力机械中降低运动表面摩擦损失等均属此类。

2）在以上基础上，分析实际循环和理论循环的偏离程度，并找出热机中造成这种差距的位置、大小、原因以及改进措施等。

在分析循环时，工程界通常以热力学第一定律为基础，根据能量转换的数量关系，用热效率指标评价循环的经济性，如第 1 章所述，动力循环的热效率等于循环净功与循环吸热量之比

$$\eta_t = \frac{w_{net}}{q_1} = 1 - \frac{q_2}{q_1}$$

该式适用于任何循环和任何工质。根据卡诺定理内容，对于只有两个恒温热源的可逆循环，进一步有

$$\eta_t = 1 - \frac{T_2}{T_1}$$

若可逆循环的热源为变温热源，可用下式计算其热效率：

$$\eta_t = 1 - \frac{T_{m2}}{T_{m1}}$$

式中，T_{m1}、T_{m2} 分别为工质从高温热源吸热时的平均吸热温度和向低温热源放热时的平均放热温度。平均吸放热温度的计算可用

$$T_m = \frac{\int_1^2 T\mathrm{d}s}{\Delta s}$$

另外，还可结合热力学第二定律，以"㶲损失"和"㶲效率"为指标对循环进行分析，这样既考虑能的数量，又考虑能的质量，可全面反映循环的真实经济性。

6.2 活塞式内燃机的循环

在热力发动机中，燃料经过燃烧把化学能转变成热能，进一步转变为机械能，若两种能量的转换都在气缸内进行，则称这种动力机为内燃机。

活塞式内燃机按照所使用的燃料，分为煤气机、汽油机和柴油机等；按完成各循环所需要的冲程，通常可分为四冲程和二冲程内燃机；按点火方式不同，可分为点燃式和压燃式。点燃式内燃机吸入燃料和空气的混合物，经压缩后由电火花点燃；而压燃式内燃机吸入的仅仅是空气，经压缩后使空气的温度上升到燃料自燃的温度，再喷入燃料燃烧。煤气机、汽油机是点燃式内燃机，而柴油机是压燃式内燃机。

6.2.1 混合加热理想循环

如前所述，通过一定的抽象和概括，图6-1中活塞式柴油机的实际循环被理想化后，可得到如图6-2所示的理想循环，称为混合加热理想循环。由于实际进气过程0-1和排气过程6-0的功量相互抵消而对整个循环没有影响，因此，对热力循环进行分析时可不考虑这两个过程。图6-2中，混合加热理想循环由五个可逆过程组成：1-2为定熵压缩过程；2-3为定容加热过程；3-4为定压加热过程；4-5为定熵膨胀过程；5-1为定容放热过程。

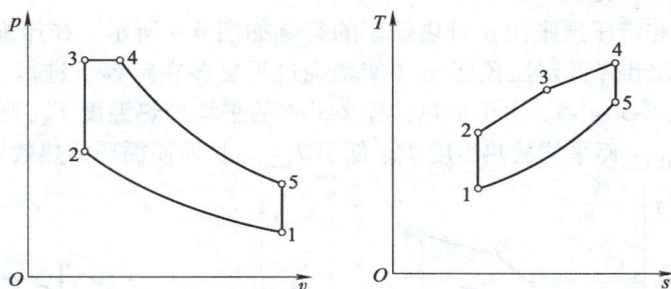

图6-2 混合加热理想循环的 p-v 图和 T-s 图

工质从高温热源得到的热量为
$$q_1 = q_{2\text{-}3} + q_{3\text{-}4} = c_V(T_3 - T_2) + c_p(T_4 - T_3)$$
工质向低温热源放出的热量为
$$q_2 = q_{5\text{-}1} = c_V(T_5 - T_1)$$
根据热机循环热效率的定义，可将混合加热理想循环的热效率表示为
$$\eta_t = 1 - \frac{q_2}{q_1} = 1 - \frac{c_V(T_5 - T_1)}{c_V(T_3 - T_2) + c_p(T_4 - T_3)}$$

热机循环的热效率常用热机循环的特性参数说明，对混合加热理想循环的循环特性参数有压缩比 $\varepsilon = v_1/v_2$，压力升高比 $\lambda = p_3/p_2$ 和定压预胀比 $\rho = v_4/v_3$。设比热容取定值，则按各过程的性质可得循环中各状态间参数的变化关系为

$$T_2 = T_1 \left(\frac{v_1}{v_2} \right)^{\kappa-1} = T_1 \varepsilon^{\kappa-1}$$

$$T_3 = T_2 \frac{p_3}{p_2} = T_2 \lambda = T_1 \lambda \varepsilon^{\kappa-1}$$

$$T_4 = T_3 \frac{v_4}{v_3} = T_3 \rho = T_1 \varepsilon^{\kappa-1} \lambda \rho$$

$$T_5 = T_4 \left(\frac{v_4}{v_5} \right)^{\kappa-1} = T_4 \left(\frac{v_3}{v_1} \rho \right)^{\kappa-1} = T_4 \left(\frac{\rho}{\varepsilon} \right)^{\kappa-1} = T_1 \lambda \rho^{\kappa}$$

因此，混合加热理想循环的热效率可以表示为

$$\eta_t = 1 - \frac{\lambda \rho^{\kappa} - 1}{\varepsilon^{\kappa-1} \left[(\lambda - 1) + \kappa \lambda (\rho - 1) \right]} \tag{6-1}$$

式（6-1）说明，在压力升高比 λ 和定压预胀比 ρ 不变的情况下，理想循环的热效率随压缩比 ε 的增大而提高，这从 T-s 图中也可以得到，如图 6-3 所示，λ、ρ 不变而提高 ε 时，压缩终了温度由 T_2 提高到 T_2'，使加热过程 2'-3'-4' 的平均加热温度 T_{m1}' 高于加热过程 2-3-4 的平均加热温度 T_{m1}，因而具有较高的热效率。

实际上，随着压缩比的增大，热效率虽然一直在提高，但热效率的增长速率却逐渐减缓，这是由于增加压缩比的同时也增加了发动机的机械负荷和热负荷，从而摩擦损失也随之增加的缘故。一般压燃式内燃机的压缩比主要按燃料可靠的起燃和正常燃烧来确定，柴油机的压缩比一般在 14～20 之间。

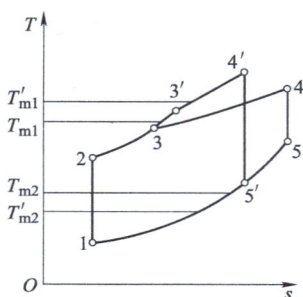

压力升高比 λ 和定压预胀比 ρ 对热效率的影响如图 6-4 所示，在压缩比 ε 不变的情况下，提高压力升高比和降低定压预胀比（使燃烧过程更多在定容下进行，更少在定压下进行），使循环变为 1-2-3'-4'-5。由于加热过程 2-3'-4' 的平均加热温度 T_{m1}' 高于加热过程 2-3-4 的平均加热温度 T_{m1}，而平均放热温度 T_{m2}' 低于 T_{m2}，从而使循环的热效率提高。

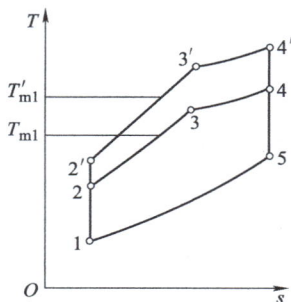

图 6-3　ε 对热效率的影响　　图 6-4　λ 与 ρ 对热效率的影响

6.2.2　定压加热理想循环

定压加热理想循环又称为狄塞尔（Diesel）循环，早期低速柴油机就是以这种循环为基

础设计的。近年来，有些增压柴油机及汽车用高速柴油机也采用这种循环。其燃烧过程主要在活塞离开上止点后的一段过程中进行，这时燃料的燃烧和燃气膨胀同时进行，气缸内压力基本保持不变，经理想化后可以认为是定压加热理想循环，也可以看作是混合加热理想循环的一个特例。其 p-v 图及 T-s 图如图 6-5 所示。

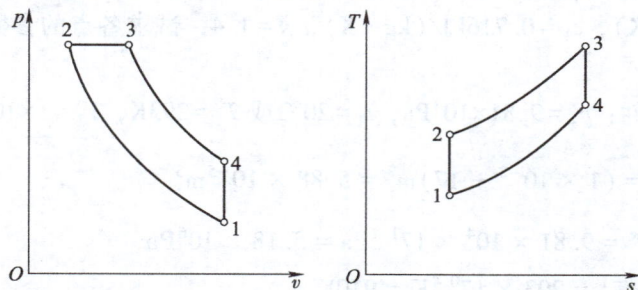

图 6-5 定压加热理想循环的 p-v 图和 T-s 图

将压力升高比 $\lambda = 1$ 代入式（6-1），可以得到定压加热理想循环的热效率

$$\eta_{\mathrm{t}} = 1 - \frac{\rho^{\kappa} - 1}{\varepsilon^{\kappa-1}\kappa(\rho - 1)} \tag{6-2}$$

式（6-2）说明，定压加热理想循环的热效率随压缩比 ε 的增大而提高，随定压预胀比 ρ 的增大而减小，这一变化在 T-s 图上反应更直观，由读者自己画出。

6.2.3 定容加热理想循环

定容加热理想循环又称为奥托（Otto）循环。基于这种循环制造的煤气机和汽油机是最早的活塞式内燃机。由于煤气机、汽油机和柴油机燃料性质不同，吸入气缸的是燃料和空气的混合物，经压缩后靠电火花点燃，形成活塞几乎未移动而工质燃烧急剧升温升压的定容加热过程，紧接着是工质的膨胀做功过程。其理想化后的循环为定容加热理想循环，也可以看作是混合加热理想循环的一个特例。其 p-v 图及 T-s 图如图 6-6 所示。

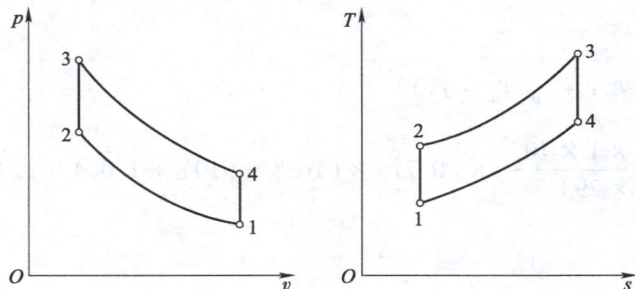

图 6-6 定容加热理想循环的 p-v 图和 T-s 图

将定压预胀比 $\rho = 1$ 带入式（6-1）可以得到定容加热理想循环的热效率为

$$\eta_{\mathrm{t}} = 1 - \frac{1}{\varepsilon^{\kappa-1}} \tag{6-3}$$

式（6-3）说明，定容加热理想循环的热效率随压缩比的增大而提高。实际上，当压缩

终了温度及压力超过一定的限度时，内燃机（如汽油机等）会产生不正常的爆燃现象，因此压缩比不能过高，一般汽油机的压缩比在 6.5~11 之间。

例 6-1 某内燃机混合加热循环，已知 $p_1 = 9.81 \times 10^4 \mathrm{Pa}$，$t_1 = 20℃$，$V_1 = 1 \times 10^{-3} \mathrm{m}^3$，压缩比 $\varepsilon = 17$，压力升高比 $\lambda = 1.8$，定压预胀比 $\rho = 1.3$，工质为空气，比热容为定值，$c_p = 1.004 \mathrm{kJ/(kg \cdot K)}$，$c_V = 0.716 \mathrm{kJ/(kg \cdot K)}$，$\kappa = 1.4$，试求各点的参数、加热量、循环净功和热效率。

解： 由已知条件：$p_1 = 9.81 \times 10^4 \mathrm{Pa}$，$t_1 = 20℃$ 或 $T_1 = 293 \mathrm{K}$，$V_1 = 1 \times 10^{-3} \mathrm{m}^3$，可得

点 2：$V_2 = \dfrac{V_1}{\varepsilon} = (1 \times 10^{-3} \div 17) \mathrm{m}^3 = 5.88 \times 10^{-5} \mathrm{m}^3$

$p_2 = p_1 \varepsilon^\kappa = 9.81 \times 10^4 \times 17^{1.4} \mathrm{Pa} = 5.18 \times 10^6 \mathrm{Pa}$

$T_2 = T_1 \varepsilon^{\kappa-1} = 293 \times 17^{0.4} \mathrm{K} = 910 \mathrm{K}$

点 3：$V_3 = V_2 = 5.88 \times 10^{-5} \mathrm{m}^3$

$p_3 = p_2 \lambda = 5.18 \times 10^6 \times 1.8 \mathrm{Pa} = 9.32 \mathrm{MPa}$

$T_3 = T_2 \lambda = 910 \times 1.8 \mathrm{K} = 1638 \mathrm{K}$

点 4：$V_4 = V_3 \rho = 5.88 \times 10^{-5} \times 1.3 \mathrm{m}^3 = 7.64 \times 10^{-5} \mathrm{m}^3$

$p_4 = p_3 = 9.32 \mathrm{MPa}$

$T_4 = T_3 \rho = 1638 \times 1.3 \mathrm{K} = 2129 \mathrm{K}$

点 5：$V_5 = V_1 = 1 \times 10^{-3} \mathrm{m}^3$

$T_5 = T_4 \left(\dfrac{V_4}{V_5}\right)^{\kappa-1} = 2129 \times \left(\dfrac{7.64 \times 10^{-5}}{1 \times 10^{-3}}\right)^{0.4} \mathrm{K} = 761 \mathrm{K}$

$p_5 = p_1 \dfrac{T_5}{T_1} = 9.81 \times 10^4 \times \dfrac{761}{293} \mathrm{Pa} = 0.255 \mathrm{MPa}$

循环加热量：

$Q_1 = Q_{1,v} + Q_{1,p}$

$= m[c_V(T_3 - T_2) + c_p(T_4 - T_3)]$

$= \dfrac{9.81 \times 10^4 \times 1 \times 10^{-3}}{287.1 \times 293} \times [0.716 \times (1638 - 910) + 1.004 \times (2129 - 1638)] \mathrm{kJ}$

$= 1.183 \mathrm{kJ}$

循环放热量：

$Q_2 = m c_V(T_5 - T_1)$

$= \dfrac{9.81 \times 10^4 \times 1 \times 10^{-3}}{287.1 \times 293} \times 0.716 \times (761 - 293) \mathrm{kJ}$

$= 0.391 \mathrm{kJ}$

循环净功

$$W_{net} = Q_1 - Q_2 = 1.183kJ - 0.391kJ = 0.792kJ$$

或用 $W_{net} = W_{1-2} + W_{2-3} + W_{3-4} + W_{4-5} + W_{5-1}$ 计算，计算结果与 $W_{net} = Q_1 - Q_2$ 相同。

循环热效率

$$\eta_t = 1 - \frac{Q_2}{Q_1} = 1 - \frac{0.391}{1.183} = 0.67 \ 或 \ \eta_t = \frac{W_{net}}{Q_1} = \frac{0.792}{1.183} = 0.67$$

对内燃机循环热效率计算只需算清楚吸热量和放热量，但准确计算吸放热的关键在于循环中各点温度的计算，这就要求对前面所讲理想气体的基本热力过程计算较为熟悉。

6.2.4 活塞式内燃机理想循环的比较

活塞式内燃机的工作条件是不同的，因此必须根据不同的情况采用相应的比较标准。在进行分析时，应用温熵图进行比较较为方便。

1. 具有相同的压缩比和吸热量

图 6-7 所示为三种理想循环的 T-s 图。图中 1-2-3-4′-5′-1 为定容加热理想循环，1-2-3-4-5-1 为混合加热理想循环，1-2-4″-5″-1 为定压加热理想循环。在初始条件相同的条件下，压缩比相同，定熵过程 1-2 重合，同时定容放热过程都在过状态点 1 的同一条定容线上。工质在吸热过程的吸热量相同，即吸热过程线下面的面积相等，而放热量不相同（放热过程线下面的面积不相同），$q_{2V} < q_{2c} < q_{2p}$。由循环热效率的公式 $\eta_t = 1 - q_2/q_1$ 可知：$\eta_{tV} > \eta_{tc} > \eta_{tp}$。下标 V 表示定容加热循环，c 表示混合加热循环，p 表示定压加热循环。

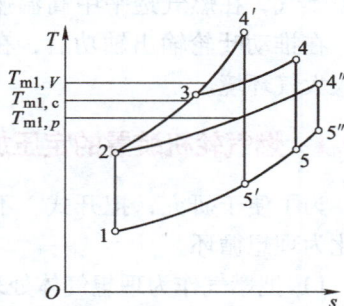

图 6-7 压缩比 ε 和 q_1 相同条件下三种循环的比较

从循环的平均吸热温度和平均放热温度比较，可以得出相同的结论。即定容加热理想循环的热效率最高，点燃式内燃机应按照定容加热循环工作。对于一般压燃式内燃机，其压缩比主要取决保证燃料能可靠点燃和正常燃烧的需要，一般比较高。压缩终了的压力也较高，为了避免燃烧终了压力过高造成发动机工作粗暴，噪声和振动太大，压燃式内燃机不宜采用定容加热循环工作，但仍应采用混合加热循环工作，以取得较高的热效率。对高增压柴油机，因受机件强度的限制，必须控制其最高压力和最高温度。

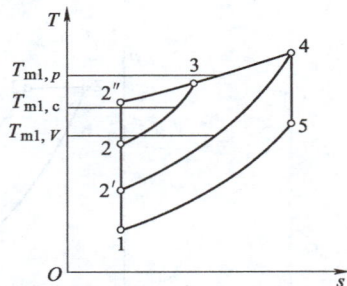

图 6-8 最高压力和最高温度相同条件下三种循环的比较

2. 具有相同的最高压力和最高温度

图 6-8 所示为三种理想循环的 T-s 图。图中 1-2′-4-5-1 为定容加热理想循环；1-2-3-4-5-1 为混合加热理想循环；1-2″-3-4-5-1 为定压加热理想循环。三种循环在初始条件相同的条件下，最高压力和最高温度在 4 点重合，工质放出的热量都相同，而工质在吸热过程的吸热量不同（吸热过程线下的面积不相同）$q_{1p} > q_{1c} >$

q_{1V}，故

$$\eta_{tp} > \eta_{tc} > \eta_{tV}$$

即在最高压力和最高温度一定的条件下，定压加热理想循环的热效率最高。因而，高增压柴油机应按定压加热循环工作。

此外，当燃烧终了最高压力和最高温度相同时，按混合加热循环工作的压燃式内燃机的热效率高于按定容加热循环工作的点燃式内燃机的热效率。实际上压燃式内燃机的燃烧终了温度及压力比点燃式内燃机的高，因此它的热效率要显著高于后者。

6.3　燃气轮机装置循环

燃气轮机装置如图 6-9 所示。工作时压气机从大气中吸入空气进行绝热压缩。然后，把空气送入燃烧室和燃料一起在定压下燃烧生成高温燃气，在燃气透平中高温燃气进行绝热膨胀，在推动叶轮输出轴功后，在定压下把废气排入大气环境。

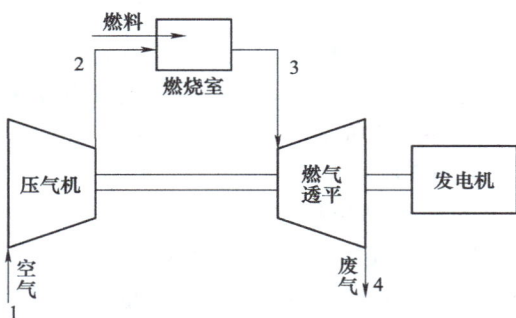

图 6-9　燃气轮机装置示意图

6.3.1　燃气轮机装置的定压加热理想循环

为了便于研究，把开式、不可逆装置循环简化为理想循环。

1）把燃气作为理想气体处理且比热容取为定值。

2）将燃烧室的燃烧过程视为可逆定压加热过程，把燃气轮机排出废气的过程近似为定压放热过程。将开式循环当作封闭循环处理。

3）气体在压气机中进行可逆绝热压缩过程，在燃气透平中进行可逆绝热膨胀过程。

经过以上一些假设，可以得到燃气轮机装置的理想循环，又称为布雷顿循环。它由绝热压缩过程、定压加热过程、绝热膨胀过程、定压放热过程组成，其 $p\text{-}v$ 图及 $T\text{-}s$ 图如图 6-10 所示。

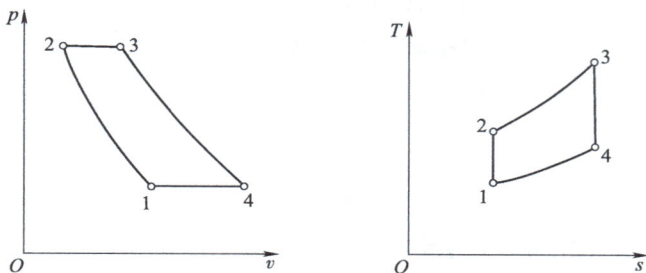

图 6-10　定压加热燃气轮机循环的 $p\text{-}v$ 图及 $T\text{-}s$ 图

定压加热理想循环的特性参数是循环增压比 $\pi = p_2/p_1$ 和循环增温比 $\tau = T_3/T_1$。则由绝

热过程 1-2 和 3-4 可得各点状态参数关系为

$$\frac{T_2}{T_1} = \left(\frac{p_2}{p_1}\right)^{(\kappa-1)/\kappa} = \left(\frac{p_3}{p_4}\right)^{(\kappa-1)/\kappa} = \frac{T_3}{T_4} = \pi^{(\kappa-1)/\kappa}$$

吸热过程和放热过程都是定压过程，则

$$q_1 = c_p(T_3 - T_2) \qquad q_2 = c_p(T_4 - T_1)$$

代入效率公式，可得

$$\eta_t = 1 - \frac{q_2}{q_1} = 1 - \frac{c_p(T_4 - T_1)}{c_p(T_3 - T_2)} = 1 - \frac{T_1\left(\dfrac{T_4}{T_1} - 1\right)}{T_2\left(\dfrac{T_3}{T_2} - 1\right)} = 1 - \frac{T_1}{T_2}$$

代入循环增压比，可得

$$\eta_t = 1 - \frac{1}{\pi^{(\kappa-1)/\kappa}} \tag{6-4}$$

式（6-4）说明，定压加热理想循环的热效率主要随循环增压比 π 的提高而增大，此外也和等熵指数有关。

燃气轮机装置的循环净功为燃气轮机所做的轴功 w_T 与压气机所消耗的轴功 w_c 之差。由于在燃气轮机和压气机中进行的是绝热过程，故

$$w_T = h_3 - h_4$$
$$w_c = h_2 - h_1$$

所以循环净功为

$$w_{net} = (h_3 - h_4) - (h_2 - h_1) = c_p(T_3 - T_4) - c_p(T_2 - T_1)$$

整理，并将循环增压比 π 和循环增温比 τ 引入，可得

$$w_{net} = c_p T_1 \left[\tau - \tau \pi^{(\kappa-1)/\kappa} - \pi^{(\kappa-1)/\kappa} + 1 \right] \tag{6-5}$$

式（6-5）表明，当 T_1、T_3 确定后，循环净功仅是增压比 π 的函数。将循环净功对增压比 π 求导并令之为零，可求得最佳增压比

$$\pi_{opt} = \tau^{\kappa/2(\kappa-1)} = \left(\frac{T_3}{T_1}\right)^{\kappa/2(\kappa-1)} \tag{6-6}$$

将式（6-6）代入式（6-5）可得到最大的循环净功为

$$w_{net,max} = c_p T_1 \left(\sqrt{\tau} - 1\right)^2$$

6.3.2 燃气轮机装置的实际循环

燃气轮机装置实际循环的各个过程都存在不可逆因素，由于压气机的压气过程及燃气透平的膨胀做功过程的不可逆损失较大，这里主要考虑压气过程及膨胀做功过程的不可逆性，在 $T\text{-}s$ 图中以虚线表示，如图 6-11 所示。图中虚线 $12'$ 为压气机中的不可逆绝热压缩过程，$34'$ 为燃气透平中的不可逆绝热膨胀过程。为了描述不可逆因素，引入压气机的绝热效率和燃气透平的相对内效率。

压气机的绝热效率是指压气机在定熵过程消耗的轴功与实际绝热过程消耗的轴功之比，即

$$\eta_{c,s} = \frac{w_c}{w'_c} = \frac{h_2 - h_1}{h_{2'} - h_1} \tag{6-7}$$

燃气透平的相对内效率是指燃气透平实际绝热过程所做的轴功与定熵过程所做的轴功之比，即

$$\eta_T = \frac{w'_T}{w_T} = \frac{h_3 - h_{4'}}{h_3 - h_4}$$

所以实际循环做出的净功为

$$w'_{net} = w'_T - w'_c = \eta_T(h_3 - h_4) - \frac{1}{\eta_{c,s}}(h_2 - h_1)$$

循环中气体的实际吸热量为

$$q'_1 = h_3 - h_{2'} = h_3 - h_1 - \frac{1}{\eta_{c,s}}(h_2 - h_1)$$

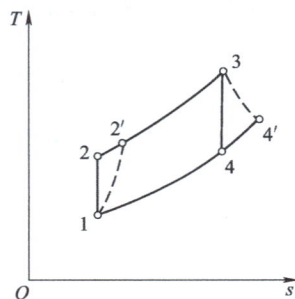

图 6-11　燃气轮机装置实际循环的 T-s 图

实际循环热效率为

$$\eta_t = \frac{w'_{net}}{q'_1} = \frac{\eta_T(h_3 - h_4) - \dfrac{1}{\eta_{c,s}}(h_2 - h_1)}{h_3 - h_1 - \dfrac{h_2 - h_1}{\eta_{c,s}}}$$

取比热容为定值，并且 $\dfrac{T_2}{T_1} = \dfrac{T_3}{T_4} = \pi^{(\kappa-1)/\kappa}$、$\tau = \dfrac{T_3}{T_1}$ 时，整理得

$$\eta_t = \frac{\eta_T \dfrac{\tau}{\pi^{(\kappa-1)/\kappa}} - \dfrac{1}{\eta_{c,s}}}{\dfrac{\tau - 1}{\pi^{(\kappa-1)/\kappa} - 1} - \dfrac{1}{\eta_{c,s}}} \tag{6-8}$$

由式（6-8）可知：

1）增大增温比 τ 可以提高循环的热效率。因温度 T_1 取决于大气环境，故主要是提高燃烧所得高温燃气的温度 T_3，目前这是提高燃气轮机装置循环热效率的主要方向。但 T_3 受限于材料的耐热性能，一般允许的燃气温度在 600~800℃ 之间，个别情况下采用特殊耐热合金并采用完善的冷却措施时，燃气温度可高达 1000℃ 以上。

2）当 τ、$\eta_{c,s}$、η_T 一定时，随着增压比 π 的提高，循环内部热效率有一个极大值，如图 6-12 所示，当增温比增大时，与内部热效率的极大值相对应的增压比 π 的数值也提高。

3）提高压气机的绝热效率和燃气透平的相对内效率，循环内部热效率随之提高。一般压气机的绝热效率在 0.80~0.90 之间，燃气透平的相对内效率在 0.85~0.92 之间。

从热力学角度探讨提高定压加热理想循环的热效率，除上述讨论的通过改变循环特性参数的方法外，还可以从改进循环着手，如采用回热、在回热的基础上采用分级压缩中间冷却和在回热的基础上采用分级膨胀中间再热等方法。

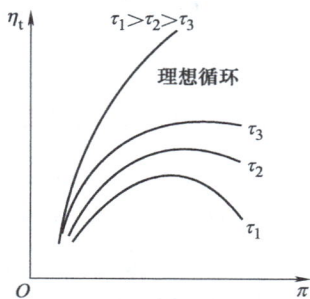

图 6-12　燃气轮机装置热效率 η_t 与 τ、π 的关系曲线

例 6-2 一燃气轮机装置，按定压加热循环工作。压缩机进口参数为：$p_1 = 0.1\text{MPa}$，$t_1 = 20℃$，压缩机增压比 $\pi = 6$，燃气透平进口燃气的温度 $t_3 = 800℃$，压气机的绝热效率 $\eta_{c,s} = 0.82$，燃气透平相对内效率 $\eta_T = 0.85$。设工质比热容为定值，$c_p = 1.005\text{kJ}/(\text{kg}\cdot\text{K})$，$\kappa = 1.4$。求该装置的热效率。

解： 循环的 T-s 图如图 6-11 所示，先确定各状态点的参数值。

点 1：

$$p_1 = 0.1\text{MPa} \quad T_1 = (273 + 20)\text{K} = 293\text{K}$$

点 2：

$$p_2 = \pi p_1 = 0.6\text{MPa} \quad T_2 = T_1\left(\frac{p_2}{p_1}\right)^{(\kappa-1)/\kappa} = 293\text{K} \times 6^{0.4/1.4} = 488.9\text{K}$$

$$T_{2'} = \frac{T_2 - T_1}{\eta_{c,s}} + T_1 = \frac{488.9 - 293}{0.82}\text{K} + 293\text{K} = 531.9\text{K}$$

点 3：

$$p_3 = 0.6\text{MPa} \quad T_3 = (800 + 273)\text{K} = 1073\text{K}$$

点 4：

$$T_4 = T_3 \frac{1}{\pi^{(\kappa-1)/\kappa}} = 1073\text{K} \times \frac{1}{6^{0.4/1.4}} = 643.1\text{K}$$

$$T_{4'} = T_3 - \eta_T(T_3 - T_4) = 1073\text{K} - 0.85 \times (1073 - 643.1)\text{K} = 707.6\text{K}$$

循环的实际吸热量和净功量：

$$q_1' = h_3 - h_{2'} = c_p(T_3 - T_{2'})$$

$$w_{\text{net}}' = (h_3 - h_{4'}) - (h_{2'} - h_1) = c_p(T_3 - T_{4'}) - c_p(T_{2'} - T_1)$$

装置的热效率

$$\eta_t = \frac{w_{\text{net}}'}{q_1'} = \frac{c_p(T_3 - T_{4'}) - c_p(T_{2'} - T_1)}{c_p(T_3 - T_{2'})}$$

$$= \frac{1073 - 707.6 - (531.9 - 293)}{1073 - 531.9} = 23.4\%$$

对燃气轮机装置循环的计算仍然以热力学基本定律和理想气体的基本热力过程为基础。

6.4 蒸汽动力装置循环

6.4.1 简单蒸汽动力循环

蒸汽动力装置依靠蒸汽推动汽轮机或活塞对外做功，由于蒸汽在锅炉的水冷壁管、过热器等换热设备内部产生，因此，蒸汽动力装置也称为外燃机。用于加热产生蒸汽的燃料或能源来源广泛，除最为常见的煤炭外，也可以是天然气、核燃料、地热、生物质燃料以及太阳能等。蒸汽动力装置所用工质除水蒸气外，对于热源温度不是很高的场合也可使用 R123 等有机物。

以水蒸气为工质的基本蒸汽动力装置主要由锅炉、汽轮机、冷凝器和给水泵组成，如图 6-13 所示。工质依次流经这四个主要部件构成的循环称为基本蒸汽动力循环，其理想循环称作朗肯循环，朗肯循环在 p-v 图、T-s 图和 h-s 图上的表示如图 6-14 所示。朗肯循环在锅炉中进行定压加热过程 4-1、在汽轮机中进行定熵膨胀过程 1-2、在冷凝器中进行定压放热过程 2-3 和在给水泵中进行定熵压缩过程 3-4。

在稳定工况下，工质流经各部件时与外界进行的热量和功量交换通过开口系统稳定能量方程式计算，针对各过程的特点对方程进行相应的简化。

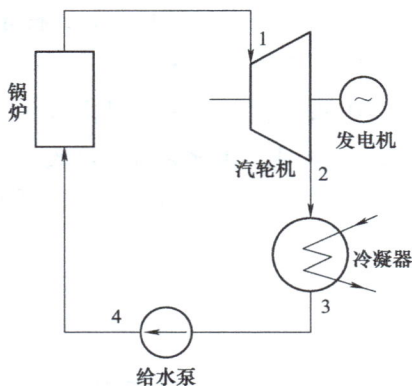

图 6-13　基本蒸汽动力装置示意图

$$q = \Delta h + \frac{1}{2}\Delta c_{\mathrm{f}}^2 + g\Delta z + w_{\mathrm{s}}$$

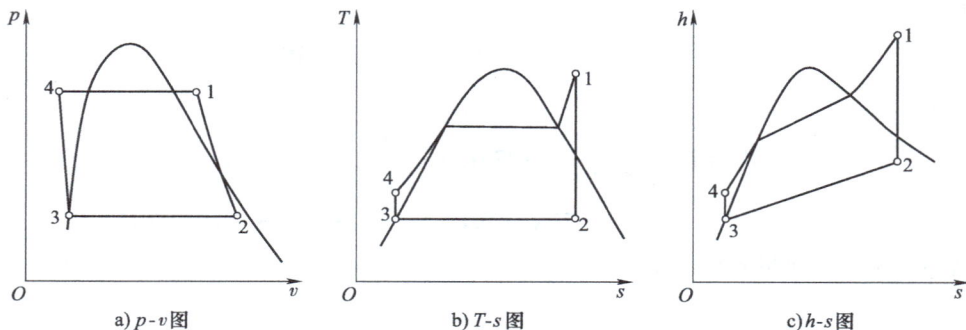

a) p-v 图　　　b) T-s 图　　　c) h-s 图

图 6-14　基本蒸汽动力循环图

在定压加热过程 4-1 中，单位质量工质的吸热量为

$$q_1 = h_1 - h_4$$

在定熵膨胀过程 1-2 中，单位质量工质在汽轮机中所做的轴功为

$$w_{\mathrm{T}} = h_1 - h_2$$

在定压放热过程 2-3 中，单位质量工质的放热量为

$$q_2 = h_2 - h_3$$

在定熵压缩过程 3-4 中，给水泵对单位质量工质做功为

$$w_{\mathrm{p}} = h_4 - h_3$$

循环净功为汽轮机输出的轴功与给水泵消耗的轴功之差

$$w_{\mathrm{net}} = (h_1 - h_2) - (h_4 - h_3)$$

所以，循环的热效率为

$$\eta_{\mathrm{t}} = \frac{w_{\mathrm{net}}}{q_1} = \frac{(h_1 - h_2) - (h_4 - h_3)}{h_1 - h_4} \tag{6-9}$$

通常，给水泵消耗的功量只占汽轮机输出功的很少一部分，在实际计算中，若忽略给水泵做功，即认为 $w_{\mathrm{p}} = h_4 - h_3 \approx 0$，则循环的热效率可近似表示为

$$\eta_t \approx \frac{w_T}{q_1} \approx \frac{h_1 - h_2}{h_1 - h_3} \tag{6-10}$$

式中各状态点的焓值可通过水蒸气热力性质图表查得或利用经验公式、有关软件计算。

蒸汽动力装置输出 $1kW \cdot h(3600kJ)$ 的功所消耗的蒸汽量定义为汽耗率，用 d 表示，单位为 $kg/(kW \cdot h)$。

$$d = \frac{3600}{w_{net}} \tag{6-11}$$

在功率一定的条件下，汽耗率的大小反映了设备尺寸的大小，汽耗率大，同样功率的机组尺寸要大一些，设备投资就要高一些，因此，汽耗率是蒸汽动力装置经济指标之一。

例 6-3 在朗肯循环中，蒸汽进入汽轮机的压力 p_1 为 13.5MPa，温度 t_1 为 550℃，乏汽压力 p_2 为 0.004MPa。求循环净功、加热量、汽耗率及汽轮机出口干度。

解： 循环的 T-s 图如图 6-14b 所示，由已知条件查水及水蒸气热力性质图表，得到各状态点参数。

点 1：由 $p_1 = 13.5MPa$，温度 $t_1 = 550℃$，查得

$$h_1 = 3464.5kJ/kg, s_1 = 6.5851kJ/(kg \cdot K)$$

点 2：由 $s_2 = s_1 = 6.5851kJ/(kg \cdot K)$，$p_2 = 0.004MPa$，查得

$$x_2 = 0.765, h_2 = 1982.4kJ/kg$$

点 3：由 $p_3 = p_2 = 0.004MPa$，查得

$$h_3 = h_2' = 121.41kJ/kg, s_3 = s_2' = 0.4224kJ/(kg \cdot K)$$

点 4：由 $s_4 = s_3 = 0.4224kJ/(kg \cdot K)$，$p_4 = p_1 = 13.5MPa$，查得

$$h_4 = 134.93kJ/kg$$

工质吸热量：

$$q_1 = h_1 - h_4 = (3464.5 - 134.93)kJ/kg = 3329.57kJ/kg$$

汽轮机做功：

$$w_T = h_1 - h_2 = (3464.5 - 1982.4)kJ/kg = 1482.1kJ/kg$$

工质放热量：

$$q_2 = h_2 - h_3 = (1982.4 - 121.41)kJ/kg = 1860.99kJ/kg$$

给水泵消耗功：

$$w_p = h_4 - h_3 = (134.93 - 121.41)kJ/kg = 13.52kJ/kg$$

循环净功：

$$w_{net} = w_T - w_p = (1482.1 - 13.52)kJ/kg = 1468.58kJ/kg$$

循环热效率：

$$\eta_t = \frac{w_{net}}{q_1} = \frac{1468.58}{3329.57} = 0.441$$

汽耗率：

$$d = \frac{3600}{w_{net}} = \frac{3600}{1468.58} \text{kg}/(\text{kW} \cdot \text{h}) = 2.451 \text{kg}/(\text{kW} \cdot \text{h})$$

由本例题可知：对于循环净功还可以利用循环净功等于循环净热量计算，$w_{net} = q_1 - q_2$；从以上计算结果可以看出给水泵消耗功只占汽轮机做功的 0.9%，在一般计算中可以忽略泵功，即 $w_p = 0$，$\eta_t \approx \dfrac{w_T}{q_1} \approx \dfrac{h_1 - h_2}{h_1 - h_3} = \dfrac{1482.1}{3343.09} = 0.443$

6.4.2 蒸汽参数对热效率的影响

蒸汽参数对热效率有着较大的影响，分析如下：

1. 提高蒸汽初温对热效率的影响

当蒸汽的初压 p_1 及乏汽压力 p_2 不变时，如果将初温由 T_1 提高到 $T_{1'}$ 则会增加蒸汽的平均温度，即 $T_{m1'} > T_{m1}$，而放热过程的平均温度 T_{m2} 不变，如图 6-15a 所示。由等效卡诺循环的热效率计算公式 $\eta_t = 1 - T_{m2}/T_{m1}$ 可知，提高蒸汽初温可以提高循环的热效率。同时，提高蒸汽初温还可以提高乏汽的干度，这有利于减少汽轮机内部的功耗散，也有利于改善汽轮机叶片的工作条件。但由于金属耐热性能的限制，初温一般取为 600℃ 左右。

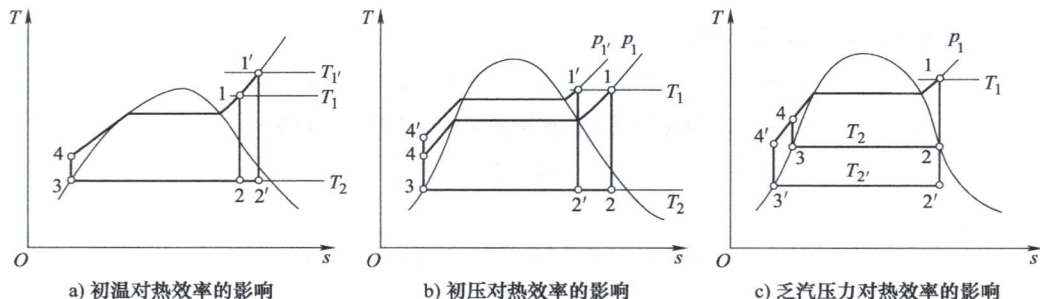

a) 初温对热效率的影响　　b) 初压对热效率的影响　　c) 乏汽压力对热效率的影响

图 6-15 蒸汽参数对热效率的影响

2. 提高蒸汽初压对热效率的影响

当蒸汽的初温 T_1 及乏汽压力 p_2 不变时，如果将蒸汽初压由 p_1 提高到 $p_{1'}$ 也会增加蒸汽的平均温度，即 $T_{m1'} > T_{m1}$，而放热过程的平均温度 T_{m2} 不变，如图 6-15b 所示。由等效卡诺循环的热效率计算公式可知，提高蒸汽初压也可以提高循环的热效率。但此时乏汽的干度降低，这会增加汽轮机内部的功耗散，当干度较低时，由于水滴的冲击，汽轮机叶片表面容易受到破坏，甚至引起叶片的振动，影响叶片的寿命。工程要求乏汽的干度不低于 85%，甚至不低于 88%。因此，一般同时提高蒸汽的初温 T_1 及初压 p_1，则既能提高循环的热效率，又能保证汽轮机内部良好的工作条件。

3. 降低乏汽压力对热效率的影响

当蒸汽的初温 T_1 及初压 p_1 不变时，如果将乏汽压力由 p_2 降低到 $p_{2'}$，如图 6-15c 所示。虽然平均加热温度 T_{m1} 有所下降，但平均放热温度 T_{m2} 下降更明显，由等效卡诺循环的热效率计算公式可知，降低乏汽压力可以提高循环的热效率。降低乏汽压力受到两方面的限制，其一是冷凝器冷却介质的温度，一般冷却介质（如水或空气）的温度为外部大气条件下的温度，因此，降低乏汽的压力受到环境中冷却介质温度的限制；其二，降低乏汽压力会降低蒸汽的干度，这同样不利于汽轮机的正常工作。

综上所述，提高蒸汽动力循环的初温 T_1、初压 p_1，降低乏汽压力均可以提高热效率，但降低乏汽压力受到环境温度的限制，改进较困难。提高平均吸热温度是提高热效率的重要途径，可以通过采用中间再热循环和抽气回热循环等来实现。

6.4.3 再热循环

当提高蒸汽初压时，虽然提高了加热过程的平均加热温度，提高了朗肯循环的热效率，但同时也降低了乏气的干度，为了解决这一问题，工程中采用了再热的方法。

再热循环的蒸汽动力装置的示意图如图 6-16 所示。过热蒸汽在汽轮机中经初步膨胀做功而压力降低到某个中间压力时，把蒸汽从汽轮机引出，送至再热器再次加热，使蒸汽的温度达到较高的温度，然后进入汽轮机的低压汽缸继续膨胀做功，这种理想循环称为再热循环，其 T-s 图如图 6-17 所示。过程 4-1 为定压吸热过程，过程 1-a 为绝热膨胀过程，过程 a-b 为定压再热过程，过程 b-2 为绝热膨胀过程，过程 2-3 为定压放热过程，过程 3-4 为绝热加压程。

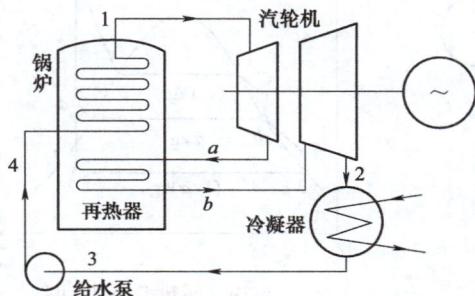

图 6-16　再热循环的蒸汽动力装置示意图　　图 6-17　再热循环 T-s 图

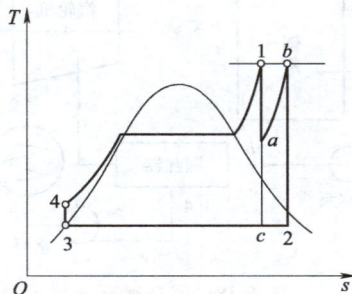

再热循环的加热过程实际上包括了两个过程，即过程 4-1 和过程 a-b，吸热量为

$$q_1 = (h_1 - h_4) + (h_b - h_a)$$

循环放热量为

$$q_2 = h_2 - h_3$$

循环净功为

$$w_{net} = h_1 - h_a + h_b - h_2$$

循环热效率为

$$\eta_t = \frac{w_{net}}{q_1} = \frac{h_1 - h_a + h_b - h_2}{h_1 - h_4 + h_b - h_a} \tag{6-12}$$

只要再热循环的中间再热压力选择适当，再热后的平均加热温度提高，再热循环具有比朗肯循环高的热效率，且可以增大汽轮机排汽干度，有利于汽轮机运行。目前大型电厂均采用再热循环。

6.4.4 回热循环

在朗肯循环中，冷凝器中的冷凝水的温度接近环境温度，锅炉中水的加热过程是从未饱和水开始的，故平均加热温度不高。如果从汽轮机中某个部位抽取经过适当膨胀后的蒸汽，用来预热锅炉给水，那么锅炉中水的加热过程就变为从较高的温度开始，使平均加热温度增高，从而提高了循环热效率。采用回热措施的蒸汽动力装置，其理想循环称为回热循环。

图 6-18 所示是采用一级抽汽回热的蒸汽动力装置示意图。当蒸汽在汽轮机中经初步膨胀做功而压力降低到某个中间压力时，从中抽出少量蒸汽送至回热器（混合式）用于回热，其余蒸汽仍继续在汽轮机中膨胀到乏汽压力做功。乏汽在冷凝器中凝结成水与从汽轮机抽出的蒸汽混合换热，最后经给水泵加压后重新送入锅炉。采用一级抽汽的回热循环 T-s 图如图 6-19 所示，过程 5-1 为 1kg 水蒸气的定压吸热过程，过程 1-a 为 1kg 水蒸气的绝热膨胀过程，过程 a-2 为抽汽后剩余的 $(1-\alpha)$kg 水蒸气的绝热膨胀过程，过程 a-b 为从汽轮机中抽出的 αkg 蒸汽在回热器中的定压回热过程，过程 2-3 为 $(1-\alpha)$kg 乏汽的定压放热过程，过程 3-4 为 $(1-\alpha)$kg 水的绝热加压过程，过程 4-b 为 $(1-\alpha)$kg 水在回热器中的定压预热过程，过程 b-5 为回热后重新汇合后的 1kg 水的绝热加压过程。

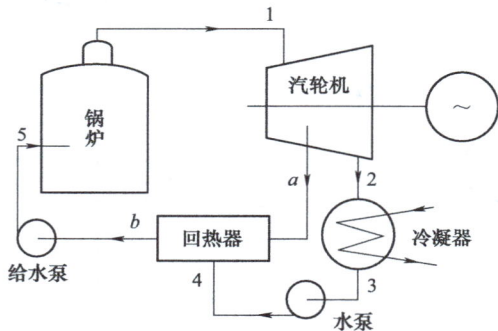

图 6-18 回热循环装置示意图

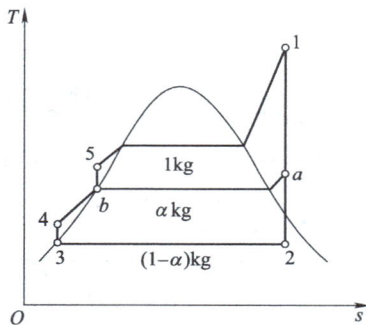

图 6-19 回热循环 T-s 图

为了计算循环的经济性，先需要确定抽汽量。在回热器中，αkg 蒸汽放出来的热量等于 $(1-\alpha)$kg 水吸收的热量

$$\alpha(h_a - h_b) = (1 - \alpha)(h_2 - h_3)$$

$$\alpha = \frac{h_b - h_4}{h_a - h_4} \tag{6-13}$$

吸热量为

$$q_1 = h_1 - h_5$$

循环放热量为

$$q_2 = (1 - \alpha)(h_2 - h_3)$$

循环净功为

$$w_{\text{net}} = h_1 - h_a + (1 - \alpha)(h_a - h_2)$$

或

$$w_{\text{net}} = (1 - \alpha)(h_1 - h_2) + \alpha(h_1 - h_a)$$

循环热效率为

$$\eta_t = \frac{w_{net}}{q_1} = \frac{h_1 - h_a + (1 - \alpha)(h_a - h_2)}{h_1 - h_5} \tag{6-14}$$

除了利用再热、回热循环提高经济性，还可以采用热电循环和燃气、蒸汽两气联合循环，感兴趣的读者可以参阅相关的书籍。

6.5 制冷循环

在第 1 章中讲到逆循环，逆循环主要应用于制冷装置和热泵。热量不可能自发地从低温物体传向高温物体，要使热量从低温物体传向高温物体必须以高品位能量的输入作为补偿。制冷装置中消耗一定的机械能，使低温冷藏库中的热量输向温度较高的环境。制冷装置既可以制取低于环境温度的冷媒，也可以获得高于环境温度的热媒，前者称为制冷机，后者称为热泵。制冷循环的经济性指标是制冷系数，热泵的经济性指标是热泵系数。制冷工业中还用制冷量的"冷吨"作为指标，1 冷吨表示 1t 的 0℃ 饱和水在 24h 内冷冻为 0℃ 的冰所需要的制冷量。根据材料的物理效应及工质的特性，实现制冷的方式有多种，本节介绍以空气和蒸气为工质（制冷剂）的制冷装置的工作原理及循环。

6.5.1 逆卡诺循环

在第 2 章中提到过逆卡诺循环。相同温限间，以逆卡诺循环的制冷系数为最高。逆卡诺循环与卡诺循环相同，由四个可逆过程即两个定温过程和两个绝热过程所组成，不同之处在于状态变化方向相反，如图 6-20 所示。2-3 过程从低温热源等温地吸取热量 q_2，消耗的循环净功为 w_{net}，4-1 过程向高温热源放出热量 q_1。

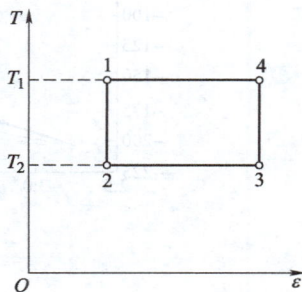

图 6-20 逆卡诺循环

把逆卡诺循环用于制冷机，可以得到逆卡诺循环的制冷系数为

$$\varepsilon_c = \frac{q_2}{w_{net}} = \frac{q_2}{q_1 - q_2} = \frac{T_2}{T_1 - T_2} \tag{6-15}$$

把逆卡诺循环用于热泵，可以得到逆卡诺循环的供热系数为

$$\varepsilon_c' = \frac{q_1}{w_{net}} = \frac{q_1}{q_1 - q_2} = \frac{T_1}{T_1 - T_2} \tag{6-16}$$

可以得出：

1）逆卡诺循环的制冷系数只取决于高温热源和低温热源的温度 T_1 和 T_2，并随高、低温热源的温差的减小而提高。在一定条件下制冷系数越大，循环消耗的净功越小。

2）在温度同为 T_1 的恒温高温热源和温度同为 T_2 的恒温低温热源之间工作的可逆逆向循环制冷系数都相等，而与循环种类无关，也与工质无关。

3）在温度同为 T_1 的恒温高温热源和温度同为 T_2 的恒温低温热源之间工作的一切不可逆逆向循环制冷系数都低于可逆逆向循环。

实际的制冷机或热泵也没有完全按照逆卡诺循环进行。与卡诺循环一样，逆卡诺循环也具有重要的理论和实践意义，它为制冷机和热泵的改进指出了方向。

6.5.2 空气压缩制冷

空气是主要由氮气和氧气组成的混合物，其制冷循环的 T-s 图如图 6-21 所示。空气的临界压力 $p_c = 3.786$MPa，临界温度 $t_c = -140.6℃$，临界比体积 $v_c = 0.002916$m^3/kg，在大气条件下（压力为 0.1MPa，温度为 25℃），空气为气体状态，甚至在压力为 0.1MPa，温度为 $-190℃$ 时，空气仍为气体状态，利用气体在较高压力下绝热膨胀降温的性质可实现气体压缩制冷。

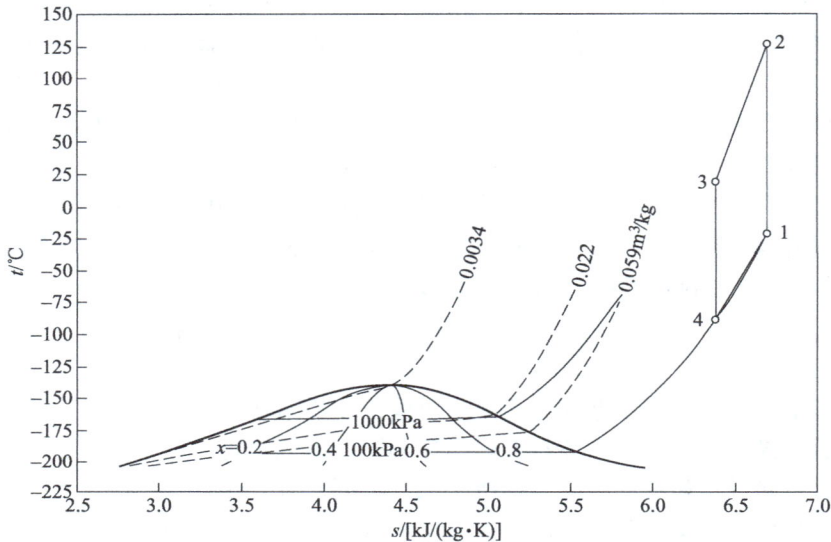

图 6-21　空气 T-s 图及压缩制冷循环

由图 6-21 注意到，通常条件下空气不易实现定温加热和定温放热，空气压缩制冷装置难以按逆卡诺循环工作。在空气压缩制冷循环中，用两个可逆定压过程代替逆向卡诺循环的两个定温过程，4-1 为定压吸热过程，2-3 为定压放热过程。空气压缩制冷循环可视为逆向布雷顿循环。简单空气压缩制冷装置原理图如图 6-22 所示，循环的 p-v 图和 T-s图如图 6-23 所示，其工作过程如下：

从冷藏库出来的空气（状态点 1，温度为 T_1，压力为 p_1）进入压气机，经绝热压缩后到达状态点

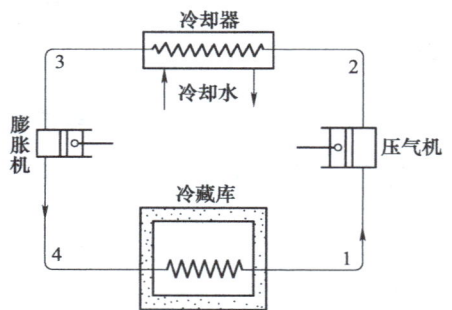

图 6-22　简单空气压缩制冷原理图

2，此时空气的温度 T_2 高于环境温度 T_0，然后进入冷却器进行定压放热，冷却器出口空气到达状态点 3，温度 T_3 等于环境温度 T_0，接着空气进入膨胀机进行绝热膨胀至状态点 4，其温度低于压缩始点温度 T_1，最后空气进入冷藏库进行定压吸热，重新回到状态点 1。

循环中空气从冷藏库中吸收的热量（也称为制冷量）为

$$q_2 = h_1 - h_4 = \int_4^1 c_p dT$$

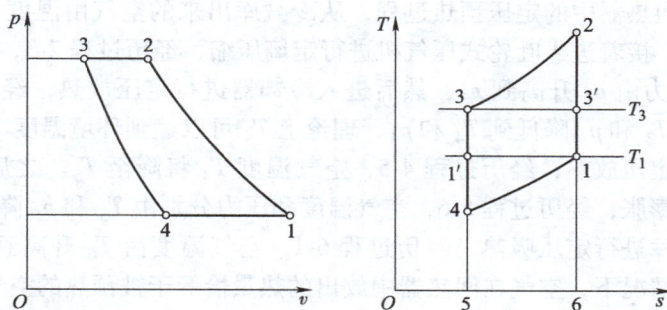

图 6-23　空气压缩制冷循环的 p-v 图和 T-s 图

排向高温热源的热量为

$$q_1 = h_2 - h_3 = \int_3^2 c_p \mathrm{d}T$$

循环消耗的净功为

$$w_{\text{net}} = q_1 - q_2 = (h_2 - h_3) - (h_1 - h_4)$$

循环的制冷系数（设空气比热容为定值）为

$$\varepsilon = \frac{q_2}{w_{\text{net}}} = \frac{h_1 - h_4}{(h_2 - h_3) - (h_1 - h_4)} = \frac{T_1 - T_4}{(T_2 - T_3) - (T_1 - T_4)}$$

过程 1-2、3-4 均为定熵过程，有

$$\frac{T_2}{T_1} = \left(\frac{p_2}{p_1}\right)^{(\kappa-1)/\kappa} = \frac{T_3}{T_4}$$

引入循环增压比 $\pi = p_2/p_1$，循环的制冷系数可表示为

$$\varepsilon = \frac{1}{\dfrac{T_2 - T_3}{T_1 - T_4} - 1} = \frac{1}{\dfrac{T_3}{T_4} - 1} = \frac{1}{\left(\dfrac{p_2}{p_1}\right)^{(\kappa-1)/\kappa} - 1} = \frac{1}{\pi^{(\kappa-1)/\kappa} - 1} \qquad (6\text{-}17)$$

式（6-17）表明，循环增压比越小，则制冷系数越大，但当环境温度不变时，单位质量工质的制冷量却越小，如图 6-24 所示，当增压比 π 由 p_2/p_1 下降到 $p_{2'}/p_1$ 时制冷量也由面积 15741 下降为面积 1564′1，因此，增压比 π 不能太小。

空气压缩制冷循环的主要缺点是制冷量 $Q_2 = q_m c_p (T_1 - T_4)$ 小，其原因为：空气的比热容 c_p 很小；温差 $T_1 - T_4$ 又不能太大，$T_1 - T_4$ 越大要求增压比越大，制冷系数就会降低；活塞式压缩机和膨胀机的工质流量 q_m 不能太大，否则会导致压缩机和膨胀机体积庞大。为克服活塞式压缩机对大流量的限制，采用叶轮式压缩机并采用回热等措施可改善空气压缩制冷装置的运行条件。

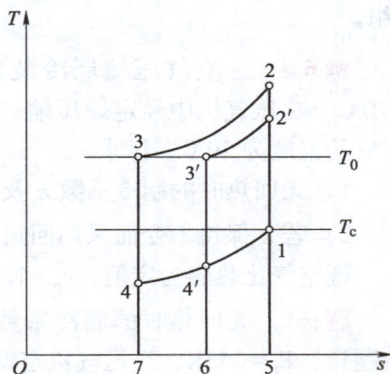

图 6-24　增压比 π 与制冷量的关系

回热式空气压缩制冷装置示意图及其热力循环的 T-s 图分别如图 6-25 和图 6-26 所示。

图中 1-2 为空气在回热器中的定压预热过程，从冷藏库出来的空气由温度 T_1 升高到 T_2（通常为环境温度 T_0），接着进入叶轮式压气机进行定熵压缩，经历过程 2-3，空气温度由 T_2 进一步升高到 T_3，压力由 p_2 升高到 p_3，然后进入冷却器进行定压放热，经历过程 3-4，空气温度和压力分别由 T_3 和 p_3 降低到 T_4 和 p_4，理论上 T_4 可以达到环境温度 T_0。然后，空气再次进入回热器进行定压放热，经历过程 4-5，空气温度 T_4 将降至 T_5。之后，空气进入叶轮式膨胀机进行定熵膨胀，经历过程 5-6，空气温度和压力分别由 T_5 和 p_5 降低到 T_6 和 p_6。最后，空气进入冷藏库进行定压吸热，经历过程 6-1，空气温度由 T_6 升高到 T_1，构成理想的回热循环。在理想情况下，空气在回热器中放出的热量恰等于被预热的空气的吸热量。

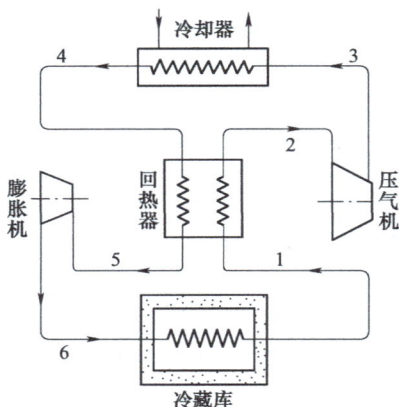

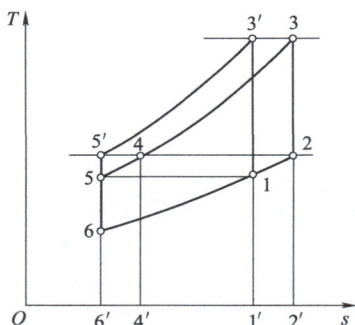

图 6-25　回热式空气压缩制冷装置示意图　图 6-26　回热式空气压缩制冷循环 T-s 图

对比回热制冷循环 1-2-3-4-5-6-1 和无回热的制冷循环 1-3′-5′-6-1，工质从冷藏库吸收的热量均为 $q_2 = h_1 - h_6$，即两种装置的制冷量相同。在冷却器中空气的放热过程对应的温度范围相同，两者的放热量相同。根据制冷系数的定义，两种装置的制冷系数相同。但是，在采用回热器的空气压缩制冷装置中，压气机的压缩比下降了，这为采用增压比不是很高的叶轮式压气机和膨胀机提供了可能，叶轮式压气机和膨胀机具有大的流量，适用于大制冷量的机组。

例 6-4　一空气压缩制冷装置，空气进入压气机的压力和温度分别为 0.1MPa 和 -20℃，在压气机中经定熵压缩，压力升高到 0.5MPa，然后进入冷却器。离开冷却器时空气的温度为 20℃。试求：

1）无回热时的制冷系数 ε 及每千克空气的制冷量 q_2。

2）若 ε 保持不变而采用回热循环，理想情况下，增压比 π 是多少？

视空气比热容为定值，$c_p = 1.005 \mathrm{kJ/(kg \cdot K)}$，比热比 $\kappa = 1.4$。

解：1）无回热时的制冷系数及制冷量。根据图 6-26，无回热时循环为 1-3′-5′-6-1，由题意，$T_1 = 253\mathrm{K}$，经压气机定熵压缩后空气压力为 $p_{3'} = 0.5\mathrm{MPa}$，温度为 $T_{3'}$，由定熵压缩过程得 $T_{3'}$ 为

$$T_{3'} = T_1 \left(\frac{p_{3'}}{p_1} \right)^{(\kappa-1)/\kappa} = 253\mathrm{K} \times 5^{(1.4-1)/1.4} = 400.71\mathrm{K}$$

空气经冷却器定压放热后的状态参数为

$p_{5'} = 0.5\mathrm{MPa}$，温度为 $T_{5'} = 293\mathrm{K}$

空气经膨胀机定熵膨胀后的状态参数为

$p_{6'} = p_1 = 0.1\mathrm{MPa}$，温度 T_6 为

$$T_6 = T_{5'}\left(\frac{p_6}{p_{5'}}\right)^{(\kappa-1)/\kappa} = 293 \times \left(\frac{1}{5}\right)^{(1.4-1)/1.4} = 185.00\mathrm{K}$$

循环的制冷量为

$$q_2 = h_1 - h_6 = c_p(T_1 - T_6) = 1.005\mathrm{kJ/(kg \cdot K)} \times (253 - 185.00)\mathrm{K} = 68.34\mathrm{kJ/kg}$$

排向高温热源的热量为

$$q_1 = h_{3'} - h_{5'} = c_p(T_{3'} - T_{5'}) = 1.005\mathrm{kJ/(kg \cdot K)} \times (400.71 - 293)\mathrm{K} = 108.25\mathrm{kJ/kg}$$

制冷系数为

$$\varepsilon = \frac{q_2}{w_{net}} = \frac{q_2}{q_1 - q_2} = \frac{68.34}{108.25 - 68.34} = 1.71$$

2）有回热时的增压比。根据图 6-26，有回热时的循环为 1-2-3-4-5-6-1。此时，增压比为

$$\pi = \frac{p_3}{p_2} = \left(\frac{T_3}{T_2}\right)^{\kappa/(\kappa-1)} = \left(\frac{400.71}{293}\right)^{1.4/(1.4-1)} = 2.991$$

在环境温度和压气机出口温度不变的情况下，空气压缩制冷装置采用回热器后，虽然制冷量和制冷系数保持不变，但增压比减小，因而大大减轻了压气机的负荷，有利于叶轮式机械的运行。

6.5.3 蒸气压缩制冷循环

空气压缩制冷循环有两个根本缺点：一是不能实现定温吸热和定温放热，使循环偏离了逆向卡诺循环，从而降低了经济性；二是气体的比定压热容较小，单位质量工质的制冷量也较小。采用回热循环后，虽然压气机的工作条件得到改善，但制冷量和制冷系数并未提高。而采用蒸气压缩制冷循环，利用湿饱和蒸气为工质，可以容易地实现定温吸热和定温放热，在一定的冷藏库温度和环境温度下能获得较大的制冷系数。同时，由于工质吸收的热量为工质的汽化潜热，而一般工质的汽化潜热都比较大，可获得更多的制冷量，克服了空气压缩制冷循环的缺点。

蒸气压缩制冷装置的示意图如图 6-27 所示，其热力循环的 T-s 图如图 6-28 所示。蒸气压缩制冷装置的工作过程为：干饱和蒸气进入压气机中进行定熵压缩，经历过程 1-2，过程中工质所处的状态除初始状态外都是过热蒸气状态。然后工质在冷凝器中进行定压放热过程 2-3，在这一过程中，过热蒸气先是从过热蒸气变为干饱和蒸气，再凝结成饱和液体。接着工质通过节流阀而不是通过膨胀机完成降温降压过程 3-4，利用工质绝热节流的温度效应实现工质降温，由于不可逆的绝热节流引起熵增，最后，工质在冷藏库中进行定压吸热过程 4-1，完成循环 1-2-3-4-1。

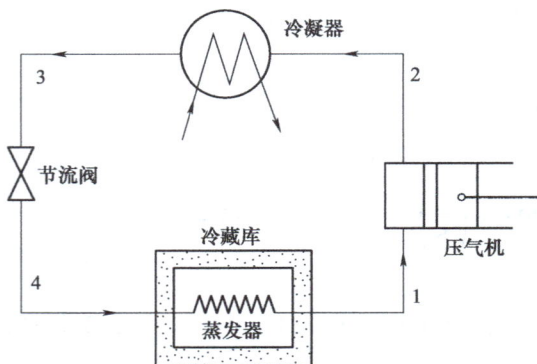

图 6-27　蒸气压缩制冷装置示意图

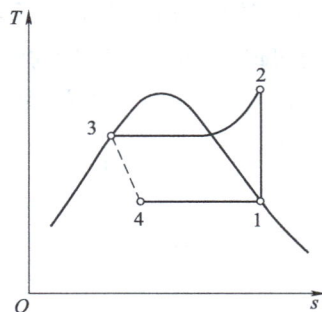

图 6-28　蒸气压缩制冷循环 T-s 图

以湿饱和蒸气为工质按逆卡诺循环工作时，需要对湿饱和蒸气进行绝热压缩，当湿饱和蒸气进入压气机时，工质中的饱和液体会从气缸壁迅速吸热而汽化，影响压气机的吸气，造成压气机工作不可靠。同时，在压缩过程中未汽化的液体还可能引起液击现象，甚至损坏压气机。在设计的蒸气压缩制冷循环中，进入压气机的工质是干饱和蒸气。另外，工质的降压降温是用节流阀代替膨胀机，虽然损失了原来由膨胀机产生的一部分轴功，但大大简化了制冷设备，而且节流阀便于调节冷藏库温度。绝热节流前后焓值不变，即 $h_3 = h_4$。在蒸气压缩制冷循环中，工质通过各部件交换的热量和功量及制冷循环制冷系数计算公式如下：

工质通过蒸发器自冷藏库吸收的热量（制冷量）为

$$q_2 = h_1 - h_4 = h_1 - h_3$$

工质通过冷凝器向外界放出的热量为

$$q_1 = h_2 - h_3$$

压缩机消耗的功即循环净功为

$$w_{\text{net}} = q_1 - q_2 = h_2 - h_1$$

循环的制冷系数为

$$\varepsilon = \frac{q_2}{w_{\text{net}}} = \frac{h_1 - h_4}{h_2 - h_1} \tag{6-18}$$

根据制冷装置所用工质的热力性质数据可以完成上述各项的计算。计算制冷循环时经常用 lg$p$-h 图，在该图上能方便地表示定压过程、定焓过程，而且很容易用过程线在横坐标上的投影长度表示出制冷循环的吸热量、放热量和功量。制冷循环的压焓图如图 6-29 所示。根据状态 1 的 T_1、p_1 或 x_1 可在图上确定状态点 1；由通过点 1 的定熵线与压力为 p_2 的定压线的交点可定出状态点 2；压力为 p_2 的定压线与饱和液体线的交点即为状态点 3；通过 3 点作垂线与压力为 p_1 的定压线的交点即为状态点 4。

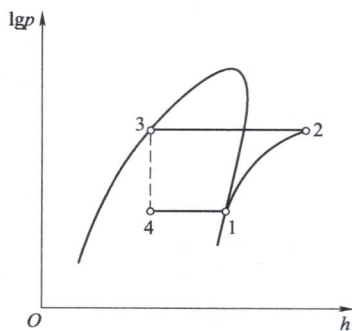

图 6-29　蒸气压缩制冷循环 lg$p$-h 图

例6-5 蒸气压缩制冷采用氨作为工质，制冷量为 $10^5 kJ/h$，冷凝器出口氨饱和蒸气温度为300K，节流后温度为260K。试计算制冷系数、制冷机消耗功率及制冷剂流量。

解： 蒸气压缩制冷循环如图6-29所示。计算制冷系数、制冷机消耗功率及制冷剂流量的关键是获得循环各状态点的焓值。利用制冷剂氨的压焓图计算。由已知条件 $t_3 = 27℃$，$t_4 = -13℃$，查图6-30得各状态点的比焓 $h_3 = 320.0 kJ/kg$，$h_4 = h_3 = 320.0 kJ/kg$，$h_1 = 1430.0 kJ/kg$，$h_2 = 1620.0 kJ/kg$，则

压缩功：

$$w_{net} = h_2 - h_1 = 1620.0 kJ/kg - 1430.0 kJ/kg = 190.0 kJ/kg$$

单位质量工质的制冷量：

$$q_2 = h_1 - h_4 = 1430.0 kJ/kg - 320.0 kJ/kg = 1110.0 kJ/kg$$

制冷剂流量：

$$q_m = Q_c/q_2 = (10^5/1110.0) kg/h = 90.09 kg/h = 0.025 kg/s$$

压缩机定熵压缩消耗功率：

$$P = q_m w_{net} = 0.025 \times 190.0 kW = 4.75 kW$$

制冷系数：

$$\varepsilon = \frac{q_2}{w_{net}} = \frac{1110.0}{190.0} = 5.84$$

本例题也可以利用氨的热力性质表计算。由已知条件及热力循环特征通过查氨饱和液体和饱和蒸气表，也可获得各状态点的热物性参数从而进行计算。

制冷工质热物性除可通过图、表查取外，还可通过专用软件，如 Refpropm 等进行查取。Refpropm 软件提供了可供 MATLAB 软件调用的制冷工质热物性查询函数 refpropm，该函数的使用方法及基于 MATLAB 软件完成例6-5的程序见附录B。应用 MATLAB 软件编程得出各状态点数值见表6-1。

表6-1 应用 MATLAB 软件编程得到例6-5各状态点参数值

状态点	$h/(kJ/kg)$	p/kPa	T/K	$s/[kJ/(kg \cdot K)]$	x
1	1589.9	255.31	260	6.2735	1
2	1793.0	1061.7	360.49	6.2735	—
3	469.71	1061.7	300	1.9098	0
4	469.71	255.31	260	1.9650	0.1430

例6-5通过编程计算结果如下：

压缩功 $w_{net} = 203.10 kJ/kg$；单位质量工质的制冷量 $q_2 = 1120.2 kJ/kg$；制冷剂流量 $q_m = 89.27 kg/h$；压缩机定熵压缩消耗功率 $P = 5.036 kW$；制冷系数 $\varepsilon = 5.516$。

由以上方法可以看出，查图法方便快捷，但误差较大；查表法需多次进行插值计算，工作量较大；借助专用软件计算法计算精度较高，可以方便地考察冷凝温度、蒸发温度等对制冷循环性能的影响。

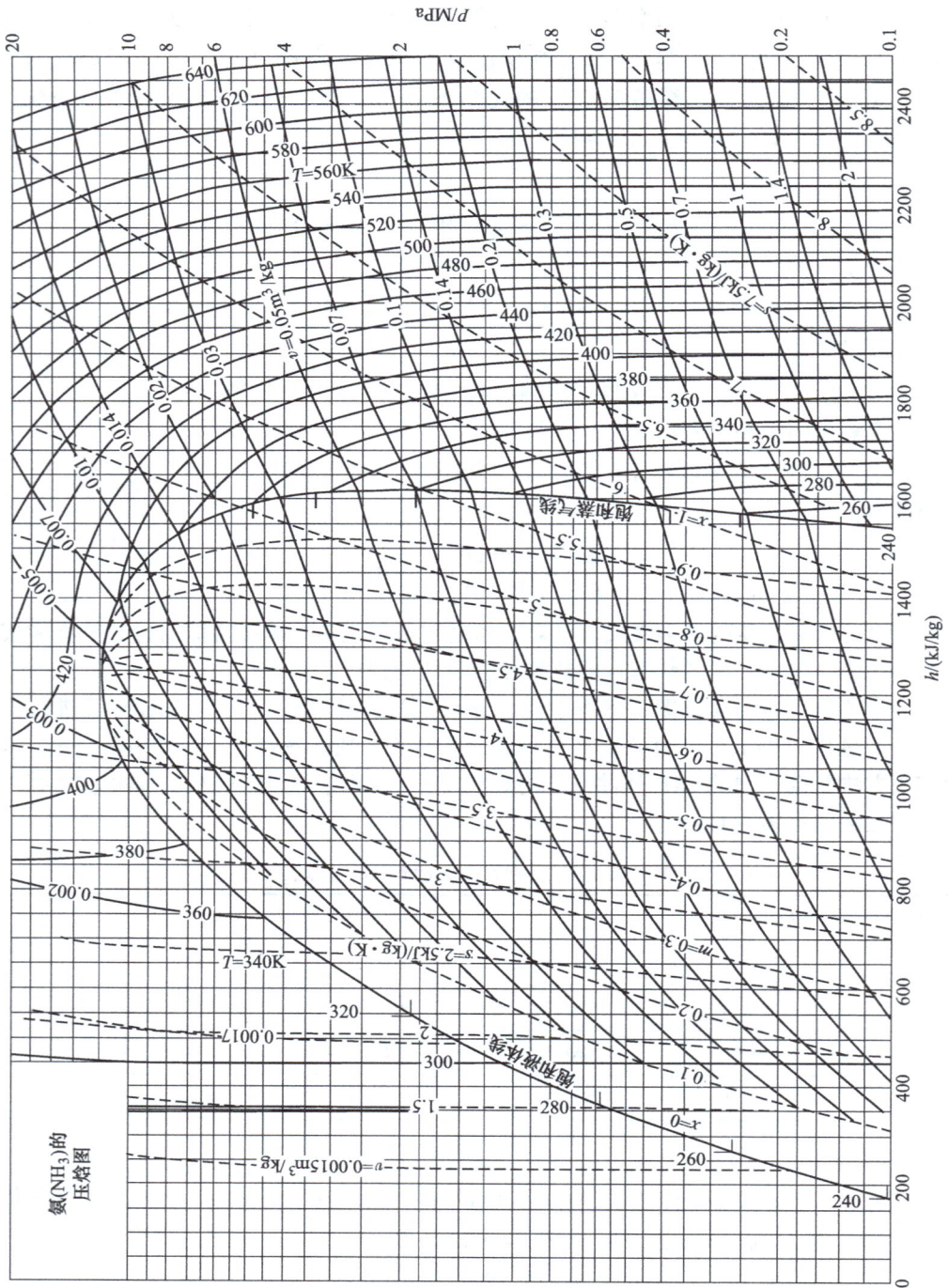

图6-30 制冷剂氨（R717）压焓图

6.5.4 其他制冷循环

前面讨论的制冷循环是依靠消耗机械功达到制冷的目的。另外，也可以不消耗外功，而以消耗温度较高工质的热能为代价达到制冷的目的。蒸汽喷射制冷循环和吸收式制冷循环就是通过消耗温度较高工质的热能实现制冷循环的。

1. 蒸汽喷射制冷循环

蒸汽喷射制冷装置的示意图及其理想循环的 T-s 图分别如图 6-31、图 6-32 所示。在蒸汽喷射制冷装置中，用喷管、混合室和扩压管三部分组成的喷射器代替消耗外功的压气机。蒸汽锅炉产生的较高温度和较高压力的蒸汽（状态 1）在喷管中绝热膨胀至较低的混合室压力并获得高速（状态 2），这股高速气流在混合室中与来自蒸发器的低压蒸汽（状态 3）混合后形成一股速度略低的气流（状态 4）进入扩压管减速升压（过程 4-5），然后在冷凝器中凝结（过程 5-6）。从冷凝器出来的液体则分为两路：一路经泵提高压力后送入蒸汽锅炉再加热汽化变为高压蒸汽，完成正向循环 1-2-4-5-6-7-1；另一路经节流阀降压、降温（过程 6-8），然后在蒸发器中吸热汽化变成低温低压的蒸汽（状态 3）再进入混合室，完成制冷循环 4-5-6-8-3-4。

蒸汽喷射制冷循环是采用所得到的制冷量和高温热源所给出的热量的比值表示制冷循环工作的有效程度，称为热量利用系数，即

$$\xi = \frac{Q_2}{Q} \tag{6-19}$$

式中，Q_2 为蒸汽在冷藏库中吸收的热量；Q 为蒸汽在锅炉中吸收的热量。

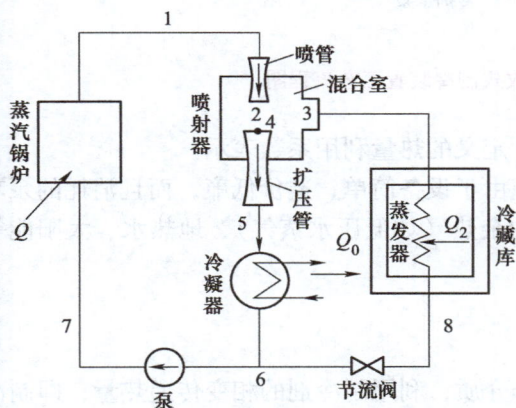

图 6-31 蒸汽喷射制冷装置示意图

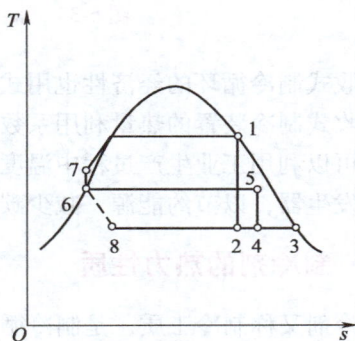

图 6-32 蒸汽喷射制冷循环 T-s 图

蒸汽喷射制冷装置采用简单紧凑的喷射器代替复杂昂贵的压气机且蒸汽在喷射器中流动速度很高，有很大的体积流量，可以用低压水蒸气作为制冷剂，在有多余蒸汽的场合，常被用于调节气温。但由于蒸汽混合过程中的不可逆损失很大，热量利用系数较低。

2. 吸收式制冷循环

吸收式制冷装置采用的工质为混合物工质，沸点较高的物质作吸收剂，沸点较低、较易挥发的物质作制冷剂。常用的工质有氨-水溶液（氨是制冷剂，水是吸收剂）、水-溴化锂溶

液（水是制冷剂，溴化锂是吸收剂）。

图 6-33 所示为水-溴化锂吸收式制冷装置工艺流程图。简单的水-溴化锂吸收式制冷装置主要包括发生器、吸收器、冷凝器和蒸发器四个换热单元及溶液泵和节流元件（如节流阀）等部件。它用吸收器、蒸汽发生器和溶液泵取代压缩机。从冷凝器流出的饱和水经节流阀降温、降压，形成干度很小的湿饱和蒸汽，进入蒸发器从冷藏库吸热，形成干度很大的湿饱和蒸汽或干饱和蒸汽，进入吸收器。与此同时，蒸汽发生器中由于水蒸发而浓度升高的溴化锂浓溶液经溶液换热器放热及减压阀后也流入吸收器，吸收由蒸发器来的饱和水蒸气，生成溴化锂稀溶液，吸收过程中放出的热量由冷却水带走。溴化锂稀溶液由溶液泵加压并经溶液换热器送入蒸汽发生器加热。由于温度的升高，水在溴化锂溶液中的溶解度降低，蒸汽逸出液面形成较高温度、较高压力的水蒸气。水蒸气进入冷凝器，放热凝结成饱和水，再次进入蒸发器，完成循环。

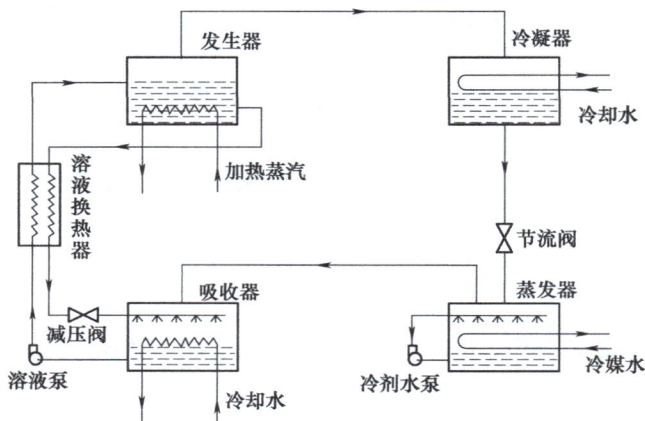

图 6-33　水-溴化锂吸收式制冷装置工艺流程图

吸收式制冷循环的经济性也用式（6-19）定义的热量利用系数表示。

吸收式制冷装置的热量利用系数较低，但由于设备简单、造价低廉，而且消耗的泵功率很小，可以利用工业生产过程中温度不太高的余热（如低压水蒸气）、地热水、太阳能等加热蒸汽发生器，以节约能源，减少碳排放。

6.5.5　制冷剂的热力性质

制冷剂又称制冷工质，是制冷循环的工作介质，利用制冷剂的相变传递热量，即制冷剂在蒸发器中汽化时吸热，在冷凝器中凝结时放热。制冷剂按成分有以下几种：

1）无机化合物，水、氨、二氧化碳等。

2）饱和碳氢化合物的衍生物，俗称氟利昂，主要是甲烷和乙烷的衍生物，如 R12、R22、R134a 等。

3）饱和碳氢化合物，如丙烷、异丁烷等。

4）不饱和碳氢化合物，如乙烯、丙烯等。

5）共沸混合制冷剂。如 R502 等。

6）非共沸混合制冷剂，如 R407c、R410 等。

蒸气压缩制冷循环具有单位工质制冷量大，制冷系数接近同温限的逆卡诺循环等优点，因而得到了广泛应用。由于实际装置的运行和性能与制冷工质的性质密切相关，因此在热力性质和环境保护等方面对制冷剂提出了以下要求：

1）环境温度下的饱和压力不要太高，以降低对压气机强度、密封方面的要求。

2）在冷藏库温度下的汽化潜热要大，以增加制冷量。

3）在冷藏库温度下的饱和压力不要太低，防止因真空造成空气漏进蒸发器。

4）临界温度应高于环境温度，使冷凝过程能更多地利用定温排热。

5）凝固点温度要低于冷藏库温度，以免制冷剂工作时凝固阻塞管路。

6）无毒、无刺激性、价格低廉，化学性能稳定，不腐蚀金属，不易燃，不易爆。

7）有良好的传热和流动性能，并具有一定的吸水性，以免影响润滑或造成冰塞。

8）对臭氧层无影响或影响很小，不产生温室效应或产生的温室效应很低。

制冷剂对臭氧层的破坏程度用臭氧消耗潜能值 ODP（ozone depression potential）衡量，以制冷剂 R11 作为 ODP 的相对参考值，规定其值为 1.0。以 R22 为例，虽然其 ODP 值低至 0.055，但仍然会严重破坏臭氧层。制冷剂对大气的温室效应采用全球变暖潜能值 GWP（global warming potential）衡量，以二氧化碳作为参考气体，规定其值为 1.0。以 R134a 为例，虽然其 ODP 值为零，但其 GWP 为 0.25，属于温室气体。

能用作制冷剂的物质有很多种，其中氨的汽化潜热大，制冷能力强，价格低廉，但具有较强的毒性，对铜有很强的腐蚀性，应用场合受到一定的限制。氟利昂制冷剂性能稳定，不腐蚀设备，对人体无害，不同的氟利昂可以满足制冷循环不同的工作参数范围及要求。因其良好的使用性能和安全性，曾得到了广泛的应用，例如 CFC12（R12）、CFC11（R11）等分别作为冰箱、汽车空调、冷水机组和空调热泵的主要制冷剂。但由于 CFC 和 HCFC 类物质进入大气后，会导致臭氧的浓度急剧减小，削弱了对紫外线的吸收能力，导致人体免疫功能的降低，破坏生态平衡，加剧温室效应。因此，氟利昂类产品的生产和使用受到了严格的限制，按照保护臭氧层的《蒙特利尔议定书》规定，发达国家从 1996 年 1 月 1 日起禁止使用与生产 CFC 类物质，并于 2030 年完全禁止 HCFC 类物质。我国已于 2007 年前禁止使用与生产 CFC 类物质。

根据保护环境和社会可持续发展的要求，使用绿色环保的制冷剂是未来制冷剂的发展趋势，绿色环保制冷剂可以是合成的，也可以是天然的，虽然合成的环保制冷剂对臭氧也不会造成破坏，但从地球生态的可持续发展来看天然制冷剂是最理想的选择。随着人们生活水平的提高，制冷空调等设备越来越普及，其消耗的大量能源也越来越引起人们的注意，通过研制新型节能制冷剂降低制冷空调设备的能耗也是未来制冷剂的一个发展方向。

6.6 综合能源系统简介

6.6.1 综合能源系统的概念

众所周知，能量有不同的类型，如电能、热能、机械能、化学能等，由于它们具有不同的属性（如电能表现为在电势作用下驱动电荷做功的能力，热能表现为驱动热机做功的能力等），因此承载不同类型能量的物质各不相同，相应地储存或传输不同形式能量的方式也不相同。人们对能量的需求也有不同的类型，以家庭用能为例，炊事用能、采暖、洗浴用能等最终表现为热能的利用，家用电器则表现为对电的利用。不同类型的能量其做功能力不同，人们对能源消费追求的是各取所需、经济、环保、可持续的利用方式，因此，对能量从转换、传输、储存、消费的能流路线出发进行统一规划、统一配置、相互耦合、动态调度的综合能源系统（integrated energy system，IES）应运而生。以往，各类能源系统实行相对独立的管理模式，如电网、热网、天然气网等属于不同公司独立规划、独立管理和独立维护，不同能源系统之间缺乏有机的耦合环节，导致能源使用效率总体不高，而且面临极端天气等自然灾害时，各类供能系统（如供电、供气、供热、供冷等）之间缺乏必要的协调配合，从而导致单方面的能源故障存在引发复杂连锁反应的风险。随着风能、太阳能等可再生能源的介入及减少环境污染和保障社会可持续发展的要求，发展综合能源系统势在必行。综合能源系统是指在一定的区域范围内运用先进的负荷预测技术、数据处理技术以及创新管理技术，协同规划、优化调度、智能管理多种能源，包括区域内的电能、天然气、石油、煤炭以及热能等，在满足系统多种能量需求的同时实现能量高效利用、减少对环境的影响以及提高经济效益等目标的能源系统。综合能源系统的特点为：通过能流转换与储能设备转换，提高供能质量；综合多种能源利用形式，提高可再生能源的利用比例；提升电、热、气等子系统的信息交互能力，保障供能可靠性。

6.6.2 综合能源系统模型

综合能源系统涉及多种类型能量的转换、传输和利用，为清晰地表示能量转换、传输、存储、用能等设备之间的能流关系，便于对综合能源系统进行定量分析，指导综合能源系统的规划、配置、调度及评价，需要对实际的综合能源系统进行简化和抽象，形成综合能源系统的分析模型。目前，常用的综合能源系统模型主要分为两类：能量母线模型（energy bus model）和能量枢纽模型或能量集线器模型（energy hub model）。

1. 综合能源系统母线模型

典型的母线式结构如图 6-34 所示，不同形式的能源传输线路（管线）可以用不同的线型或颜色加以区分，母线两侧的箭头表示能流的流向并指向相关的能量转换和用能设备。根据不同设备的数学模型及母线两侧能量平衡、质量平衡关系，在一定的优化目标和约束条件下可确定系统的最优配置或最优调度方案。

2. 综合能源系统枢纽模型

综合能源系统枢纽模型是将系统看作多输入、多输出的端口网络，典型的枢纽式结构如图 6-35 所示，能量的供需关系可用式（6-20）表示。

$$\begin{pmatrix} L_\alpha \\ L_\beta \\ \vdots \\ L_\omega \end{pmatrix} = \begin{pmatrix} C_{\alpha\alpha} & C_{\beta\alpha} & \cdots & C_{\omega\alpha} \\ C_{\beta\alpha} & C_{\beta\beta} & \cdots & C_{\beta\omega} \\ \vdots & \vdots & & \vdots \\ C_{\omega\alpha} & C_{\omega\beta} & \cdots & C_{\omega\omega} \end{pmatrix} \begin{pmatrix} P_\alpha \\ P_\beta \\ \vdots \\ P_\omega \end{pmatrix} \tag{6-20}$$

式中，L 为输出向量；C 为耦合矩阵；P 为输入矩阵；下标 α，β，$\cdots$，ω 为能量种类。

通过耦合矩阵 C 建立输入与输出端口间的联系，当矩阵 C 的非对角线元素为零时，表示异质能量间不存在耦合关系。不论是母线模型还是枢纽模型，两者都能表示能流流向及能

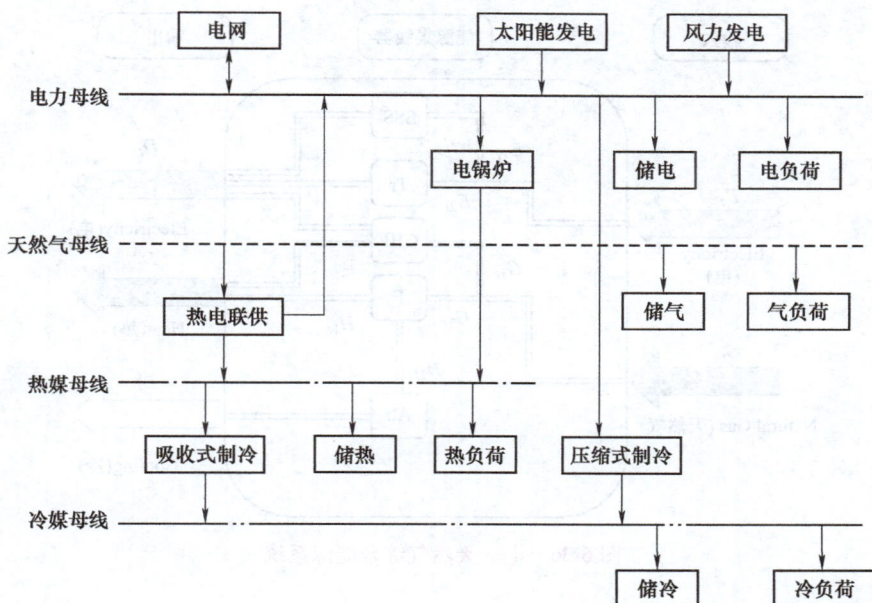

图 6-34   综合能源系统母线模型

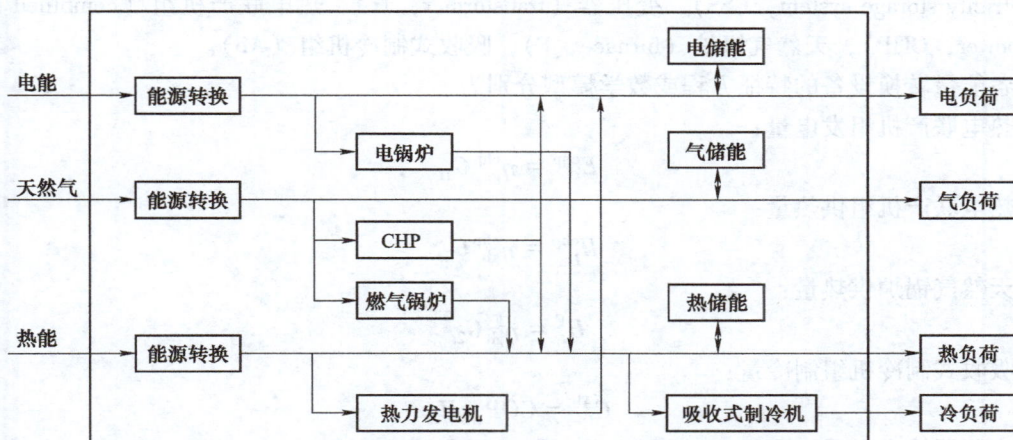

图 6-35   综合能源系统枢纽模型

量转换设备、负载设备与能流关系，因此，依据能量枢纽模型建立的数学模型也适于能量母线模型。用耦合矩阵的元素描述设备间的耦合特性，实现了电、气、热等多种能源的统一数学描述。

6.6.3   综合能源系统运行优化调度实例

基于能源枢纽模型，可以根据用户对不同类型能量的需求、目标函数和约束条件确定能流分配。这里以图 6-36 所示的综合能源系统为例，以系统供能成本最小为目标，在满足用户逐时用电、用热、用冷需求的条件下，确定供能总量及能流分配。

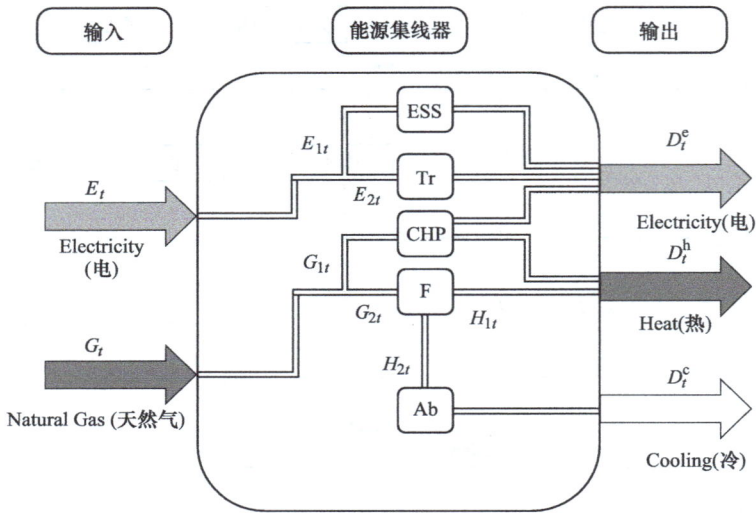

图 6-36　电、天然气综合能源系统

图 6-36 中，用户需求的能量类型分别为电、热和冷，分别用 D_t^e、D_t^h 和 D_t^c 表示，输入的能源为电和天然气，分别用 E_t 和 G_t 表示。储能和能量转换设备包括：储电设备（electricity storage system，ESS），变压器（transformer，Tr），热电联产机组（combined heat and power，CHP），天然气锅炉（furnace，F），吸收式制冷机组（Ab）。

各能量转换设备的特征方程或数学模型分别为

热电联产机组发电量：

$$E_t^{chp} = \eta_{ge}^{chp} G_{1t}$$

热电联产机组供热量：

$$H_t^{chp} = \eta_{gh}^{chp} G_{1t}$$

天然气锅炉供热量：

$$H_t^F = \eta_{gh}^F G_{2t}$$

吸收式制冷机组制冷量：

$$C_t^{Ab} = COP_{Ab} H_{2t}$$

变压器输出电量：

$$E_t^{out} = \eta_{Tr} E_{2t}$$

蓄电池工作状态用充电状态（SOC）表示。

$$SOC_t = SOC_{t-1} + (\eta_c E_t^{ch} - E_t^{dch}/\eta_d)\Delta t$$

在满足用户逐时用电、用热、用冷需求的条件下，确定供能总量及能流分配问题是以系统供能成本最小为目标的优化问题。选取能流 E_t、G_t、E_{1t}、E_{2t}、G_{1t}、G_{2t}、H_{1t}、H_{2t} 及 SOC_t、I_t^{ch} 和 I_t^{dch}（I_t^{ch} 和 I_t^{dch} 为蓄电池工作模式，其取值为 0 或 1）为设计变量。由此可知，该优化问题为混合整数优化（mixed integer programming，MIP）问题，其完整的数学描述如下：

$$\min \text{cost} = \sum_t \lambda_t^e E_t + \lambda_t^g G_t \tag{6-21}$$

约束条件为：

$$\eta_{Tr}E_{2t} + E_t^{dch} + \eta_{ge}^{chp}G_{1t} = D_t^e$$

$$E_t = E_{1t} + E_{2t}$$

$$E_{1t} = E_t^{ch}$$

$$SOC_t = SOC_{t-1} + (\eta_c E_t^{ch} - E_t^{dch}/\eta_d)\Delta t$$

$$E_{min}^{ch} \leqslant E_t^{ch} \leqslant E_{max}^{ch}$$

$$E_{min}^{dch} \leqslant E_t^{dch} \leqslant E_{max}^{dch}$$

$$SOC_{min} \leqslant SOC_t \leqslant SOC_{max}$$

$$I_t^{dch} + I_t^{ch} \leqslant 1$$

$$I_t^{dch}, I_t^{ch} \in \{0,1\}$$

$$G_t = G_{1t} + G_{2t}$$

$$\eta_{gh}^{chp}G_{1t} + H_{1t} = D_t^h$$

$$\eta_{gh}^{f}G_{2t} = H_{1t} + H_{2t}$$

$$COP_{Ab}H_{2t} = D_t^c$$

例 6-6 对图 6-36 所示的电-天然气综合能源系统，已知典型日用户逐时用热 D_t^h、电 D_t^e、冷量 D_t^c 及供电价格 λ_t^e 见表 6-2。

表 6-2　典型日用户逐时用热、电、冷量及供电价格

时刻	D_t^h/MW	D_t^e/MW	D_t^c/MW	λ_t^e/[元/(MW·h)]
1：00	21.4	52.1	11.5	266.6
2：00	23.2	66.7	13.7	293.4
3：00	26.1	72.2	16	279.6
4：00	26.7	78.4	21.4	276
5：00	25.6	120.2	22	292
6：00	26.4	83.5	30.8	280.4
7：00	39.5	110.4	38.9	379.9
8：00	47.3	124.3	46.8	488.8
9：00	52.1	143.6	51	512
10：00	49.1	149.3	48.9	480.8
11：00	69.3	154.2	34.8	532.4
12：00	62	147.3	32.7	441.6
13：00	68	200.7	27.8	459
14：00	68.6	174.4	32	514.2
15：00	56.4	176.5	33.2	458.3
16：00	41.3	136.1	34.1	381.3
17：00	37.4	108.7	40.8	414
18：00	25.4	96.9	43.6	357.3
19：00	25.7	89.1	51.5	345
20：00	21.9	82.5	43.1	359.5
21：00	22.4	76.9	36.5	385.7
22：00	24.6	66.8	27.7	374.8
23：00	22.7	47.2	19.1	366.8
24：00	22.6	64.7	11	264.4

天然气价格取为定值，$\lambda_t^g = 280$ 元/（MW·h），热电联产机组发电效率 $\eta_{ge}^{chp} = 0.35$，供热效率 $\eta_{gh}^{chp} = 0.45$，机组最大容量为 250MW；变压器效率 $\eta_{Tr} = 0.99$，燃气锅炉效率 $\eta_{gh}^f = 0.9$，最大容量为 500MW；吸收式制冷机组性能系数 COP = 0.95，最大制冷量为 500MW；蓄电池充放电效率 $\eta_{ch} = \eta_{dch} = 0.9$，蓄电池最大容量 $SOC_{max} = 600MW$，蓄电池最小余量 $SOC_{min} = 120MW$，蓄电池初始容量 $SOC_0 = 0.2\,SOC_{max}$。求经济运行条件下，总的逐时供电量、供气量、能流分配及一天总的用能费用。

解： 本例中，用户所需电能可分别由蓄电池、变压器和热电联产机组或它们的组合提供；用户所需热能可分别由热电联产机组和天然气锅炉供给或它们的组合供给；用户所需冷量则仅由吸收式热泵提供，其驱动热源由天然气锅炉提供。用户所需能量不仅存在异质能源的耦合，也存在不同能量转换设备间能流分配的耦合。由已知的逐时电价可知，电价随时间而波动，0：00~6：00 电价较低，8：00~15：00 电价较高，最小值为 264.4 元/（MW·h），最大值为 532.4 元/（MW·h），均值为 383.492 元/（MW·h），在大部分时段电价高于天然气价格。由于逐时电价的不同以及电价与天然气价格的差异、不同能量转换设备能效的差异，各设备的运行状态及能流分配有多种备选方案。在经济运行模式下，电价较低时，向蓄电池充电，电价较高时，蓄电池放电。

根据已知条件及问题要求建立优化数学模型，应用 MATLAB 软件并调用 Yalmip 或 Cplex 优化求解器进行求解，计算程序见附录 C。

以供能成本最小作为优化目标，得出用能成本 cost = 1514601.306 元，图 6-37、图 6-38 所示分别为供能成本最小目标下的逐时输入总电能和逐时总天然气输入量及分配。从表 6-2 可知用户在白天（7：00~18：00）用能较多，同时逐时电价在白天也较高，因此，用电量与电价不匹配，为降低供能成本，蓄电池在凌晨间断充电，用电高峰期放电；白天主要由天然气热电联产机组向用户提供电能。另外从计算结果可知，用户用热量主要由热电联产机组提供，燃气锅炉主要为吸收式制冷机组提供驱动热能。

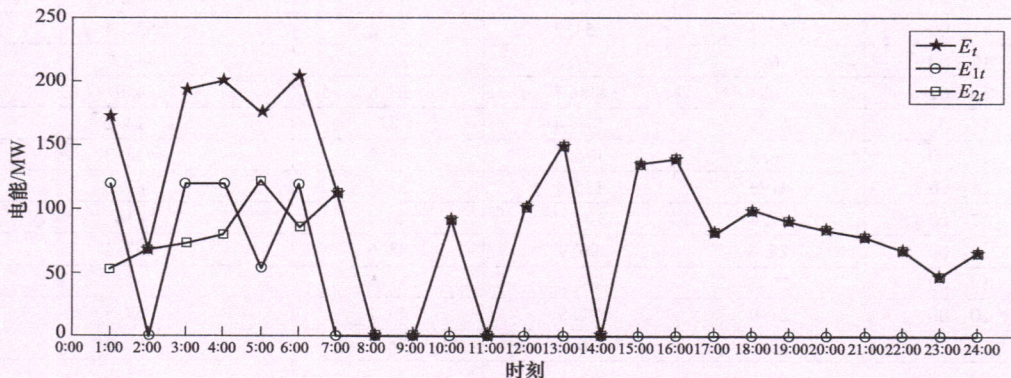

图 6-37　逐时输入总电能及分配

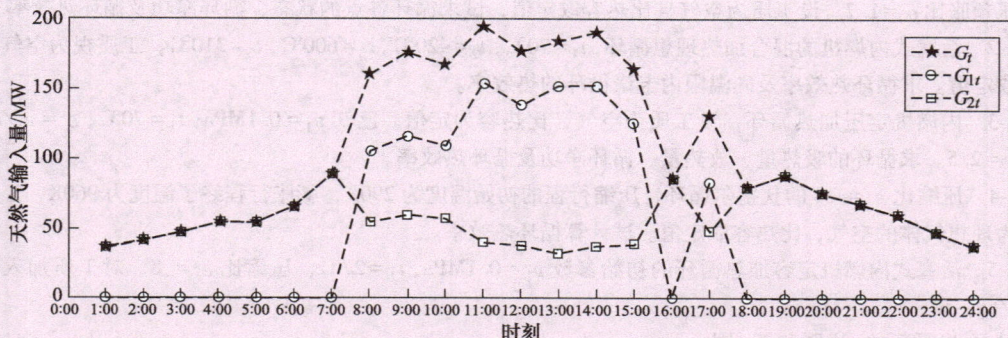

图 6-38　逐时总天然气输入量及分配

本例仅以用能成本最小为目标，对电力、天然气综合能源系统进行运行调度优化，现实中还需考虑环境、可靠性等诸多因素才能为综合能源系统的配置、运行调度制定出更合理的解决方案。通过对综合能源系统的优化分析，不仅在规划、设计阶段为改进能源系统配置和运行策略提供依据，也为综合能源系统的实际运行和控制提供依据。

思 考 题

6-1　实际的气体动力循环（包括活塞式内燃机循环、燃气轮机装置循环等）如何简化、抽象为理想循环？对理想循环的研究有什么意义？

6-2　汽油机和柴油机的循环经简化后得到了哪几种理想循环？

6-3　画出柴油机混合加热理想循环的 p-v 图和 T-s 图，写出该循环的吸热量、放热量、循环净功和热效率的计算式，分析影响热效率的因素有哪些。这些因素与热效率的关系如何？

6-4　画出柴油机定压加热理想循环的 p-v 图和 T-s 图，写出该循环的吸热量、放热量、循环净功和热效率的计算式，分析影响热效率的因素有哪些。这些因素与热效率的关系如何？

6-5　画出汽油机定容加热理想循环的 p-v 图和 T-s 图，写出该循环的吸热量、放热量、循环净功和热效率的计算式，分析影响热效率的因素有哪些。这些因素与热效率的关系如何？

6-6　试比较活塞式内燃机三种理想循环在压缩比相同时的效率高低。

6-7　朗肯循环有哪些主要设备？各自进行了什么过程？

6-8　相同温限间以卡诺循环热效率为最高，为什么蒸汽动力循环不采用卡诺循环？

6-9　同一蒸汽动力机组，冬季运行的热效率比夏季的高，为什么？

6-10　试述动力循环的共同特点。

6-11　蒸气压缩制冷循环与空气压缩制冷循环相比有哪些优点？

6-12　蒸气压缩制冷为什么采用节流阀代替膨胀机？

6-13　压缩制冷依靠消耗机械功而制冷，吸收式和喷射式制冷依靠消耗高温工质的热能而实现制冷，试根据热力学第二定律说明两者的一致性。

习 题

6-1　活塞式内燃机混合加热循环的参数为 $p_1 = 0.1\mathrm{MPa}$，$t_1 = 17℃$，压缩比 $\varepsilon = 16$，压力升高比 $\lambda = 1.4$

和定压预胀比 $\rho = 1.7$。设工质为空气且比热容取定值，试求循环各点的状态、循环净功及循环热效率。

6-2 活塞式内燃机的混合加热理想循环，$t_1 = 70℃$，$t_2 = 420℃$，$t_3 = 600℃$，$t_5 = 310℃$，工质视为空气，比热容取定值。求循环热效率及同温限内卡诺循环的热效率。

6-3 内燃机定压加热循环，设工质为空气，比热容为定值。已知 $p_1 = 0.1MPa$，$t_1 = 70℃$，$\varepsilon = v_1/v_2 = 12$，$\rho = 2.5$。求循环的吸热量、放热量、循环净功及循环热效率。

6-4 压缩比 $\varepsilon = 18$ 的狄塞尔循环，压缩行程的初始温度为 290K，膨胀行程终了温度为 960K，工质为可视为理想气体的空气，比热容取定值。试计算循环热效率。

6-5 活塞式内燃机定容加热循环的初始参数 $p_1 = 0.1MPa$，$t_1 = 27℃$，压缩比 $\varepsilon = 8$，对工质加入热量 780kJ/kg，试：

1）画出循环的 p-v 图和 T-s 图。
2）计算循环最高压力及最高温度。
3）求循环净功及循环热效率。

6-6 某活塞式内燃机的定容加热理想循环，工质为空气，可视为理想气体，比热容取定值，$\kappa = 1.4$。循环中工质吸热量为 850kJ/kg，压缩比 $\varepsilon = 6$，压缩过程起始参数为 100kPa、15℃。画出循环的 p-v 图和 T-s 图，并求循环的最高压力、最高温度及热效率。

6-7 燃气轮机装置定压加热循环的参数为 $p_1 = 0.1MPa$，$t_1 = 17℃$，最高温度 $t_3 = 650℃$，增压比 $\pi = 6$，且比热容取定值，试求循环净功及循环热效率。

6-8 某燃气轮机装置，按定压加热循环工作，压缩机进口参数为 $p_1 = 0.1MPa$，$t_1 = 27℃$，增压比 $\pi = 6$，燃气轮机进口温度为 $t_3 = 800℃$，压缩机绝热效率 $\eta_{c,s} = 0.88$，燃气汽轮机相对内效率 $\eta_T = 0.85$。设工质比热容为定值，$R_g = 0.287kJ/(kg \cdot K)$，$c_p = 1.005kJ/(kg \cdot K)$，$\kappa = 1.4$。试：

1）画出此循环的 T-s 图。
2）求该装置的热效率。
3）计算 1kg 燃气流经压气机、燃气轮机时的做功能力损失。

6-9 已知朗肯循环的蒸汽初压 $p_1 = 5MPa$，乏汽压力为 $p_2 = 0.005MPa$。试分别求初温 $t_1 = 450℃$ 及初温 $t_1 = 550℃$ 时，该循环的循环加热量、放热量、循环净功、循环热效率。

6-10 已知朗肯循环的蒸汽初温 $t_1 = 500℃$，乏汽压力 $p_2 = 0.005MPa$。试分别求初压 $p_1 = 5$ MPa 及 $p_1 = 10MPa$ 时，该循环的加热量、放热量、循环热效率及乏汽的干度，忽略泵功。

6-11 蒸汽朗肯循环的汽轮机进汽压力 $p_1 = 3.5MPa$，进汽温度 $t_1 = 440℃$，冬天冷却水温度低，冷凝压力 $p_2 = 0.004MPa$，夏天冷凝压力 $p_2 = 0.007MPa$，忽略泵功，计算上述两种情况的热效率及汽耗率。

6-12 某蒸汽动力装置按一级再热理想循环工作，已知新蒸汽参数 $p_1 = 15MPa$，$t_1 = 500℃$，再热压力 $p_a = 2MPa$，再热后温度 $t_b = t_1 = 500℃$，乏汽压力 $p_2 = 0.005MPa$，忽略给水泵耗功。试画出该循环的 T-s 图，求循环吸热量、放热量、循环净功及循环热效率。

6-13 某蒸汽动力装置按一级抽汽回热理想循环工作，回热器为混合式，已知新蒸汽参数 $p_1 = 14.0MPa$，$t_1 = 550℃$，汽轮机排汽压力 $p_2 = 0.005MPa$，抽汽压力 $p_a = 0.3MPa$，忽略泵功。试画出循环的 T-s 图，求抽汽系数 α、循环吸热量、放热量及循环热效率。

6-14 有一制冷装置按逆卡诺循环工作，冷藏库温度为 -10℃，环境温度为 20℃。试求制冷系数的值。若利用该机器作为热泵，由 -10℃ 的环境取热向 20℃ 的室内供热，求其供热系数。

6-15 一逆卡诺循环，用于热泵向温室供暖，每秒向温室提供 250kJ 的热量。若温室需维持温度在 20℃，室外空气温度为 -5℃。试计算循环供暖系数、循环的耗功量及从室外空气中吸收的热量。

6-16 压缩气体制冷循环中空气进入压气机时的状态为 0.1MPa、温度为 -20℃，在压气机内定熵压缩到 0.4MPa，然后进入冷却器定压放热。离开冷却器时空气温度为 20℃，试求压气机压缩终了温度、1kg 空气的制冷量、装置消耗的净功及制冷系数。

6-17 有一台空气压缩制冷装置，冷藏库温度为 -10℃，冷却器中冷却水温度为 20℃，空气的最高压力为 0.4MPa、最低压力为 0.1MPa。若装置的制冷量为 150kW，试求带动制冷装置所需的功率、冷却水带走的热量、装置中空气的流量以及膨胀机和压气机的功率。

6-18 一台氨蒸气压缩制冷装置。其冷藏库温度为 -10℃。冷凝器中冷却水温度为 20℃，试求单位质量工质的制冷量、装置消耗的功、冷却水带走的热量以及制冷系数。

6-19 有一台吸收式制冷装置，利用 150℃降至 100℃的循环热水作为蒸汽发生器的热源。已知蒸发器内的温度为 -10℃，环境介质温度为 20℃，假定在完全可逆的理想条件下工作，试确定制冷装置的最大热量利用系数。若制冷量为 $2×10^5$kJ/h，试求所需热水的最小质量流量。

第7章

理想气体混合物与湿空气

实际工程中应用的气体大部分不是单一气体，而是多种气体的混合物。经常遇到的空气是 N_2、O_2 和少量其他气体混合组成的，锅炉中燃烧所生成的烟气、燃气轮机中燃料燃烧所生成的燃气，也是多种气体的混合物。如果混合气体内各组成气体均可单独地视为理想气体，并且它们之间不发生化学反应，这种混合物称为理想气体混合物。空气也是混合气体，由 N_2、O_2、少量的水蒸气及惰性气体等组成，在烘干装置、采暖通风、内燃机功率标定等方面，其水蒸气含量的多少有着重要作用，故需对理想气体混合物及湿空气的性质及过程的能量转换规律进行研究。

7.1 理想气体混合物

7.1.1 理想气体混合物的基本定律

理想气体混合物作为整体仍具有理想气体的性质，仍可使用理想气体状态方程 $pV = nRT$，p、V、T 分别为混合气体的压力、体积、温度，n 为混合气体的物质的量，R 为混合气体的折合气体常数。

根据质量守恒，混合气体的质量为各组成气体的质量的总和，即

$$m = m_1 + m_2 + \cdots + m_n$$

由于各组成气体之间保持化学稳定，混合气体的物质的量等于各组成气体的物质的量的总和，即

$$n = n_1 + n_2 + \cdots + n_n$$

式中，下角标表示某种组成气体，无下角标表示混合气体的量。

若混合气体中的某种组成气体单独占有混合气体的体积并具有与混合气体相同的温度，则它的压力称为混合气体中该组成气体的分压力。用 p_i 表示第 i 种组成气体的分压力，其值为

$$p_i = \frac{n_i RT}{V}$$

各组成气体分压力的总和为

$$\sum_i p_i = \frac{RT}{V}\sum_i n_i = n\frac{RT}{V} = p \tag{7-1}$$

式（7-1）说明，理想气体混合物的总压力等于各组成气体分压力之和。这就是道尔顿分压力定律。

若某种组成气体具有与混合气体相同的温度及压力而单独存在，则它占有的体积称为混合气体中该组成气体的分体积。用 V_i 表示第 i 种组成气体的分体积，其值为

$$V_i = \frac{n_i RT}{p}$$

各组成气体分体积的总和为

$$\sum_i V_i = \frac{RT}{p}\sum_i n_i = n\frac{RT}{p} = V \tag{7-2}$$

式（7-2）说明，理想气体混合物的总体积等于各组成气体分体积之和。这就是阿马加（Amagat，也译为亚美格）分体积定律。

7.1.2　理想气体混合物的成分

1. 混合气体的成分及相互关系

为了确定混合气体的性质，要知道混合气体的成分。一般把各组成气体的含量与混合气体的总量的比值用百分率表示，并称为混合气体的成分。混合气体的成分有三种表示法，即质量分数 w_i、体积分数 φ_i、摩尔分数 x_i。它们分别是指混合气体各组成气体的质量、体积、物质的量与混合气体总量的比值，即

$$w_i = \frac{m_i}{m} \qquad \varphi_i = \frac{V_i}{V} \qquad x_i = \frac{n_i}{n}$$

显然各组成气体的分数的总和为 1，即

$$w_1 + w_2 + \cdots + w_n = 1$$
$$\varphi_1 + \varphi_2 + \cdots + \varphi_n = 1$$
$$x_1 + x_2 + \cdots + x_n = 1$$

混合气体的成分的各种表示法之间存在一定的换算关系：

$$\varphi_i = \frac{V_i}{V} = \frac{n_i RT/p}{nRT/p} = \frac{n_i}{n} = x_i \tag{7-3}$$

$$\varphi_i = \frac{V_i}{V} = \frac{m_i R_{g,i} T/p}{m R_g T/p} = \frac{m_i R_{g,i}}{m R_g} = w_i \frac{R_{g,i}}{R_g} \tag{7-4}$$

$$w_i = \frac{m_i}{m} = \frac{n_i M_i}{n M} = x_i \frac{M_i}{M} \tag{7-5}$$

式中，M、R_g 为混合气体的摩尔质量及折合气体常数。

2. 混合气体的摩尔质量与气体常数计算

由摩尔质量的定义，混合气体的摩尔质量为

$$M = \frac{m}{n} = \frac{m}{\sum_i n_i} = \frac{m}{\sum_i (m_i/M_i)} = \frac{1}{\sum_i (w_i/M_i)} \tag{7-6}$$

或

$$M = \frac{m}{n} = \frac{\sum\limits_{i} m_i}{n} = \frac{\sum\limits_{i} n_i M_i}{n} = \sum\limits_{i} x_i M_i \qquad (7\text{-}7)$$

根据混合气体的摩尔质量，由 $R_g = R/M$ 可以求得理想气体混合物的折合气体常数。

3. 分压力的计算

对混合气体中第 i 种组成气体写出状态方程式，即

$$p_i V = n_i RT \text{ 和 } pV_i = n_i RT$$

则

$$p_i V = pV_i$$

$$\frac{p_i}{p} = \frac{V_i}{V} = \varphi_i$$

所以

$$p_i = \varphi_i p \qquad (7\text{-}8)$$

7.2 理想气体混合物的比热容、热力学能、焓和熵

7.2.1 理想气体混合物的比热容

按理想气体比热容的定义，混合气体在一微元过程中所吸收的热量为

$$\delta Q = mc\mathrm{d}T = \sum\limits_{i} m_i c_i \mathrm{d}T$$

可以得到混合气体的比热容为

$$c = \sum\limits_{i} w_i c_i \qquad (7\text{-}9)$$

同理，混合气体的摩尔热容为

$$C_m = \sum\limits_{i} x_i C_{m,i} \qquad (7\text{-}10)$$

7.2.2 理想气体混合物的热力学能和焓

根据能量守恒定律，各组成气体无论分开还是混合在一起，其热力学能保持不变。因此混合气体的热力学能可表示为

$$U = U_1 + U_2 + \cdots + U_n = \sum\limits_{i} U_i \qquad (7\text{-}11)$$

混合气体的比热力学能为

$$u = \frac{U}{m} = \frac{\sum\limits_{i} m_i u_i}{m} = \sum\limits_{i} w_i u_i \qquad (7\text{-}12)$$

即理想气体混合物的比热力学能为各组成气体的比热力学能与质量分数乘积的总和。

同样，混合气体的焓等于各组成气体的焓之和。

$$H = H_1 + H_2 + \cdots + H_n = \sum\limits_{i} H_i \qquad (7\text{-}13)$$

混合气体的比焓为

$$h = \frac{H}{m} = \frac{\sum_i m_i h_i}{m} = \sum_i w_i h_i \tag{7-14}$$

即理想气体混合物的比焓为各组成气体的比焓与质量分数乘积的总和。

7.2.3 理想气体混合物的熵

理想气体混合物的熵等于各组成气体处在与混合气体相同温度、相同体积时熵的总和。

$$S = S_1 + S_2 + \cdots + S_n = \sum_i S_i \tag{7-15}$$

$$s = w_1 s_1 + w_2 s_2 + \cdots + w_n s_n = \sum_i w_i s_i \tag{7-16}$$

由于熵不仅是温度的函数，还与压力有关，所以式（7-16）中各组成气体的熵是温度与组成气体分压力的函数 $s_i = f(T, p_i)$。

若混合气体在微元热力过程中成分不变，则第 i 种组成气体的熵变化为

$$ds_i = c_{p,i} \frac{dT}{T} - R_{g,i} \frac{dp_i}{p_i}$$

对 1kg 混合物的熵变化为

$$ds = \sum_i w_i ds_i = \sum_i w_i c_{p,i} \frac{dT}{T} - \sum_i w_i R_{g,i} \frac{dp_i}{p_i} \tag{7-17}$$

例7-1 一绝热隔板将刚性绝热容器分成两部分，一部分存有 2kmol 氧气（O_2），$p_{O_2} = 5 \times 10^5 \text{Pa}$，$T_{O_2} = 300\text{K}$；另一部分有 3kmol 二氧化碳（$CO_2$），$p_{CO_2} = 3 \times 10^5 \text{Pa}$，$T_{CO_2} = 400\text{K}$。现将隔板抽去，使氧和二氧化碳均匀混合。求混合气体的温度 T、压力 p 及热力学能和焓的变化。按定值比热容计算。

解：（1）混合气体的温度 T 取整个容器为系统，根据题意，隔板抽去前后

$$Q = 0, \quad W = 0$$

根据 $Q = \Delta U + W$，得到 $\Delta U = 0$，即

$$\Delta U_{O_2} + \Delta U_{CO_2} = 0$$

O_2 和 CO_2 均可按理想气体处理，故

$$n_{O_2} C_{V,m,O_2} (T - T_{O_2}) + n_{CO_2} C_{V,m,CO_2} (T - T_{CO_2}) = 0$$

查表 3-3 得

$$C_{V,m,O_2} = \frac{5}{2} R, \quad C_{V,m,CO_2} = \frac{7}{2} R$$

代入得

$$2000\text{mol} \times 5 \times 8.314 \text{J/(mol} \cdot \text{K)} \times (T - 300\text{K}) \div 2 + 3000\text{mol} \times$$

$$7 \times 8.314 \text{J/(mol} \cdot \text{K)} \times (T - 400\text{K}) \div 2 = 0$$

$$T = 367.7\text{K}$$

（2）混合气体的压力 p

$$V_{O_2} = \frac{n_{O_2}RT_{O_2}}{p_{O_2}} = \frac{2000 \times 8.314 \times 300}{5 \times 10^5}\mathrm{m}^3 = 9.9768\mathrm{m}^3$$

$$V_{CO_2} = \frac{n_{CO_2}RT_{CO_2}}{p_{CO_2}} = \frac{3000 \times 8.314 \times 400}{33 \times 10^5}\mathrm{m}^3 = 33.256\mathrm{m}^3$$

$$V = V_{O_2} + V_{CO_2} = 9.9768\mathrm{m}^3 + 33.256\mathrm{m}^3 = 43.2328\mathrm{m}^3$$

$$p = \frac{nRT}{V} = \frac{5000 \times 8.314 \times 367.7}{43.2328} \times 10^{-6}\mathrm{MPa} = 0.354\mathrm{MPa}$$

（3）气体热力学能的变化 ΔU　该系统热力学能的变化

$$\Delta U = 0$$

（4）气体焓的变化 ΔH　查表 3-3 得 $C_{p,m,O_2} = \frac{7}{2}R$，$C_{p,m,CO_2} = \frac{9}{2}R$

$$\begin{aligned}\Delta H &= \Delta H_{O_2} + \Delta H_{CO_2} = n_{O_2}C_{p,m,O_2}(T - T_{O_2}) + n_{CO_2}C_{p,m,CO_2}(T - T_{CO_2})\\ &= [2000 \times 7 \times 8.314 \times (367.7 - 300) \div 2 \times 10^{-3} + 3000 \times 9 \times 8.314 \times (367.7 - 400) \div 2 \times 10^{-3}]\\ &= 314.7\mathrm{kJ}\end{aligned}$$

7.3　湿空气

　　周围环境的空气中总含有一些水蒸气，空气和水蒸气的混合物称为湿空气，完全不含水蒸气的空气称为干空气。一般情况下，空气中含有的水蒸气很少，水蒸气的影响被忽略，但对有些过程，如空气调节、采暖通风等，空气中所含有的水蒸气的多少起着重要的作用。在周围环境的大气压力下，水蒸气一般处于过热蒸汽状态，可以视为理想气体。所以湿空气可以作为干空气和水蒸气组成的理想气体混合物处理。

7.3.1　湿空气的基本概念

1. 未饱和湿空气和饱和湿空气

　　湿空气作为理想气体混合物，根据道尔顿分压定律，其压力应为干空气的分压力 p_a 与水蒸气的分压力 p_V 之和，即 $p = p_a + p_V$。

　　湿空气中的水蒸气，由于其含量及温度的不同，可以有过热蒸汽状态和饱和蒸汽状态两种，因而湿空气也有饱和湿空气和未饱和湿空气。由过热蒸汽和干空气组成的混合物为未饱和湿空气。如图 7-1 所示，在水蒸气的 p-v 图、T-s 图中的 a 点，未饱和湿空气可以再容纳一些水蒸气，这意味着未饱和湿空气具有吸湿能力。如果湿空气中水蒸气的分压力达到湿空气温度所对应的水蒸气饱和压力，水蒸气为饱和蒸汽状态，这时的湿空气为饱和湿空气。如图 7-1 中的 b 点，饱和湿空气中的水蒸气的含量已达到其状态下的最大值，只要再稍加入一些水蒸气，饱和湿空气中就会析出水来，说明饱和湿空气没有吸湿能力。

　　要使未饱和湿空气变成饱和湿空气，也就是要使湿空气的水蒸气由过热状态变为饱和状态，可以通过不同的途径实现，如图 7-1 中的 ab 线，水蒸气处于过热状态 a 时，在温度不变的条件下增加水蒸气的分压力使之达到 b 点状态，则湿空气中水蒸气的分压力达到该温度所对应的水蒸气饱和压力 p_s，湿空气变为饱和湿空气。如图 7-1 中的 ac 线，让未饱和湿空气进行定压冷却，随着温度的降低，与温度相对应的水蒸气饱和压力也不断降低，湿空气中的水蒸气达到饱和状态，湿空气变为饱和湿空气。

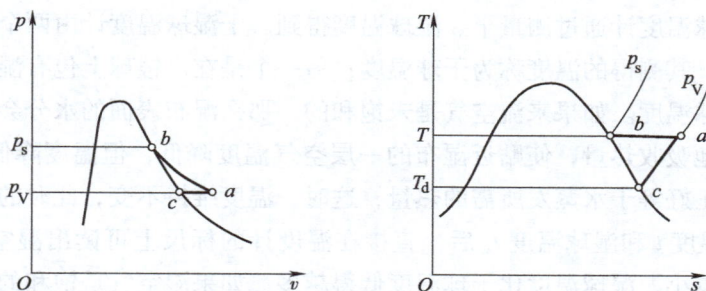

图 7-1　湿空气中水蒸气状态图

湿空气中水蒸气的分压力所对应的饱和温度称为露点温度，简称露点，用 t_d（或 T_d）表示。露点可以用露点计测量。露点计中利用乙醚在金属容器中蒸发而使容器表面温度连续下降。当容器表面上开始出现露滴时的温度，就是湿空气的露点温度。根据露点温度的定义，露点温度所对应的饱和压力就是湿空气中水蒸气的分压力，故可利用饱和水蒸气表或图查取。

2. 绝对湿度、相对湿度和含湿量

湿空气中水蒸气的含量是影响湿空气状态的一个重要参数。因此，湿空气状态的确定，除了常用的 p、v、T、h 等参数外，还必须有描述湿空气中水蒸气含量的参数。通常采用绝对湿度、相对湿度和含湿量等参数从不同的方面来说明。

绝对湿度是指单位体积的湿空气中所含水蒸气的质量，用 ρ_V 表示。由于湿空气中水蒸气具有与湿空气相同的体积，绝对湿度的数值等于湿空气中水蒸气的密度。

$$\rho_V = \frac{m_V}{V} = \frac{p_V}{R_{g,V} T} \tag{7-18}$$

式中，m_V 为湿空气中水蒸气的质量；$R_{g,V}$ 为水蒸气的气体常数。

绝对湿度不能说明湿空气的饱和程度和吸湿能力。同样的绝对湿度，若湿空气温度不同，水蒸气的饱和压力也不同，故湿空气的吸湿能力也不同。在一定的温度下，饱和湿空气中所含水蒸气的量达到最大值，其绝对湿度最大。故取未饱和湿空气的绝对湿度和饱和湿空气的绝对湿度的比值，表示湿空气中水蒸气含量的饱和程度，称为湿空气的相对湿度，用 φ 表示：

$$\varphi = \frac{\rho_V}{\rho_s} \tag{7-19}$$

式中，ρ_s 为饱和湿空气的绝对湿度。

$\rho_V = 0$ 时，$\varphi = 0$，表明空气中水蒸气含量为零，湿空气即为干空气。$\rho_V = \rho_s$ 时，$\varphi = 1$，

湿空气为饱和湿空气。相对湿度表示湿空气离开饱和湿空气的程度，相对湿度越小，其吸收水蒸气的能力越大。湿空气中水蒸气可用理想气体状态方程计算，可得

$$\varphi = \frac{\rho_V}{\rho_s} = \frac{p_V/(R_{g,V}T)}{p_s/(R_{g,V}T)} = \frac{p_V}{p_s} \tag{7-20}$$

所以，相对湿度可表示成湿空气中水蒸气分压力和同温度下水蒸气饱和压力的比值。相对湿度可用干湿球温度计通过测量干、湿球温度得到。干湿球温度计由两个温度计组成，一个为普通温度计，其测得的温度称为干球温度；另一个是在水银球上包有湿布的温度，其测得的温度称为湿球温度。如果来流空气是未饱和的，那么湿布表面的水分会不断地蒸发，由于水蒸发时不断地吸收热量，使贴近湿布的一层空气温度降低，但温度降低到一定程度时，传入湿布的热量正好等于水蒸发所需的热量，这时，温度维持不变，此时的温度为湿球温度 t_w。在得到干球温度 t 和湿球温度 t_w 后，直接在温度计的标尺上可读出湿空气的相对湿度。空气的相对湿度越小，湿球温度比干球温度低得越多。如果湿空气是饱和的，由于空气不能接纳更多的蒸汽，湿布上的水不会蒸发，这时湿球温度和干球温度是相同的。

另外，湿球温度不仅与湿空气的相对湿度有关，而且还受蒸发和传质速率的影响。相对湿度相同的湿空气，空气流速大时的湿球温度比空气流速小时的湿球温度低。试验表明，当空气流速在 2~10m/s 的范围内时，可忽略流速对湿球温度的影响。在查图表和进行计算时，应以这种通风式干湿球温度计的读数为准。

在湿空气的湿度调节或物料的干燥过程中，湿空气中干空气的质量是不变的，因而，经常采用 相对于单位质量的干空气所含有的水蒸气的质量表示湿空气中水蒸气的含量，称为含湿量，用 d 表示，其单位为 kg/kg(干空气)。

$$d = \frac{m_V}{m_a} \tag{7-21}$$

按理想气体状态方程，有

$$m_V = \frac{p_V V}{R_{g,V}T}, \quad m_a = \frac{p_a V}{R_{g,a}T}$$

将干空气和水蒸气的气体常数 $R_{g,a} = 287.1\text{J}/(\text{kg} \cdot \text{K})$ 及 $R_{g,V} = 461.5\text{J}/(\text{kg} \cdot \text{K})$ 代入，可得

$$d = 0.622\frac{p_V}{p_a} = 0.622\frac{p_V}{p - p_V} \tag{7-22}$$

当大气压力一定时，含湿量 d 和水蒸气分压力 p_V 有单值对应关系，并且随着 p_V 的升降而增减。将 $p_V = \varphi p_s$ 代入式（7-22），可得

$$d = 0.622\frac{\varphi p_s}{p - \varphi p_s} \tag{7-23}$$

式（7-23）表明了含湿量和相对湿度之间的关系，压力一定时，含湿量取决于湿空气的相对湿度和温度。

例 7-2 房间内空气的压力为 0.1MPa，温度为 30℃，已知相对湿度为 70%，求湿空气的露点温度、绝对湿度和含湿量。

解：由饱和水蒸气表查得 $t=30$℃时，$p_s=0.0042417$MPa，$\rho''=0.03037$kg/m³。

（1）露点温度

$$p_V = \varphi p_s = 70\% \times 0.0042417\text{MPa} = 0.00297\text{MPa}$$

由 p_V 查饱和水蒸气表得 $t_s=t_d=24$℃，该温度即露点温度。

（2）绝对湿度　由 $\varphi = \dfrac{\rho_V}{\rho_s}$ 得

$$\rho_V = \varphi \rho_s = 70\% \times 0.03037\text{kg/m}^3 = 0.021259\text{kg/m}^3$$

（3）含湿量

$$d = 0.622\frac{p_V}{p-p_V} = 0.622 \times \frac{0.00297}{0.1-0.00297}\text{kg/kg(干空气)} = 0.019\text{kg/kg(干空气)}$$

湿空气的参数可以通过水蒸气热力性质表计算。在本例中湿空气的绝对湿度还可以通过理想气体状态方程进行计算。

7.3.2 湿空气的焓湿图

在一定的压力下，湿空气的状态可用 T、φ、d、p_V、T_d、T_w 等不同的参数表示，其中只有两个是独立变量，可根据两个独立参数用解析法确定其他参数，从而对湿空气的热力过程进行分析计算，但较为繁复；在工程应用中仍大量采用线图，线图法比解析法精度稍差，但简单方便。常用的线图有焓湿图（h-d 图）、温湿图（t-d 图）、焓温图（h-t 图）等，本书只介绍 h-d 图。

因湿空气的各种过程主要考虑湿空气中水蒸气含量发生变化时的有关问题，故湿空气过程分析是按单位质量干空气所对应的湿空气进行计算，湿空气的焓值以 1kg 干空气为基础，即为 1kg 干空气的焓与 $d$kg 水蒸气的焓之和。

$$h = h_a + dh_V \tag{7-24}$$

式中，h 的单位为 kJ/kg（干空气）；d 的单位为 kg/kg（干空气）。规定 0℃时干空气的焓及饱和水的焓为零，则干空气的焓为

$$h_a = c_{p,a}t \tag{7-25a}$$

式中，$c_{p,a}$ 为干空气的比定压热容，$c_{p,a}=1.005$kJ/(kg·K)。

水蒸气的比焓可按下列经验公式计算：

$$h_V = h_{V,0} + c_{p,V}t = 2501 + 1.86t \tag{7-25b}$$

式中，$h_{V,0}$ 为 0℃时干饱和水蒸气的比焓，$h_{V,0}=2051$kJ/kg；$c_{p,V}$ 为水蒸气处于理想气体状态下的比定压热容，$c_{p,V}=1.86$kJ/(kg·K)。

将式（7-25a）、式（7-25b）代入式（7-24）中可得

$$h = 1.005t + d(2501 + 1.86t) \tag{7-26}$$

图 7-2 表示 $h\text{-}d$ 图的结构，有下述图线：

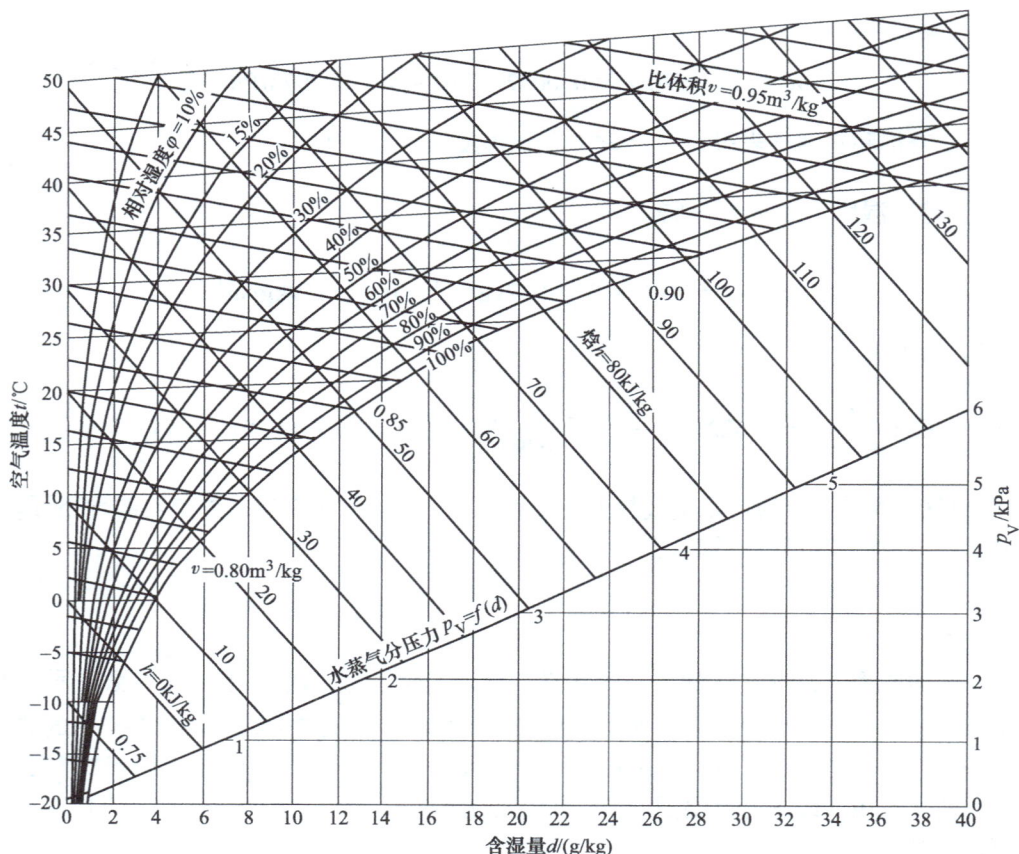

图 7-2　湿空气的 $h\text{-}d$ 图（$p_b = 100\text{kPa}$）

1）定含湿量线。该线与 d 轴垂直。

2）定焓线。为使图线不致过于密集，定焓线绘成一组与纵坐标成 135°夹角的平行线。

3）定干球温度线。由式（7-26）可知，当 t 一定时，$h = f(d)$ 为一直线，干球温度越高，直线斜率越大。

4）定相对湿度线。当 p 一定时，$\varphi = 100\%$ 的相对湿度线将 $h\text{-}d$ 图分成两部分，上部为未饱和湿空气区，$\varphi < 100\%$；下部无意义，又称为雾区。定相对湿度线是一组上凸的曲线。φ 值越大，曲线位置越低。

5）含湿量与水蒸气分压力的换算关系线 $p_V = f(d)$。通常 $p_V \ll p$，由式（7-22）可知 d 与 p_V 近似呈直线关系。在 $h\text{-}d$ 图的下方画出此线。

在工程上的 $h\text{-}d$ 图是按湿空气压力等于 0.1MPa 的条件绘制的，若用于分析湿空气压力范围为（0.1±0.025）MPa 的湿空气性质，所得结果的误差小于 2%。

例7-3　按例7-2条件，房间内空气的压力为0.1MPa，温度为30℃，已知相对湿度为70%，用h-d图求水蒸气的露点温度、焓、含湿量和水蒸气分压力。

解：查湿空气的h-d图，找到$t=30℃$和$\varphi=70\%$的交点，可得

$h=76\text{kJ/kg}$，$d=18.8\text{g/kg}$（干空气）

由$d=18.8\text{g/kg}$（干空气）的直线与$p_V=f(d)$交点可得

$p_V=2.8\text{kPa}$

由$t=30℃$和$\varphi=70\%$的交点竖直向下，与$\varphi=100\%$相交，即达到饱和，此时的温度即为露点温度$t_d=23.9℃$。

7.3.3　湿空气的热力过程

工程中经常涉及的湿空气热力过程是湿空气的加热（或冷却）、冷却去湿、绝热加湿、绝热混合过程。对湿空气热力过程的分析，主要是讨论湿空气的状态变化及其与外界的能量交换情况。下面介绍工程上几种典型的湿空气热力过程。

1. 加热（或冷却）过程

湿空气单纯地加热或冷却时，压力与含湿量均保持不变，在h-d图上过程沿等d线方向，加热过程中湿空气温度升高，焓增大，相对湿度减小，如图7-3中过程1-2。冷却过程则相反，为图中过程1-2′。根据稳定流动能量方程，过程中的吸热量（或放热量）等于焓差，即

$$q = \Delta h = h_2 - h_1 \tag{7-27}$$

式中，h_1、h_2分别为初、终状态湿空气的焓值。

2. 冷却去湿过程

湿空气被冷却到露点温度时为饱和状态，若继续冷却，将有水蒸气析出，达到冷却除湿的目的，所以称为冷却去湿过程。如图7-4中的过程1-2′-2所示，温度降到露点2′后，沿$\varphi=100\%$的等φ线向d减小的方向进行，在该过程中，湿空气的温度、焓也都降低。在冷却去湿过程中，单位质量的干空气凝水量为d_1-d_2，则冷却介质带走的热量为

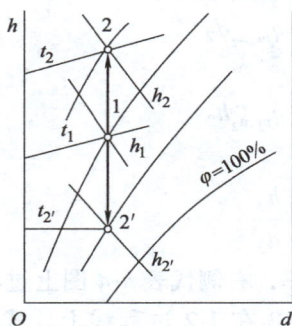

图7-3　湿空气加热（冷却）过程　　图7-4　湿空气冷却去湿过程

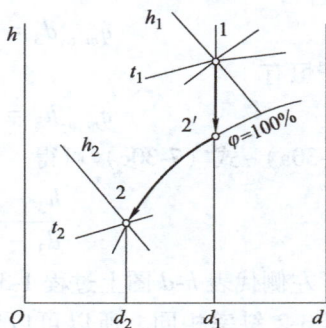

$$q = (h_1 - h_2) - (d_1 - d_2)h_W \tag{7-28}$$

式中，h_W为凝结水的比焓；$(d_1 - d_2)h_W$为凝结水带走的能量。

3. 绝热加湿过程

在绝热条件下向湿空气喷水，或水蒸发而向空气加入水蒸气的过程称为绝热加湿过程。因为是绝热的，水蒸发吸收的潜热完全来自空气自身，加湿后湿空气的温度将降低，故又称为蒸发冷却过程。在绝热加湿过程中，对应单位质量干空气的湿空气吸收的水分为 $d_2 - d_1$，能量平衡方程式为

$$h_1 + (d_2 - d_1) h_W = h_2 \tag{7-29}$$

由于过程中水分带入湿空气中的能量 $(d_2 - d_1) h_W$ 与湿空气的焓 h_1、h_2 相比很小，可忽略不计，即 $h_1 \approx h_2$。因此湿空气的绝热加湿过程可以近似看作是定焓过程。如图 7-5 所示的过程 1-2，沿定焓线向含湿量增大的方向进行。

4. 绝热混合过程

将状态不同的湿空气气流混合，可以得到满足温度及湿度要求的湿空气。忽略混合过程中气流与外界的热量交换，可以认为混合过程是在绝热条件下进行的。气流绝热混合后所得到的湿空气状态，取决于混合前湿空气各气流的流量及状态。

如图 7-6 所示，两股湿空气 1 和 2，绝热混合后状态为 3。根据干空气质量守恒，则

$$q_{m,a_3} = q_{m,a_1} + q_{m,a_2} \tag{7-30a}$$

根据湿空气中水蒸气质量守恒有

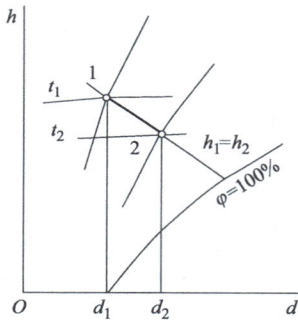

图 7-5　湿空气绝热加湿　　　图 7-6　湿空气绝热混合

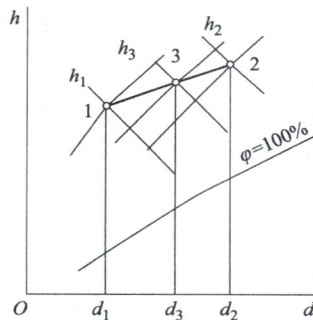

$$q_{m,a_3} d_3 = q_{m,a_1} d_1 + q_{m,a_2} d_2 \tag{7-30b}$$

根据能量守恒有

$$q_{m,a_3} h_3 = q_{m,a_1} h_1 + q_{m,a_2} h_2 \tag{7-30c}$$

联立式（7-30a）~式（7-30c）可得

$$\frac{h_3 - h_1}{d_3 - d_1} = \frac{h_2 - h_3}{d_2 - d_3} \tag{7-31}$$

式（7-31）左侧代表 h-d 图上过程 1-3 线的斜率，右侧代表 h-d 图上过程 3-2 线的斜率。过程 1-3 和过程 3-2 斜率相同，所以可以判定状态 3 在 1-2 过程线上。式（7-31）还可以写成

$$\frac{q_{m,a_1}}{q_{m,a_2}} = \frac{d_2 - d_3}{d_3 - d_1} = \frac{h_2 - h_3}{h_3 - h_1} = \frac{\overline{23}}{\overline{31}}$$

例7-4 将压力为 0.1MPa，温度为 25℃ 和相对湿度为 60% 的湿空气在加热器中加热到 50℃，然后送进干燥箱用以烘干物体。从干燥箱出来的空气温度为 40℃，试求在该加热及烘干过程中，去除 1kg 水分所消耗的热量。

解： 将水蒸气的热力过程画在 $h\text{-}d$ 图上，如图 7-7 所示。由 $t_1 = 25℃$，$\varphi_1 = 60\%$ 查图 7-2 可得

$$h_1 = 56\text{kJ/kg}（干空气），d_1 = 0.012\text{kg/kg}（干空气）$$

加热过程含湿量不变，$d_2 = d_1$，由 d_2 及 $t_2 = 50℃$ 查得

$$h_2 = 82\text{kJ/kg}（干空气）$$

空气在干燥箱内经历绝热加湿过程，故 $h_3 = h_2$，由 h_3 及 $t_3 = 40℃$ 查得

$$d_3 = 0.016\text{kg/kg}（干空气）$$

根据各点的状态参数，可计算 1kg 空气吸收的水分和所消耗的热量：

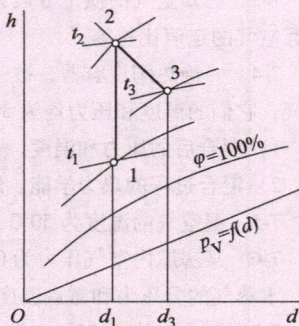

图 7-7 例 7-4 图

$$\Delta d = d_3 - d_2 = 0.016\text{kg/kg}（干空气）-0.012\text{kg/kg}（干空气）= 0.004\text{kg/kg}（干空气）$$

$$q = h_2 - h_1 = 82\text{kJ/kg}（干空气）-56\text{kJ/kg}（干空气）= 26\text{kJ/kg}（干空气）$$

去除 1kg 水分所需干空气量和消耗的热量为

$$m_a = \frac{1}{\Delta d} = \frac{1\text{kg}}{0.004\text{kg/kg}} = 250\text{kg}$$

$$Q = m_a q = 250\text{kg} \times 26\text{kJ/kg} = 6.5 \times 10^3 \text{kJ}$$

思 考 题

7-1 道尔顿分压定律和阿马加分体积定律是否适用于实际气体混合物？

7-2 混合气体中，如果两种组分 A 和 B 的摩尔分数 $x_A > x_B$，能否断定质量分数也是 $w_A > w_B$？

7-3 混合物成分表示可以有几种？它们的关系如何？

7-4 理想混合气体的 $c_p - c_V$ 是否仍遵循迈耶公式？

7-5 湿空气与湿蒸汽、饱和湿空气与干饱和湿蒸汽各有什么区别？

7-6 什么是湿空气的露点温度？解释结露和结霜现象。

7-7 湿空气的含湿量大是否一定天气潮湿？

7-8 冬季室内供暖时除了加热提升室内温度，还应做何处理？

7-9 对于未饱和湿空气，测出的干球温度、湿球温度和露点，哪个最高？哪个最低？对于饱和湿空气，这三个温度的高低又如何？

7-10 为什么我国南方冬天的温度虽然不太低，但却感觉很冷？

7-11 分析封闭气缸内的湿空气定压升温时 h、φ、d 的变化。

7-12 已知湿空气的温度 t 和相对湿度 φ，试说明根据已知条件求解该湿空气露点温度的方法。

习 题

7-1 空气看作是由氮气和氧气组成，其中氧气的质量分数 $w_{O_2} = 0.23$，试计算氮气和氧气的摩尔分数，

空气的折合摩尔质量和折合气体常数。

7-2 有 50kg 废气，其质量分数为 $w_{CO_2}=0.14$、$w_{O_2}=0.06$、$w_{H_2O}=0.05$、$w_{N_2}=0.75$。又有 75kg 空气，其质量分数为 $w_{O_2}=0.232$、$w_{N_2}=0.768$。试求两者混合物的质量分数成分表示、摩尔质量、折合气体常数。

7-3 已知空气的质量分数为：$w_{O_2}=0.23$，$w_{N_2}=0.77$，空气的温度为 25℃。试按氧和氮的定值比热容计算空气的定值比热容。

7-4 一绝热刚性容器，被一绝热刚性隔板分为两部分，一部分装有 2kg 的氧气，另一部分装有 3kg 的氮气，它们的温度和压力均为 30℃ 和 0.5MPa，取掉隔板后两种气流混合，忽略隔板厚度。求：

1）混合后的压力和温度。

2）混合过程的热力学能、焓和熵的变化。

7-5 湿空气的温度为 50℃，相对湿度为 50%，试求其绝对湿度及水蒸气的分压力。

7-6 某房屋内空气压力为 0.1MPa，温度为 25℃，相对湿度 $\varphi=0.55$。用分析法求该房屋内空气的含湿量，水蒸气的分压力和露点温度，并用 h-d 图校核。

7-7 湿空气的 $t=30℃$，测得露点温度 $t_d=22℃$，压力 $p=100kPa$，试求相对湿度 φ 和含湿量 d。

7-8 湿空气的干球温度 $t=30℃$，湿球温度 $t_w=20℃$，压力 $p=0.1MPa$，试求湿空气的相对湿度 φ、含湿量 d 和焓 h。

7-9 温度为 40℃，压力为 0.1MPa，相对湿度为 60% 的湿空气，在定压下被冷却到 20℃，试求冷却终了时的相对湿度和含湿量的变化。

7-10 湿空气的温度为 30℃，压力为 0.1MPa，相对湿度为 70%，试求：

1）含湿量。

2）水蒸气的分压力。

3）湿空气焓值。

4）由 h-d 图查以上参数，并做对照。

5）如果将其冷却到 10℃，在这个过程中，问能析出多少水分？放出多少热量？

7-11 设大气压力为 0.1MPa、温度为 15℃、相对湿度为 60%，现将空气加热至 33℃，然后送入干燥箱用于干燥物品。若空气从干燥箱出来时的温度为 18.7℃，试求出口空气的含湿量，去除 1kg 水分需消耗多少干空气及消耗的热量。

7-12 干燥湿物料用的空气，温度 $t_1=20℃$、相对湿度 $\varphi_1=30\%$。现将空气加热至 $t_2=50℃$，然后送入干燥箱。若空气从干燥箱出来时的温度 $t_3=35℃$，空气的流量为 5000kg/h，试求：

1）使物料蒸发 1kg 水分需要多少干空气？

2）每小时蒸发水分多少？

3）加热器每小时向空气加入的热量。

4）蒸发 1kg 水分消耗的热量。

7-13 $p_1=0.1MPa$，$t_1=32℃$ 及 $\varphi_1=65\%$ 的湿空气，送入空调机后，先被冷却盘管冷却，温度降为 $t_2=10℃$，然后被电加热器加热到 $t_3=20℃$，试求：

1）单位质量的干空气在空调机中除去的水分。

2）湿空气被带走的热量。

3）1kg 干空气从电加热器中吸收的热量。

7-14 湿空气的压力为 0.1MPa，温度为 10℃，相对湿度为 50%。现欲得到温度为 20℃、相对湿度为 70% 的湿空气，试用 h-d 图求解该空气调节过程，并求所需的加热量及加入的水分。

7-15 设有两股空气流，其状态为 $p_1=p_2=0.1MPa$，$t_1=10℃$，$\varphi_1=40\%$，$t_2=25℃$，$\varphi_2=80\%$。若流量 $q_{m1}=20kg/min$、$q_{m2}=30kg/min$，试求合流后空气的相对湿度、温度和含湿量。

第8章

热量传递的方式

传热学是研究热量传递规律的科学，它以热力学、流体力学等学科的基本理论为基础，形成自身的研究方法和研究领域。热力学研究平衡系统，预计系统由一种平衡状态变为另一种平衡状态需要多少能量，但不能指出这一变化有多快，因为在变化过程中系统是不平衡的。传热学以能够确定热量传递速率的理论及经验公式补充了热力学第一定律和第二定律。例如，在涉及换热器的问题中，采用热力学方法不能计算换热器中的两种流体之间在特定的传热量下所需要的传热面积，但用传热学的方法能解决这一问题。又如，考虑从一温度较高的热处理炉中取出一根金属棒，把它放在大车间内冷却。根据热力学的知识仅仅可以得到在金属棒达到热平衡时其温度将等于车间内空气的温度，但不能得到金属棒要用多长时间才能达到平衡状态，或者在达到平衡状态前某一时刻金属棒的温度是多少。而应用传热学却可以通过金属棒表面的瞬时传热量，以及某一时间间隔内的总传热量（两时间间隔内金属棒热力学能的变化）预计出金属棒某段在任意时刻的温度。

由于温差现象普遍存在于自然界和工程技术各个领域中，所以在能源、动力、化工、冶金、机械工程、电力电子、农业、生物、医药、航空航天等领域都存在着大量的传热问题。现代科学技术的进步，给传热学的研究提供了强有力的工具，同时也给传热学提出了新的课题，使之成为现代科学技术中充满活力的主要基础学科之一。

本章主要讨论热量传递的三种基本方式以及传热过程。

8.1 热量传递的三种基本方式

由前面的工程热力学知识可知，温差是热量传递的动力。根据热量产生和传递机理的不同，热量传递可分为三种基本方式：热传导、热对流和热辐射。实际的传热问题往往是几种基本传热方式共同作用的综合结果，因此热量传递是一种十分复杂的物理过程。

8.1.1 热传导

对于不同温度的物体或者同一物体不同温度的各部分之间，在物体内部不发生宏观相对位移的情况下，依靠分子、原子及自由电子等微观粒子的热运动而产生的热量传递过程，称为热传导（简称导热）。例如，手握金属勺子的一端，将勺子放进滚烫的水中，就会有热量通过金属勺子传到手掌，这种热量传递现象就是由导热而引起的。导热现象既可以发生在固体内部，也可以发生在静止的液体或气体之中。

按照热力学的观点，温度是物体微观粒子热运动强度的宏观标志。当物体内部或相互接触的物体之间存在温差时，热量就会通过微观粒子的热运动（位移、振动）或碰撞从高温物体传向低温物体。有关导热微观机理的详细论述已超出本书的范围，这里只讨论导热的宏观规律。

在工业生产和日常生活中，大平壁导热是最简单也是最常见的导热问题。一块宽和高远大于厚度的无限大平壁，当其两表面分别维持均匀恒定的温度时，可以近似地认为平壁内的温度只沿着垂直于壁面的方向发生变化，并且不随时间而变，热量也只沿着垂直于壁面的方向传递，如图 8-1 所示，这样的导热称为一维稳态导热。

单位时间内通过某一给定面积的热量称为热流量，记作 Φ，单位为 W。通过对大量实际一维导热问题的实验可以证实，平壁一维稳态导热的热流量与平壁的表面积 A 及两侧表面的温差（$t_{w1}-t_{w2}$）成正比，与平壁的厚度 δ 成反比，并与平壁材料的导热性能有关，可以表示为

$$\Phi = \lambda A \frac{t_{w1} - t_{w2}}{\delta} \tag{8-1}$$

图 8-1 通过平壁的导热

单位时间通过单位面积的热量称为热流密度，用 q 表示，单位为 W/m^2。由式（8-1）可得，通过平壁一维稳态导热的热流密度为

$$q = \frac{\Phi}{A} = \lambda \frac{t_{w1} - t_{w2}}{\delta} \tag{8-2}$$

式中的比例系数 λ 称为材料的热导率，或称导热系数，单位为 $W/(m \cdot K)$，其数值大小反映材料的导热能力，导热系数越大，材料导热能力越强。不同材料的导热系数不同，同一种材料的导热系数与温度等因素有关，材料的导热系数一般由实验测定，其性质在第 9 章将做进一步的讨论。

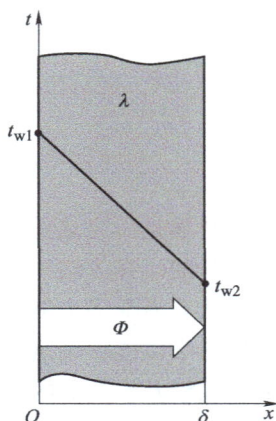

例 8-1 一块厚度 $\delta=20mm$ 的大平板，两侧表面分别维持在 $t_{w1}=200℃$、$t_{w2}=100℃$。试求下列条件下通过每块平板的导热热流密度：材料为纯铜，$\lambda=398W/(m \cdot K)$；材料为铝合金，$\lambda=107W/(m \cdot K)$；材料为碳钢，$\lambda=40W/(m \cdot K)$。

解： 这是通过大平壁的一维稳态导热问题，根据式（8-2），对于纯铜板

$$q_1 = \lambda_1 \frac{t_{w1} - t_{w2}}{\delta} = 398 \times \frac{100}{0.02} \text{ W/m}^2 = 1.99 \times 10^6 \text{ W/m}^2$$

对于铝合金板

$$q_2 = \lambda_2 \frac{t_{w1} - t_{w2}}{\delta} = 107 \times \frac{100}{0.02} \text{ W/m}^2 = 0.535 \times 10^6 \text{ W/m}^2$$

对于碳钢板

$$q_3 = \lambda_3 \frac{t_{w1} - t_{w2}}{\delta} = 40 \times \frac{100}{0.02} \text{ W/m}^2 = 0.2 \times 10^6 \text{ W/m}^2$$

8.1.2　热对流

热对流是指由于流体的宏观运动而引起的流体各部分之间发生相对位移，冷、热流体相互掺混所导致的热量传递现象。所以，热对流是指热量通过流动介质由空间的一处传播到另一处的现象。热对流仅能发生在流体中，而且由于流体中的分子同时在进行着不规则的热运动，因此热对流必然伴随有热传导现象。

工程上关注的是流体流过一个固体表面时流体与固体表面间的热量传递过程，如锅炉水管中的水和管壁之间的热量传递、室内空气和暖气片表面及墙壁面之间的热量传递等。当流体流过固体表面时，紧贴固体表面处的一薄层流体由于受黏性的影响总是做层流流动，薄层内垂直于壁面的方向上仅能依靠导热传递热量，而薄层以外的区域则主要依靠热对流传递热量。因此，这一热量传递过程实际上是热对流和热传导联合作用的结果。为区别于一般意义上的热对流，这种传热现象称为对流传热（也常称对流换热），本书只讨论对流传热。

1741年，牛顿提出了对流传热的基本计算公式，称为牛顿冷却公式，形式如下：

$$\Phi = hA(t_w - t_f) \tag{8-3}$$
$$q = h(t_w - t_f) \tag{8-4}$$

式中，t_w 为固体壁面温度，单位为℃；t_f 为流体温度，单位为℃；h 为表面传热系数，又称为对流换热系数，单位为 W/(m²·K)。

当流体被加热时，$\Delta t = t_w - t_f$；当流体被冷却时，$\Delta t = t_f - t_w$。可见，流体与固体壁面间的对流换热量 Φ 与换热面积 A、表面传热系数 h 及换热温差成正比。

表面传热系数的大小反映对流传热的强弱，与对流传热过程的许多因素有关。它不仅取决于流体的物性（导热系数、黏度、密度、比热容等）、流动的形态（层流、湍流）、流动的成因（自然对流或强迫对流）、固体表面的形状和尺寸、流体与固体壁面的相对位置，还与传热时流体有无相变（沸腾或凝结）等因素有关。式（8-3）及式（8-4）并不是揭示影响表面传热系数的种种复杂因素的具体关系式，而仅仅给出了表面传热系数的定义，如何确定表面传热系数的大小是本书第10章讨论的主要内容。为了使读者对表面传热系数的大小有一个初步的印象，在表8-1中列举了一些对流传热表面传热系数的数值范围。

表8-1　一些对流传热表面传热系数的数值范围

对流传热情况	$h/[\text{W}/(\text{m}^2 \cdot \text{K})]$	对流传热情况	$h/[\text{W}/(\text{m}^2 \cdot \text{K})]$
空气自然对流传热	1~10	水强迫对流传热	1000~15000
水自然对流传热	100~1000	水沸腾	2500~35000
空气强迫对流传热	10~100	水蒸气发生凝结	5000~25000

8.1.3 热辐射

物体通过电磁波传递能量的方式称为辐射。物体发射电磁波的能力取决于物体的温度，物体的温度只要高于绝对零度，都能发射电磁波。物体会因各种原因发出辐射能，其中因热的原因而发出辐射能的现象称为热辐射。

目前，对辐射现象的解释有两种理论：经典的电磁理论认为，辐射能是由电磁波传输的能量；量子理论认为，辐射能是不连续的微观粒子（光子）所携带的能量。光子与电磁波一样以光速进行传播。电磁波可以用光速 c、波长 λ 和频率 ν 三个参数描述，三者之间的关系为

$$c = \lambda\nu \tag{8-5}$$

式中，c 为某介质中的光速，单位为 m/s，$c = c_0/n$，$c_0 \approx 3.0 \times 10^8 \, \text{m/s}$ 为真空中的光速，n 为介质的折射率；λ 为波长，单位为 m（常用单位 μm，$1\mu\text{m} = 10^{-6}\,\text{m}$）；$\nu$ 为频率，单位为 s^{-1}。

自然界中各个物体都不停地向空间发出热辐射，同时又不断地吸收其他物体发出的热辐射。辐射与吸收过程的综合结果就造成了以辐射方式进行的物体间的热量传递——辐射传热，也常称为辐射换热。当物体与周围环境处于热平衡时，辐射传热量等于零，但这是动态平衡，辐射与吸收过程仍在不停地进行。

同一物体，温度不同时热辐射能力不同；温度相同的不同物体，热辐射能力也不一样，同一温度下黑体的热辐射能力最强，黑体的辐射力按下式计算：

$$E_{\text{b}} = \sigma_{\text{b}} T^4 \tag{8-6}$$

黑体表面在单位时间内发出的热辐射能量为

$$\Phi_{\text{b}} = A\sigma_{\text{b}} T^4 = Ac_{\text{b}} \left(\frac{T}{100}\right)^4 \tag{8-7}$$

式中，T 为黑体表面温度，单位为 K；A 为黑体的辐射面积，单位为 m^2；σ_{b} 为黑体辐射常数，$\sigma_{\text{b}} = 5.67 \times 10^{-8}\,\text{W/(m}^2 \cdot \text{K}^4)$；$c_{\text{b}}$ 为黑体辐射系数，$c_{\text{b}} = 5.67\,\text{W/(m}^2 \cdot \text{K}^4)$。

实际物体的辐射能力都小于同温度下黑体的辐射能力，工程上将实际物体作为灰体处理，灰体的辐射力 E 按下式计算：

$$E = \varepsilon\sigma_{\text{b}} T^4 \tag{8-8}$$

灰体表面辐射的热流量为同温度下黑体表面辐射的热流量乘以物体的发射率 $\varepsilon(<1)$。

$$\Phi = \varepsilon\Phi_{\text{b}} = \varepsilon A\sigma_{\text{b}} T^4 \tag{8-9}$$

辐射传热是与导热和对流传热在机理上有本质区别的一种重要的热量传递方式。导热、对流传热这两种热量传递方式只在有物质存在的条件下才能实现，而辐射传热可以在真空中进行，而且实际上在真空中辐射能的传递最有效，这是辐射传热区别于导热、对流传热的基本特点。当两个物体被真空隔开时，例如地球与太阳之间，导热与对流传热都不会发生，只能进行辐射传热。辐射传热区别于导热、对流传热的另一个特点是，它不仅产生能量的转移，而且还伴随着能量形式的转换，即发射时从热能转换为辐射能，而被吸收时又从辐射能转换为热能。

任何实际物体都在不断地发射热辐射和吸收热辐射，物体之间的辐射传热量既与物体本身的温度、辐射特性有关，也与物体的大小、几何形状及相对位置有关。关于热辐射的基本

规律和辐射传热的计算方法将在第 11 章详细讨论。

8.2 传热过程

前一节分别讨论了三种传递热量的基本方式：热传导、热对流和热辐射。在实际问题中，这些方式往往不是单独出现的。工程上经常遇到固体壁面两侧流体之间的热量交换，例如冬季室内外空气通过墙壁进行热量交换的过程，热量从蒸汽管道内的高温蒸汽通过管壁传给周围空气的过程，热量从暖气片中的热水传给室内空气的过程，以及冰箱冷凝器中热量从制冷剂传给室内空气的过程等。在传热学中，这种**热量从固体壁面一侧的流体通过固体壁面传递到另一侧流体中的过程称为传热过程**。注意：这里"传热过程"这一术语有着明确的含义，它与一般性论述中把热量传递过程统称为传热过程不同。本书中所出现的"传热过程"都是指这一特定的含义。传热过程是工程技术中经常遇到的一种典型热量传递过程，是本书讨论的重要内容之一。这里先介绍最简单的通过平壁的稳态传热过程，其他传热过程将在第 12 章进行讨论。

如图 8-2 所示，一个导热系数 λ 为常数、厚度为 δ 的无限大平壁，平壁左侧远离壁面处的流体温度为 t_{f1}，表面传热系数为 h_1，平壁右侧远离壁面处的流体温度为 t_{f2}，表面传热系数为 h_2，且 $t_{f1} > t_{f2}$，假设平壁两侧的流体温度及表面传热系数都不随时间变化。平壁两侧的壁面分别维持温度 t_{w1} 和 t_{w2}，$t_{w1} > t_{w2}$。这是一个稳态的传热过程，由平壁左侧的对流传热、平壁的导热及平壁右侧的对流传热三个串联的热量传递环节组成。稳态传热过程中，通过串联着的每个环节的热流量 Φ 应该是相同的。

对于平壁左侧流体和左侧壁面之间的对流传热，根据牛顿冷却公式式（8-3）可以得到

$$\Phi = Ah_1(t_{f1} - t_{w1}) \tag{a}$$

对于平壁的导热，根据式（8-1）可以得到

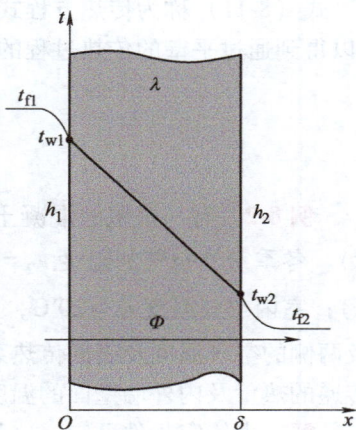
图 8-2 通过平壁的传热过程

$$\Phi = A\lambda \frac{t_{w1} - t_{w2}}{\delta} \tag{b}$$

对于平壁右侧流体和右侧壁面之间的对流传热，同样可以得到

$$\Phi = Ah_2(t_{w2} - t_{f2}) \tag{c}$$

将式（a）、式（b）、式（c）改成温压的形式为

$$t_{f1} - t_{w1} = \frac{\Phi}{Ah_1} \tag{d}$$

$$t_{w1} - t_{w2} = \frac{\Phi}{A\lambda/\delta} \tag{e}$$

$$t_{w2} - t_{f2} = \frac{\Phi}{Ah_2} \tag{f}$$

将式（d）、式（e）、式（f）相加，消去 t_{w1}、t_{w2}，整理得到

$$\Phi = \frac{A(t_{f1} - t_{f2})}{\frac{1}{h_1} + \frac{\delta}{\lambda} + \frac{1}{h_2}} \tag{8-10}$$

也可以表示为

$$\Phi = Ak(t_{f1} - t_{f2}) \tag{8-11}$$

通过单位面积平壁的热流密度为

$$q = \frac{t_{f1} - t_{f2}}{\frac{1}{h_1} + \frac{\delta}{\lambda} + \frac{1}{h_2}} \tag{8-12}$$

式中，k 为传热过程的传热系数，单位为 W/（m²·℃），表示热、冷流体的温差为 1℃时，单位时间内，单位传热面积所传递的热量，是表征传热过程强烈程度的标尺。传热过程越强烈，传热系数越大，反之则越小。传热系数的大小不仅取决于参与传热过程的两种流体的物性、固体壁面的形状及布置、材料的导热系数等，还与过程本身有关（如流速的大小、有无相变等）。

式（8-11）称为传热方程式，常用来计算传热过程的热流量。由式（8-10）、式（8-11）可以得到通过平壁的传热过程的传热系数 k 的表达式，即

$$k = \frac{1}{\frac{1}{h_1} + \frac{\delta}{\lambda} + \frac{1}{h_2}} \tag{8-13}$$

例 8-2　有一房屋的混凝土外墙厚度 $\delta = 200\text{mm}$，混凝土的导热系数 $\lambda = 0.8\text{W}/(\text{m·K})$。冬季室外空气的温度 $t_{f2} = -10℃$，室外空气对墙壁的表面传热系数 $h_2 = 20\text{W}/(\text{m}^2·\text{K})$；室内空气温度 $t_{f1} = 20℃$，与墙壁之间的表面传热系数 $h_1 = 9\text{W}/(\text{m}^2·\text{K})$。假设墙壁及两侧的空气温度及表面传热系数都不随时间发生变化，求室内外空气通过单位面积墙壁传递的热量及内外墙壁面的温度。

解： 由给定条件可知，这是一个稳态传热过程。

根据式（8-12），通过墙壁的热流密度，即单位面积墙壁的散热损失为

$$q = \frac{t_{f1} - t_{f2}}{\frac{1}{h_1} + \frac{\delta}{\lambda} + \frac{1}{h_2}} = \frac{20 - (-10)}{\frac{1}{9} + \frac{0.2}{0.8} + \frac{1}{20}} \text{W/m}^2 = 72.97\text{W/m}^2$$

根据牛顿冷却公式式（8-4），对于内外墙面与空气之间的对流传热有

$$q = h_1(t_{f1} - t_{w1})$$

$$q = h_2(t_{w2} - t_{f2})$$

可以得到

$$t_{w1} = t_{f1} - \frac{q}{h_1} = \left(20 - \frac{72.97}{9}\right)℃ = 11.9℃$$

$$t_{w2} = t_{f2} + \frac{q}{h_2} = \left(-10 + \frac{72.97}{20}\right)℃ = -6.4℃$$

思 考 题

8-1 试举例说明热传导（导热）、热对流和热辐射三种热量传递基本方式之间的联系与区别。

8-2 导热系数（热导率）、表面传热系数和传热系数是物性参数吗？请写出它们的定义式，并说明其物理意义。

8-3 试从传热的角度分析说明暖气片和家用空调机放在室内什么位置合适。

8-4 用铝制水壶烧开水时，尽管炉火很旺，但水壶仍安然无恙。而一旦壶内的水烧干后水壶很快就被烧坏。试从传热学的角度分析这一现象。

8-5 在有空调的房间内，夏天和冬天的室温均控制在20℃，夏天只需要穿T恤，但冬天穿T恤会感到冷，这是为什么？

8-6 计算机主机箱中为什么要在中央处理器上和电源旁加风扇？试说明中央处理器散热过程的基本传热方式。

习 题

8-1 一大平板，高4m，宽2.5m，厚0.02m，导热系数 λ 为40W/(m·K)，两侧表面温度分别维持在 $t_{w1}=200℃$，$t_{w2}=100℃$，试求该平板的热流密度和热流量。

8-2 有一平板稳态导热，已知其厚度 $\delta=25mm$、面积 $A=0.1m^2$，平板材料的平均导热系数 $\lambda=0.2W/(m·K)$。若单位时间导热量 $\Phi=1.5W$，试求平板两侧的温差。

8-3 夏天，阳光照耀在一厚45mm的木门外表面上，用热流计测得木门内表面的热流密度为15W/m^2，外表面温度为40℃，内表面温度为30℃。试估算此木门在厚度方向上的导热系数。

8-4 一砖墙的表面积为15m^2，厚300mm，平均导热系数为1.5W/(m·K)，设面向室内的表面温度为25℃，外表面温度为-5℃，试确定此砖墙向外界散失的热量。

8-5 空气在一根内径为50mm、长2.5m的管内流动并被加热，已知空气平均温度为100℃，管内对流传热的表面传热系数 $h=50W/(m^2·K)$，热流密度 $q=5000W/m^2$，试求管壁温度及热流量。

8-6 一长、宽均为10mm的等温集成电路芯片安装在一块底板上，温度为20℃的空气在风扇作用下冷却芯片。芯片的最高允许温度为85℃，芯片与冷却气流间的平均表面传热系数为200W/(m^2·K)。试确定在不考虑辐射时芯片的最大允许功率。芯片顶面高出底板的高度为1mm。

8-7 在一次测定空气横向流过单根圆管的对流传热试验中，得到下列数据：管壁平均温度 $t_w=65℃$，空气温度 $t_f=20℃$，管外径 $d=15mm$，加热段长100mm，输入加热段的功率为10W。如果全部热量通过对流传热传给空气，试问此时的对流传热表面传热系数多大？

8-8 一个浸没式电加热器的功率为1500W，如果它的外径为10mm，长度为400mm，浸没在20℃水中时它的表面传热系数为1200W/(m^2·K)，求电加热器表面的温度。当水加热到沸点以后，表面传热系数达到25000W/(m^2·K)，此时电加热器的表面温度将是多少？

8-9 宇宙空间可近似地看成温度为2.7K的真空空间。一航天器在太空中飞行，其外表面平均温度为260K，表面发射率为0.6，试计算航天器单位表面上的辐射换热量。

8-10 半径为0.5m的球状航天器在太空中飞行，其表面发射率为0.8。航天器内电子元件的散热量总计为180W。假设航天器只与4K的宇宙空间发生辐射传热，试估算其外表面的平均温度。

8-11 一单层玻璃窗，高1.5m，宽1.2m，玻璃厚3mm，玻璃的导热系数 $\lambda=1.05W/(m·K)$，室内外的空气温度分别为20℃和-10℃，室内外空气与窗玻璃之间对流传热的表面传热系数分别为 $h_1=10W/(m^2·K)$ 和 $h_2=40W/(m^2·K)$，试求玻璃窗的散热损失。

8-12 有一厚度 $\delta = 400\text{mm}$ 的房屋外墙，导热系数 $\lambda = 0.5\text{W}/(\text{m} \cdot \text{K})$。冬季，室内空气温度 $t_{f1} = 20\text{℃}$，与墙内壁面之间对流传热的表面传热系数 $h_1 = 5\text{W}/(\text{m}^2 \cdot \text{K})$；室外空气温度 $t_{f2} = -5\text{℃}$，与外墙之间对流传热的表面传热系数 $h_2 = 20\text{W}/(\text{m}^2 \cdot \text{K})$。如果不考虑热辐热，试求通过墙壁的传热系数、单位面积的传热量和内外壁面温度。

第9章

导　热

本章首先阐述导热的基本概念、基本定律及导热问题的数学描述方法，为求解导热问题奠定必要的理论基础，然后讨论几种简单的稳态导热、非稳态导热的分析解法，最后简要介绍导热问题的数值解法。

9.1　导热微分方程和导热系数

导热是指物体各部分之间不发生相对位移时，依靠分子、原子及自由电子等微观粒子的热运动而产生的热量传递。导热不仅可以发生在固体中，也可以发生在液体和气体中。由于液体和气体内部温度不均匀时，易产生宏观位移，形成对流，所以物体内部或物体间的导热通常是针对固体的导热。

9.1.1　温度场和温度梯度

同一时刻，某物理量在空间的分布为该物理量的场，如电场、磁场、引力场。温差是热量传递的动力，每一种传热方式都和物体的温度密切相关。温度在空间的分布称为温度场，它是各个时刻物体中各点温度所组成的集合，又称为温度分布。温度场是时间和空间坐标的函数，在直角坐标系中温度场可表示为

$$t = f(x, y, z, \tau) \tag{9-1}$$

根据温度场是否随时间变化可把温度场分为不随时间变化的稳态温度场和随时间变化的非稳态温度场两类。式（9-1）为非稳态温度场，稳态温度场可表示为

$$t = f(x, y, z) \tag{9-2}$$

温度在空间的分布用维数表示，物体温度只沿一个方向或某两个方向变化的温度场，分别称为一维温度场和二维温度场，若物体温度沿三个方向都有变化则称为三维温度场。描述物体温度场的维数时与所采用的坐标系有关，采用合适的坐标系可降低温度场的维数。

为了形象地表示物体内的温度分布，常使用等温面（线）表示温度场。同一时刻，物体中由温度相同的点所连成的面称为等温面。等温面上的任何一条线都是等温线。如果用一个平面和一组等温面相交，就会得到一组温度各不相同的等温线。物体的温度场可以用一组

等温面或等温线表示。很显然，在同一时刻，物体中温度不同的等温面或等温线不能相交，因为任何一点在同一时刻不可能具有两个或两个以上的温度值。此外，在连续介质的假设条件下，等温面（或等温线）或者在物体中构成封闭的曲面（或曲线），或者终止于物体的边界，不可能在物体中中断。

另外，当等温线图上每两条相邻等温线间的温度间隔相等时，等温线的疏密可以直观地反映出不同区域导热热流密度的相对大小。温度场中沿着不同方向，温度的变化率是不同的，沿等温面法线方向的变化率最大。等温面上某点温度沿等温面法线方向的变化率 $\left(\dfrac{\partial t}{\partial n}\right)$ 与单位法矢量 n 的乘积称为该点的温度梯度。在直角坐标系中，温度梯度可表示为

$$\mathbf{grad}\ t = \frac{\partial t}{\partial n}\mathbf{n} = \frac{\partial t}{\partial x}\mathbf{i} + \frac{\partial t}{\partial y}\mathbf{j} + \frac{\partial t}{\partial z}\mathbf{k} \tag{9-3}$$

式中，$\dfrac{\partial t}{\partial x}$、$\dfrac{\partial t}{\partial y}$、$\dfrac{\partial t}{\partial z}$ 分别为温度在 x、y、z 方向的偏导数；i、j、k 分别为 x、y、z 方向的单位矢量。因此，温度梯度是有方向的矢量，其方向沿等温面的法线指向温度增加的方向，如图9-1所示。

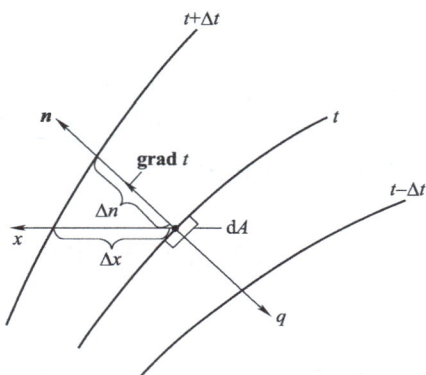

图9-1 等温面及温度梯度示意图

9.1.2 导热基本定律

法国物理学家傅里叶在对导热过程进行大量实验研究的基础上，发现了导热热流密度矢量与温度梯度之间的关系，并于1822年提出了著名的导热基本定律——傅里叶定律。

在物性参数不随方向变化的各向同性介质中，傅里叶定律的矢量表达式为

$$\mathbf{q} = -\lambda\,\mathbf{grad}\ t = -\lambda\frac{\partial t}{\partial n}\mathbf{n} \tag{9-4}$$

式中，q 为热流密度，它是一个矢量，其大小等于单位时间内通过单位等温面面积的热量，方向沿等温面的外法线方向，单位是 W/m^2；比例系数 λ，称为导热系数（或称热导率）；负号表示热流密度方向与温度梯度方向相反，或者说热量传递方向沿着温度降低的方向。

傅里叶定律表明，导热热流密度的大小与温度梯度的绝对值成正比，其方向与温度梯度的方向相反。

傅里叶定律的标量表达式为

$$q = -\lambda\frac{\partial t}{\partial n} \tag{9-5}$$

由傅里叶定律可知，要计算通过物体的导热热流量，除了需要知道物体材料的导热系数之外，还必须知道物体的温度场。所以，求解温度场是导热问题分析的主要任务。

需要指出，傅里叶定律只适用于各向同性物体。然而有许多天然和人造材料，其导热系数随方向变化，存在导热系数具有最大值和最小值的方向，这类物体称为各向异性物体，例如木材、石英、沉积岩、经过冷冲压处理的金属、层压板、强化纤维板、一些工程塑料等。

在各向异性物体中,热流密度矢量的方向不仅与温度梯度有关,还与导热系数的方向性有关,因此热流密度矢量与温度梯度不一定在同一条直线上。对各向异性物体中导热问题的一般性分析比较复杂,本书不做讨论。

9.1.3 导热系数

导热系数 λ 是衡量物质导热能力的重要物性参数,它直接影响物体内热流密度的大小。由式(9-5)可以得到

$$\lambda = -\frac{q}{\frac{\partial t}{\partial n}} \qquad (9-6)$$

导热系数的物理意义为:在热流传递方向上,通过单位横截面积,单位温度变化率或单位温度梯度的大小对应的热流密度的大小,其单位为 W/(m·K) 或 W/(m·℃)。其数值等于温度梯度的大小为 1K/m 时,单位时间内通过单位面积的导热量。绝大多数材料的导热系数值都是根据式(9-6)通过实验测得的。

材料的导热系数值与材料的几何形状无关,主要取决于材料的成分、内部结构、密度、温度和含湿量等。各向异性材料,如木材、结晶体和胶合板等的导热系数还与方向有关。各种工程材料的导热系数值相差很大,最大的是纯金属,最小的是气体和蒸气,非金属固体材料的导热系数在很大范围内变化,数值高的同液体接近,数值低的则接近甚至低于空气的导热系数。

由于导热是物质内部微观粒子热运动的结果,物质性质和状态不同,微观粒子及其运动方式也不同。气体依靠分子热运动和相互碰撞传递热量;非金属固体材料依靠晶格结构的振动传递热量;纯金属材料依靠晶格振动和自由电子迁移两种方式传递热量,并且自电子迁移占优势;液体(除液态金属和电解液外)依靠不规则的弹性振动传递热量。由于物质性质和状态不同,引起分子或原子间距离的变化,导热机制发生了变化,导热系数也就不同。

几种典型材料在温度 293K 时的导热系数见表 9-1。

表 9-1 几种典型材料的导热系数(温度为 293K 时)

材料名称	银	纯铜(紫铜)	碳钢($w_C \approx 1\%$)	松木(平行木纹)	水	石棉	空气
$\lambda/[W/(m \cdot K)]$	427	398	43.2	0.35	0.599	0.17	0.0259

各种物质导热系数的范围为:气体 0.007~0.17W/(m·K);非金属液体 0.17~0.7W/(m·K);金属 12~430W/(m·K);保温与建筑材料 0.02~3W/(m·K)。在工程中为了减少热力设备和管道的热损失或冷冻设备和管道的漏热量,必须在它们的表面上加保温材料。通常把室温下导热系数小于 0.2W/(m·K) 的材料称为保温材料或绝热材料。

材料的导热系数受温度的影响大于受压力的影响,但随温度的变化规律不尽相同。气体的导热系数随温度的升高而增大;除水和甘油外,液体的导热系数一般随温度升高而减小;保温与建筑材料的导热系数大多随温度升高而增大;纯金属的导热系数一般随温度升高而减小。各种材料的导热系数一般为温度的二次方或三次方关系。工程上为计算方便,将导热系数随温度的变化曲线回归成线性关系,如图 9-2 所示。

$$\lambda = \lambda_0 (1 + bt) \tag{9-7}$$

式中，λ_0 为参考温度时的导热系数；b 为由试验确定的常数，其数值与物质的种类有关；t 为材料的算术平均温度。

部分常见材料的导热系数见表 A-5～表 A-11。

9.1.4　导热微分方程及定解条件

傅里叶定律建立了物体内部温度变化与热流量之间的关系。如果已知物体内部温度分布，通过傅里叶定律可获得所需的传热量。因此，获得导热问题传热量的第一步就是确定物体内部的温度分布，即在特定条件下确定的具体函数关系。

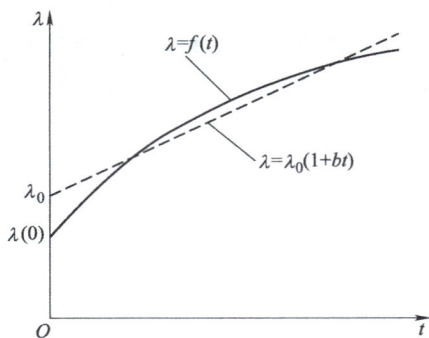

图 9-2　导热系数 λ 与温度 t 的关系

$$t = f (x , y , z , \tau)$$

利用傅里叶定律只能求解一维的稳态温度场，对于多维温度场，须以能量守恒定律和傅里叶定律为基础，建立描述温度场一般性规律的微分方程式——导热微分方程。

1. 导热微分方程

物体内部温度分布的控制方程可通过对控制体积建立热平衡关系和对微元体建立热平衡关系求得，下面以直角坐标系下的微元六面体为例建立导热微分方程。

所研究的物体由各向同性的连续介质构成，考虑物理参数 ρ、c_p 和 λ 等为常数，物体内部有均匀的内热源，内热源强度记作 $\dot{\Phi}$，表示单位时间、单位体积内的内热源生成热。在直角坐标系中，从导热体中取出一平行六面微元体作为研究对象，其边长分别为 $\mathrm{d}x$、$\mathrm{d}y$、$\mathrm{d}z$。虽然从数学观点看，微元体的体积为无穷小，但从物理观点来看，它与微观尺度相比足够大，仍然可以作为连续介质处理。微元面的法线方向分别与对应的坐标轴平行，微元体的体积 $\mathrm{d}V = \mathrm{d}x\mathrm{d}y\mathrm{d}z$，如图 9-3 所示。

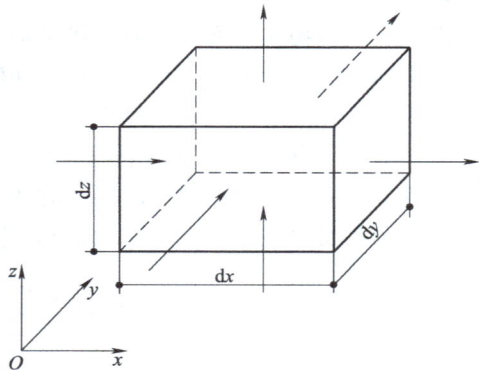

图 9-3　微元体的导热分析

将能量守恒定律应用于微元体，即单位时间内，从边界面导入的热量减去从边界面导出的热量加上微元体内生成的热量等于微元体热力学能的增加量，即

$$\Phi_{\mathrm{in}} - \Phi_{\mathrm{out}} + \Delta\Phi_V = \Delta U \tag{9-8}$$

从微元边界面导入、导出的热量根据傅里叶定律计算。以从 x 方向导入、导出的热量为例，从与 x 坐标轴垂直的微元边界面导入的热量为

$$\Phi_x = -\lambda \frac{\partial t}{\partial x} \mathrm{d}y\mathrm{d}z$$

从与 x 垂直的另一微元边界面导出的热量近似为（只考虑 $\Phi_{x+\mathrm{d}x}$ 泰勒展开式的前两项）

$$\Phi_{x+\mathrm{d}x} = \Phi_x + \frac{\partial\Phi_x}{\partial x}\mathrm{d}x = -\lambda \frac{\partial t}{\partial x}\mathrm{d}y\mathrm{d}z + \frac{\partial}{\partial x}\left(-\lambda \frac{\partial t}{\partial x}\mathrm{d}y\mathrm{d}z \right)\mathrm{d}x$$

从与 x 垂直的微元边界面净导入微元体的热量为

$$\Delta\Phi_x = \Phi_x - \Phi_{x+dx} = \lambda\frac{\partial^2 t}{\partial x^2}dxdydz$$

类似地可以写出从其他两个方向的微元边界面净导入微元体的热流量，故从三个方向净导入微元体的热流量之和为

$$\Phi_{in} - \Phi_{out} = \lambda\frac{\partial^2 t}{\partial x^2}dxdydz + \lambda\frac{\partial^2 t}{\partial y^2}dxdydz + \lambda\frac{\partial^2 t}{\partial z^2}dxdydz \tag{9-9}$$

微元体内热源生成的热量为

$$\Delta\Phi_V = \dot{\Phi}dxdydz \tag{9-10}$$

微元体内热力学能的增加量为

$$\Delta U = \frac{\partial}{\partial\tau}(\rho ct)dxdydz \tag{9-11}$$

式中，ρ 为物体的密度，单位为 kg/m^3；c 为物体的比热容，单位为 $J/(kg\cdot K)$。对于固体和不可压缩流体，比定压热容 c_p 和比定容热容 c_V 相差很小，认为 $c_p = c_V = c$。

将式（9-9）~式（9-11）代入式（9-8），经整理得

$$\frac{\partial t}{\partial\tau} = \frac{\lambda}{\rho c}\left(\frac{\partial^2 t}{\partial x^2} + \frac{\partial^2 t}{\partial y^2} + \lambda\frac{\partial^2 t}{\partial z^2}\right) + \frac{\dot{\Phi}}{\rho c} \tag{9-12}$$

式（9-12）就是直角坐标系下，具有内热源的常物性、三维非稳态导热微分方程，它建立了导热过程中物体的温度随时间和空间变化的函数关系。记 $a = \dfrac{\lambda}{\rho c}$，称为热扩散率，也称导温系数，单位为 m^2/s。热扩散率在非稳态导热过程中是一个重要的物性参数，它的大小标志着物体在被瞬间加热或冷却时，物体内部的各部分温度趋于均匀一致的能力。导热系数 λ 反映物体的导热能力，乘积 ρc 表示单位体积物体的热容量，反映物体的热惯性或储热能力。热扩散率 a 大，则物体的温度随时间的变化就快；热扩散率 a 小，则物体的温度随时间的变化就慢。例如，一般木材的热扩散率约为 $a = 1.5\times10^{-7}m^2/s$，纯铜的热扩散率约为 $a = 5.33\times10^{-5}m^2/s$，是木材的 355 倍。如果两手分别握住同样长短、粗细的木棒和纯铜棒，同时将另一端伸到灼热的火炉中，则当拿纯铜棒的手感到很烫时，拿木棒的手尚无热的感觉。这说明，在纯铜棒中温度的变化要比在木棒中快得多。

对于圆柱形或球形的导热物体，采用柱坐标或球坐标描述物体内的温度分布会给导热微分方程的求解带来很大方便，同时也使所得温度及热流量计算公式形式简单、使用方便。柱坐标系或球坐标系下物体的导热微分方程推导过程与直角坐标系下导热微分方程推导过程类似。值得注意的是，柱坐标系和球坐标系中含有非长度尺度的坐标变量，而温度梯度分量是温度对沿着坐标方向微元弧长的相对变化率，而不是温度直接对坐标变量的导数；另外，若微元面积计算式中含有坐标变量，则微元面积不能作为常数从求导式中提出。下面根据图9-4所示柱坐标系和球坐标系下的微元体，直接给出对应坐标系下的常物性、有内热源的三维非稳态导热微分方程式。

柱坐标系

$$\frac{\partial t}{\partial\tau} = a\left[\frac{1}{r}\frac{\partial}{\partial r}\left(r\frac{\partial t}{\partial r}\right) + \frac{1}{r^2}\frac{\partial^2 t}{\partial\varphi^2} + \frac{\partial^2 t}{\partial z^2}\right] + \frac{\dot{\Phi}}{\rho c} \tag{9-13}$$

球坐标系

$$\frac{\partial t}{\partial \tau} = a\left[\frac{1}{r}\frac{\partial^2(rt)}{\partial r^2} + \frac{1}{r^2\sin\theta}\frac{\partial}{\partial \theta}\left(\sin\theta\frac{\partial t}{\partial \theta}\right) + \frac{1}{r^2\sin^2\theta}\frac{\partial^2 t}{\partial \varphi^2}\right] + \frac{\dot{\Phi}}{\rho c} \tag{9-14}$$

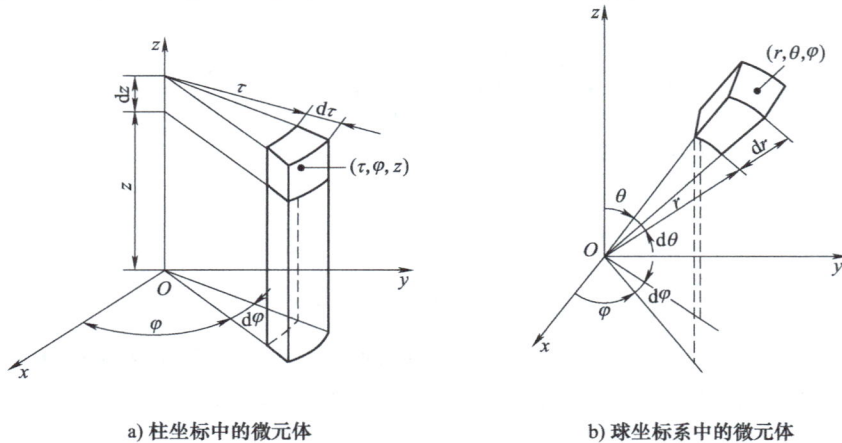

a) 柱坐标中的微元体   b) 球坐标系中的微元体

图 9-4　柱坐标系和球坐标系下的微元体

具体的导热问题可能是一维、二维、稳态等导热情况，它们对应的导热微分方程可在式（9-12）、式（9-13）或式（9-14）的基础上化简得出，对有些导热问题也可根据能量守恒定律和傅里叶定律建立相应的导热微分方程。

2. 导热微分方程的定解条件

导热微分方程给出了某一类导热问题温度分布应满足的方程，如果不给出方程求解的限定条件，得到的解是包含积分常数在内的通解，要从中确定针对具体导热问题的特解，必须给定针对该问题的定解条件。导热微分方程式与定解条件一起构成了具体导热过程完整的数学描述，这些条件包括几何条件、物性条件、时间条件和边界条件。

（1）几何条件　给出导热体的几何形状和尺寸大小，这决定了温度场的空间分布特点和进行分析时所采用的坐标系。例如，平壁、圆筒壁或球壁的厚度、直径等几何尺寸。

（2）物性条件　给出导热体物性参数的数值及其特点，是常物性（物性参数为常数）还是变物性（一般指物性参数随温度而变化）等。如给出导热体材料的 λ、ρ、c 的数值，或给出它们随温度和坐标而改变的函数关系式。此外，导热体有无内热源以及内热源的释热规律等也属于物性条件的范畴；有内热源时，应说明内热源 $\dot{\Phi}$ 的大小及其分布情况。

（3）时间条件　对于非稳态导热过程，还应该给出过程开始时导热体内部的温度分布规律，即

$$t\big|_{\tau=0} = f(x,y,z) \tag{9-15}$$

称为非稳态导热过程的初始条件。稳态导热时物体内的温度分布不随时间变化，不需要给出初始条件。

（4）边界条件　边界条件是指导热体边界处的温度或换热情况，需给出导热体边界上的温度分布或热流密度分布的函数关系式。边界条件一般可分为三类：

第一类边界条件：给出任何时刻导热体边界上的温度分布及其随时间的变化规律。对于

稳态导热过程，边界上的温度不随时间改变，即 t_w = 常数；对于非稳态导热过程，应给出温度随时间变化的函数关系，即

$$t_w = f(x,y,z,\tau), \tau > 0 \qquad (9\text{-}16)$$

第二类边界条件：给出物体边界上的热流密度分布及其随时间的变化规律。

对于稳态导热

$$-\left.\frac{\partial t}{\partial n}\right|_w = \frac{q_w}{\lambda}$$

对于非稳态导热

$$-\lambda\left.\frac{\partial t}{\partial n}\right|_w = f(x,y,z,\tau)$$

对于绝热的边界面，因为 $q_w = 0$，则有

$$\left.\frac{\partial t}{\partial n}\right|_w = 0$$

第三类边界条件：给出导热体边界与流体之间的表面传热系数 h 和周围流体的温度 t_f。根据边界面上的热平衡关系，边界面上的对流传热量等于边界面上的导热量。于是由傅里叶定律和牛顿冷却公式可得

$$-\lambda\left.\frac{\partial t}{\partial n}\right|_w = h(t_w - t_f) \qquad (9\text{-}17)$$

综上所述，一个具体导热过程完整的数学描述（即导热数学模型），应该包括导热微分方程式和定解条件两个方面，缺一不可。在建立数学模型的过程中，应该根据导热过程的特点进行合理的简化，力求能够比较真实地描述所研究的导热问题。建立合理的数学模型，是求解导热问题的第一步，也是最重要的一步。对数学模型进行求解，就可以得到物体的温度场，进而根据傅里叶定律就可以确定相应的热流分布。

9.2 稳态导热

稳态导热是指温度场不随时间变化的导热过程。一维、常物性、无内热源、稳态导热是导热问题中最简单的情况，但它却广泛存在于日常生活和工程实际中。例如通过建筑物墙壁、锅炉炉墙、冷却电子器件的冷板、各种供热和供冷管道、换热器的管壁、薄壁球壳等的导热。在稳定工况下，这些导热问题均可简化成一维、常物性、无内热源、稳态导热。

9.2.1 通过平壁、圆筒壁、球壳的稳态导热

通过平壁、圆筒壁、球壳的导热示意图如图9-5所示，边界条件均为第一类边界条件。

对于一维、常物性、无内热源、稳态导热，用通过等温面的热流量表示的傅里叶定律为

$$\Phi = -\lambda \int \frac{dt}{dx_l} dA = 常数 \qquad (9\text{-}18)$$

式中，x_l 表示沿导热方向的线性尺度；dA 表示微元导热面积，与计算温度变化率的位置相对应。

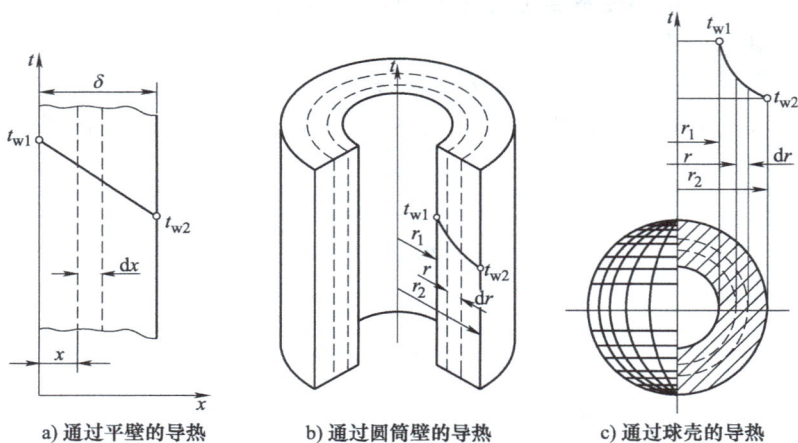

a) 通过平壁的导热　　　b) 通过圆筒壁的导热　　　c) 通过球壳的导热

图 9-5　通过平壁、圆筒壁、球壳的导热

下面以通过平壁的一维导热为例，导出板内温度分布、热流密度和通过平板热流量的计算公式。

用式（9-18）表示的导热微分方程为

$$\Phi = -\lambda \int \frac{dt}{dx_l} dA = -\lambda \int \frac{dt}{dx} dA = -\lambda A \frac{dt}{dx} = 常数 \tag{9-19}$$

边界条件为

$$x = 0, t = t_{w1}$$
$$x = \delta, t = t_{w2}$$

对式（9-19）积分并带入边界条件（积分上、下限）得
热流量为

$$\Phi = \lambda A \frac{t_{w1} - t_{w2}}{\delta} = \frac{t_{w1} - t_{w2}}{\frac{\delta}{\lambda A}} = \frac{\Delta t}{R_t} \tag{9-20}$$

热流密度为

$$q = \lambda \frac{t_{w1} - t_{w2}}{\delta} = \frac{t_{w1} - t_{w2}}{\frac{\delta}{\lambda}} = \frac{\Delta t}{R} \tag{9-21}$$

把式（9-20）、式（9-21）与电学中欧姆定律比较会发现，如果把热流量或热流密度与电流相对应，温差（温压）与电压相对应，则 R_t 或 R 就与欧姆定律中的电阻相对应。称 R_t 或 R 为热阻，R_t 是与导热面积 A 对应的热阻，单位为 K/W 或℃/W；R 是与单位面积对应的热阻，单位为 K·m²/W 或℃·m²/W。运用热阻的概念会给传热分析和计算带来很大方便，例如在多层平壁、多层圆筒壁、多层球壳、多个壁面间的热辐射及伴有导热、对流和热辐射的混合传热计算中，热阻及热阻网络图是一种有效的辅助工具。

为求板内温度分布，将式（9-20）代入式（9-19）有

$$\lambda A \frac{t_{w1} - t_{w2}}{\delta} = -\lambda A \frac{dt}{dx}$$

积分得

$$t(x) = -\frac{t_{w1} - t_{w2}}{\delta}x + C \tag{9-22}$$

将两个边界条件之一代入式（9-22），得 $C = t_{w1}$，于是得温度分布计算式为

$$t(x) = t_{w1} - \frac{t_{w1} - t_{w2}}{\delta}x \tag{9-23}$$

通过平壁的一维导热也可通过求解式（9-12）给出的导热微分方程得出。化简该式得温度控制方程为

$$\frac{d^2 t}{dx^2} = 0 \tag{9-24}$$

对式（9-24）积分两次，得

$$t(x) = C_1 x + C_2 \tag{9-25}$$

将边界条件代入式（9-25），得

$$C_2 = t_{w1}$$

$$C_1 = -\frac{t_{w1} - t_{w2}}{\delta}$$

将 C_1 和 C_2 代入式（9-25），可得平壁内温度分布，见式（9-23）。

求得温度分布后，利用傅里叶定律便可求得热流密度和热流量，它们的计算式分别见式（9-20）和式（9-21）。

结合给定的定解条件，先通过求解式（9-11）或式（9-12）、式（9-13）获得导热体内的温度分布，再利用傅里叶定律得到热流密度和热流量是分析导热问题的一般步骤，而对于这里讨论的一维稳态导热问题从傅里叶定律出发进行分析则更简单些。

通过圆筒壁和球壳的导热分析过程与上面分析通过平壁导热的过程类似，表9-2给出分析通过平壁、圆筒壁和球壳一维稳态导热的主要依据和结果。

表9-2 通过平壁、圆筒壁和球壳的一维稳态导热

项目	导热体几何形状		
	平壁	圆筒壁	球壳
导热微分方程式	$\dfrac{d^2 t}{dx^2} = 0$	$\dfrac{d}{dr}\left(r\dfrac{dt}{dr}\right) = 0$	$\dfrac{d^2(rt)}{dr^2} = 0$
用热流量表示的傅里叶定律	$\Phi = -\lambda A\dfrac{dt}{dx}$	$\Phi = -\lambda 2\pi rl\dfrac{dt}{dr}$	$\Phi = -\lambda 4\pi r^2\dfrac{dt}{dr}$
边界条件	$x = 0,\ t = t_{w1}$ $x = \delta,\ t = t_{w2}$	$r = r_1,\ t = t_{w1}$ $r = r_2,\ t = t_{w2}$	$r = r_1,\ t = t_{w1}$ $r = r_2,\ t = t_{w2}$
温度分布	$t(x) = t_{w1} - \dfrac{t_{w1} - t_{w2}}{\delta}x$	$t(r) = t_{w1} - \dfrac{t_{w1} - t_{w2}}{\ln\dfrac{r_2}{r_1}}\ln\dfrac{r}{r_1}$	$t(r) = t_{w1} - \dfrac{t_{w1} - t_{w2}}{\dfrac{1}{r_1} - \dfrac{1}{r_2}}\left(\dfrac{1}{r_1} - \dfrac{1}{r}\right)$

（续）

项目	导热体几何形状		
	平壁	圆筒壁	球壳
热流密度	$q = \lambda \dfrac{t_{w1} - t_{w2}}{\delta}$	$q = \dfrac{\lambda(t_{w1} - t_{w2})}{r \ln \dfrac{r_2}{r_1}}$	$q = \dfrac{\lambda(t_{w1} - t_{w2})}{r^2 \left(\dfrac{1}{r_1} - \dfrac{1}{r_2} \right)}$
热流量	$\varPhi = \lambda A \dfrac{t_{w1} - t_{w2}}{\delta}$	$\varPhi = \dfrac{2\pi\lambda l(t_{w1} - t_{w2})}{\ln \dfrac{r_2}{r_1}}$	$\varPhi = \dfrac{4\pi\lambda(t_{w1} - t_{w2})}{\dfrac{1}{r_1} - \dfrac{1}{r_2}}$
热阻	$R = \dfrac{\delta}{\lambda A}$	$R = \dfrac{\ln(r_2/r_1)}{2\pi\lambda l}$	$R = \dfrac{1/r_1 - 1/r_2}{4\pi\lambda}$

例 9-1　一复合墙壁如图 9-6a 所示。内壁由两种不同材料组成以达到护墙的作用。室内空气温度为 20℃，室外空气温度为 -6℃。室内空气与墙壁的表面传热系数为 6.2W/(m^2·℃)，室外空气与墙壁的表面传热系数为 17W/(m^2·℃)。墙壁高 2m，宽 4m，下端护墙高 1m。各层厚度和导热系数为 $\delta_a = \delta_b = 12\text{mm}$，$\delta_c = 50\text{mm}$，$\delta_d = 25\text{mm}$，$\lambda_a = 0.16\text{W/(m·℃)}$，$\lambda_b = 0.2\text{W/(m·℃)}$，$\lambda_c = 0.04\text{W/(m·℃)}$，$\lambda_d = 0.17\text{W/(m·℃)}$。计算通过墙壁的传热量。

解： 室内侧墙壁在高度方向分为两部分，认为墙壁 a、b 两侧的温度分别与室内空气和墙壁 c 内侧的温度相等，热量同时通过墙壁 a、b，墙壁 a、b 只沿厚度方向传热。通过墙壁 a、b 内侧面传向室内空气的热量为两者之和。这一传热过程的热阻网络图如图 9-6b 所示。

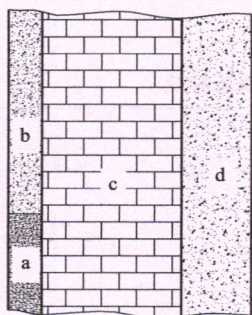

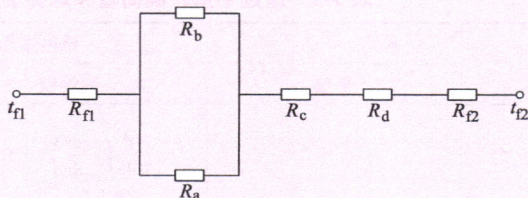

a) 墙壁结构　　　　　　　　　b) 通过墙壁传热的热阻网络

图 9-6　例 9-1 图

$$R_{f1} = \frac{1}{h_1(A_a + A_b)} = \frac{1}{6.2 \times 8}\text{℃/W} = 0.020\text{℃/W}$$

$$R_a = \frac{\delta_a}{\lambda_a A_a} = \frac{0.012}{0.16 \times 4}\text{℃/W} = 0.019\text{℃/W}$$

$$R_b = \frac{\delta_b}{\lambda_b A_b} = \frac{0.012}{0.2 \times 4} \text{℃/W} = 0.015\text{℃/W}$$

$$R_c = \frac{\delta_c}{\lambda_c A_c} = \frac{0.05}{0.04 \times 8} \text{℃/W} = 0.156\text{℃/W}$$

$$R_d = \frac{\delta_d}{\lambda_d A_d} = \frac{0.025}{0.17 \times 8} \text{℃/W} = 0.018\text{℃/W}$$

$$R_{f2} = \frac{1}{h_2 A_d} = \frac{1}{17 \times 8} \text{℃/W} = 0.007\text{℃/W}$$

其中 R_a 和 R_b 为两个并联热阻，其等效热阻根据热导叠加原则计算

$$R_{a,b} = \frac{R_a R_b}{R_a + R_b} = \frac{0.019 \times 0.015}{0.019 + 0.015} \text{℃/W} = 0.00838\text{℃/W}$$

$$\sum R_i = R_{f1} + R_{a,b} + R_c + R_d + R_{f2} = 0.209\text{℃/W}$$

通过墙壁的传热量为

$$\Phi = \frac{t_{f1} - t_{f2}}{\sum R_i} = \frac{20 - (-6)}{0.209} \text{W} = 124.4\text{W}$$

例 9-2 蒸汽直管道的外径 $d_1 = 30\text{mm}$，准备包两侧厚度都是 15mm 的不同材料的热绝缘层。a 种材料的导热系数 $\lambda_a = 0.04\text{W/(m·℃)}$，b 种材料的导热系数 $\lambda_b = 0.1\text{W/(m·℃)}$。若温差一定，试问从减少热损失的观点看，下列两种方案：第一种是 a 在里层，b 在外层；第二种是 b 在里层，a 在外层，哪一种好？

解： 方案一单位管长的热损失为

$$\Phi_{l1} = \frac{\Delta t}{\frac{1}{2\pi}\left(\frac{1}{\lambda_a}\ln\frac{d_2}{d_1} + \frac{1}{\lambda_b}\ln\frac{d_3}{d_2}\right)} = \frac{\Delta t}{\frac{1}{2\pi}\left(\frac{1}{0.04}\ln\frac{60}{30} + \frac{1}{0.1}\ln\frac{90}{60}\right)} \text{W/(m·℃)} = \frac{\Delta t}{3.4}\text{W/(m·℃)}$$

方案二单位管长的热损失为

$$\Phi_{l2} = \frac{\Delta t}{\frac{1}{2\pi}\left(\frac{1}{\lambda_b}\ln\frac{d_2}{d_1} + \frac{1}{\lambda_a}\ln\frac{d_3}{d_2}\right)} = \frac{\Delta t}{\frac{1}{2\pi}\left(\frac{1}{0.1}\ln\frac{60}{30} + \frac{1}{0.04}\ln\frac{90}{60}\right)} \text{W/(m·℃)} = \frac{\Delta t}{2.7}\text{W/(m·℃)}$$

比较两种方案的热损失

$$\frac{\Phi_{l2}}{\Phi_{l1}} = \frac{\Delta t/2.7}{\Delta t/3.4} = 1.26$$

因 $\Phi_{l1} < \Phi_{l2}$，故从减少热损失的观点看，方案一好。

例 9-3 一个球形的薄壁金属容器用来贮存 77K 的液氮，如图 9-7 所示。容器的直径为 0.5m，外面包了一个抽真空的、用硅石粉做的反射隔热系统。隔热层厚为 25mm，导热系数为 0.0017W/(m·K)，其外表面暴露在 300K 的空气中。已知空气与保温球壳外表面的表面传热系数 h 为 20W/(m²·K)，求空气与液氮的传热量。不计薄壁金属球容器壁的导热热阻，且进液口和排气口很小。

解: 由于不计薄壁金属容器壁的导热热阻,空气与液氮的传热过程简化为空气与保温球壳外表面的对流传热和通过隔热层的导热,传热过程的热阻网络图如图 9-8 所示。

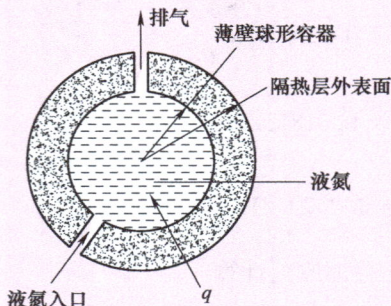

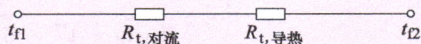

图 9-7　例 9-3 图　　　　　　　　图 9-8　空气与液氮传热的热阻网络

$$R_{t,对流} = \frac{1}{h4\pi r_2^2} = \frac{1}{20 \times 4\pi \times 0.275^2}℃/W = 0.0526℃/W$$

$$R_{t,导热} = \frac{1/r_1 - 1/r_2}{4\pi\lambda} = \frac{1/0.25 - 1/0.275}{4\pi \times 0.0017}℃/W = 17.0219℃/W$$

根据热阻网络图得空气与液氮的传热量为

$$\Phi = \frac{t_{f1} - t_{f2}}{R_{t,对流} + R_{t,导热}} = \frac{300 - 77}{0.0526 + 17.0219}W = 13.060W$$

9.2.2　通过肋片(翅片)的稳态导热

肋片是从壁面上延伸出来的扩展传热面,通过增加肋侧的传热面积达到增强传热的目的。以内燃机车散热单节为例,它用来将发动机等部件中带出的热量传给空气。水在管内流动,空气在管外流动。通常情况下,水的密度要比空气的密度大近 1000 倍,水的导热系数也比空气的导热系数大近 20 倍,水的比热容比空气的比热容大近 4 倍,因此管内水与管壁的表面传热系数大大高于空气与管壁的表面传热系数,一般要大几百倍。散热单节的传热系数 K(以光管管束外侧传热面积为基准)主要受表面传热系数小的那一侧表面传热系数的制约。通过采用管外加肋片的方法是降低管外侧热阻,提高散热单节的传热能力的有效措施。

肋片的形状多种多样,图 9-9 给出了常见的三种肋片形状,图 9-10 所示肋片是一种连续型肋片(内燃机车散热单节)。除此之外,肋还有圆柱形和针状等形状。通过肋片的导热通常是二维或三维的导热,但如果肋片内温度沿肋高方向的变化远大于沿厚度和宽度方向的变化,则可将其看成是一维导热(满足 $Bi = hl_c/\lambda < 0.1$,$l_c =$ 横截面积/周长)。下面分析通过等截面矩形直肋的一维稳态导热问题。

1. 通过等截面矩形直肋的导热微分方程

图 9-11 给出了等截面矩形直肋的传热情况。假设与肋壁相连的肋基处温度为 t_0,肋片的横截面积为 A_c(肋片宽度 $B=1$),截面周长为 P,高度为 H。材料的导热系数 λ、肋片表面传热系数 h 及肋片周围流体温度 t_f 均为常数。

根据所给出问题的条件,可以做以下假定,从而既能使问题得到适当简化,便于数学处

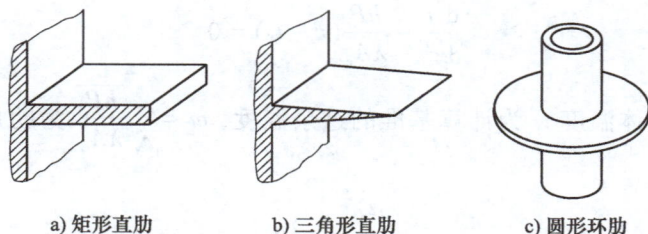

a) 矩形直肋   b) 三角形直肋   c) 圆形环肋

图9-9　肋片形状

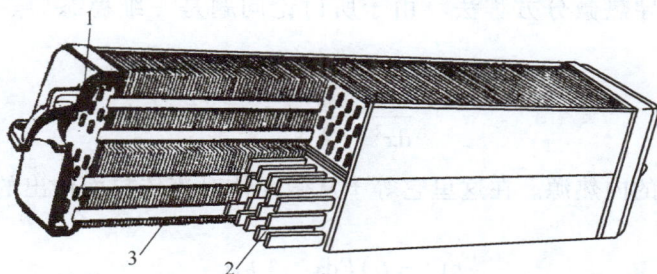

图9-10　散热单片

1—连接箱　2—肋片　3—扁管

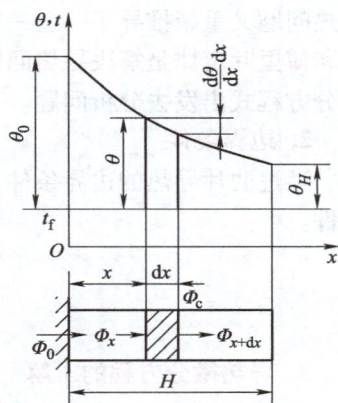

图9-11　肋片的导热

理，又能保持实际问题的基本特点：材料的导热系数 λ、表面传热系数 h 以及沿肋高方向的横截面积 A_c 均为常数；肋片温度在垂直于纸面方向（即宽度方向）不发生变化，因此可取一个截面（即单位长度）来分析；表面上的换热热阻 $1/h$ 远远大于肋片中的导热热阻 δ/λ，因而在任一截面上肋片温度可认为是均匀的；肋片顶端可视为绝热，即在肋的顶端 $\mathrm{d}t/\mathrm{d}x=0$；肋片根部与肋基接触良好，温度一致，不存在接触热阻。

经过上述简化，所研究的问题就变成一维稳态导热问题，这一问题的解可通过对长为 $\mathrm{d}x$ 的微元体列热平衡方程得出，也可通过对三维导热微分方程式（9-12）化简得出。下面分别用两种方法导出等截面矩形直肋的导热微分方程。

（1）对微元体列热平衡方程法　通过微元体边界面的热平衡关系为：

从左侧界面导入的热量＝从右侧界面导出的热量+从对流传热面传出的热量用公式表示为

$$\Phi_x = \Phi_{x+\mathrm{d}x} + \Phi_c \tag{9-26}$$

其中

$$\Phi_x - \Phi_{x+\mathrm{d}x} = \lambda \frac{\mathrm{d}^2 t}{\mathrm{d}x^2} A_c \mathrm{d}x \tag{9-27}$$

$$\Phi_c = h(t - t_f)P\mathrm{d}x \tag{9-28}$$

将式（9-26）、式（9-27）代入式（9-28），得

$$\frac{\mathrm{d}^2 t}{\mathrm{d}x^2} - \frac{hP}{\lambda A_c}(t - t_f) = 0 \tag{9-29}$$

定义 $\theta = t - t_f$ 为以流体温度 t_f 为计算基准的过余温度，$m = \sqrt{\dfrac{hP}{\lambda A_c}}$ 为肋片组合参数，则式 (9-29) 变为

$$\frac{\mathrm{d}^2 \theta}{\mathrm{d}x^2} = m^2 \theta \tag{9-30}$$

这就是通过等截面直肋的导热微分方程。

（2）化简三维导热微分方程法　由于所讨论问题是一维稳态导热问题，式（9-12）变为

$$\frac{\mathrm{d}^2 t}{\mathrm{d}x^2} + \frac{\dot{\Phi}}{\lambda} = 0 \tag{9-31}$$

其中 $\dot{\Phi}$ 是单位体积的内热源。在这里它等于从微元体对流传热面传出的热量/微元体的体积，即

$$\dot{\Phi} = -\frac{h(t - t_f)P\,\mathrm{d}x}{A_c\,\mathrm{d}x} = -\frac{hP}{A_c}(t - t_f) \tag{9-32}$$

将式（9-32）代入式（9-31）便得式（9-29）。

在推导上面的导热微分方程时，两种方法本质上是相同的，只不过方法一是针对具体的导热问题又重新推导了一遍一维稳态导热微分方程而已。但这给我们一个启示，能量守恒定律和傅里叶定律是解决导热问题的基本定律，可以灵活运用，而不一定要从完整的三维导热微分方程式出发去分析问题。

2. 边界条件

通过肋片导热的边界条件，在肋基处一般为已知温度的条件，而肋的另一端为绝热边界条件。

即

$$x = 0, \theta = \theta_0 = t_0 - t_f$$

$$x = H, \frac{\mathrm{d}\theta}{\mathrm{d}x} = 0$$

3. 导热微分方程的求解

方程式（9-29）是二阶线性、齐次常微分方程，其通解为

$$\theta = C_1 e^{mx} + C_2 e^{-mx}$$

代入边界条件，得

$$C_1 + C_2 = \theta_0$$

$$C_1 m e^{mH} - C_2 m e^{-mH} = 0$$

可得肋片温度分布的表达式为

$$\theta = \theta_0 \frac{\mathrm{ch}(m(H - x))}{\mathrm{ch}(mH)} \tag{9-33}$$

将 $x = H$ 代入式（9-33），可得肋端绝热时的端部温度为

$$\theta_H = \frac{\theta_0}{\mathrm{ch}(mH)} \tag{9-34}$$

4. 通过肋片的散热量

由肋片散出的热量均通过肋基导出，将式（9-33）的温度计算式代入傅里叶定律的表达式，得传热量为

$$\Phi\big|_{x=0} = -\lambda A_c \left(\frac{\mathrm{d}\theta}{\mathrm{d}x}\right)_{x=0} = -\lambda A_c \theta_0(-m)\frac{\mathrm{sh}(mH)}{\mathrm{ch}(mH)}$$

$$= \lambda A_c \theta_0 m\,\mathrm{th}(mH) = \frac{hP}{m}\theta_0\,\mathrm{th}(mH) \tag{9-35}$$

5. 肋效率

肋片表面温度沿肋高方向逐渐降低，肋片与流体间的温度差随之减小，通过肋片表面的散热量沿肋高方向也逐渐减小。这就是说，通过肋片增加的传热面积并非都是有效的传热面积。一般用肋效率表示肋片散热的有效程度，肋效率定义为

$$\eta_f = \frac{\Phi_f}{\Phi_0} \tag{9-36}$$

式中，Φ_f 为肋片的实际散热量；Φ_0 为假设整个肋片表面处于肋基温度下的理想散热量。

肋基的温度为 t_0，与流体接触整个肋片表面的平均温度为 t_m，低于肋基的温度。肋片的实际散热量为

$$\Phi_f = hA_c(t_m - t_f) = hA_c\theta_m \tag{9-37}$$

如果肋片内部不存在导热热阻，即材料的导热系数 λ 为无限大，则整个肋面仍能保持肋基的温度，即 $t_m = t_0$，此时，肋片具有最大的散热能力。这种理想情况下的散热量为

$$\Phi_0 = hA_c(t_0 - t_f) = hA_c\theta_0 \tag{9-38}$$

于是

$$\eta_f = \frac{\Phi_f}{\Phi_0} = \frac{\theta_m}{\theta_0} \tag{9-39}$$

或

$$\Phi_f = \eta_f \Phi_0 \tag{9-40}$$

对于肋端绝热的等截面直肋，肋片效率为

$$\eta_f = \frac{\dfrac{hP}{m}\theta_0\,\mathrm{th}(mH)}{hPH\theta_0} = \frac{\mathrm{th}(mH)}{mH} \tag{9-41}$$

对于矩形等截面直肋，如果它的宽度 B 远大于厚度 δ，可以取出单位长度来研究。其中，参与换热的周界 $P = 2$，则

$$mH = \sqrt{\frac{hP}{\lambda A_c}}H = \sqrt{\frac{2h}{\lambda\delta \times 1}}H = \sqrt{\frac{2h}{\lambda\delta}}H \tag{9-42}$$

等截面直肋是一种比较简单的肋，计算公式也不复杂，可以用公式直接计算导热量。但对三角形肋片、环形肋片等变截面肋片，计算公式较为复杂，直接计算比较烦琐，一般把肋效率计算公式整理成线算图，根据查出的肋效率按式（9-40）算出通过肋片的实际散热量。而对图9-10 所示的连续性型肋片，由于影响肋效率的因素较多，无法用统一的肋效率计算公式，因此，一般先将肋片进行分割，再按等效环肋进行计算，具体计算方法可查阅相关文献。

三角形直肋和等厚环肋的肋效率曲线如图 9-12 和图 9-13 所示。

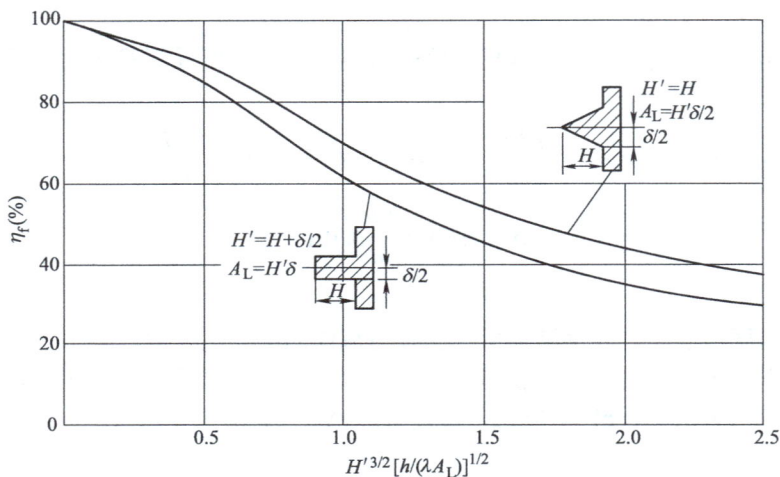

图 9-12　矩形及三角形直肋效率曲线

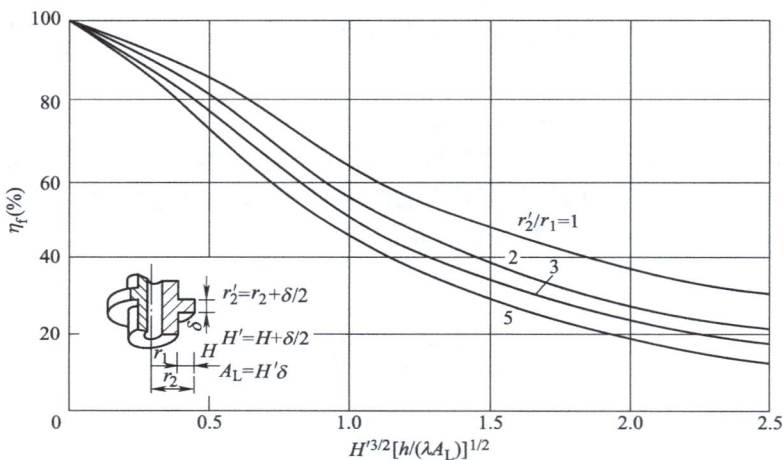

图 9-13　矩形剖面环肋效率曲线

例 9-4　在直径为 90mm 的过热蒸汽管道中插入一支温度计的套管，如图 9-14 所示。如果蒸汽对套管的表面传热系数 $h = 105W/(m^2 \cdot \text{℃})$，套管材料的导热系数 $\lambda = 55W/(m \cdot \text{℃})$，套管壁厚 $\delta = 0.9mm$。试求套管需要多大的长度才能保证温度计所测温度的误差小于蒸汽管壁温度的 0.5%。

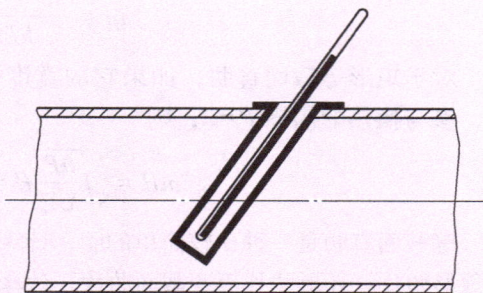

图 9-14　例 9-4 图

解：该温度计套管相当于装设在管壁上的等截面直肋，温度计套管可以近似看成截面积为 $\pi d\delta$ 的等截面直肋，其中 d 为套管外径，温度计的测温误差为套管端部温度与流体温度之差。根据题意有

$$t_f - t_H \leqslant 0.005(t_f - t_w) \quad \text{即} \quad \frac{\theta_H}{\theta_0} \leqslant 0.005$$

根据式（9-34）有

$$\frac{\theta_H}{\theta_0} = \frac{1}{\text{ch}(mH)} \leqslant 0.005$$

得

$$mH \geqslant 5.991$$

本例中，换热周长 $P = \pi d$，套管截面积 $A_c = \pi d\delta$，于是有

$$m = \sqrt{\frac{hP}{\lambda A_c}} = \sqrt{\frac{h\pi d}{\lambda \pi d\delta}}$$

$$\approx \sqrt{\frac{105}{55 \times 0.0009}} \text{m}^{-1} = 46.06\text{m}^{-1}$$

于是

$$H = \frac{5.991}{46.06}\text{m} = 0.13\text{m}$$

由于所需要的套管长度要大于蒸汽管道的直径，所以温度计套管必须斜插入蒸汽管道中。

例9-5　在例9-4的基础上，如果管道壁温 $t_0 = 100℃$，温度计读数为 $150℃$，测温套管长 $H = 0.065\text{m}$。试求管道内蒸汽的真实温度。

解：

$$mH = \sqrt{\frac{hP}{\lambda A_c}}H = 46.06 \times 0.065 = 2.9939$$

$$\text{ch}(mH) = \text{ch}(2.9939) = 10$$

$$t_H - t_f = (t_0 - t_f)\frac{1}{\text{ch}(mH)}$$

$$t_f = \frac{t_H\text{ch}(mH) - t_0}{\text{ch}(mH) - 1} = \frac{150 \times 10 - 100}{10 - 1}℃ = 155.56℃$$

根据计算，测得的温度要比蒸汽的真实温度低 $5.56℃$，相对误差 $\Delta = 3.7\%$。如果把测温套管加长到 $H = 0.13\text{m}$，经计算此时温度计的读数为 $150.25℃$，相对误差 $\Delta = 0.17\% \leqslant 0.5\%$。显然，增加套管长度可以减少测温误差。另外，测温误差不仅取决于套管的长度，还与套管的厚度、导热系数有关。如何减小测温误差，请读者自行分析。

9.3　非稳态导热

在很多情况下，物体内的温度会随时间变化。如金属热处理过程，工件的加热与冷却；房屋墙壁温度随时间和季节的变化；机械设备从起动到以稳定工况运行时零部件温度的变化等。这种物体内部温度场随时间变化的导热问题，称为非稳态导热。非稳态导热又可分为周

期性的非稳态导热和瞬态非稳态导热两种。对于前者，物体内的温度场周期性地变化；而后者，物体的温度不断升高或降低，直到与周围环境温度相平衡。这里主要讨论瞬态非稳态导热问题。

9.3.1　非稳态导热过程

分析图 9-15 所示的加热过程。康铜棒和铝棒的一端插入温度为 100℃ 的开水中，其余部分暴露在温度为 20℃ 的空气中，康铜棒和铝棒具有相同的初始温度（假设为 20℃）。康铜棒和铝棒两端的温度及插入水中一端的表面热流量如图 9-16 所示。铝棒和康铜棒两端的温度及加热端的热流量分别有相近的变化趋势。但铝棒暴露端的温度很快受到导热的影响，在图中几乎看不到维持初始温度的阶段，而康铜棒暴露端的温度在 400s 以后才开始受到扰动并开始缓慢上升，在第 30min 时趋于稳定。两只棒插入水中一端的温度在较短

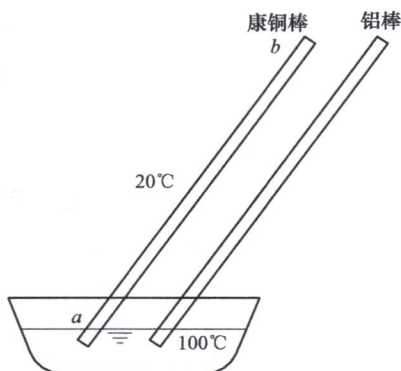

图 9-15　一端放在 100℃ 开水中的康铜棒和铝棒

的时间内迅速上升，随后升幅减慢并逐渐趋于稳定。热流量在棒体刚插入水中的一瞬间达到最大值，随着棒加热端温度的上升而迅速下降，最后达到平衡，进入稳定传热阶段。

上面的分析表明，瞬态非稳态导热过程可分为两个阶段：一个是物体内部导热尚未波及整个物体，物体内温度分布主要受初始温度的影响，这一阶段称作非正规状况阶段；而物体内导热恰好波及整个物体，物体内温度均受到热边界条件影响以后的阶段称作正规状况阶段。一般来说，工程中的非稳态导热过程绝大部分时间都处于正规状况阶段。这里讨论的非稳态导热主要针对正规状况阶段的非稳态导热。

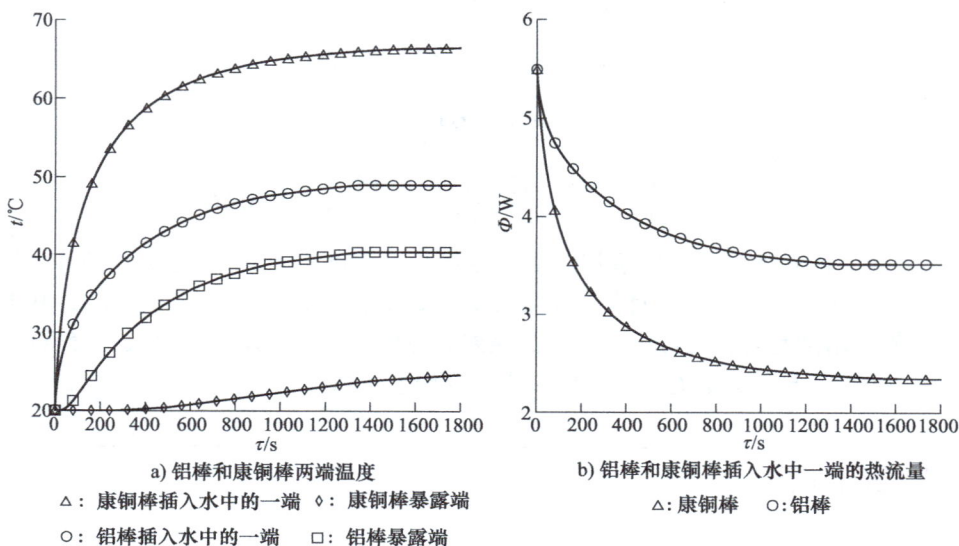

图 9-16　康铜棒和铝棒两端的温度及插入水中一端的热流量

非稳态导热过程之所以存在非正规状况和正规状况两个阶段，是由于物体内部温度的变化本质上是物体内部热力学能的变化，引起这一变化需要从外界或临近边界面吸收或放出热量。因此在非稳态导热过程中，物体内部各点温度变化存在时间上的滞后性。这种滞后性与物体几何尺度、导热系数、表面传热系数及过程持续时间有关。

9.3.2 集总参数法

可以设想，如果物体内部导热热阻相对于边界面上的对流传热热阻来说足够小，那么物体内部各点温度在各个时刻将趋于均匀一致，各点温度只与时间有关，而与坐标位置无关。这样就可以把整个物体当作一个点考虑，这就是求解非稳态导热问题的集总参数法。表征物体内部导热热阻与边界上对流传热热阻相对大小的无量钢量是毕渥数（也译作毕奥数），有

$$Bi = \frac{hl}{\lambda} = \frac{l/\lambda}{1/h} \tag{9-43}$$

大平板两面置于相同的对流加热或冷却环境中时，板内温度分布用下式计算：

$$\frac{\theta(x,\tau)}{\theta_0} = 2 \sum_{i=1}^{\infty} \exp\left(-\mu_i^2 \frac{a\tau}{l^2}\right) \frac{\sin\mu_i \cos\left(\mu_i \frac{x}{l}\right)}{\mu_i + \sin\mu_i \cos\mu_i} \tag{9-44}$$

式中，$\theta_0 = t(x,0) - t_\infty = t_0 - t_\infty$ 为初始过余温度；$\theta(x,\tau) = t(x,\tau) - t_\infty$ 为 x 点处，τ 时刻的过余温度；μ_i 为超越方程 $\tan\mu_i = \dfrac{Bi}{\mu_i}$ 的根，有无穷多个，是 Bi 的函数。

不同毕渥数时，板内温度分布如图 9-17 所示，计算条件为：$t_\infty = 20℃$，$t_0 = 200℃$，板厚 $2l = 2\text{m}$。在给定条件下，板内温度分布只与傅里叶数 $Fo\left(Fo = \dfrac{a\tau}{l^2}\right)$、毕渥数 Bi 和位置 x 有关。从图中可看出，当 $Bi < 0.1$ 时，同一时刻板内各点温度几乎相等，因此，一般把 $Bi < 0.1$ 作为适用集总参数法的判定条件，此时物体中各点温度差别小于 5%。

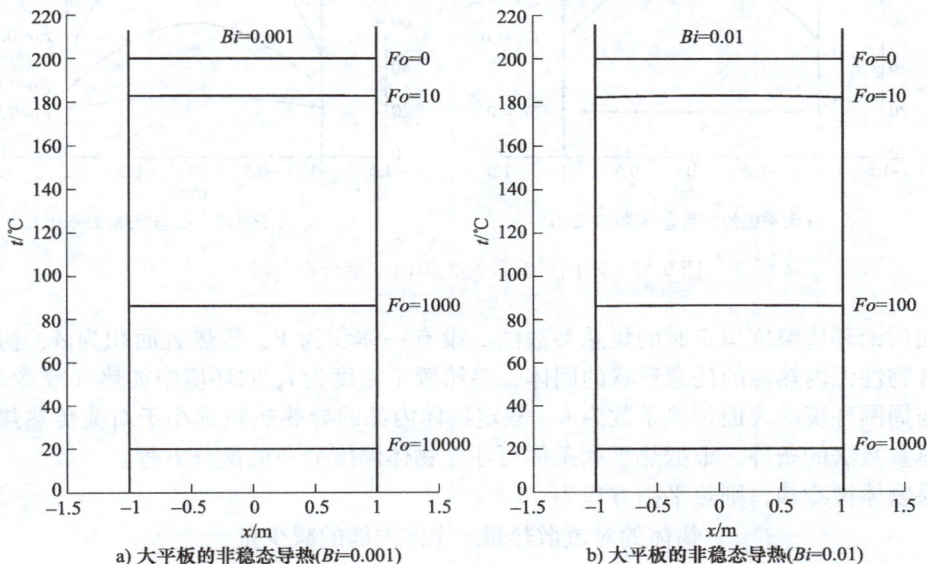

a) 大平板的非稳态导热($Bi=0.001$) b) 大平板的非稳态导热($Bi=0.01$)

图 9-17 不同毕渥数时，板内温度分布

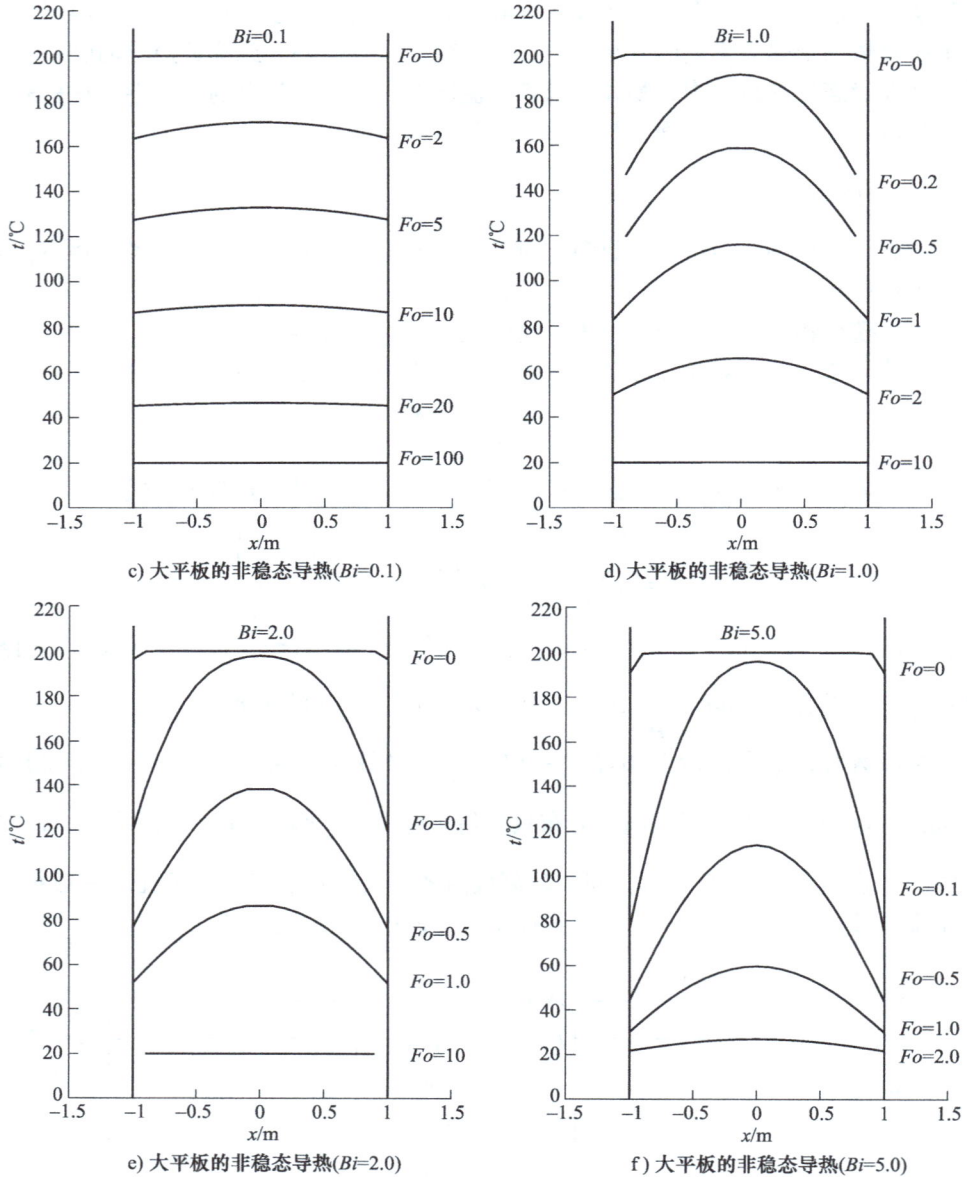

c) 大平板的非稳态导热(Bi=0.1)

d) 大平板的非稳态导热(Bi=1.0)

e) 大平板的非稳态导热(Bi=2.0)

f) 大平板的非稳态导热(Bi=5.0)

图 9-17 不同毕渥数时，板内温度分布（续）

  下面讨论环境温度恒定时的集总参数法。设有一体积为 V、传热表面积为 A、初始温度为 t_0、常物性无内热源的任意形状的固体，突然置于温度为 t_∞ 的环境中加热（或冷却），物体表面与周围环境的表面传热系数为 h。假定物体内部的导热热阻远小于对流传热热阻，符合用集总参数法的条件。根据热平衡条件可建立物体温度分布的微分方程。

  如果物体被冷却，则热平衡方程为

物体的对流散热量 = 物体内能的减少量

即

$$hA(t - t_\infty) = -\rho c V \frac{\mathrm{d}t}{\mathrm{d}\tau} \tag{9-45}$$

为便于方程求解，引入过余温度 $\theta = t - t_\infty$，则式（9-45）变为

$$hA\theta = -\rho cV\frac{\mathrm{d}\theta}{\mathrm{d}\tau} \tag{9-46}$$

式（9-46）即为该问题的导热微分方程。其初始条件为

$$\tau = 0, \theta = \theta_0 = t_0 - t_\infty \tag{9-47}$$

对式（9-46）分离变量并代入初始条件积分得

$$\ln\frac{\theta}{\theta_0} = -\frac{hA}{\rho cV}\tau \tag{9-48}$$

去对数得

$$\frac{\theta}{\theta_0} = \frac{t - t_\infty}{t_0 - t_\infty} = \mathrm{e}^{-\frac{hA}{\rho cV}\tau} \tag{9-49}$$

式（9-49）即为物体温度随时间变化的关系式。

对式（9-49）右边指数进行如下变换：

$$\frac{hA}{\rho cV}\tau = \frac{hA}{\rho cV}\frac{V}{V}\frac{\lambda}{\lambda}\frac{A}{A}\tau = \frac{h(V/A)}{\lambda}\frac{\lambda/(\rho c)}{(V/A)^2}\tau = \frac{hl_c}{\lambda}\frac{a\tau}{l_c^2} = Bi_V \cdot Fo_V$$

于是，式（9-49）可以写成

$$\frac{\theta}{\theta_0} = \frac{t - t_\infty}{t_0 - t_\infty} = \exp(-Bi_V \cdot Fo_V) \tag{9-50}$$

以上两式中，毕渥数 Bi_V 和傅立叶数 Fo_V 中的下标"V"表示用 V/A 作为特征尺寸，记为 l_c。值得注意的是，式（9-43）中的 Bi 与式（9-50）中的 Bi_V 是不同的。前者定义式中的几何量 l 为引用尺寸：对于大平壁为半厚度 δ，对于长圆柱、球体为半径 R；而后者定义式中的几何量 l_c 为特征尺寸：对于大平壁为半厚度 δ，对于长圆柱为 $R/2$，对于球体为 $R/3$。l_c 和 l 的关系为

$$\frac{l_c}{l} = M \tag{9-51}$$

对于大平壁 $M=1$；对于长圆柱 $M=1/2$；对于球体和正立方体 $M=1/3$。这样，非稳态导热问题适用集总参数法的判别式变为

$$Bi_V < 0.1M \tag{9-52}$$

任意时刻物体与外界交换的热流量为

$$\Phi = \rho cV\frac{\mathrm{d}t}{\mathrm{d}\tau} = hA(t_\infty - t) = (t_\infty - t_0)\rho cV\frac{t_\infty - t}{t_\infty - t_0}$$

$$= (t_\infty - t_0)\rho cV\exp\left(-\frac{hA}{\rho cV}\tau\right)$$

从 $\tau = 0$ 到 τ 时刻通过物体表面传递的热量为

$$Q = \int_0^\tau \Phi\mathrm{d}\tau = (t_\infty - t_0)\int_0^\tau hA\exp\left(-\frac{hA}{\rho cV}\tau\right)\mathrm{d}\tau$$

$$= (t_\infty - t_0)\rho cV\left[1 - \exp\left(-\frac{hA}{\rho cV}\tau\right)\right] \tag{9-53}$$

虽然上述各式是针对物体被加热的情况而导出的，但同样适用于被冷却的场合，只是为

了使换热量恒取正值应将式中的 $t_\infty - t_0$ 改为 $t_0 - t_\infty$。

或

$$Q = Q_0\left[1 - \exp\left(-\frac{hA}{\rho cV}\tau\right)\right] \tag{9-54}$$

例 9-6 铜-康铜热电偶球形热接点的直径为 1mm，初始温度为 20℃。测温时被突然放入温度为 200℃ 的介质中，其表面传热系数为 50W/(m²·℃)。试计算：

1）该热电偶的过余温度为初始过余温度的 1% 和 0.1% 时各需多少时间？

2）如果要求热电偶在 15s 内达到 $\theta/\theta_0 = 1\%$，那么热接点的直径应为多少？

解： 查得铜和康铜的热物性参数见表 9-3。

表 9-3 铜和康铜的热物性参数

物性参数	铜	康铜	热电偶接点物性
密度 ρ /(kg/m³)	8930	8920	8925
比热容 c/[J/(kg·℃)]	386	410	398
导热系数 λ/[W/(m·℃)]	398	22.2	210.1

注：热电偶接点物性取铜和康铜物性的平均值。

热电偶接点的毕渥数为

$$Bi_V = \frac{h(V/A)}{\lambda} = \frac{h\frac{R}{3}}{\lambda} = \frac{50 \times \frac{0.5}{3} \times 10^{-3}}{210.1} = 3.97 \times 10^{-5} < 0.1M = 0.1 \times \frac{1}{3} = 0.03333$$

因 $Bi_V < 0.1M$，所以可以使用集总参数法求解。

1）热电偶的过余温度达到初始过余温度的 1% 和 0.1% 时各需要的时间。热电偶接点任意时刻的过余温度为

$$\frac{\theta}{\theta_0} = \frac{t - t_\infty}{t_0 - t_\infty} = e^{-\frac{hA}{\rho cV}\tau}$$

已知 $\frac{\theta}{\theta_0} = 0.01$ 和 $\frac{\theta}{\theta_0} = 0.001$，即

$$\frac{\theta}{\theta_0} = e^{-\frac{hA}{\rho cV}\tau_1} = 0.01$$

和

$$\frac{\theta}{\theta_0} = e^{-\frac{hA}{\rho cV}\tau_2} = 0.001$$

对以上两式取对数得

$$-\frac{hA}{\rho cV}\tau_1 = -4.605$$

和

$$-\frac{hA}{\rho cV}\tau_2 = -6.91$$

最后得

$$\tau_1 = 4.605 \frac{\rho c V}{hA} = 4.605 \times \frac{8925 \times 398 \times \frac{0.5}{3} \times 10^{-3}}{50} = 54.53 \text{s}$$

和

$$\tau_2 = 6.91 \frac{\rho c V}{hA} = 6.91 \times \frac{8925 \times 398 \times \frac{0.5}{3} \times 10^{-3}}{50} = 81.82 \text{s}$$

两者之比为

$$\frac{\tau_2}{\tau_1} = 1.5$$

2）热电偶在 15s 内达到 $\theta/\theta_0 = 1\%$ 时，热接点的直径。因热接点直径未知，Bi_V 无法计算，先假定可以使用集总参数法。相对过余温度为

$$\frac{\theta}{\theta_0} = \text{e}^{-\frac{hA}{\rho c V}\tau} = 0.01 = \text{e}^{-\frac{50}{8925 \times 398 \times \frac{R}{3}} \times 15} = 0.01$$

整理得

$$R = -\frac{3 \times 50 \times 15}{\ln(0.01) \times 8925 \times 398} \text{m} = 0.138 \text{mm}$$

验证毕渥数 Bi_V

$$Bi_V = \frac{h(V/A)}{\lambda} = \frac{50 \times \frac{0.138}{3} \times 10^{-3}}{210.1} = 1.095 \times 10^{-5} < 0.1M = 0.1 \times \frac{1}{3} = 0.03333$$

所以使用集总参数法是有效的，热电偶直径应不大于 0.276mm。

9.4 导热问题数值解法

前面用分析解法推导了无限大平板、圆筒壁、球壳等一维稳态导热问题以及无限大平板一维非稳态导热问题等的温度和热流量计算公式。虽然用分析解法已获得很多导热问题的结果，但对于许多实际情况，由于所给出的几何条件和边界条件比较复杂，无法得到分析解，在这种情况下，利用计算机进行数值求解是一种有效的方法。下面介绍二维稳态导热和一维非稳态导热的有限差分法。

9.4.1 有限差分法

导热微分方程包含温度对时间的一阶导数和温度对坐标的二阶导数。数值求解就是把导

热微分方程应用于按一定格式划分的几何单元上，若是非稳态导热问题，还要把时间分段，在有限尺度的几何单元和时间步长上将导数用差商代替，于是将微分方程转化为有限差分方程。用单元格内某点的温度代表整个单元格的温度，将每一个几何单元和对应时间步长内的温度认为是一个常数，使原来随时间、空间坐标连续变化的温度变为阶梯变化的温度，几何单元和时间步长划分得越小，温度的不连续性也就越小。导热问题的数值求解过程如图9-18 所示。

按某一点上（把一个几何单元或一个时间步长看作一个点）计算差商时利用的函数值的位置，可把差商分为向前差分、向后差分和中心差分等。它们的定义式见表9-4。各种差分格式可通过函数的泰勒级数展开式进行构造。下面给出一阶和二阶导数中心差分格式的构造方法。设函数 $f(x)$ 在点 x_0 的某一邻域内连续、可导，将 $f(x)$ 按泰勒级数在 x_0 处分别向前、向后展开得

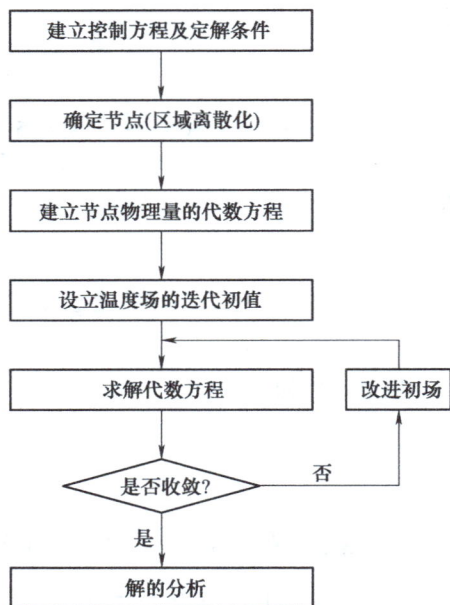

图 9-18   数值求解过程

表 9-4   差分格式的定义式

差分格式	节点图	差分的定义	差分的定义式	误差量级
向前差分		$\partial t_i = t_{i+1} - t_i$ $\partial t_i^2 = t_{i+2} - 2t_{i+1} + t_i$	$\left(\dfrac{\partial t}{\partial x}\right)_i = \dfrac{t_{i+1} - t_i}{\Delta x}$ $\left(\dfrac{\partial^2 t}{\partial x^2}\right)_i = \dfrac{t_{i+2} - 2t_{i+1} + t_i}{\Delta x^2}$	$O(\Delta x)$
向后差分		$\partial t_i = t_i - t_{i-1}$ $\partial t_i^2 = t_i - 2t_{i-1} + t_{i-2}$	$\left(\dfrac{\partial t}{\partial x}\right)_i = \dfrac{t_i - t_{i-1}}{\Delta x}$ $\left(\dfrac{\partial^2 t}{\partial x^2}\right)_i = \dfrac{t_i - 2t_{i-1} + t_{i-2}}{\Delta x^2}$	$O(\Delta x)$
中心差分		$\partial t_i = t_{i+\frac{1}{2}} - t_{i-\frac{1}{2}} = \dfrac{t_{i+1} - t_{i-1}}{2}$ $\partial^2 t_i = t_{i+1} - 2t_i + t_{i-1}$	$\left(\dfrac{\partial t}{\partial x}\right)_i = \dfrac{t_{i+1} - t_{i-1}}{2\Delta x}$ $\left(\dfrac{\partial^2 t}{\partial x^2}\right)_i = \dfrac{t_{i+1} - 2t_i + t_{i-1}}{\Delta x^2}$	$O(\Delta x^2)$

注：x 为坐标变量，t 为节点温度，上标1、2表示差分或差商的阶数，下标 i 表示节点位置的标号。

$$f(x_0 - \Delta x) = f(x_0) - \Delta x f'(x_0) + \frac{\Delta x^2}{2!}f''(x_0) - \frac{\Delta x^3}{3!}f'''(x_0) + \cdots \qquad (a)$$

$$f(x_0 + \Delta x) = f(x_0) + \Delta x f'(x_0) + \frac{\Delta x^2}{2!}f''(x_0) + \frac{\Delta x^3}{3!}f'''(x_0) + \cdots \qquad (b)$$

用式（b）减去式（a），整理得

$$f'(x_0) = \frac{1}{2\Delta x}[f(x_0+\Delta x)-f(x_0-\Delta x)] - \frac{1}{\Delta x}\frac{\Delta x^3}{3!}f'''(x_0) - \cdots \tag{c}$$

截去式（c）三阶导数以后各项得

$$f'(x_0) \approx \frac{f(x_0+\Delta x)-f(x_0-\Delta x)}{2\Delta x} \tag{d}$$

如果函数 $f(x)$ 表示温度，即 $t=f(x)$，则式（d）变为

$$f'(x_0) = \left(\frac{\partial t}{\partial x}\right)_i \approx \frac{t_{i+1}-t_{i-1}}{2\Delta x} \tag{9-55}$$

用式（a）加上式（b），整理得

$$f''(x_0) = \frac{f(x_0+\Delta x)-2f(x_0)+f(x_0-\Delta x)}{\Delta x^2} - \frac{2}{\Delta x^2}\frac{\Delta x^4}{4!}f^4(x_0) - \cdots \tag{9-56}$$

截去式（9-56）四阶导数以后各项得

$$f''(x_0) \approx \frac{f(x_0+\Delta x)-2f(x_0)+f(x_0-\Delta x)}{\Delta x^2} \tag{9-57}$$

或

$$f''(x_0) = \left(\frac{\partial^2 t}{\partial x^2}\right)_i \approx \frac{t_{i+1}-2t_i+t_{i-1}}{\Delta x^2} \tag{9-58}$$

建立差分方程可以用泰勒级数展开法导数得出，也可以通过对离散的单元列热平衡方程得出，后者更适用于边界单元差分方程的建立。

9.4.2 稳态导热问题的有限差分解

考虑一个直角坐标系下的二维、无内热源、常物性稳态导热问题，图9-19是从该导热问题的计算区域中取出的一部。该问题的导热微分方程为

$$\frac{\partial^2 t}{\partial x^2} + \frac{\partial^2 t}{\partial y^2} = 0 \tag{9-59}$$

将计算区域离散后，建立每一单元节点的差分方程，然后将它们整理成代数方程组并进行求解。

1. 内部节点的有限差分方程

图9-19阴影线所示的单元为计算区域内部的任意一个单元，单元节点用 i、j 表示。用该节点的二阶中心差分代替二阶导数，代入式（9-59）中得

$$\frac{t_{i+1,j}-2t_{i,j}+t_{i-1,j}}{\Delta x^2} + \frac{t_{i,j+1}-2t_{i,j}+t_{i,j-1}}{\Delta y^2} = 0 \tag{9-60}$$

整理式（9-60）得

$$t_{i,j} = \frac{1}{2(\Delta x^2+\Delta y^2)}[(t_{i+1,j}+t_{i-1,j})\Delta y^2 + (t_{i,j+1}+t_{i,j-1})\Delta x^2] \tag{9-61}$$

如果 x 方向和 y 方向网格线的间距相等，则式（9-61）还可进一步简化，并得到内部单元节

点的温度等于其相邻单元节点温度的平均值。

2. 边界节点的有限差分方程

对于第一类边界条件，边界节点温度已给定，所有内节点的差分方程组成一个封闭的代数方程组，可以立即进行求解。但对于含第二类或第三类边界条件的导热问题，由内节点的差分方程组成的方程组是不封闭的，因为其中包含了未知的边界温度，因而还必须补无边界节点的有限差分方程，才能使方程组封闭。

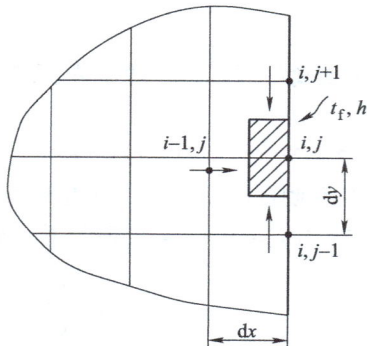

图 9-20 所示为第三类边界条件下的边界节点 (i, j)，下面用热平衡法导出其节点差分方程。节点 (i, j) 代表的单元为阴影线所示的区域，其相邻单元和对流传热边界的热流均流向该单元，在无内热源、稳态导热的条件下，从 (i, j) 单元边界传热热量的和为零，即

$$\Phi_{i-1,j} + \Phi_B + \Phi_{i,j+1} + \Phi_{i,j-1} = 0$$

将傅里叶定律、对流传热计算公式代入得

$$\lambda \frac{t_{i-1,j} - t_{i,j}}{\Delta x}\Delta y + h(t_f - t_{i,j})\Delta y + \lambda \frac{t_{i,j+1} - t_{i,j}}{\Delta y}\frac{\Delta x}{2} + \lambda \frac{t_{i,j-1} - t_{i,j}}{\Delta y}\frac{\Delta x}{2} = 0$$

整理得

$$t_{i,j} = \frac{\left(t_{i-1,j} + \frac{h\Delta x}{\lambda}t_f\right)\Delta y^2 + (t_{i,j+1} + t_{i,j-1})\frac{\Delta x^2}{2}}{\Delta x^2 + \Delta y^2 + \frac{h\Delta x}{\lambda}\Delta y^2} \tag{9-62}$$

这就是第三类边界条件下平直边界面上节点的有限差分方程。按照同样的方法，可以建立各种具体边界条件下边界节点的有限差分方程。

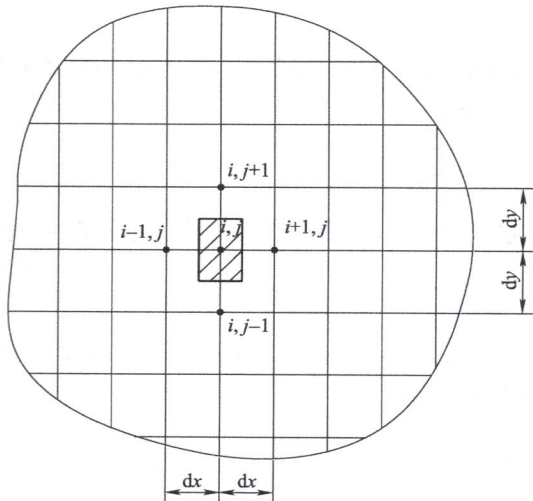

图 9-19　二维稳态导热数值计算内部节点　　图 9-20　第三类边界条件下的边界节点 (i, j)

3. 节点方程组的求解

将内部节点方程和边界节点方程进行整理，可得到如下的线性代数方程组：

$$\begin{cases} a_{11}t_1 + a_{12}t_2 + a_{13}t_3 + \cdots + a_{1n}t_n = b_1 \\ a_{21}t_1 + a_{22}t_2 + a_{23}t_3 + \cdots + a_{2n}t_n = b_2 \\ \qquad\qquad\qquad\vdots \\ a_{i1}t_1 + a_{i2}t_2 + a_{i3}t_3 + \cdots + a_{in}t_n = b_i \\ \qquad\qquad\qquad\vdots \\ a_{n1}t_1 + a_{n2}t_2 + a_{n3}t_3 + \cdots + a_{nn}t_n = b_n \end{cases} \tag{9-63}$$

$$\begin{cases} t_1 = \dfrac{1}{a_{11}}\left[b_1 - (a_{12}t_2 + a_{13}t_3 + \cdots + a_{1n}t_n) \right] \\ \\ t_2 = \dfrac{1}{a_{22}}\left[b_2 - (a_{21}t_1 + a_{23}t_3 + \cdots + a_{2n}t_n) \right] \\ \qquad\qquad\qquad\vdots \\ t_i = \dfrac{1}{a_{ii}}\left[b_i - (a_{i1}t_1 + a_{i2}t_2 + \cdots + a_{in}t_n) \right] \\ \qquad\qquad\qquad\vdots \\ t_n = \dfrac{1}{a_{nn}}\left[b_n - (a_{n1}t_1 + a_{n2}t_2 + \cdots + a_{nn-1}t_{n-1}) \right] \end{cases} \tag{9-64}$$

式（9-63）所示的线性代数方程组可用高斯消元法、迭代法等方法求解，这里介绍高斯-赛德尔迭代法。为此，把式（9-63）对角线上的未知量放在方程式左边，其余各项放在方程式右边，如式（9-64）所示。在移项时要保证 a_{ii} 不为零，否则需更换节点编号。求解时先给定一组初值 $\{t_i^0\}$，将其代入式（9-64）的第一式中，得到 $t_1^{(1)}$，然后将 $t_1^{(1)}$ 及 $\{t_i^0\}$（$i \neq 1$）代入方程组的第二式，得到 $t_2^{(1)}$，再将 $t_1^{(1)}$、$t_2^{(1)}$ 及 $\{t_i^0\}$（$i \neq 1$、2）代入方程组的第三式，得到 $t_3^{(1)}$。如此，把最新迭代计算得出的值，立即代入后续的迭代计算中，待一轮迭代计算完成后，判断各 t_i 的新值与上一轮迭代计算出的值的偏差是否都小于预定的允许误差，即要求

$$\max \left| t_i^{(k+1)} - t_i^{(k)} \right| \leqslant \varepsilon_1 \tag{9-65}$$

或

$$\max \left| \frac{t_i^{(k+1)} - t_i^{(k)}}{t_i^{(k)}} \right| \leqslant \varepsilon_2 \tag{9-66}$$

或

$$\max \left| \frac{t_i^{(k+1)} - t_i^{(k)}}{t_{\max}^{(k)}} \right| \leqslant \varepsilon_3 \tag{9-67}$$

式中，上标 k 及 $k+1$ 表示迭代次数；$t_{\max}^{(k)}$ 为第 k 次迭代计算所得计算区域中的最大值。

如果满足式（9-65）、式（9-66）或式（9-67），则迭代过程结束；如不满足，则继续进行下一轮的迭代。除用式（9-65）、式（9-66）或式（9-67）判断迭代过程是否可以结束外，为防止迭代过程出现不合理的情况，也可给定最大迭代次数来结束迭代过程，以检查迭代不收敛的原因。

思 考 题

9-1 不同温度的等温线为什么不能相交？热流线能相交吗？热流线为什么与等温线垂直？

9-2 写出导热傅里叶定律表达式的一般形式，说明其适用条件及式中各符号的物理意义。

9-3 试说明导热系数的物理意义，并举例说明其影响因素。

9-4 一个具体导热问题的完整数学描述应包括哪些方面？

9-5 试说明在什么条件下平板和圆筒壁的导热可以按一维导热处理。

9-6 试用传热学观点说明为什么冰箱要定期除霜。

9-7 为什么有些物体要加装肋片？加肋一定会使传热量增加吗？工程上采用加肋片强化传热时，肋片应加在哪一侧？

9-8 列举两类非稳态导热的实例，并说明与稳态导热的差异，试写出稳态导热微分方程。

9-9 试从传热学的角度解释为什么冬天在白天晒过的被子，晚上盖着睡觉会感到暖和一些。

9-10 集总参数法有什么特点？使用条件是什么？试说明 Fo 和 Bi 两准则的物理意义。

9-11 有人说测温热电偶的球头直径越小越好，你同意吗？为什么？

9-12 试说明热平衡法对节点建立离散方程的基本原理与思想。

习 题

9-1 一厚 200mm 的平面墙，导热系数为 1.3W/(m·℃)，平面墙一侧的温度为 1300℃，另一侧用导热系数为 0.35W/(m·℃) 的隔热材料保温。为使每平方米墙的热损失不超过 1830W，隔热层外侧温度不超过 30℃，问保温层的厚度应为多少？

9-2 一冷库的墙由内向外由钢板、矿渣棉和石棉板三层材料构成，各层的厚度分别为 0.8mm、150mm 和 10mm，导热系数分别为 45W/(m·K)、0.07W/(m·K) 和 0.1W/(m·K)。冷库内、外气温分别为 −2℃ 和 30℃，冷库内、外壁面的表面传热系数分别为 2W/(m²·K) 和 3W/(m²·K)。为了维持冷库内温度恒定，试确定制冷设备每小时需要从冷库内取走的热量。

9-3 一砖墙的表面积为 15m²，厚 300mm，平均导热系数为 1.5W/(m·K)，设其面向室内的表面温度为 25℃，外表面温度为 −5℃，试确定此砖墙向外界散失的热量。

9-4 有一炉墙，厚度为 20cm，墙体材料的导热系数为 1.3W/(m·K)，为使散热损失不超过 1500W/m²，紧贴墙外壁面加一层导热系数为 0.1W/(m·K) 的保温层。已知复合墙壁内、外两侧壁面温度分别为 800℃ 和 50℃，试确定保温层的厚度。

9-5 一双层玻璃窗由两层厚 6mm 的玻璃及其间的空气隙所组成，空气隙厚度为 8mm。假设面向室内的玻璃表面温度与面向室外的玻璃表面温度各为 20℃ 及 −20℃，试确定该双层玻璃窗的热损失。如果采用单层玻璃窗，其他条件不变，其热损失是双层玻璃的多少倍？玻璃窗的尺寸为 60cm×60cm，不考虑空气间隙中的自然对流，玻璃的导热系数为 0.78W/(m·K)。

9-6 外径为 100mm 的蒸汽管道，覆盖密度为 20kg/m³ 的超细玻璃棉毡保温。已知蒸汽管道的外壁温度为 400℃，希望保温层外表面温度不超过 50℃，且每米长管道上散热量小于 163W，试确定所需的保温层厚度。

9-7 蒸汽管道的内外直径分别为 160mm 和 170mm，管壁导热系数 $\lambda_1 = 58W/(m·K)$；管道外有两层保温材料，第一层厚度为 $\delta_2 = 30mm$，导热系数 $\lambda_2 = 0.17W/(m·K)$；第二层厚度为 $\delta_3 = 50mm$，导热系数 $\lambda_3 = 0.093W/(m·K)$；蒸汽管的内表面温度 $t_1 = 300℃$，保温层外表面温度 $t_4 = 50℃$，求每米管长总热阻、每米管长热损失和各层接触面的温度。

9-8 锅炉过热器合金钢管的内、外直径分别为 32mm 和 42mm，导热系数 $\lambda_1 = 32.6W/(m·K)$，过热器钢管内、外壁面温度分别为 $t_1 = 560℃$、$t_2 = 580℃$。试求：

1）不积灰时每米管长的热流量 q_l。

2) 倘若管外积有 1mm 厚的烟灰，其导热系数 $\lambda_2 = 0.06W/(m \cdot K)$，总温压保持不变，求此时每米管长的热流量 q_l。

9-9 测量储气罐内空气温度的温度计套管用钢材制成，导热系数 $\lambda = 45W/(m \cdot K)$，套管壁厚 $\delta = 1.5mm$，长 $H = 120mm$。温度计指示套管的端部温度为 80℃，套管另一端与储气罐连接处的温度为 40℃。已知套管与罐内空气间对流传热的表面传热系数为 $5W/(m^2 \cdot K)$，试求由于套管导热引起的测温误差。

9-10 用球壁导热仪测定型砂的导热系数。两同心空心球壳，直径分别为 $d_1 = 75mm$，$d_2 = 150mm$。两球壳间紧实地充填了型砂，在稳定导热工况下，测得 $t_1 = 52.8℃$，$t_2 = 47.3℃$，加热的电流 $I = 0.123A$，电压 $U = 15V$。求型砂的导热系数。

9-11 试计算下列两种情形下等厚度直肋的效率：

1) 铝肋，$\lambda = 208W/(m \cdot K)$，$h = 284W/(m^2 \cdot K)$，$H = 15.24mm$，$\delta = 2.54mm$。

2) 钢肋，$\lambda = 41.5W/(m \cdot K)$，$h = 511W/(m^2 \cdot K)$，$H = 15.24mm$，$\delta = 2.54mm$。

9-12 在外径为 25mm 的管壁上装有铝制的等厚度环肋，相邻肋片中心线之间的距离 $s = 9.5mm$。环肋高 $H = 12.5mm$，厚 $\delta = 0.8mm$。管壁温度 $t_w = 200℃$，流体温度 $t_f = 90℃$，管基及肋片与流体之间的表面传热系数为 $110W/(m^2 \cdot K)$。试确定每米长肋片管（包括肋片及基管部分）的散热量。

9-13 一块厚为 100mm 的钢板放入温度为 800℃ 的炉中加热。钢板单面受热，另一面认为是绝热面。钢板初始温度 $t_1 = 20℃$。求钢板受热表面的温度达到 400℃ 时所需的时间，并计算此时钢板的最大温差。取加热过程平均表面传热系数为 $h = 174W/(m^2 \cdot K)$，钢板导热系数 $\lambda = 34.8W/(m \cdot K)$，热扩散率 $a = 0.555 \times 10^{-6}m^2/s$。

9-14 直径为 50mm 的金属球，导热系数 $\lambda = 85W/(m \cdot K)$，热扩散率 $a = 2.95 \times 10^{-5}m^2/s$，初始时温度均匀，等于 300℃。现将铜球置于 36℃ 的大气中，若平均表面传热系数 $h = 30W/(m^2 \cdot K)$，试以集总参数法计算球达 90℃ 所需要的时间。

9-15 热电偶的热接点可以近似地看作球形，已知其直径 $d = 0.5mm$、材料的密度 $\rho = 8500kg/m^3$、比热容 $c = 400J/(kg \cdot K)$。热电偶的初始温度为 25℃，突然将其放入 120℃ 的气流中，热电偶表面与气流间的表面传热系数为 $90W/(m^2 \cdot K)$，试求：

1) 热电偶的时间常数。

2) 热电偶的过余温度达到初始过余温度的 1% 时所需的时间。

9-16 一长为 0.3m、直径为 0.1m 的圆柱形不锈钢，在加热炉中均匀加热到温度为 850℃ 后突然取出置于温度为 40℃ 的空气中冷却，钢柱表面与空气之间平均表面传热系数为 $h = 30W/(m^2 \cdot K)$。已知钢柱材料的密度 $\rho = 7800kg/m^3$、比热容 $c = 460J/(kg \cdot K)$、导热系数 $\lambda = 35W/(m \cdot K)$，试以集总参数法计算钢柱中心达 100℃ 时所需要的时间。

9-17 将初始温度为 80℃、直径为 20mm 的纯铜棒突然横置于温度为 20℃、流速为 12m/s 的风道中冷却，5min 后纯铜棒的表面温度降为 34℃。已知纯铜棒的密度 $\rho = 8954kg/m^3$、比热容 $c = 383.1J/(kg \cdot K)$、导热系数 $\lambda = 386W/(m \cdot K)$，试求纯铜棒表面与气体间对流传热的表面传热系数。

9-18 试对图 9-21 所示的等截面直肋的稳态导热问题，用数值方法求解节点 2、3 的温度。图中 $t_0 = 85℃$、$t_f = 25℃$、$h = 30W/(m^2 \cdot K)$。肋高 $H = 4cm$，纵剖面面积 $A_L = 4cm^2$，导热系数 $\lambda = 20W/(m \cdot K)$。

9-19 已知图 9-22 所示平面各个边界的温度，试求其内部几个节点的温度。

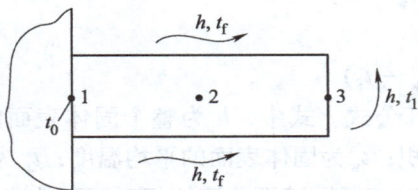

图 9-21 习题 9-18 图

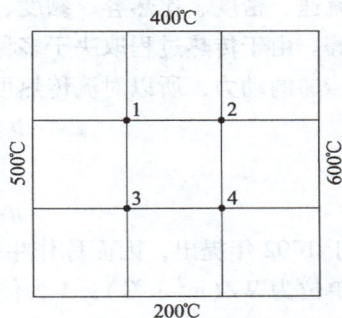

图 9-22 习题 9-19 图

第 10 章

对 流 传 热

在第 9 章讨论导热问题时已多次用到对流传热的概念和计算公式，对流传热是指流体流经固体壁面时流体与固体表面之间的热量传递现象，对流传热在日常生活和工业上的应用较为广泛。

本章将重点阐述对流传热的基本概念、影响因素、数学描述方法及边界层理论和相似理论，为求解对流传热问题奠定必要的理论基础，并讨论一些工业生产和日常生活中常见的单相流体强迫对流传热、自然对流传热的特点和计算方法。对有相变的凝结和沸腾换热的特点和关联式等本章只做简要介绍。

10.1 对流传热的基本概念

10.1.1 牛顿冷却公式及对流传热微分方程

对流传热是指流体与固体壁面之间进行的热量传递过程，它不是一种基本的传热方式，而是贴近固体壁面的流体层的导热与远离壁面的流体间的热对流两种基本传热方式的复合传热。热对流是指流体各部分之间发生宏观相对位移时引起的热量传递，它是传热的一种基本方式。由于对流传热的热量转移不仅依靠流体的导热，而且也要依靠流体流动产生的位移，所以它除了受导热规律的控制之外，还要受流动规律的支配。影响传热过程的因素很多，主要有流体的流速、密度、比热容、黏度、导热系数，流动通道的几何形状，流体与固体壁面的相对位置等。由于传热过程取决于多种因素，因而使得这一过程很复杂。尽管如此，因为温差是热量传递的动力，所以对流传热可用如下形式简单的计算公式计算：

$$\Phi = hA(t_w - t_f) \qquad (10\text{-}1)$$

或

$$q = h(t_w - t_f) \qquad (10\text{-}2)$$

该式由牛顿于 1702 年提出，因而称作牛顿冷却公式。式中，h 为整个固体表面的平均表面传热系数，单位为 $W/(m^2 \cdot ℃)$；A 为传热面积；t_w 为固体表面的平均温度；t_f 为流体温度。

流体掠过壁面流动时，由于流体黏性的影响，紧贴壁面的流体相对壁面的速度为零，随着流体离壁面距离的增加，流体的速度开始增加。流体速度迅速变化的这一薄层流体称作边界层或速度边界层。边界层内流体的流动主要受黏性力制约，而边界层以外的流体的流动主要受惯性力的制约。在流体与壁面间存在温差时，在靠近壁面处，除存在沿壁面法线方向变化的速度边界层外，还存在沿壁面法线方向变化的热边界层（也称温度边界层）。流体与壁面的传热在贴近壁面的边界层内按导热的方式传递，服从傅里叶定律：

$$q = -\lambda_f \frac{\partial t}{\partial y}\bigg|_{y=0} \tag{10-3}$$

式中，λ_f 为流体的导热系数；$\dfrac{\partial t}{\partial y}\bigg|_{y=0}$ 为边界层内流体温度沿法线方向的变化率在壁面处的值。由式（10-2）和式（10-3）得

$$h = -\frac{\lambda_f}{t_w - t_f}\frac{\partial t}{\partial y}\bigg|_{y=0} \tag{10-4}$$

式（10-4）称为对流传热微分方程，它一方面表明了对流传热与导热的关系，另一方面给出了在已知温度分布的情况下计算表面传热系数的依据。

10.1.2 对流传热的影响因素

对流传热是流体的导热和热对流两种基本传热方式共同作用的结果。因此，凡是影响流体导热和热对流的因素都将对对流传热产生影响，归纳起来，主要有以下五个方面：

1. 流动的起因

由于流动起因不同，使流体内的速度分布、温度分布不同，对流传热的规律也不相同。根据流动的起因，对流传热主要分为强迫对流传热与自然对流传热两大类。

（1）强迫对流　强迫对流是指流体在风机、水泵或其他外部动力作用下产生的流动。

（2）自然对流　自然对流是指流体在不均匀的体积力（重力、离心力及电磁力等）的作用下产生的流动。本书只涉及日常生活中最常见的在重力场作用下产生的自然对流。由于流体的密度是温度的函数，流体内部温度场不均匀会导致密度场的不均匀，在重力的作用下就会产生浮升力而促使流体发生流动，室内暖气片周围空气的流动就是这种自然对流最典型的实例。

一般地说，自然对流的流速较低，因此自然对流传热通常要比强迫对流传热弱，表面传热系数要小。例如，气体的自然对流传热表面传热系数在 $1 \sim 10 \, W/(m^2 \cdot K)$ 范围内，而气体的强迫对流传热表面传热系数通常在 $10 \sim 100 \, W/(m^2 \cdot K)$ 范围内。

2. 流动的状态

流体的流动有层流和湍流两种流态。层流时流速缓慢，流体将分层地沿平行于壁面的方向流动，宏观上层与层之间互不混合，因此垂直于流动方向上的热量传递主要靠分子扩散（即导热）。湍流时，流体内存在强烈的脉动和漩涡，使各部分流体之间迅速混合。流体湍流时的热量传递除了分子扩散之外，主要靠流体宏观的湍流脉动，因此湍流对流传热要比层流对流传热强烈，表面传热系数更大。

3. 流体有无相变

有时在对流传热过程中流体会发生相变，如液体在对流传热过程中被加热而沸腾，由液态变为气态；蒸汽在对流传热过程中被冷却而凝结，由气态变为液态。由于流体在沸腾和凝结换热过程中吸收或者放出潜热（相变热），沸腾时流体还受到气泡的强烈扰动，所以流体

发生相变时的对流传热规律以及换热强度和单相流体不同。

4. 流体的物理性质

流体的物理性质（简称物性）对对流传热影响很大。由于对流传热是导热和热对流两种基本传热方式共同作用的结果，所以对导热和热对流产生影响的物性都将影响对流传热。在对流传热分析中所涉及的主要物性参数有：导热系数 λ [W/(m·K)]、密度 ρ (kg/m³)、比热容 c [J/(kg·K)]、黏度 η (Pa·s) 和体胀系数 α_V (K⁻¹)，其中，体胀系数的定义式为

$$\alpha_V = \frac{1}{v}\left(\frac{\partial v}{\partial t}\right)_p = -\frac{1}{\rho}\left(\frac{\partial \rho}{\partial t}\right)_p$$

对于理想气体，$pv = RT$，带入可得 $\alpha_V = 1/T$。

流体的导热系数 λ 越大，流体导热热阻越小，对流传热越强烈。ρc 反映单位体积流体热容量的大小，其数值越大，通过对流所转移的热量越多，对流传热越强烈。从流体力学已知，流体的黏度影响速度分布与流态（层流还是湍流），因此对对流传热产生影响。体胀系数 α_V 影响重力场中的流体因密度差而产生的浮升力的大小，因此影响自然对流传热。

流体的物性参数随流体的种类、温度和压力而变化。对于同一种不可压缩牛顿流体，其物性参数的数值主要随温度变化。在分析计算对流传热时，用来确定物性参数数值的温度称为定性温度。定性温度的取法取决于对流传热的类型，常用的定性温度有：流体的平均温度 t_f、壁面温度 t_w 以及流体与壁面的算术平均温度 $(t_w + t_\infty)/2$。

5. 换热表面的几何因素

图 10-1 描绘了几种不同几何条件下的流动。换热表面的几何形状、尺寸、相对位置以及表面状态（光滑或粗糙）等几何因素将影响流体的流动状态，因此影响流体的速度分布和温度分布，对对流传热产生显著影响。本章将对不同几何条件下的对流传热分别进行讨论。

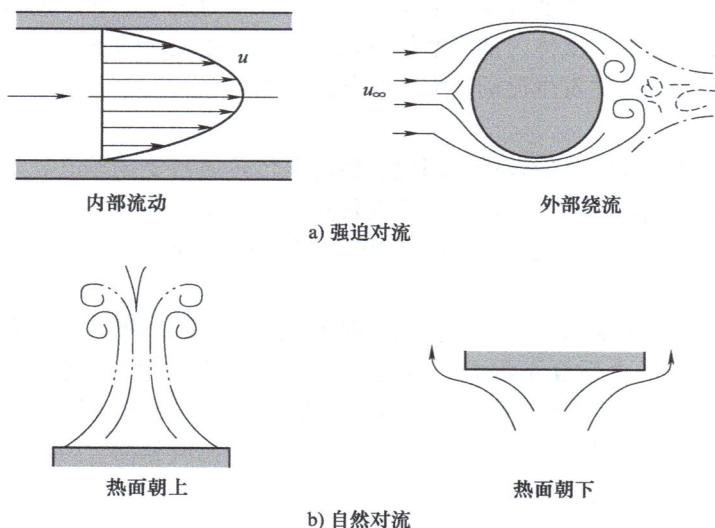

内部流动　　　　　　　　　　外部绕流

a) 强迫对流

热面朝上　　　　　　　　　　热面朝下

b) 自然对流

图 10-1　影响对流传热的几何因素示意图

综上所述，影响对流传热的因素有很多，而影响对流传热的因素集中体现在表面传热系

数中，即

$$h = f(u, t_w, t_f, \lambda, c_p, \rho, \eta, l, \alpha_V, \psi) \tag{10-5}$$

式中，u 为流体流速；α_V 为体胀系数；l 为特征尺寸；ψ 为换热表面的几何因素，如流体与固体壁面的相对位置、形状等。

求解对流传热问题的关键就是通过分析法、实验法、比拟法或数值法寻求计算表面传热系数的公式。

10.1.3　流动边界层和热边界层

上述分析表明，流体与固体壁面之间的传热与速度边界层和热边界层密切相关。图 10-2 所示为不可压缩流体纵掠平板时边界层的形成和发展。流体纵掠平板时，只要平板足够长，边界层总能从层流边界层发展成湍流边界层。流体以均匀的速度 u_∞ 掠过平板，在平板的前缘，只有和壁面接触的流体的速度被滞止为零，而其余部分的流体随着与壁面距离 y 的增加，速度越来越大，逐渐接近主流速度 u_∞，速度梯度 $\dfrac{\partial u}{\partial y}$ 越来越小。随着流体沿平板纵向方向的流动，流体黏性力的影响不断从壁面向流体内部扩散，由牛顿内摩擦定律可知

$$\tau = \eta \frac{\partial u}{\partial y}$$

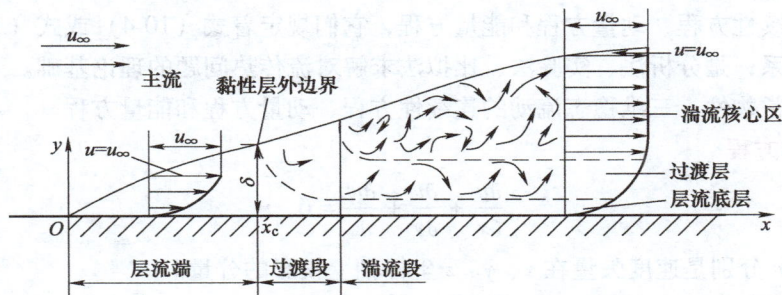

图 10-2　流体纵掠平板时边界层的形成和发展

因此，随着与壁面距离 y 的增加，黏性力对流体的约束能力也就越小，流体的速度逐渐又增加到来流的速度。这一速度发生明显变化的流体薄层称为流动边界层（或速度边界层）。边界层的厚度 δ 定义为流体的速度达到来流速度的 99% 时的位置到壁面的距离。

流体在距平板前缘 x_c 的范围内，其流动状态始终保持为层流。当 $x > x_c$ 后，边界层厚度的增加使边界层边缘处黏性力进一步减小，流体出现脉动和漩涡，流动开始向湍流过渡。边界层从层流向湍流转变的位置 x_c 称作临界距离，对应的雷诺数 $Re_c = u_\infty x_c / \nu$ 称作临界雷诺数，其值在 $2 \times 10^5 \sim 3 \times 10^6$ 之间。在经过一段距离之后过渡区段的边界层将发展成为湍流。湍流边界层由紧靠壁面的层底层、过渡层和湍流核心区组成。在层流底层中，流动具有层流的特征，热量传递主要靠导热。

在对流传热的条件下，流体与壁面存在温差。在垂直于壁面的方向上，在靠近壁面处流体温度变化很大，随着 y 的增加变化逐渐缓和。在壁面处，流体温度等于壁面温度 t_w，随着远离壁面，流体温度逐渐接近主流温度 t_∞。在定义热边界层厚度时如果用过余温度表示，

则沿壁面法线方向的温度分布就与速度沿法线方向的分布类似。热边界层厚度 δ_t 可以定义为流体离壁面某处的过余温度达到来流过余温度的 99% 时的位置到壁面的距离，即

$$\frac{t - t_{\mathrm{w}}}{t_{\infty} - t_{\mathrm{w}}} = 0.99$$

流体纵掠平板时热边界层的形成和发展，如图 10-3 所示。流动边界层厚度 δ 反映流体分子动量扩散能力，与运动黏度 ν 有关；而热边界层厚度 δ_t 反映流体分子热量扩散能力，与热扩散率 a 有关。运动黏度与热扩散率的比值为一无量纲量，称为普朗特数 Pr，即 $Pr = \nu / a$，它反映动量扩散能力与热量扩散能力的相

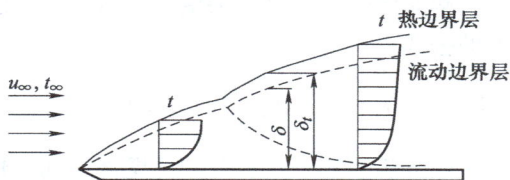

图 10-3　流体纵掠平板时热边界层的形成和发展

对大小，是一个物性参数。如果 $Pr=1$ 则流动边界层与热边界层重合。若 $Pr>1$，则 $\delta>\delta_t$，说明黏性影响的范围大于热扩散影响的范围，因此流动边界层越厚；反之，若 $Pr<1$，则 $\delta<\delta_t$，因此热边界层越厚。因而 ν 与 a 的比值，即 Pr，反映了流动边界层和热边界层的相对大小。

10.1.4　对流传热微分方程组

流体与壁面的换热与流体的速度分布和温度分布有关，描述流体速度分布和温度分布的控制方程是连续性方程、动量方程和能量方程，它们规定着式（10-4）或式（10-5）中各变量间的内在联系，是分析法、实验法、比拟法求解对流传热问题的理论基础。下面直接给出直角坐标系下常物性、三维稳态流动的连续性方程、动量方程和能量方程。

1. 连续性方程

$$\frac{\partial u}{\partial x} + \frac{\partial v}{\partial y} + \frac{\partial w}{\partial z} = 0 \tag{10-6}$$

式中，u、v、w 分别是速度矢量在 x、y、z 坐标轴上投影的分量。

2. 动量方程

$$\begin{cases} \rho\left(u\frac{\partial u}{\partial x} + v\frac{\partial u}{\partial y} + w\frac{\partial u}{\partial z}\right) = f_x - \frac{\partial p}{\partial x} + \eta\left(\frac{\partial^2 u}{\partial x^2} + \frac{\partial^2 u}{\partial y^2} + \frac{\partial^2 u}{\partial z^2}\right) \\ \rho\left(u\frac{\partial v}{\partial x} + v\frac{\partial v}{\partial y} + w\frac{\partial v}{\partial z}\right) = f_y - \frac{\partial p}{\partial y} + \eta\left(\frac{\partial^2 v}{\partial x^2} + \frac{\partial^2 v}{\partial y^2} + \frac{\partial^2 v}{\partial z^2}\right) \\ \rho\left(u\frac{\partial w}{\partial x} + v\frac{\partial w}{\partial y} + w\frac{\partial w}{\partial z}\right) = f_z - \frac{\partial p}{\partial z} + \eta\left(\frac{\partial^2 w}{\partial x^2} + \frac{\partial^2 w}{\partial y^2} + \frac{\partial^2 w}{\partial z^2}\right) \end{cases} \tag{10-7}$$

3. 能量方程

$$\rho c_p\left(u\frac{\partial t}{\partial x} + v\frac{\partial t}{\partial y} + w\frac{\partial t}{\partial z}\right) = \lambda\left(\frac{\partial^2 t}{\partial x^2} + \frac{\partial^2 t}{\partial y^2} + \frac{\partial^2 t}{\partial z^2}\right) + \dot{\Phi} \tag{10-8}$$

以上的连续性方程、动量方程、能量方程和式（10-4）组成对流传热微分方程组。求解连续性方程、动量方程、能量方程可获得速度场和温度场，再由式（10-4）可求得表面传热系数。这是求解对流传热问题的基本思路，具体的求解方法有分析法、实验法、比拟法和数值法。由于对流传热问题的复杂性，对流传热的实用计算公式主要是借助相似原理通过实验获得。

10.2 对流传热的实验研究方法

指导实验法求解对流传热问题的理论依据是相似原理，它回答了现象相似的条件、模型实验需要测量哪些物理量、实验结果如何整理、实验结果如何推广应用等问题。这也是用实验法求解所关心的问题。

10.2.1 相似原理三定理

相似原理分三点表述了相似的性质、相似特征数间的关系以及判断相似的条件。

相似第一定理（相似正定理）：彼此相似的现象，其对应点的同名特征数相等。所谓彼此相似的现象，首先必须保证属于同类物理过程。其次，物理现象相似意味着描述现象的所有物理量相似，即对应时刻在空间对应位置上有关物理量相应成比例。相似第一定理也是相似性质的表述。

相似第二定理（π 定理）：若一现象有 n 个物理量，其中 k 个物理量的量纲是基本量纲，那么这 n 个物理量可以表示成 $n-k$ 个特征数之间的函数关系，即

$$F(\pi_1, \pi_2, \cdots, \pi_{n-k}) = 0$$

这个定理表明，在用实验方法研究对流传热问题时，应测量特征数包含的物理量，将已定特征数作为变量进行实验，而不是以每一个相关物理量为变量进行实验，这样便大大减少了实验次数，同时应该把结果整理成特征数之间的函数形式。

相似特征数如由已知量组成，则称为已定特征数，如相似特征数中含有待求量，则称为待定特征数。常见的主要特征数列于表 10-1 中。

相似第三定理（相似逆定理）：对于同一类物理现象，如果单值性条件相似，而且同名特征数相等，则现象相似。

单值性条件是指所研究的问题能被唯一确定下来的条件，它包括：

（1）几何条件　许多具体现象都发生在一定的几何空间内，所以，参与过程的物体的几何形状、大小、位置以及表面粗糙程度等就应作为一个单值条件提出。例如，流体在管内流动，应该给出管径 d 和管长 l 的具体数值。

（2）物性条件　许多具体现象都是在物体同具有一定物理性质的介质相互作用的过程中得到表现的，所以，参与过程的介质的物理性质也视作一种单值条件。例如，根据流体运动时的可压缩程度以及温度特征，应给出介质密度 ρ、黏度 η 的具体数值或物理参数随温度变化的函数关系。

（3）边界条件　许多具体现象都必然受到与其直接为邻的周围情况的影响，因此，所研究系统的边界上的温度、速度分布等情况也是一种单值条件。例如，管道内流体的流动状况直接受进口、出口处流速大小及其分布的影响，因此应给出进口、出口处流速的平均值及其分布规律，而在不等温流动情况下，还应给出进口、出口处温度的平均值及其分布规律。

（4）初始条件　许多物理现象，其发展过程直接受起始状态的影响。就流体而言，流速、温度、介质特性于开始时刻在整个系统内的分布及特点会影响以后的过程。因此，除稳定过程外，都要把初始条件当作单值条件加以考虑。相似第三定理给出了判断两个同类现象相似的条件。

表 10-1　常见的主要特征数

名称	表达式	含义
毕渥数 （Biot 准则）	$Bi=\dfrac{hl}{\lambda}$	$Bi=\dfrac{(l/\lambda)}{(1/h)}\Rightarrow\dfrac{\text{固体内部导热热阻}}{\text{界面上对流换热热阻}}$（$\lambda$ 为固体的导热系数）
傅里叶数 （Fourier 准则）	$Fo=\dfrac{a\tau}{l^2}$	$Fo=\tau/(l^2/a)\Rightarrow\dfrac{\text{导热时间}}{\text{热扩散 } l^2 \text{ 面积需所时间}}$
雷诺数 （Reynolds 准则）	$Re=\dfrac{\rho ul}{\eta}=\dfrac{ul}{\nu}$	$Re=\dfrac{\rho u^2}{\eta(u/l)}\Rightarrow\dfrac{\text{惯性力}}{\text{黏性力}}$
格拉晓夫数 （Grashof 准则）	$Gr=\dfrac{\alpha_V gl^3\Delta t}{\nu^2}$	$Gr\Rightarrow\dfrac{\text{浮升力}}{\text{黏性力}}$
普朗特数 （Prandtl 准则）	$Pr=\dfrac{\nu}{a}=\dfrac{\eta c}{\lambda}$	$Pr\dfrac{\text{运动黏度}}{\text{热扩散率}}\Rightarrow\dfrac{\text{动量扩散能力}}{\text{热量扩散能力}}$
努塞尔数 （Nusselt 准则）	$Nu=\dfrac{hl}{\lambda}$	$Nu=\dfrac{h\Delta t}{\lambda(\Delta t/l)}\Rightarrow\dfrac{\text{对流传热量}}{\text{导热量}}$（$\lambda$ 为流体的导热系数）
欧拉数 （Euler 准则）	$Eu=\dfrac{\Delta p}{\rho u^2}$	$Eu\Rightarrow\dfrac{\text{压差}}{\text{惯性力}}$
斯坦顿数 （Stanton 准则）	$St=\dfrac{Nu}{Re\,Pr}=\dfrac{ah}{u\lambda}=\dfrac{h}{\rho uc}$	一种修正的 Nu，无量纲对流传热系数
瑞利数 （Rayleigh 准则）	$Ra=Gr\,Pr$	$Ra=\dfrac{gl^3\alpha_V\Delta t}{a\nu}\Rightarrow\dfrac{\text{浮升力×体积}}{\text{热扩散率×动量扩散}}$

注：a 为热扩散率（m^2/s），c 为比热容[$J/(kg\cdot K)$]，l 为特征长度、定型尺寸（m），u 为速度（m/s），h 为表面传热系数[$W/(m^2\cdot℃)$]，α_V 为体胀系数（K^{-1}），λ 为导热系数[$W/(m\cdot℃)$]，η 为动力黏度（$Pa\cdot s$），ν 为运动黏度（m^2/s），ρ 为密度（kg/m^3），τ 为时间（s）。

10.2.2　量纲分析

相似第二定理为确定线性的相似特征数提供了新的依据，不需知道制约现象的微分方程组即可定出其特征数，这种方法即是量纲分析法或因次分析法，在工程中具有较大的实用价值。

用量纲分析法求相似特征数必须定出待求量 ϕ 的所有影响参数 ϕ_i，$i=1$，2，$\cdots$，n，即

$$\phi=\psi(\phi 1,\phi_2,\cdots,\phi_n)$$

并按以下步骤求相似特征数：

1）分析 ϕ 和 $\phi_i(i=1$，2，$\cdots$，n）的量纲，确定独立的基本量纲数 k，则可组成的相似特征数的个数为 $\pi=N-k$，其中 N 是全部变量数，包括 ϕ 和 ϕ_i。

2）按上面定出的基本量纲数 k，在变量 ϕ_i 中选定 k 个一组测定的变量作为"基础量"。再用一组基础量逐一地与余下的 $N-k$ 个变量配成无量纲数群即为所求的相似特征数。按相似第二定理有

$$F(\pi_1,\pi_2,\cdots,\pi_{N-k})=0$$

量纲分析法不能求出特征数方程的具体函数形式，特征数方程的形式仍需通过实验

确定。

10.2.3　实验数据的整理

根据相似原理，所有相似物理现象的解都用同一个特征数关联式描写。实验研究的主要目的就是确定这种特征数关联式的具体函数形式，即待定特征数与已定特征数之间的函数关系。

以下对常用的特征数关联式形式及其有关常数的确定方法做一般介绍。

对于工程上常见的无相变单相流体的强迫对流传热问题，通常根据经验将特征数关联式写成幂函数的形式：

$$Nu = C\,Re^n \tag{10-9}$$

$$Nu = C\,Re^n\,Pr^m \tag{10-10}$$

式中，C、n、m 是需由实验确定的待定常数。实践证明，幂函数是可以用来描写绝大多数实验曲线的最简单、最方便的函数，尤其是对于单调变化的曲线。幂函数在十进位坐标图上是一条曲线，但在双对数坐标图上则是直线，因此，为确定方程中的常量和分析实验点的分布规律，都把实验点标绘在双对数坐标图上，由图解法、平均值法或最小二乘法确定各项常量。这种采用坐标变换从而使曲线变为直线的方法称为曲线的线性化，是工程中常用的数据整理方法。

以特征数关联式 $Nu = C\,Re^n$ 为例，它在以 $\lg Nu$ 为纵坐标和 $\lg Re$ 为横坐标的坐标图上呈直线，如图 10-4 所示。

$$\lg Nu = \lg C + n\lg Re$$

直线的斜率即为指数 n，截距为 $\lg C$，即

$$n = \tan\varphi$$

$$C = \frac{Nu}{Re^n}$$

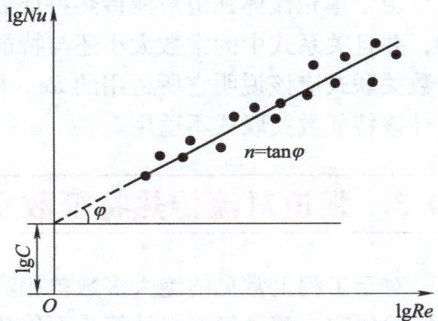

图 10-4　对流换热相似特征数方程的整理

在实验中，以 Re 为自变量，以 Nu 为因变量，通过改变实验工况来改变 Re 的数值。每改变一次工况，设定一个 Re 值，就可以确定一个对应的 Nu 数值，在对数坐标图上也就可以得到一个实验点。进行多种工况的实验，就可以得到多个实验点，最后采用最小二乘法对这些实验点进行曲线拟合，获得常数 C、n 的数值，同时还可以求出实验点的标准偏差。标准偏差的大小反映实验点的分散程度，也反映用所获得的特征数关联式表示实验结果的准确程度。

由表达式 $Nu = \dfrac{hl}{\lambda}$ 和 $Re = \dfrac{ul}{\nu}$ 可以看到，要确定 Re 和 Nu 的数值，必须首先选择特征长度 l 和定性温度。通常选择对对流传热有显著影响的几何尺寸作为特征长度。例如，对于管内强迫对流传热，选择管内径作为特征长度；对于外掠圆管的对流传热，选择管外径作为特征长度。定性温度用来确定特征数 Re 和 Nu 中物性参数 λ、ν 的数值，对于管内强迫对流传热，一般选择流体的平均温度 t_f 作为定性温度。在流体温度变化不大的情况下，t_f 近似为流体进出口截面平均温度的算术平均值 $(t_f' + t_f'')/2$。特征长度和定性温度选定之后 λ、ν 的数值可定，然后可以通过改变气体的流速 u 改变 Re，通过测量平均表面传热系数 h 确定 Nu。

平均表面传热系数 h 可以根据牛顿冷却公式确定：

$$h = \frac{\Phi}{A(t_w - t_f)}$$

需要测量实验段的热流量 Φ，实验段的换热面积 A、实验段管内壁的平均温度 t_w 和流体的平均温度 t_f。

为了确定一般流体的强迫对流传热特征数关联式

$$Nu = C\,Re^n\,Pr^m$$

原则上可以先用 Pr 不同的流体在相同的 Re 下进行实验，将实验点描绘在以 $\lg Nu$ 为纵坐标、$\lg Pr$ 为横坐标的双对数坐标图上，同样用最小二乘法确定 m 的数值。但由于用 Pr 不同且变化范围较大的多种流体进行实验有较大的难度，所以通常直接采用前人通过理论分析或实验研究已经获得的数据。例如，对于层流，取 $m = 1/3$；对于湍流，取 $m = 0.4$ 或其他数值。然后再用同一种流体在不同的 Re 下进行实验，用与上述相同的方法确定 C 和 n 的数值。

10.2.4　特征数关联式的适用范围

根据相似原理，彼此相似的物理现象的解可以用同一个特征数关联式来描写。这说明，从一个物理现象所获得的特征数关联式适用于与其相似的所有物理现象。所以，通过对流传热模型实验所得到的特征数关联式适用于与模型实验相似的所有对流传热过程。

由于单相流体强迫对流传热特征数关联式是在一定的 Re、Pr 变化范围内通过实验获得的，并且关系式中的常数大小还与特征长度、定性温度的选择有关，所以每一个对流传热特征数关联式应该说明它所适用的 Re、Pr 范围及特征长度与定性温度的选择方法，在此范围之外该特征数关联式不适用。

10.3　强迫对流传热特征数实验关联式及应用

对于工程上常见的绝大多数单相流体的对流传热问题，经过科技工作者多年的理论分析与实验研究，都已经获得计算表面传热系数的特征数关联式。这些关联式的准确性已在大量的工程应用中得到了进一步的验证。本节重点介绍几种典型的单相流体对流传热过程及其特征数关联式，主要有管内强迫对流传热和外掠物体时的强迫对流传热。熟悉它们的特点及影响因素，并且掌握利用特征数关联式进行对流传热计算的方法，这对于一般的传热工程设计具有重要的实用价值。

10.3.1　管内强迫对流传热

对流传热计算依据的公式是牛顿冷却公式，即

$$\Phi = hA\Delta t$$

式中，Δt 为流体与壁面的平均温差，对常壁温和常热流边界条件，壁温和流体温度沿管轴线方向有不同的分布。表面传热系数 h 由形如下式表示的特征数实验关联式计算出 Nu 后求得。

$$Nu = CRe^n Pr^m$$

常用的管内对流传热特征数关联式是对直管进行实验得出的，管长通常取为 $l/d > 50$，

具体的特征数关联式还要考虑温度对物性值的影响、层流时自然对流对传热的影响等，考虑各项因素对传热的影响后，式（10-10）可改写成

$$Nu_f = CRe_f^n Pr_f^m c_l c_t c_R \tag{10-11}$$

式中，下标 f 表示计算流体物性值的定性温度为流体平均温度；c_l 为管长对对流传热系数传热影响的修正系数；c_t 为边界层内温度分布对对流传热系数传热影响的修正系数；c_R 为管道弯曲对对流传热系数传热影响的修正系数。

1. 管内流体平均温度和温差

在管内取一长为 dx 的微元管段，如图 10-5 所示。对常物性流体，断面平均温度定义为

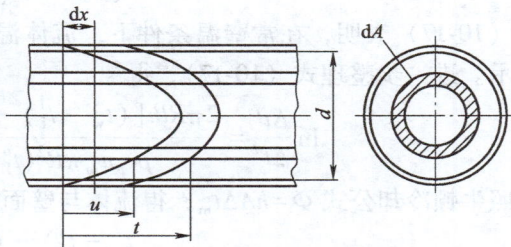

图 10-5　管内流体平均温度计算

$$t_{f,x} = \frac{\int_A \rho c_p t u dA}{\int_A \rho c_p u dA} = \frac{2}{R^2 u_m} \int_0^R t u r dr \tag{10-12}$$

式中，u_m 为断面上的平均流速；r 为径向坐标；R 为管内半径。

沿管长的平均温度及流体与壁面平均温差利用微元管段内的热平衡关系求得，即

$$d\Phi = A_x h_x (t_w - t_{f,x}) = \pi R^2 \rho c_p u_m dt_{f,x} \tag{10-13}$$

若用壁面上的热流密度表示则为

$$d\Phi = 2\pi R q dx \tag{10-14}$$

由式（10-13）和式（10-14）得

$$\frac{dt_{f,x}}{dx} = \frac{2q}{\rho c_p u_m R} \tag{10-15}$$

或

$$\frac{dt_{f,x}}{dx} = \frac{2h_x(t_w - t_{f,x})}{\rho c_p u_m R} \tag{10-16}$$

利用式（10-15）、式（10-16）沿管长积分，即可得全管长的平均温度。但因 t_f、t_w、q 均可能随 x 变化，故应根据不同的边界条件进行积分。

对于常热流边界条件，由式（10-15）可知，流体断面温度呈线性变化，所以，在常热流边界条件下，可取管的进、出口断面平均温度 t_f' 与 t_f'' 的算术平均值作为全管长的平均温度，即

$$t_f = (t_f' + t_f'')/2$$

在充分发展段，q 及 h 均为常数，由牛顿冷却公式 $q = h(t_w - t_f)$ 得

$$\frac{dt_w}{dx} = \frac{dt_f}{dx}$$

这说明在常热流边界条件下，充分发展段的壁面温度 t_w 也是呈线性变化的，且变化速率与流体断面平均温度保持同样的速率，如图 10-6a 所示。全管长流体与管壁间的平均温差，可近似取管进、出口两端温差的算术平均值，即

$$\Delta t = (\Delta t' + \Delta t'')/2$$

式中，进口端流体与管壁温差 $\Delta t' = t_w' - t_f'$；出口温差 $\Delta t'' = t_w'' - t_f''$。

对于常壁温边界条件，利用式（10-16）可得

$$-\frac{\mathrm{d}(t_{\mathrm{w}}-t_{\mathrm{f},x})}{t_{\mathrm{w}}-t_{\mathrm{f},x}}=\frac{2h_x\mathrm{d}x}{\rho c_p u_{\mathrm{m}}R}$$

沿管长积分，经整理得

$$\frac{\Delta t''}{\Delta t'}=\exp\left(-\frac{2h}{\rho c_p u_{\mathrm{m}}R}l\right) \tag{10-17}$$

式（10-17）表明，在常壁温条件下，流体温度将沿管长按对数曲线规律变化，如图 10-6b 所示。进一步整理式（10-17），得

$$\ln\frac{\Delta t'}{\Delta t''}=\frac{2\pi Rlh\left[\,(t_{\mathrm{w}}-t_{\mathrm{f}}')-(t_{\mathrm{w}}-t_{\mathrm{f}}'')\,\right]}{\rho c_p u_{\mathrm{m}}\pi R^2(t_{\mathrm{f}}''-t_{\mathrm{f}}')}=\frac{hA(\Delta t'-\Delta t'')}{\Phi}$$

对照牛顿冷却公式 $\Phi=hA\Delta t_{\mathrm{m}}$，得流体与壁面沿管长的平均温差为

$$\Delta t_{\mathrm{m}}=\frac{(t_{\mathrm{w}}-t_{\mathrm{f}}')-(t_{\mathrm{w}}-t_{\mathrm{f}}'')}{\ln\dfrac{\Delta t'}{\Delta t''}}=\frac{\Delta t'-\Delta t''}{\ln\dfrac{\Delta t'}{\Delta t''}} \tag{10-18}$$

全管长流体平均温度为

$$t_{\mathrm{f}}=t_{\mathrm{w}}\pm\Delta t_{\mathrm{m}} \tag{10-19}$$

式中加号用于 $t_{\mathrm{w}}<t_{\mathrm{f}}$，减号用于 $t_{\mathrm{w}}>t_{\mathrm{f}}$。

以上分析表明，在管内换热计算中应注意按边界条件确定流体的平均温度及其与管壁的温差。在工程计算中 t_{f} 值一般取流体进、出口处断面上流体平均温度的算术平均值，当进口温差与出口温差不大，$(t_{\mathrm{w}}-t_{\mathrm{f}}')/(t_{\mathrm{w}}-t_{\mathrm{f}}'')$ 在 0.5~2 时，算术平均温差与对数平均温差的差别小于 4%。

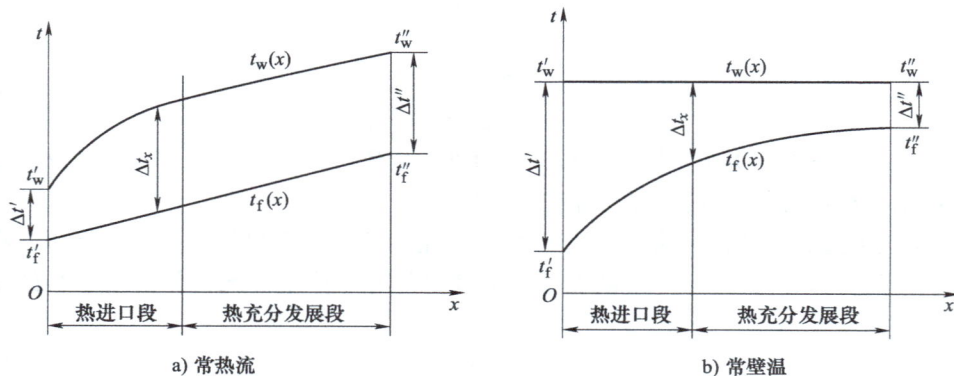

a) 常热流   b) 常壁温

图 10-6   管内换热时流体温度变化

2. 影响传热的几个因素

（1）入口效应对传热的影响   由边界层的分析可知，流体进入管口后需经历一段距离，管断面速度分布和流动状态才能达到定型，这一段距离通常称为入口段。之后，流态定型，流动达到充分发展，称为流动充分发展段。流动充分发展段流态由雷诺数判断，其定义式为

$$Re=\frac{\rho ud}{\eta}=\frac{ud}{\nu}$$

$$Re\leqslant2300 \qquad\qquad 层流$$

$$2300 < Re < 10^4 \qquad \text{过渡状态}$$
$$Re > 10^4 \qquad \text{湍流}$$

Re 计算公式中 u 为流体的速度，单位为 m/s，定型尺寸为管内径 d，单位为 m。

在有热交换的情况下，热边界层有同速度边界层相似的发展情况，它沿管内流动方向不断增厚，达到某一截面而充满整个管道，进入热流充分发展段。图 10-7 定性地表达了管内局部传热系数随 x 的变化。在入口处，边界层最薄，h_x 具有最高值，随后逐渐降低。当速度和热边界层发展到在管中心处重合，达到充分发展段后，表面传热系数保持不变，为一常数，这对于常热流和常壁温边界条件均如此。在层流情况下，h_x 趋于不变值的距离较长，而湍流时 h_x 趋于不变值的距离较短。鉴于入口段 h_x 的变化，管内平均表面传热系数的计算考虑管长对传热的影响。理论分析证明，对层流，常壁温条件的换热入口段的长度为 $l/d \approx 0.05\,Re\,Pr$，常热流条件的换热入口段的长度为 $l/d \approx 0.07\,Re\,Pr$。对于湍流，一般认为 $l/d > 50$ 为长管，即已进入热充分发展段，在计算平均表面传热系数时可不考虑入口效应的影响，而对于 $l/d < 50$ 的短管，应给予管长修正，即在计算公式中乘以管长修正系数 c_l（见表 10-2）。

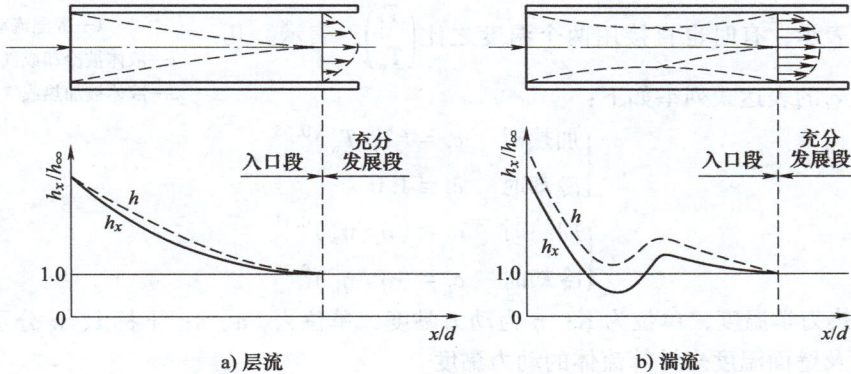

图 10-7 管内局部传热系数的变化

表 10-2 湍流管长修正系数 c_l

Re	l/d								
	1	2	5	10	15	20	30	40	50
1×10^4	1.65	1.50	1.34	1.23	1.17	1.13	1.07	1.03	1
2×10^4	1.61	1.40	1.27	1.18	1.13	1.10	1.05	1.02	1
5×10^4	1.34	1.27	1.18	1.13	1.10	1.08	1.04	1.02	1
1×10^5	1.28	1.22	1.15	1.10	1.08	1.06	1.03	1.02	1
1×10^6	1.14	1.11	1.08	1.05	1.04	1.03	1.02	1.01	1

（2）流体物性改变对传热的影响　在求解表面传热系数 h 的经验公式中，流体物性一般按定性温度确定，这等于把流体物性视为定值。实际上，流体被壁面加热或冷却时，沿流道长度和任意截面上流体的温度都是变化的，因而流体物性必然随之而变。对于液体来说，主要是黏度与温度的关系；对于气体来说，除黏度外，密度和导热系数等也会随温度而变。图 10-8 表示流体在管内做层流流动时，物性改变对速度分布的影响，图中曲线 1 为等温流动的速度分析。湍流时，在贴壁的层流底层中，速度分布同样也存在类似的变化。速度分

通过温度分布影响传热强度。当流体被加热时（$t_w > t_f$），近壁处流体温度高于管中心处流体温度，也高于该截面上流体平均温度。一般温度升高时，液体黏度减小，而气体黏度增加。因此，当液体被加热时，近壁处液体的黏性变小，故黏性阻力减小，使其流速高于等温流动时近壁处流体的流速（图 10-8 中曲线 3 与曲线 1 比较），对流传热得到加强。当气体被加热时，则近壁处气体黏度增加，近壁处气体流速低于气体等温流动时近壁处气体的流速（图 10-8 中曲线 2 与曲线 1 比较），使传热减少。液体或气体被冷却时的传热情况也可做类似的分析。气体被冷却时，传热增强；液体被冷却时，传热减弱。

流体物性变化对传热的影响用 c_t 修正。c_t 的形式通常用流体平均温度和壁面平均温度表示的普朗特数之比 $\left(\dfrac{Pr_f}{Pr_w}\right)^n$ 或黏度之比 $\left(\dfrac{\eta_f}{\eta_w}\right)^n$ 表示，有时也直接用两个温度之比 $\left(\dfrac{T_f}{T_w}\right)^n$ 表示。几种修正系数 c_t 的表达式列举如下：

气体 $\begin{cases} 加热时 \quad c_t = (T_f/T_w)^{0.55} \\ 冷却时 \quad c_t = 1.0 \end{cases}$ (10-20)

液体 $\begin{cases} 加热时 \quad c_t = (\eta_f/\eta_w)^{0.11} \\ 冷却时 \quad c_t = (\eta_f/\eta_w)^{0.25} \end{cases}$ (10-21)

式中，T 为热力学温度，单位为 K；η 为动力黏度，单位为 Pa·s；下标 f、w 分别表示的流体平均温度及壁面温度来计算流体的动力黏度。

（3）管道弯曲对传热的影响 图 10-9 表示弯曲管道中流体的流动。在弯曲段，由于离心力的作用，沿截面会产生二次环流而加强流体的扰动和混合，使传热增强。弯管的曲率半径越小，二次环流的影响越大。流体在管内做层流运动时所形成的二次环流较弱，因此在工程计算中可以忽略不计。而在湍流时，特别是对于螺旋管内的流动，应乘以弯管修正系数 c_R。

当流体是气体时

$$c_R = 1 + 1.77\frac{d}{R}$$ (10-22)

当流体是液体时

$$c_R = 1 + 10.3\left(\frac{d}{R}\right)^3$$ (10-23)

（4）自然对流对传热的影响 对于管内湍流，由于显著的温度梯度仅存在于极薄的侧流底层中，因温差而引起的自然对流只可能发生在层流底层。但层流底层很薄，自然对流不易发生，因此在管内湍流传热时，常忽略自然对流的影响。对管内层流，管道整个横截面上均存在显著的温度梯度，自然对流有可能发生于整个流动区域内。因此，在黏性力与浮升力可以相比较的管内层流中，即 Gr 较大时，自然对流对传热的影响一般不可以忽略。

竖管中，层流强迫对流叠加自然对流的流动情况如图 10-10 和图 10-11 所示。图 10-10

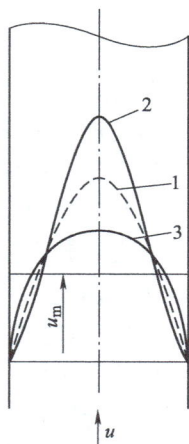

图 10-8 管内强迫流动层流时截面上速度分布
1—等温流动
2—液体被冷却或气体被加热
3—液体被加热或气体被冷却

表示强迫对流和紧靠管壁的自然对流方向一致。流体向上等温强迫对流的流速为曲线2，如 $t_w > t_f$，则附加的自然对流速度分布曲线如曲线3所示，曲线2和曲线3合成的结果为曲线1。由曲线1可看出，除在管中心仍保持等温强迫对流时的速度，在贴壁处速度为零外，其余部分流速均高于定温时的速度。显然横截面平均速度增加了。但是这种方向一致的运动不易产生漩涡，对流场的扰动不剧烈，因此，在这种情况下，自然对流对传热增强的作用较弱。

图10-11所示为自然对流方向与等温强迫对流方向相反的情况。合成速度为曲线1，该曲线中心仍保持强迫对流时的速度，其余部分均低于强迫对流时的速度。因此，截面的平均速度将减小，而且由于形成与近壁处相反的速度和随之产生的漩涡，所以这种情况下，自然对流对传热的增强作用较大。对于黏性力与浮升力可以相比较的常物性管内层流对流传热特征数关联式一般表示为

$$Nu = f(Re, Pr, Gr) \tag{10-24}$$

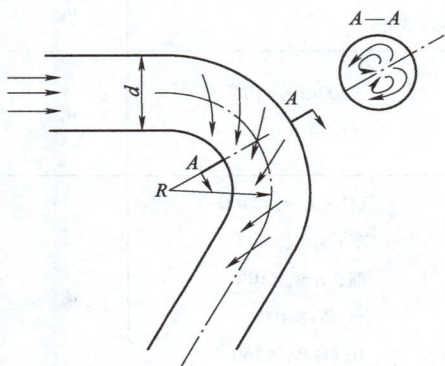

图 10-9　流体在弯管内的流动　　图 10-10　流动方向一致时横截面上的速度分布　　图 10-11　流动方向相反时横截面上的速度分布

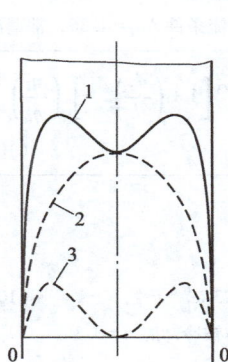

1—合成速度分布　2—强迫对流速度分布　3—自然对流速度分布

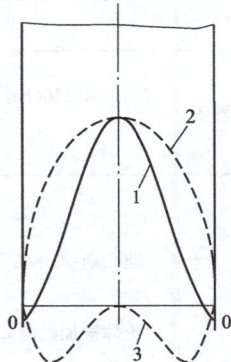

1—合成速度分布　2—强迫对流速度分布　3—自然对流速度分布

3. 管内强迫对流传热特征数关联式

管内流体强迫对流传热时，不同的流态具有不同的传热规律，所以计算传热系数的公式也不相同，计算表面传热系数的步骤一般为：

1）计算定性温度 t_f，确定定型尺寸 d，由定性温度计算流体物性值。

2）由已知条件计算 Re_f，根据 Re_f 判断管内流态，选择对应流态下的特征数关联式。

3）由已知条件计算或选取有关修正项。

4）由特征数关联式计算 Nu_f。

5）由 Nu_f 计算 h。

在使用特征数关联式时，必须满足适用范围内的各项规定，并注意规定的定型尺寸和定性温度。

管内强迫对流传热常用的特征数关联式列于表10-3中。

表10-3中的定型尺寸 d_e 对于圆管为管内径 d，对于非圆形截面管道，用下式计算：

$$d_e = \frac{4A_c}{P}$$

式中，A_c 为管道流通截面面积；P 为管道流通截面的湿润周边的长度。

表 10-3　管内强迫对流传热特征数关联式

流态	特征数关联式	适用范围	定型尺寸
层流	齐德-泰特公式 $Nu_f = 1.86\,(Re_f\,Pr_f)^{1/3}\left(\dfrac{d_e}{l}\right)^{1/3}\left(\dfrac{\eta_f}{\eta_w}\right)^{0.14}$　(10-25) 式中，下标 f 表示定性温度为流体的平均温度 t_f，但 η_w 仍按壁面温度 t_w 计算（圆形截面）	$Re_f \leqslant 2200$ $0.48 < Pr_f < 16700$ $0.0044 < \dfrac{\eta_f}{\eta_w} < 9.75$ $\left(Re_f\,Pr_f\,\dfrac{d_e}{l}\right)^{1/3}\left(\dfrac{\eta_f}{\eta_w}\right)^{0.14} \geqslant 2$ $t'_m = (t'_f + t_w)/2$	d_e
	管内层流传热充分发展段分析解 常热流条件 $Nu_f = 4.36$，常壁温条件 $Nu_f = 3.66$		d_e
过渡流	$Nu_f = 0.116(Re_f^{2/3} - 125)\,Pr_f^{1/3}\left[1 + \left(\dfrac{d_e}{l}\right)^{2/3}\right]\left(\dfrac{\eta_f}{\eta_w}\right)^{0.14}$ (10-26)	$2200 < Re_f < 10^4$ $Pr_f > 0.6$	d_e
湍流	迪图斯-贝尔特公式 $Nu_f = 0.023 Re_f^{0.8} Pr_f^n$　(10-27) 流体被加热时 $n=0.4$，流体被冷却时 $n=0.3$	气体：$t_f - t_w < 50℃$ 水：$t_f - t_w < 30℃$ 油：$t_f - t_w < 10℃$ $Re_f \geqslant 10^4$ $0.7 \leqslant Pr_f \leqslant 160$ $l/d \geqslant 60$	d_e
	齐德-泰特公式 $Nu_f = 0.027 Re_f^{0.8} Pr_f^{1/3}\left(\dfrac{\eta_f}{\eta_w}\right)^{0.14}$　(10-28) 对于流体与管壁温度相差较大，流体物性场不均匀性影响较大的情况可以采用	$Re_f \geqslant 10^4$ $0.7 \leqslant Pr_f \leqslant 16700$ $l/d \geqslant 60$	d_e
	米海耶夫公式 $Nu_f = 0.021 Re_f^{0.8} Pr_f^{0.43}\left(\dfrac{Pr_f}{Pr_w}\right)^{0.25}$　(10-29)	$Re_f > 10^4$ $0.6 \leqslant Pr_f \leqslant 16700$ $l/d \geqslant 50$	d_e

例 10-1　在一冷凝器中，冷却水以 1m/s 的流速流过内径为 10mm、长度为 3m 的铜管，冷却水的进、出口温度分别为 15℃和 65℃，试计算管内的表面传热系数。

解： 由于管细长，l/d 较大，可以忽略进口段的影响。冷却水的平均温度为

$$t_f = \frac{1}{2}(t_{f1} + t_{f2}) = \frac{1}{2} \times (15 + 65)℃ = 40℃$$

从附录中水的物性参数表可以查得

$$\lambda_f = 0.634 W/(m \cdot K),\ \nu_f = 0.659 \times 10^{-6} m^2/s,\ Pr_f = 4.31$$

管内雷诺数为

$$Re_f = \frac{ud}{\nu_f} = \frac{1\text{m/s} \times 0.01\text{m}}{0.659 \times 10^{-6}\text{m}^2/\text{s}} = 1.52 \times 10^4$$

管内为旺盛湍流，用式（10-27），即

$$Nu_f = 0.023 Re_f^{0.8} Pr_f^n = 0.023 \times (1.52 \times 10^4)^{0.8} \times 4.31^{0.4} = 91.4$$

$$h = \frac{\lambda_f}{d} Nu_f = \frac{0.634\text{W/(m·K)}}{0.01\text{m}} \times 91.4 = 5795\text{W/(m}^2\text{·K)}$$

式（10-27）没考虑流体物性场不均匀的影响。如果考虑物性场不均匀的影响，应该用式（10-28）计算，为此必须求出壁面温度 t_w，以确定修正项 $(\eta_f/\eta_w)^{0.14}$。可以首先根据冷却水的温升确定换热量 Φ，再用上面计算的表面传热系数 h，由式 $\Phi = hA(t_w - t_f)$ 计算 t_w。请读者自己计算，并将式（10-27）、式（10-28）的计算结果进行比较。

10.3.2　外掠物体时的强迫对流传热

下面根据壁面几何形状的不同，分别介绍工程上常见的流体外掠平板、横掠单管与管束的对流传热。

1. 外掠平板

如果来流是速度均匀分布的层流，平行流过平板，则在距平板前缘的一段距离内（$Re_x \leqslant 5\times10^5$）形成层流边界层。对于流体外掠平板的层流换热，理论分析已经相当充分，所得结论和实验结果非常吻合。

对于 $0.5 \leqslant Pr \leqslant 1000$ 的流体沿等壁温平板的层流换热，可采用以下公式计算局部表面传热系数和平均表面传热系数：

$$Nu_x = \frac{h_x x}{\lambda} = 0.332\, Re_x^{1/2} Pr^{1/3} \tag{10-30}$$

$$Nu = \frac{hl}{\lambda} = 0.664\, Re^{1/2} Pr^{1/3} \tag{10-31}$$

对于 $0.5 \leqslant Pr \leqslant 1000$ 的流体沿常热流平板的层流换热，可采用以下公式计算局部表面传热系数和平均表面传热系数：

$$Nu_x = \frac{h_x x}{\lambda} = 0.453\, Re_x^{1/2} Pr^{1/3} \tag{10-32}$$

$$Nu = \frac{hl}{\lambda} = 0.680\, Re^{1/2} Pr^{1/3} \tag{10-33}$$

式中，定性温度为边界层的算术平均温度，$t_m = \frac{1}{2}(t_w + t_\infty)$；定型尺寸分别为距前缘的距离 x 和板长 l。

当 $Re > 5\times10^5$ 时，若流体从平板前缘（$x=0$）处就形成了湍流边界层，即整个平壁上都是湍流边界层，湍流边界层内局部表面传热系数和平均表面传热系数的计算关联式分别为

$$Nu_x = \frac{h_x x}{\lambda} = 0.0296\, Re_x^{4/5} Pr^{1/3} \tag{10-34}$$

$$Nu = \frac{hl}{\lambda} = 0.037\,Re^{4/5}\,Pr^{1/3} \tag{10-35}$$

式中，定性温度为边界层的算术平均温度，$t_m = \frac{1}{2}(t_w + t_\infty)$；定型尺寸分别为距前缘的距离 x 和板长 l。适用范围为 $t_w =$ 常数，$0.6 < Pr < 60$，$5 \times 10^5 < Re_x < 10^7$。

对于常热流平板，湍流边界层内的局部努塞尔数比等壁温情况高约 4%，为

$$Nu_x = 0.0308\,Re_x^{4/5}\,Pr^{1/3} \tag{10-36}$$

工程上，流体外掠平板形成的边界层往往前段是层流边界层再转换为湍流边界层，此时整个平板的表面的平均对流表面传热系数是两部分的平均值，如果从层流边界层向湍流边界层过渡的临界雷诺数为 $Re_{x,c} = 5 \times 10^5$，则平均表面传热系数的计算关联式为

$$Nu = (0.037\,Re^{4/5} - 871)Pr^{1/3} \tag{10-37}$$

式中，定性温度为边界层的算术平均温度 t_m；定型尺寸为板长 l。

2. 横掠单管

与管内流动不同，管外强迫流动存在流动方向问题。流体可以顺着管轴方向从管外流过（简称"纵掠"），也可以同管轴成 90° 从管外流过（简称"横掠"）。在同样压降下，横掠时的表面传热系数远比纵掠大，因此，各种热设备中的流动布置多采用横掠形式。

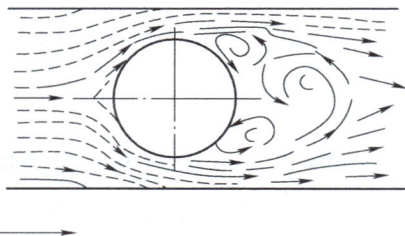

图 10-12　横掠圆管的流动情况

研究图 10-12 所示的横掠单管流动，流体横掠单根圆管流动有两个特点：第一，流动边界层有层流和湍流之分；第二，流动会出现分离现象，分离点的位置由方程 $\left.\frac{\partial u}{\partial y}\right|_{y=0} = 0$ 确定。流动行进到分离点之后，可能发生回流（见图 10-13），继而出现漩涡，形成无规则的运动状态。

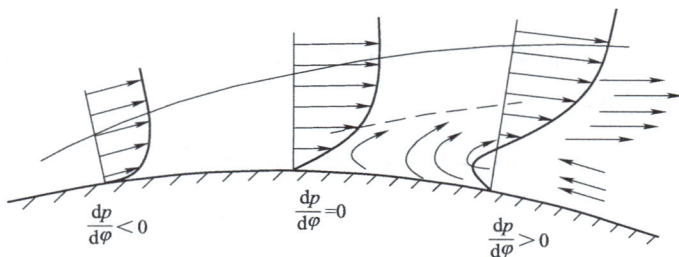

图 10-13　流体沿曲面流动时边界层的发展和分离

流体横掠单根圆管（就外部流动而言，流体外掠外径为 d 的圆管和流体外掠外径为 d 的圆柱，两种情况无任何差别）的流动状态，同流动雷诺数 Re 的大小有密切关系，流体沿圆管表面流动状态的变化规律决定了流体外掠圆管时对流传热的特点。图 10-14 所示的是吉特（Giedt）所测得的流体外掠常热流圆柱体表面时的局部努塞尔数 $Nu_\varphi = \frac{h_\varphi d}{\lambda}$ 随角度 φ 的变

化曲线。从图中可以看出，在 $0° \leqslant \varphi < 80°$（部分情况是 $100°$）的范围内，局部努塞尔数都逐渐减小，这是由于层流边界层逐渐加厚的缘故。下面两条曲线在 $\varphi = 80°$ 左右开始回升，是由于雷诺数较低时层流边界层在 $\varphi = 80°$ 左右脱体，扰动使对流传热增强。上面三条曲线出现两次回升，是由于雷诺数较高时边界层先由层流过渡到湍流，然后在 $\varphi \approx 140°$ 处脱体。

流体横掠单管换热平均表面传热系数的变化比较有规律，通常用下面的关联式计算平均表面传热系数：

$$Nu = C\, Re^n\, Pr^m (Pr/Pr_w)^{1/4} \quad (10\text{-}38)$$

该式的适用范围为 $0.7 < Pr < 500$，$1 < Re < 10^6$。式中，除 Pr_w 的定性温度为壁面温度 t_w 外，其他物性的定性温度为主流温度 t_∞，特征长度为圆柱体直径 d，雷诺数中的速度为来流速度 u。对于 $Pr \leqslant 10$ 的流体，$m = 0.37$；对于 $Pr > 10$ 的流体，$m = 0.36$。式中常数 C 和 n 的数值列于表 10-4 中。

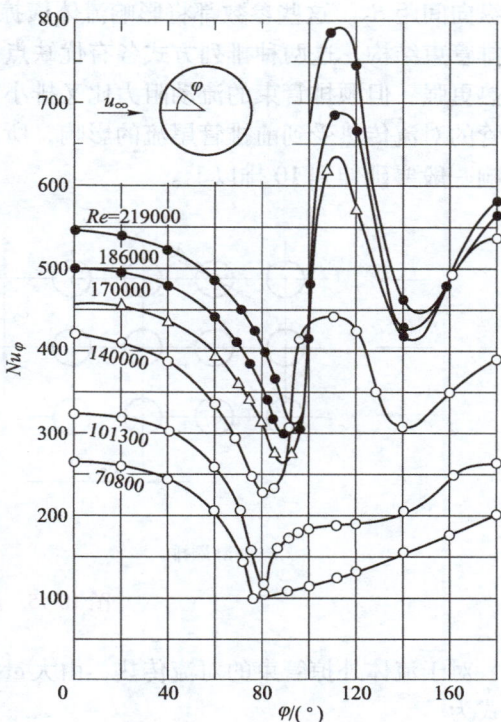

图 10-14　流体横掠圆管时的局部 Nu

表 10-4　式（10-38）中常数 C 和 n 的数值

Re	C	n
$1 \sim 40$	0.75	0.4
$40 \sim 1000$	0.51	0.5
$1000 \sim 2 \times 10^5$	0.26	0.6
$2 \times 10^5 \sim 10^6$	0.076	0.7

式（10-38）仅适用于流体流动方向与圆柱体轴向夹角（称为冲击角）$\psi = 90°$ 的情况。如果 $\psi < 90°$，对流传热将减弱。当 $\psi = 30° \sim 90°$ 时，可在式（10-38）的右边乘以一个修正系数 ε_ψ 计算平均表面传热系数。ε_ψ 可用下式近似计算：

$$\varepsilon_\psi = 1 - 0.54\cos^2\psi \quad (10\text{-}39)$$

3. 横掠管束

工程设备中，更普遍遇到的问题是液体横掠管束而不是单管，所以，研究管束的换热将更有实际意义。所谓管束，就是指许多根管按一定排列方式（顺排或叉排）的组合。下面研究的管束由圆管组成，故也可称圆管管束，一般说来，构成管束的各圆管尺寸总是相同的。所谓流体横掠管束的换热计算，就是要求出流体与整个管束间的总换热量，而由牛顿公式可知，如果能求出流体与整个管束间的平均表面传热系数，那么总的换热量是不难求出的。

管束通常由以下参数表征：管束排列方式，管束的排数 n，管外径，管间的横向间距 S_1

和纵向间距 S_2。这些参数都将影响流体横掠管束的流动特性和换热。图 10-15 所示是顺排和叉排管束结构。这两种排列方式各有优缺点：叉排管束对流体的扰动比顺排剧烈，因此对流传热更强；但顺排管束的流动阻力比叉排小，管外表面的污垢比较容易清洗。由于管束中后排管的对流传热受到前排管尾流的影响，所以后排管的平均表面传热系数要大于前排，这种影响一般要延伸到 10 排以上。

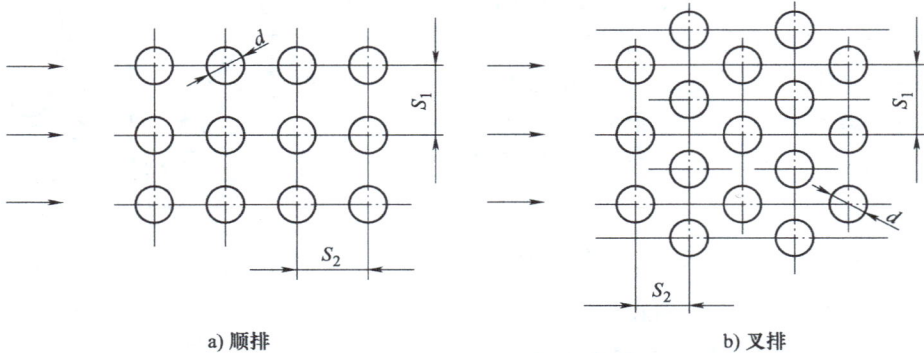

a) 顺排　　　　　　　　　b) 叉排

图 10-15　顺排与叉排管束

对于流体外掠管束的对流传热，由大量实验数据总结出计算管束平均表面传热系数的关联式为

$$Nu_f = C\, Re_f^m\, Pr_f^{0.36}(Pr/Pr_w)^{0.25}\varepsilon_n \qquad (10\text{-}40)$$

该式的适用范围为 $1<Re_f<2\times10^6$，$0.6<Pr_f<500$。式中除 Pr_w 采用管束平均壁面温度 t_w 下的数值外，其他物性参数的定性温度为管束进出口流体的平均温度 t_f。Re_f 中的流速采用管束最窄流通截面处的平均流速。常数 C 和 m 的值列于表 10-5。ε_n 为管排数的修正系数，其数值列于表 10-6。

表 10-5　式（10-40）中常数 C 和 m 的数值

排列方式	Re_f		C	m
顺排	1~100		0.9	0.4
	100~1000		0.52	0.5
	1000~2×10^5		0.27	0.63
	2×10^5~2×10^6		0.033	0.8
叉排	1~500		1.04	0.4
	500~1000		0.7	0.5
	1000~2×10^5	$\dfrac{S_1}{S_2}\le2$	$0.35\left(\dfrac{S_1}{S_2}\right)^{0.2}$	0.6
		$\dfrac{S_1}{S_2}>2$	0.4	0.6
	2×10^5~2×10^6		$0.35\left(\dfrac{S_1}{S_2}\right)^{0.2}$	0.8

表 10-6 管排数的修正系数 ε_n

排列方式		管排数										
		1	2	3	4	5	7	9	10	13	15	≥16
顺排	$Re_f > 10^3$	0.07	0.80	0.86	0.91	0.93	0.95	0.97	0.98	0.99	0.994	1.0
叉排	$10^2 < Re_f < 10^3$	0.83	0.87	0.91	0.94	0.95	0.97	0.98	0.984	0.993	0.996	1.0
	$Re_f > 10^3$	0.62	0.76	0.84	0.90	0.92	0.95	0.97	0.98	0.99	0.997	1.0

式（10-40）仅适用于流体流动方向与管束垂直，即冲击角 $\psi = 90°$ 的情况。如果 $\psi < 90°$，对流传热将减弱，此时可在式（10-40）的右边乘以一个修正系数 ε_ψ 来计算管束的平均表面传热系数。修正系数 ε_ψ 随冲击角的变化曲线如图 10-16 所示。

如果冲击角 $\psi = 0°$，即流体纵向流过管束，可按管内强迫对流传热用公式计算，特征长度取管束间流通截面的定型尺寸 d_e。

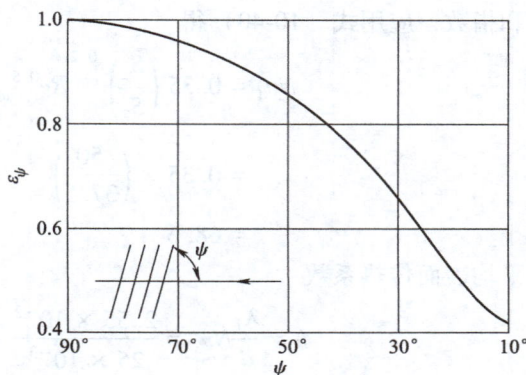

图 10-16 修正系数 ε_ψ 随冲击角的变化曲线

例 10-2 压力为 1.013×10^5Pa 的空气横向掠过叉排管束，管外径 d 为 25mm，管间距 $S_1 = 50$mm，$S_2 = 37.5$mm，垂直于流动方向的横向排数 $N_1 = 16$，沿空气流动方向的纵向排数 $N_2 = 5$，管壁温度为 60℃，空气流进管束时的温度 t_f' 为 10℃，流速 $u_f = 2.5$m/s，流出管束时的温度 t_f'' 为 20℃。试求管束单位长度通过的热流量 Φ_L。

解： 定性温度 $t_f = (t_f' + t_f'')/2 = (10 + 20)$℃$/2 = 15$℃，当 $t_f = 15$℃时，用线性内插法查附录可得空气的物性参数 $\lambda_f = 2.55 \times 10^{-2}$W/(m·K)，$\nu_f = 14.61 \times 10^{-6}$m²/s，$Pr_f$ 取平均值 0.7。

为求特征速度 u_{max}，先求出斜向节距

$$S_2' = \sqrt{S_2^2 + (S_1/2)^2} = \sqrt{37.5^2 + (50/2)^2}\,\text{mm} = 45.07\text{mm}$$

$$S_2' - d = 45.07\text{mm} - 25\text{mm} = 20.07\text{mm}$$

而

$$\frac{1}{2}(S_2 - d) = \frac{1}{2}(50 - 25)\text{mm} = 12.5\text{mm}$$

由于

$$S_2' - d > \frac{1}{2}(S_2 - d)$$

所以

$$u_{max} = u_f \frac{S_1}{S_1 - d} = 2.5 \times \frac{50}{50 - 25} \text{m/s} = 5 \text{m/s}$$

$$Re_{f,max} = \frac{u_{max} d}{\nu_f} = \frac{5 \times 0.025}{14.61 \times 10^{-6}} = 8556$$

由表 10-6 查得，当 $N_2 = 5$ 时，$\varepsilon_n = 0.92$，对于空气 $Pr = \left(\frac{Pr_f}{Pr_w}\right)^{0.25} \approx 1$；由表 10-5 查得系数和指数，应用式（10-40）得

$$Nu_f = 0.35 \left(\frac{S_1}{S_2}\right)^{0.2} Re_{f,max}^{0.6} Pr_f^{0.36} \varepsilon_n$$

$$= 0.35 \times \left(\frac{50}{37.5}\right)^{0.2} \times 8556^{0.6} \times 0.7^{0.36} \times 0.92$$

$$= 68.6$$

平均表面传热系数

$$h = \frac{\lambda_f}{d} Nu_f = \frac{2.55 \times 10^{-2}}{25 \times 10^{-3}} \times 68.6 \text{W/(m}^2 \cdot \text{K)}$$

$$= 70.0 \text{W/(m}^2 \cdot \text{K)}$$

管数 $N = N_1 N_2 = 16 \times 5 = 80$

$$\Phi_L = N\pi dh(t_w - t_f) = 80 \times 3.14 \times 25 \times 10^{-3} \times 70.0 \times (60 - 15) \text{W/m}$$

$$= 19782 \text{W/m}$$

10.4　自然对流传热特征数实验关联式及应用

本书只讨论最常见的在重力场中的自然对流传热，其产生原因是固体壁面与流体间存在温差，使流体内部温度场不均匀，导致密度场不均匀，于是在重力场作用下产生浮升力而促使流体发生流动，引起热量交换。例如，没有通风设备的室内暖气片与周围空气间的换热，冰箱后面蛇形管散热片的散热，热力管道对环境的散热，不安装强制冷却装置的电器设备元器件的散热，以及对人类生活环境有重大影响的大气环流等。这种自然对流传热不消耗动力，在工业上和日常生活中发挥着重要作用。

图 10-17 所示为一块竖直的热板，由于靠近热板的空气薄层受热而密度减小，于是产生浮力而上升，空气微团在不断上升过程中，不断从热板吸收热量，而使空气温度不断增高，形成越来越厚的边界层。在板的下部，边界层开始是层流状态，然后是过渡状态，最后发展成湍流状态。自然对流传热中，边界层内流动状态取决于 $Gr \, Pr$，当 $Gr \, Pr < 10^9$ 时处于层流，当 $Gr \, Pr > 6 \times 10^{10}$ 时为湍流，其间为过渡流。平板自下而上，随着层流边界层的不断增厚，表面传热系数逐渐下降，经过过渡区，表面传热系数开始增大，直至湍流区表面传热系数逐渐趋于常数。对于冷板与热空气的自然对流情况，其流动与热板和冷空气的自然对流相反。一般来说，相对于强迫对流传热，自然对流传热的特点是流体运动速度较小，热交换强度较低。由于流体运动取决于温度分布，故流场中流体的速度分布和温度分布是相互关联的，使

用分析法求解自然对流传热问题时，必须将动量微分方程和能量微分方程联立求解。

自然对流传热与流体所处的空间大小直接有关。 如果空间很大，壁面上边界层的形成和发展不因空间的限制而受到干扰，这样的空间称为大空间。例如，输电线路的冷却、冰箱排热管的散热以及暖气片的散热等，都是大空间自然对流传热的应用实例。如果流体的自然对流被约束在封闭的夹层中发生相互干扰，这样的空间称为有限空间。例如，双层玻璃的空气层、平板式太阳能集热器的空气夹层等的散热，均属于有限空间的自然对流传热。本节讨论大空间自然对流传热。

通过大量实验，并对实验结果进行综合整理，得出大空间中自然对流传热特征数方程式为

$$Nu_m = C(Gr_m Pr_m)^n \qquad (10\text{-}41)$$

该式的定性温度为边界层的算术平均温度 $t_m = \dfrac{1}{2}(t_w + t_\infty)$，式中系数 C 和指数 n 的值，可根据放热表面的形状、位置及 $Gr_m Pr_m$ 数值范围由表10-7查取。

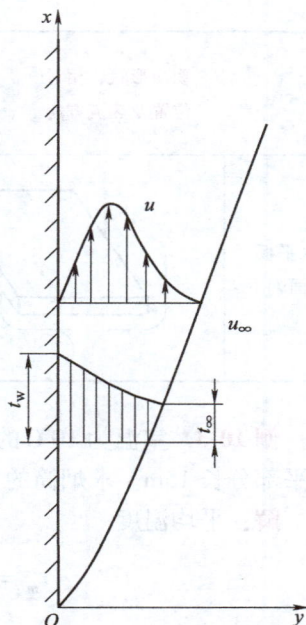

图 10-17　竖板自然对流边界层

表 10-7　大空间自然对流传热特征数方程式（10-41）中的 C 和 n 值

物面形状、相对位置及热流方向		C	n	适用范围	定型尺寸
竖平板及竖圆柱		0.59	1/4	$Gr_m Pr_m = 10^4 \sim 10^9$（层流） 对竖管，$d/h \geqslant 35/Gr^{1/4}$ h—高度，d—外径	高度 h
		0.10	1/3	$Gr_m Pr_m = 10^9 \sim 10^{13}$（湍流） 对竖管 $d/h \geqslant 35 Gr^{1/4}$	
水平圆柱		0.48	1/4	$Gr_m Pr_m = 10^4 \sim 1.5 \times 10^8$（层流）	外直径 d
		0.11	1/3	$Gr_m Pr_m > 1.5 \times 10^8$（湍流）	
水平板热面朝上		0.54	1/4	$Gr_m Pr_m = 10^4 \sim 10^7$（层流）	正方形取边长长方形取两边平均值圆盘取 $0.9d$狭长条取短边
		0.15	1/3	$Gr_m Pr_m = 10^7 \sim 10^{11}$（湍流）	

（续）

物面形状、相对位置及热流方向	C	n	适用范围	定型尺寸
水平板 热面朝下	0.27	1/4	$Gr_m Pr_m = 3 \times 10^5 \sim 3 \times 10^{10}$（层流）	不规则表面取面积除以周长

例 10-3 室温为 10℃ 的大房间中有一个直径为 10cm 的烟筒，其竖直部分高 1.5m，水平部分长 15m。求烟筒的平均壁温为 110℃ 时，每小时的对流散热量。

解： 平均温度

$$t_m = \frac{1}{2}(t_w + t_f) = \frac{1}{2}(10 + 110)℃ = 60℃$$

由附录查得，60℃ 空气的物性参数 $\rho = 1.060 \text{kg/m}^3$，$c_p = 1.005 \text{kJ/(kg·K)}$，$\lambda = 2.9 \times 10^{-2} \text{W/(m·K)}$，$\nu = 18.97 \times 10^{-6} \text{m}^2/\text{s}$，$Pr = 0.696$。

（1）烟筒竖直部分的散热

$$Gr_m = \frac{g\alpha_V l^3 \Delta t}{\nu^2} = \frac{9.8 \times 1.5^3 \times (110 - 10)}{(18.97 \times 10^{-6})^2 \times (273 + 60)} = 2.76 \times 10^{10}$$

$$Gr_m Pr_m = 2.76 \times 10^{10} \times 0.696 = 1.92 \times 10^{10}$$

由表 10-7 可知

$$Nu_m = 0.10 \times (1.92 \times 10^{10})^{1/3} = 268$$

所以

$$h = Nu_m \frac{\lambda}{l} = 268 \times \frac{0.029}{1.5} \text{W/(m}^2 \cdot \text{K)} = 5.18 \text{W/(m}^2 \cdot \text{K)}$$

$$\Phi_1 = \pi d l h(t_w - t_f)$$

$$= 3.14 \times 0.1 \times 1.5 \times 5.18 \times (110 - 10) \text{W}$$

$$= 244 \text{W}$$

（2）烟筒水平部分的散热

$$Gr_m = \frac{g\alpha_V l^3 \Delta t}{\nu^2} = \frac{9.8 \times 0.1^3 \times (110 - 10)}{(18.97 \times 10^{-6})^2 \times (273 + 60)} = 8.2 \times 10^6$$

$$Gr_m Pr_m = 8.2 \times 10^6 \times 0.696 = 5.71 \times 10^6$$

由表 10-7 可知

$$Nu_m = 0.53 \times (5.71 \times 10^6)^{1/4} = 25.9$$

所以

$$h = Nu_\mathrm{m}\frac{\lambda}{l} = 25.9 \times \frac{0.029}{0.1}\mathrm{W/(m^2 \cdot K)} = 7.51\mathrm{W/(m^2 \cdot K)}$$

$$\begin{aligned}\varPhi_2 &= \pi dlh(t_\mathrm{w} - t_\mathrm{f})\\ &= 3.14 \times 0.1 \times 15 \times 7.51 \times (110 - 10)\mathrm{W}\\ &= 3537\mathrm{W}\end{aligned}$$

烟筒的总对流散热量

$$\varPhi = \varPhi_1 + \varPhi_2 = 244\mathrm{W} + 3537\mathrm{W} = 3781\mathrm{W}$$

讨论：应当注意，不同的对流传热现象，有不同的准则式，即使同一现象，也可有许多不尽相同的准则关系，必须注意使用条件，以求得较准确的表面传热系数 h，进而利用牛顿冷却公式，求出对流传热量。表 10-7 中竖圆柱和水平圆柱、水平板的热面朝上或朝下，系数 C 数值不同，再次说明表面传热系数不仅与流体的物性和影响流动的因素有关，还与换热面的形状、位置等因素有关。

10.5　相变传热

流体与固体壁面的换热除了前面讨论的流体状态不发生改变的单相流体对流传热外，还常常遇到流体状态发生变化的相变对流传热。流体相变传热在工业生产实践中的应用非常广泛，例如，在火力发电厂中加压的水在锅炉中被加热变成蒸汽的传热过程称为沸腾换热；在冷凝器中蒸汽被冷却成液体的传热过程称为凝结换热。在蒸气-压缩制冷循环中，制冷剂在蒸发器中吸热变成蒸气的传热过程，过热蒸气在冷凝器中冷却又变成液体的传热过程。这两种传热同属于有相变的对流传热。在这两种相变传热过程中，流体都是在饱和温度下放出或者吸收汽化潜热，所以传热过程的性质以及换热强度都与单相流体的对流传热有明显的区别。一般情况下，凝结换热和沸腾换热的表面传热系数要比单相流体的对流传热高出几倍甚至几十倍。此外，由于沸腾和凝结传热存在相变，因此流体放热或吸热时其温度可能保持不变。实际上，通过沸腾和凝结，可以以很小的温差达到很高的传热速率。

下面分别介绍凝结换热和沸腾换热的特点和规律。

10.5.1　凝结换热

蒸气在物体表面上冷凝成液体的过程称为凝结换热过程。蒸气凝结时物体表面的温度必须低于该蒸气压力下蒸气的饱和温度，蒸气的汽化潜热才能传给物体使蒸气凝结成液体。蒸气在物体表面上凝结有两种形式：**膜状凝结和珠状凝结**，如图 10-18 所示。如果凝结液能很好地润湿壁面，凝结液就会在壁面形成一层液膜，这种凝结现象称为膜状凝结；如果凝结液不能很好地润湿壁面，凝结液的表面张力大于它与壁面之间的附着力，则凝结液就会在壁面形成大大小小的液珠，这种凝结现象称为珠状凝结。

膜状凝结时，凝液形成覆盖整个冷凝表面的液膜。在竖板上凝结时，液膜在重力作用下从表面上端向下流动，如图 10-19 所示。液膜将表面与蒸气隔开，只能在液膜表面凝结，所放出的汽化潜热必须通过液膜才能传到壁面，液膜成为膜状凝结换热的主要阻力，传热阻力增加较多，从而使冷凝表面传热系数减小。因此，如何排除凝结液、减小液膜厚度就是强化膜状凝结换热时考虑的核心问题。珠状凝结时，蒸气在表面上形成液珠，蒸气仍能和表面接触，蒸气所放出的汽化潜热直接传给表面，热阻较小，换热比较强烈。凝结液珠的滚落比液膜流动迅速，所以珠状凝结的平均表面传热系数要比膜状凝结的平均表面传热系数大 2~10 倍。但是，形成珠状凝结的条件难于长久维持，实现珠状凝结较困难，实际冷凝器中的凝结多用膜状凝结。近年来，有关科技工作者对形成珠状凝结的技术措施进行了大量的研究，也取得了可喜的研究成果，但目前还未研制出能长期运行的珠状凝结冷凝器。

影响珠状凝结的因素很多，例如液体对表面的润湿性、表面材料的性质和成分、蒸气流经表面的速度、不凝结气体的存在等都对珠状凝结有影响。因此，冷凝器的设计均按膜状凝结理论进行，所以本节重点介绍膜状凝结换热的特点、计算方法和影响因素。

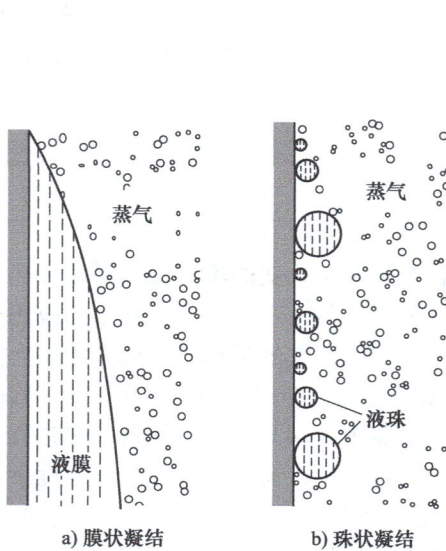

图 10-18　不同的凝结形式

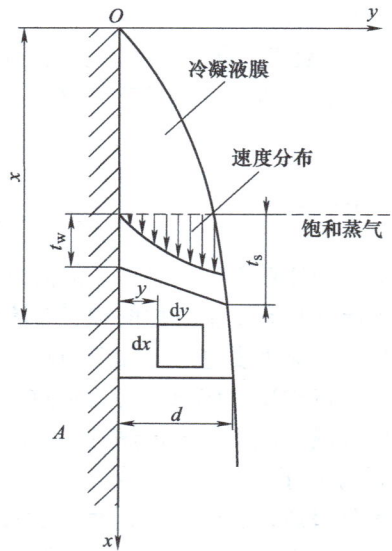

图 10-19　竖壁层流膜状凝结的近似分析

1. 几种典型结构的层流膜状凝结计算式

（1）竖壁及竖圆管　层流膜状凝结近似分析解首先由努塞尔于 1916 年得出，他抓住了液膜层的导热热阻是凝结过程中的主要热阻，忽略次要因素，从理论上揭示了有关参数对凝结换热的影响，他所得出的一系列结论与实验结果基本吻合，至今仍然适用。

竖壁液膜厚度计算式为

$$\delta = \left[\frac{4\eta_l \lambda_l (t_s - t_w) x}{g \gamma \rho_l^2} \right]^{1/4} \qquad (10\text{-}42)$$

竖壁局部表面传热系数为

$$h_x = \left[\frac{g \gamma \rho_l^2 \lambda_l^3}{4 \eta_l (t_s - t_w) x} \right]^{1/4} \qquad (10\text{-}43)$$

式中，g 为重力加速度，单位为 m/s^2；t_s 为蒸气饱和温度，单位为℃；t_w 为壁面温度，单位为℃；γ 为汽化潜热，由饱和温度 t_s 确定，单位为 J/kg；η_l 为凝结液动力黏度，单位为 $Pa \cdot s$；λ_l 为凝结液导热系数，单位为 $W/(m \cdot K)$；ρ_l 为凝结液密度，单位为 kg/m^3。

凝结液的物性用液膜平均温度 $t_\mathrm{m}=\dfrac{1}{2}(t_\mathrm{w}+t_\mathrm{s})$ 确定。

假定常物性及高为 l 的整个竖壁上温差 $\Delta t=t_\mathrm{s}-t_\mathrm{w}$ 为常数，层流液膜流经整个竖壁时平均表面传热系数的理论解为

$$h = 0.943\left[\frac{g\gamma\rho_l^2\lambda_l^3}{\eta_l l(t_\mathrm{s}-t_\mathrm{w})}\right]^{1/4} \tag{10-44}$$

实验发现，当 $Re>20$ 时，实验值高于理论值，这主要是由于膜层表面有波动，工程上通常使用把理论解增加约 20% 的实验公式，即

$$h = 1.13\left[\frac{g\gamma\rho_l^2\lambda_l^3}{\eta_l l(t_\mathrm{s}-t_\mathrm{w})}\right]^{1/4} \tag{10-45}$$

当竖圆管外径 R 远大于底部液膜厚度 δ 时，仍可直接应用式（10-44）计算。

（2）倾斜壁面　对于壁面与水平面成 φ 角的倾斜壁面，只需将式（10-44）中的 g 改为 $g\sin\varphi$ 即可：

$$h = 0.943\left[\frac{g\gamma\sin\varphi\rho_l^2\lambda_l^3}{\eta_l l(t_\mathrm{s}-t_\mathrm{w})}\right]^{1/4} \tag{10-46}$$

（3）水平圆管　在水平圆管外表面上的蒸气凝结，在动力设备的冷凝器中可见。此时液膜沿壁面的流动方向与重力的作用方向不能保持一致，故凝结液面可视为由不同倾斜角 φ 的微元斜壁面所组成。努赛尔的理论分析可以推广到水平圆管表面上的层流膜状凝结，经过分析运算，可导出水平圆管的平均表面传热系数的计算式为

$$h_\mathrm{H} = 0.729\left[\frac{g\gamma\rho_l^2\lambda_l^3}{\eta_l d(t_\mathrm{s}-t_\mathrm{w})}\right]^{1/4} \tag{10-47}$$

式中，d 为水平圆管的直径；下标 H 表示水平圆管。

如果管竖直放置，则需按竖直壁面层流膜状凝结换热的计算公式式（10-44）计算。比较式（10-44）与式（10-47）可知，当 $l/d=50$ 时，水平管的平均表面传热系数是竖直管的 2 倍，所以工业上冷凝器的管一般都采用水平布置。

（4）水平管束　工业上的绝大多数冷凝器都由多排水平圆管组成的管束构成。当竖直方向的管间距比较小时，上下管壁上的液膜连在一起，并且液膜从上向下逐渐增厚，如图 10-20 所示。如果液膜保持层流状态，则仍可以用式（10-47）计算平均表面传热系数，但需要将式

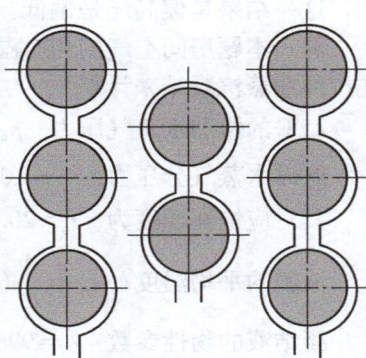

图 10-20　水平管束的层流膜状凝结

中的特征长度 d 改为 nd，n 为竖直方向层流液膜流经的管排数。当管间距较大时，上一排管的凝结液会滴到下一排管上，扰动下一排管上的液膜，使凝结换热增强，上述计算结果就会偏低。

2. 湍流膜状凝结计算式

对于竖直壁面上的凝结换热，当 $Re>1600$ 时，液膜由层流变为湍流，热量的传递除了靠近壁面的极薄的层流底层仍依靠导热方式外，层流底层以外以湍流传递为主，换热比层流时大为增强，努塞尔理论解不再适用。这时，可以对液膜的层流段和湍流段分别进行计算，再根据层

流段和湍流段的高度将求得的结果加权平均，以求得整个壁面的平均表面传热系数。对于底部已经达到湍流状态的竖壁凝结换热，其沿整个壁面的平均表面传热系数可按下式计算：

$$h = h_l \frac{x_c}{l} + h_t \left(1 - \frac{x_c}{l}\right) \tag{10-48}$$

式中，h_l 为层流段的平均表面传热系数；h_t 为湍流段的平均表面传热系数；x_c 为层流转变为湍流时转折点的高度；l 为壁的总高度。

按照上述原则整理得到以下实验关联式，可供计算整个壁面的平均表面传热系数之用：

$$Nu = Ga^{1/3} \frac{Re}{58 Pr^{-1/2} \left(\frac{Pr_w}{Pr_s}\right)^{1/4} (Re^{3/4} - 253) + 9200} \tag{10-49}$$

其中，$Ga = gl^3/\nu^2$，称为伽利略（Galileo）数。式中各物性参数都是凝结液的，除 Pr_w 用壁面温度 t_w 作为定性温度外，其余都采用饱和温度 t_s 作为定性温度。式中的特征长度为竖直壁面的高度。

因为一般水平管上的液膜达不到湍流阶段，所以不存在湍流凝结换热的问题。影响膜状凝结的因素有不凝结气体、蒸气速度、蒸气过热度以及管排数和凝结表面的形状等。特别需要指出的是，蒸气中含有空气或其他不凝结气体时，即使含量极微也会在液膜表面附近积聚一层不凝结气体，而大大降低表面传热系数。例如，水蒸气中即使只含 10%（质量分数）的空气时，表面传热系数将下降达 60% 之多。因此，在冷凝器工作的过程中，排除不凝结气体是非常重要的。

例 10-4 一房间内空气温度为 25℃，相对湿度为 75%。一根外径为 30mm，外壁平均温度为 15℃ 的水平管道自房间穿过。空气中的水蒸气在管外壁面上发生膜状凝结，假定不考虑传质的影响。试计算每米长管的凝结换热量。并将这一结果做分析：与实际情况相比，这一结果是偏高还是偏低？

解： 本题房间空气的相对湿度为 75%，因而从凝结观点有 25% 的不凝结气体即空气。先按纯净蒸汽凝结来计算。

25℃ 的饱和水蒸气压力 $p_s = 0.032895 \times 10^5 \, \text{Pa}$

此时水蒸气分压力为 $p = 0.75 p_s = 0.02467 \times 10^5 \, \text{Pa}$

其对应饱和温度为 $t_s = 20.68℃$

液膜的平均温度 $t_m = \frac{1}{2}(t_s + t_w) = \frac{1}{2} \times (20.68 + 15)℃ = 17.84℃$

凝结液的物性参数 $\rho_l = 998.52 \text{kg/m}^3$，$\eta_l = 1069 \times 10^{-6} \, \text{Pa} \cdot \text{s}$，$\lambda_l = 0.5936 \text{W/(m·K)}$。

汽化潜热 $\gamma = 2452.7 \text{kJ/kg}$

表面传热系数为

$$h = 0.729 \left[\frac{g\gamma\rho_l^2\lambda_l^3}{\eta_l d(t_s - t_w)}\right]^{1/4}$$

$$= 0.729 \times \left[\frac{9.8 \times 2452.7 \times 10^3 \times 998.52^2 \times 0.5936^3}{1069 \times 10^{-6} \times 0.03 \times (20.68 - 15)}\right]^{1/4} \text{W/(m}^2 \cdot \text{K)}$$

$$= 9389.3 \text{W/(m}^2 \cdot \text{K)}$$

故每米长管道上的换热量为

$$\Phi_l = \pi dh\Delta t = 3.14 \times 0.03 \times 9387.8 \times (20.68 - 15)\,\mathrm{W/m} = 5023.8\,\mathrm{W/m}$$

相应的凝结量为

$$q_\mathrm{m} = \frac{\Phi_l}{\gamma} = \frac{5023.8}{2452.7 \times 10^3} = 2.048 \times 10^{-3}\,\mathrm{kg/s} = 7.373\,\mathrm{kg/h}$$

由于不凝结气体的存在，实际凝结量要低于此值。

10.5.2　沸腾换热

当液体与高于其饱和温度的壁面接触时，液体被加热汽化并产生大量气泡的现象称为沸腾。沸腾的类型很多，按照液体本身的流动特点来区分，有大容器沸腾（也叫池内沸腾、自然对流沸腾）和强制流动沸腾（如管内流动沸腾）。发生大容器沸腾时不存在外力作用下的流体流动，全部流体的运动都只是由于自然对流和气泡自加热面上生成、增长、脱离和上升时产生的对流所引起，水壶中水的沸腾以及浸没于液体中的电热丝或高温蒸汽管道造成的沸腾是这类沸腾的实例。强制流动沸腾则不同，液体在压差作用下在系统中（工程上常常就是指在管道中）流动，同时受到管壁加热而产生沸腾，蒸气发生器中发生的传热过程即是流动沸腾的常见实例。

根据流体主体温度的高低及流体压力的大小，大容器沸腾和强制流动沸腾都还可以进一步分类。如果流体主体温度低于饱和温度，则把这个过程称为欠热沸腾或过冷沸腾。在过冷沸腾时，气泡在靠近加热面的过热液体层内生成，但是在增大到进入欠热液体中后（或者根本没有进入欠热液体），很快在靠近加热面位置或者就在表面上凝结消失，因此过冷沸腾也叫局部沸腾或表面沸腾。如果主体温度等于饱和温度，则称为饱和沸腾。根据液体的压力大小，还有亚临界沸腾和超临界沸腾，前者指液体压力低于临界压力的沸腾，后者则意味着液体压力已超过临界压力，各种流体的临界压力数值可查物性表得到。

上面讲的各种沸腾，总起来说是按照流体的热力学状态分类的。沸腾也可以按照其不同的机理来区分，有泡沸腾（核态沸腾）和膜沸腾（膜态沸腾）。泡沸腾时，在加热面上某些地点（气泡发源点）以极快的频率产生大量气泡，气泡的增大、脱离引起壁面附近的液体强烈扰动，致使表面传热系数大大升高。膜沸腾则不然，沸腾时在加热面上形成的是一层连续的蒸气膜，由于蒸气膜的导热性能极差，对液体与壁面间的传热过程起阻隔作用，导致表面传热系数大大下降。

本书只简要介绍大容器沸腾换热的特点、影响因素与计算方法。

大容器沸腾是沸腾换热最基本的一种形式。它是加热面沉浸在有自由液面的液体底部时发生的沸腾。此时产生的气泡能自由浮升，穿过液体自由表面进入容器空间。饱和水在水平加热面上沸腾的典型曲线如图 10-21 所示。曲线的横坐标为沸腾温差 $\Delta t = t_\mathrm{w} - t_\mathrm{s}$，或称为加热面的过热度；纵坐标为热流密度 q。

如果控制加热面的温度，使壁面上过热度缓慢增加，可以观察到以下四种不同的换热状态。

（1）自然对流沸腾　图 10-21 中的 AB 段，对应的壁面沸腾温差 Δt 小于 5℃。壁面上只有少量气泡产生，而且产生的气泡不能脱离壁面上浮，故看不到沸腾的现象，热量主要依靠自然对流传到液体主体，蒸发在液体表面进行，流体的运动和换热基本上遵循自然对流的规律。

（2）核态沸腾 如果沸腾温差Δt继续增加，壁面过热度超过B点对应的过热度时，在加热面的某些特定点上产生气泡。汽化核心产生的气泡彼此互不干扰，称孤立气泡区。随着Δt的进一步增加，加热面上产生的气泡将迅速增多，并逐渐长大，直到在浮力的作用下脱离加热面，进入液体。这时的液体已达到饱和，并具有一定的过热度，因此气泡在穿过液

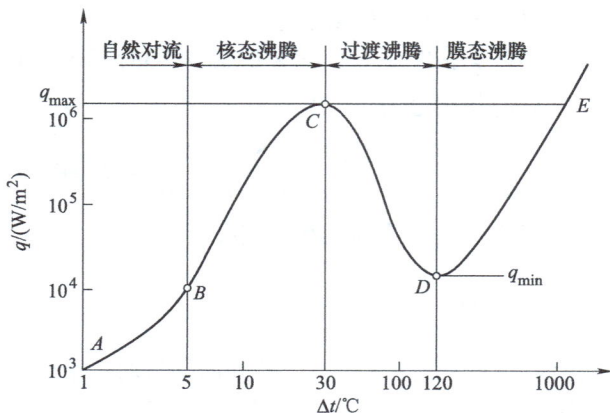

图 10-21　水在压力$p = 1.013 \times 10^5 Pa$下的饱和沸腾曲线

体时会继续被加热而变大，直至冲出液体表面，进入气相空间。由于加热面处液体的大量汽化，气泡互相影响，并会合成气泡块及气泡柱，这将引起液体内部的剧烈扰动，从而使表面传热系数和热流密度急剧上升，直至峰值q_{max}（曲线上的C点），曲线上的C点称为临界热负荷点或最大热流密度点，它标志着核态沸腾的上限。如果以热流密度监控加热设备的运行，则C点是一个不稳定工况点。沸腾状态将由C点突然跳跃到E点，壁面温度会急剧升高到1000℃以上，可能导致设备烧毁，故临界点C又称为烧毁点。为了保证安全的核态沸腾换热，必须控制热流密度低于临界热流密度。从B点到C点这一阶段，气泡的生成、变大及运动对换热起决定作用，所以这一阶段的换热状态称为核态沸腾（或泡沸腾）。由于核态沸腾温差小、换热强，因此在工业上被广泛应用。

（3）过渡沸腾 从峰值点进一步提高Δt，热流密度q不但不随Δt的升高而增加，反而迅速降低至一极小值q_{min}（曲线上的D点）。这是因为加热面上产生的气泡过多，以至于在加热面上形成气膜，阻碍了热量的传递。D点对应的温差约为120℃，此时的气膜很不稳定，可能突然破裂变成大气泡离开壁面，所以从C点到D点这一阶段的换热状态是不稳定的，这段沸腾称为过渡沸腾。

（4）膜态沸腾 当Δt增加到D点以后，壁面将全部被一层稳定的气膜所覆盖，这时汽化只能在气液交界面上进行，汽化所需热量靠导热、对流、辐射通过气膜传递。因壁温过高，辐射热量将随温度急剧增加，因而D点以后热流密度又继续回升。D点以后的沸腾现象称为膜态沸腾。

以上介绍了在一个大气压下水的大容器饱和沸腾曲线。对于其他液体在不同的压力下的大容器饱和沸腾，都会得出类似的饱和沸腾曲线，即所有液体的大容器饱和沸腾现象都遵循类似的规律，只是各参数数值不同而已。

由核态沸腾的特点可以看出，气泡的生成、变大及脱离加热面的运动对核态沸腾换热起决定作用。气泡的数量越多，越容易脱离加热面，核态沸腾换热就越强烈。研究表明，影响核态沸腾的因素主要是壁面过热度和汽化核心，而汽化核心数又受到加热面的材料与表面状况、液体所在空间的压力以及液体物性等的影响。由于因素比较复杂，文献中提出的计算式分歧较大。基于核态沸腾换热主要是气泡高度扰动的强迫对流传热的设想，这里推荐一个适

用性较广的实验关联式

$$\frac{c_{pl}\Delta t}{\gamma} = C_{wl} = \left[\frac{q}{\eta_l\gamma}\sqrt{\frac{\sigma}{g(\rho_l - \rho_v)}}\right]^{0.33} Pr_l^s \qquad (10\text{-}50)$$

式中，η_l 为饱和液体的黏度，单位为 Pa·s；γ 为汽化潜热，单位为 J/kg；g 为重力加速度，单位为 m/s^2；ρ_l、ρ_v 分别为饱和液体和饱和蒸气的密度，单位为 kg/m^3；σ 为蒸气-液体界面的表面张力，单位为 N/m；c_{pl} 为饱和液体的比定压热容，单位为 J/(kg·K)；Δt 为沸腾温差，单位为℃；Pr_l 为饱和液体的普朗特数，$Pr_l = \frac{\eta_l c_{pl}}{\lambda_l}$；$s$ 为经验指数，对于水，$s=1$，对于其他液体，$s=1.7$；C_{wl} 为取决于加热面与液体组合情况的经验常数，C_{wl} 由实验确定，一些加热面-液体组合的 C_{wl} 值列于表 10-8 中。

表 10-8　一些加热面-液体组合的 C_{wl} 值

加热面-液体组合	C_{wl}	加热面-液体组合	C_{wl}
水-抛光的铜	0.013	水-化学腐蚀的不锈钢	0.013
水-粗糙表面的铜	0.0068	水-研磨并抛光的不锈钢	0.0060
水-黄铜	0.0060	乙醇-铬	0.0027
水-铂	0.013	苯-铬	0.010
水-机械抛光的不锈钢	0.013	正戊烷-抛光的铜	0.0154

大容器沸腾临界热流密度的计算公式 q_{max} 可用下面的半经验公式计算：

$$q_{max} = \frac{\pi}{24}\gamma\rho_v^{1/2}\left[g\sigma(\rho_l - \rho_v)\right]^{1/4} \qquad (10\text{-}51)$$

在膜态沸腾中，气膜的流动和传热在很多方面类似于膜状凝结中液膜的流动和传热，横管的膜态沸腾可用下式计算：

$$h = 0.62\left[\frac{g\gamma\rho_v(\rho_l - \rho_v)\lambda_l^3}{\eta_l d(t_w - t_s)}\right]^{1/4}$$

式中，除 γ 及 ρ_l 的值由饱和温度 t_s 决定外，其余物性均以平均温度 $t_m = \frac{t_w + t_s}{2}$ 为定性温度，特征长度为管外径 d，单位为 m。

思 考 题

10-1　什么是表面传热系数？请写出其定义式并说明其物理意义。

10-2　用实例简要说明对流传热的主要影响因素。

10-3　把热水倒入一玻璃杯后，立即用手抚摸玻璃杯的外表面时不感到杯子烫手。但如果用筷子快速搅拌热水，那么很快就会觉得杯子烫手。试解释这一现象。

10-4　什么是流动边界层和热边界层？如何定义其厚度？

10-5　边界层理论对求解对流传热问题有何意义？

10-6　什么是层流边界层和湍流边界层？它们在传热机理上有何区别？

10-7　分别写出努塞尔数 Nu、雷诺数 Re、普朗特数 Pr、格拉晓夫数 Gr 的表达式，并说明它们的物理意义。

10-8　努塞尔数 Nu 和毕渥数 Bi 的表达式的形式完全相同，二者有何区别？

10-9　试说明在运用特征数关联式计算对流传热问题时应该注意哪些问题。

10-10　热流方向、管道曲率、管长短对管内对流传热有何影响？

10-11　夏季和冬季顶层天棚内表面处、房屋外墙外表面处的对流传热有何不同？

10-12　试说明膜状凝结和珠状凝结的形成条件。

10-13　工业上凝结热设备中一般都是出现膜状凝结，影响膜状凝结换热的因素有哪些？

10-14　为什么冷凝器内管都是水平布置而没有竖直布置的？

10-15　不凝结气体对凝结换热有什么影响？

10-16　试定性绘出大容器饱和沸腾曲线的形状，并说明各阶段的换热机理。

习　题

10-1　水和空气均以 $u=1\text{m/s}$ 的速度分别平行流过平板，边界层的平均温度均为 50℃，试求距平板前沿 100mm 处流动边界层及热边界层的厚度。

10-2　空气在内径为 50mm 的管内流动，流速为 15m/s，壁面温度 $t_w=100℃$，管长为 5m。如果空气的平均温度为 200℃，试求空气与壁面的表面传热系数 h 和传热量。

10-3　水在换热器内被加热，管内径为 14mm，管长为 2.5m，管壁温度保持为 110℃，水的进口温度为 50℃，流速为 1.3m/s，试求水通过换热器后的温度。

10-4　水在换热器内被加热，管内径为 30mm，平均壁温为 250℃，水的平均流速为 0.5m/s，进口、出口温度分别为 170℃和 230℃，试求管壁和水之间的表面传热系数。

10-5　内径 20mm 的管，壁温恒定为 200℃，空气入口温度为 20℃，入口流速为 20m/s，求空气出口温度达 60℃时所需的管长。

10-6　空气横向掠过单管，管外径 $d=12\text{mm}$，管外来流速 $u=14\text{m/s}$，空气温度 $t_f=30℃$，壁温 $t_w=22℃$，求空气侧的表面传热系数。

10-7　直径为 0.1mm 的电阻丝置于与来流方向垂直的空气流中，若气流的温度为 20℃，电阻丝的温度为 35℃，测出电阻丝的加热功率为 15.6W/m，确定空气的流速（忽略辐射散热）。

10-8　在一锅炉烟道中有一 4 排管顺排构成的换热器。已知管外径 $d=60\text{mm}$，管间距 $S_1/d=S_2/d=2$，管壁平均温度 $t_w=120℃$，烟气平均温度 $t_f=600℃$，管间最窄通道处的烟气流速 $u=8\text{m/s}$，试求管束外壁面和烟气间对流传热的平均表面传热系数。

10-9　空气预热器内 7 排管叉排，管外径 $d=12\text{mm}$，管间距 $S_1=18\text{mm}$，$S_2=15\text{mm}$，管束间空气最大流速 $u_{max}=15\text{m/s}$，管壁平均温度 $t_w=80℃$，空气的平均温度 $t_f=40℃$，冲击角 $\psi=70°$，求管束壁面与空气间的平均表面传热系数。

10-10　室外有一外径为 300mm 的水平蒸汽输送管道，壁面温度为 450℃，室外环境温度为 30℃，试求暖气管外壁面处自然对流传热的表面传热系数及单位管长的散热量。

10-11　一块面积为 $(0.7×0.5)\text{m}^2$ 的矩形薄板竖直置于室内空气温度为 20℃的大房间内，假定壁面温度均匀并保持为 225℃，若周围空气温度为 15℃，试计算通过该薄板的热流量。

10-12　直径为 150mm 的竖管，高度为 1.5m，壁面平均温度为 80℃，室内空气温度为 20℃，试求管外壁空气自然对流的表面传热系数。

10-13　室内火炉上烟囱的外径为 15cm，竖直段高度为 1.6m，壁面平均温度为 150℃，水平段长度为 5m，壁面平均温度为 100℃。室内空气温度为 18℃，试求每小时烟囱与室内空气间的对流传热量。

10-14　一面积为 $(1×1)\text{m}^2$、功率为 2kW 的平板电加热器，竖直放置于 20℃的大气中，如果电加热器处于稳定状态，试确定其表面温度。其他条件不变，如果将电加热器竖直放置于 20℃的水中，那么，其表面温度又是多少？

10-15　压力为 $1.013×10^5$Pa 的饱和水蒸气在 20cm×20cm 的方形竖壁外凝结，管壁温度保持98℃，试计算每小时的传热量和凝结蒸汽量（假设液膜为层流）。

10-16　饱和温度为50℃的纯净水蒸气在外径为 25mm 的竖直管外凝结。蒸汽与管壁的温差为11℃，若管长为 1.5m，试计算该冷凝管的热负荷（假设液膜为层流）。

10-17　一卧式水蒸气冷凝器，管的直径为 20mm，第一排管的壁温 $t_w=15$℃，冷凝压力为 $4.5×10^3$Pa，试计算第一排管每米长的凝结液量。

10-18　一台电热锅炉，用功率为 8kW 的电加热器来产生 0.143MPa 的饱和水蒸气。电热丝置于两根长 1.85m、外径为 15mm 的经机械磨光的不锈钢管内，钢管壁厚为 1.5mm，导热系数为 10W/(m·K)，该钢管置于水中。设输入功率全部用来产生蒸汽，试计算不锈钢管壁面的最高温度。已知此温度下的 $\sigma=569×10^{-4}$N/m。

10-19　直径为 5cm 的电加热铜棒被用来产生压力为 $3.61×10^5$Pa 的饱和水蒸气，铜棒表面温度高于饱和温度5℃，问需要多长的铜棒才能维持 90kg/h 的产汽率？已知此温度下表面张力 $\sigma=507.2×10^{-4}$N/m。

10-20　试求 $1.013×10^5$Pa 压力下水在大容器中沸腾时的临界热流密度。

第11章

辐 射 换 热

自然界中任何物体都不停地向周围空间发出辐射能，同时又不断地吸收其他物体发出的热辐射。辐射与吸收过程的综合结果形成以辐射方式进行的热量换递，称为辐射换热。本章主要讨论热辐射、辐射力、单色辐射力及定向辐射强度，并讲述黑体辐射的基本定律、实际物体辐射特性以及辐射换热计算。

11.1 热辐射的基本概念

11.1.1 热辐射

夏天温度较高时，会出现热射病就医，甚至导致死亡的事件，这与太阳辐射息息相关。物体通过电磁波传递能量的方式称为辐射。物体会因各种原因发出辐射能，其中因热的原因而发出辐射能的现象称为热辐射。物体发生辐射或吸收辐射能，都伴随着辐射能和热能之间的转换。导热和对流都不存在如此的能量转换。此外，在传热形式上，热辐射也与导热及对流不同，它是一种非接触式传热。

引发微观粒子运动状态变化的原因不同，将产生不同波长的电磁波，而不同波长的电磁波具有不同的特性，对物质的作用也各不相同，形成各种不同的辐射。例如，在振荡电路中引起电磁振荡的无线电辐射，能为人类视觉所感知的可见光辐射，具有穿透性能的射线辐射等。不同波长的电磁波在各个领域内都有其广泛的应用，电磁波波谱如图 11-1 所示。波长 $\lambda = 0 \sim \infty$ 的电磁波都有具有热效应，即电磁波中的辐射能可以转化为物质的热能，热能也可转化为辐射能。波长为 $0.1 \sim 1000 \mu m$ 的电磁波，其热效应最为显著。因热的原因发出辐射能的现象就是热辐射。热辐射中形成的射线叫热射线。按热射线波长 λ 的范围，热射线可分为远红外线（$\lambda = 4 \sim 1000 \mu m$），近红外线（$\lambda = 0.76 \sim 4 \mu m$），可见光线（$\lambda = 0.38 \sim 0.76 \mu m$）以及小部分紫外线（$\lambda = 0.1 \sim 0.38 \mu m$）。因此，热射线的波带可定为 $0.1 \sim 1000 \mu m$。热射线中各波长射线的能量是不同的。在工程上常见的温度范围（2000K 以下）内，热射线中的能量主要集中在红外线范围内。

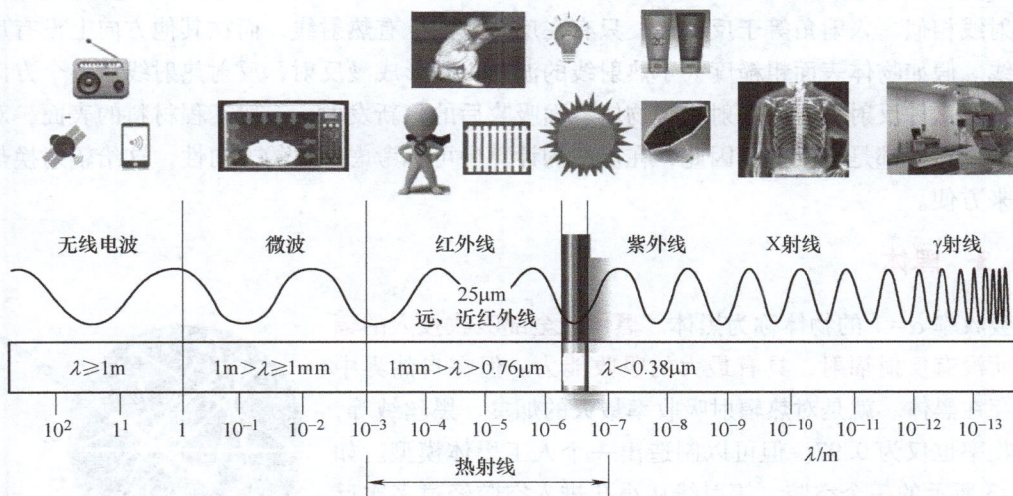

图 11-1　电磁波的波谱

11.1.2　吸收率、反射率和透射率

自然界中任何物体都在不断地向外辐射能量。物体辐射出去的辐射能投射到某物体表面时，其中有一部分被物体表面吸收，有一部分被物体表面反射，剩余部分能量穿透物体，如图 11-2 所示。

设投入物体表面的总辐射能为 Q，被物体吸收的部分为 Q_α，反射部分为 Q_ρ，透射部分为 Q_τ，则根据能量守恒定律得出

$$Q_\alpha + Q_\rho + Q_\tau = Q \tag{11-1}$$

或写成

$$\frac{Q_\alpha}{Q} + \frac{Q_\rho}{Q} + \frac{Q_\tau}{Q} = 1$$

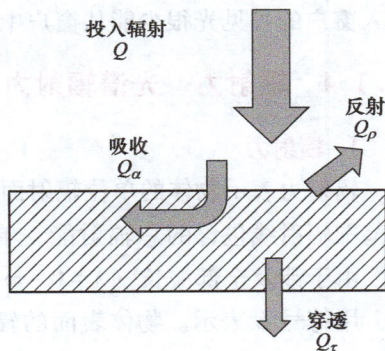

图 11-2　投入物体表面的辐射能

定义 $\alpha = Q_\alpha/Q$ 为吸收率；$\rho = Q_\rho/Q$ 为反射率；$\tau = Q_\tau/Q$ 为透射率。则

$$\alpha + \rho + \tau = 1 \tag{11-2}$$

α、ρ、τ 均小于或等于 1。各种物体的吸收、反射和透射的能力是不同的。例如工程常见的固体和液体材料，热射线一般是透不过的，其透射率 $\tau = 0$。所以对于这些固体和液体材料，反射能力大的物体表面，其吸收能力小；同样，吸收能力大的物体表面，其反射能力小。物质的吸收率不仅与材料的性质有关，还与物质表面的状况有关。例如表面粗糙度大的物体表面，由于对辐射能进行多次的吸收、反射、再吸收，因此粗糙表面的吸收率要比光滑表面的大。物体表面的表面粗糙度不仅影响其吸收率，同时还对热射线的反射有影响。如表

面十分光滑，其表面粗糙度小于热射线的波长，则在表面形成镜面反射。反射辐射与可见光的反射线相似。入射角等于反射角，只有在反射方向上有热射线，而在其他方向上没有反射热射线。假如物体表面粗糙度大于热射线的波长，则形成漫反射，反射热射线沿各个方向均匀分布。这种反射可看成辐射线被物体表面吸收后的重新发射，一般工程材料的表面，对热辐射来说，大都是漫反射。因此，在反射的计算中可不考虑反射的方向性，这给辐射换热计算带来方便。

11.1.3　黑体

　　吸收率 $\alpha = 1$ 的物体称为黑体。<mark>黑体能全部吸收投入的辐射能而没有反射辐射，具有最大的吸收能力。</mark>但在自然界中并不存在黑体。就是对热辐射吸收率最大的烟炱、黑丝绒等，其吸收率也仅为 0.97。但可以制造出一个人工黑体模型。如图 11-3 所示的一个空腔，辐射线从小孔进入空腔经过多次反射、吸收，最后能从小孔中反射出去的辐射能量极小。据计算，当空腔壁面的吸收率 $\alpha = 0.6$，小孔面积为空腔面积的 0.6% 时，小孔的吸收率为 $\alpha = 0.996$，十分接近黑体。类似黑

图 11-3　黑体模型

体模型的实例在日常生活中也能见到。例如白天，看各大楼的窗户均是暗黑色的，这是由于进入窗户的可见光很少能从窗户中逸出。

11.1.4　辐射力、光谱辐射力及定向辐射力

1. 辐射力

　　辐射力表示物体的单位辐射面积，在单位时间内向其上半球空间各个方向发射的全部波长范围辐射线包含的总辐射能，单位为 W/m^2。辐射力也就是辐射表面辐射出去的能流密度，由于涉及全部波长（$\lambda = 0 \sim \infty$）辐射线的总能量，所以也称为全波辐射力，简称辐射力，用符号 E 表示。物体表面的辐射力与物体的材料性质和温度有关。对同一种材料，它随物体的温度增加而增加。而不同材料的物体，即使温度相同，其辐射力也是不同的。在相同的温度下，黑体的辐射力最大，通常用 E_b 表示。后文中，凡以下标"b"表示的参数均指黑体的参数。

2. 光谱辐射力

　　物体单位辐射面积，在单位时间内向其上半球空间所有方向单位波长所发出的辐射能称为光谱辐射力，记为 E_λ，其定义成为

$$E_\lambda = \lim_{\Delta\lambda \to 0} \frac{E_{\lambda \sim (\lambda + \Delta\lambda)}}{\Delta\lambda} \tag{11-3}$$

3. 定向辐射强度（或辐射强度）

　　为了表示辐射能在空间分布的情况，引入定向辐射强度这一物理量。它表示物体表面在单位时间沿指定方向的单位立体角内，与指定方向垂直的单位面积上（可见辐射面积）发射的全波长的能量（图 11-4）。

对于微元面积 dA_1 在方向 θ 的定向辐射强度 I_θ [$W/(m^2 \cdot sr)$]，实验测定表明

$$I_\theta = \frac{d\Phi_\theta}{(dA_1 \cos\theta) d\omega} \qquad (11\text{-}4)$$

式中，$d\Phi_\theta$ 为落在半径为 r 的球面积 dA_2 上的辐射能，单位为 W；$dA_1 \cos\theta$ 为 dA_1 在 θ 方向的可见面积，单位为 m^2；$d\omega$ 为面积 dA_2 所对应的立体角，$d\omega = \frac{dA_2}{r^2}$，单位为球面度，用符号 sr 表示。这里 I_θ 为常数，与 θ 方向无关。

图 11-4 立体角

4. 定向辐射力

定向辐射强度 I_θ 是以可见投影面积 $dA_1 \cos\theta$ 为基准计算的。若以物体微元辐射表面积 dA_1 为基准计算定向辐射，则称为定向辐射力，即

$$E_\theta = \frac{d\Phi_\theta}{dA_1 d\omega} \qquad (11\text{-}5)$$

定向辐射强度与定向辐射力的关系

$$E_\theta = I_\theta \cos\theta \qquad (11\text{-}6)$$

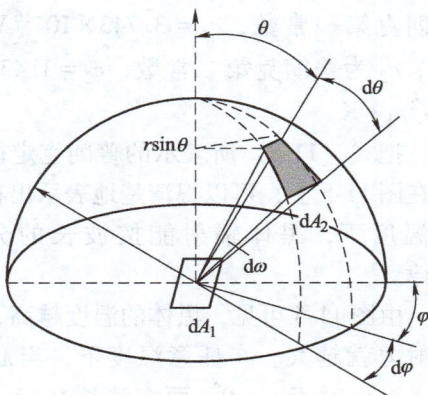

11.2 黑体辐射的基本定律

11.2.1 斯特藩-玻尔兹曼定律

斯特藩-玻尔兹曼定律（Stefan-Boltzmann law），又称斯特藩定律。目的是定量地表述单位黑体表面在一定温度下向外界辐射能量的多少，为此需要引入辐射力的概念，黑体的辐射力与热力学温度的关系就是此定律规定的。其内容为一个黑体表面单位面积在单位时间内辐射出的总能量与黑体本身的热力学温度的四次方成正比，表示温度的上升，会使辐射力急剧增加，即

$$E_b = C_b \left(\frac{T}{100} \right)^4 \qquad (11\text{-}7)$$

式中，C_b 为黑体辐射系数，$C_b = 5.67 W/(m^2 \cdot K^4)$。

11.2.2 普朗克定律

1900 年普朗克根据量子理论，推导出黑体单色辐射力 $E_{b\lambda}$ 与温度和波长的关系，建立了如下的数学表达式：

$$E_{b\lambda} = \frac{c_1 \lambda^{-5}}{e^{c_2/(\lambda T)} - 1} \qquad (11\text{-}8)$$

式中，λ 为波长，单位为 m；T 为黑体的热力学温度，单位为 K；e 为自然对数的底；c_1 为

普朗克第一常数，$c_1 = 3.743 \times 10^{-16}$ W·m^2；c_2 为普朗克第二常数，$c_2 = 1.4387 \times 10^{-2}$ m·K。

把式（11-8）所表示的普朗克定律描述在图 11-5 上，可以很清楚地表示出在不同温度下，黑体辐射能按波长的分布规律。

由图 11-5 可见，黑体的温度越高，其辐射力就越大。在任意温度下，当 $\lambda \to 0$ 或 $\lambda \to \infty$ 时 $E_{b\lambda} \to 0$。而在波长 $0 \sim \infty$ 间，单色辐射力 $E_{b\lambda}$ 总有一最大值，与此相对应的波长记为 λ_{max}，如图 11-5 中虚线所示。**随着黑体的温度的升高，λ_{max} 向短波方向移动。** 黑体的温度 T 与相应的最大单

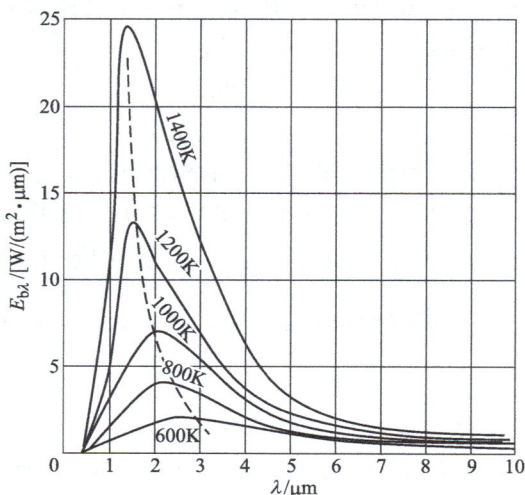

图 11-5　黑体的 $E_{b\lambda}$ 和 T 的关系

色辐射力的波长 λ_{max} 间的关系由维恩位移定律确定，即

$$\lambda_{max} T = 2.8976 \times 10^{-3} \text{m} \cdot \text{K} \approx 2.9 \times 10^{-3} \text{m} \cdot \text{K} \tag{11-9}$$

也就是说，T 越高，λ_{max} 越小。最大单色辐射力的波长 λ_{max} 可以通过光学仪器测得。于是可据式（11-9）计算出黑体的表面温度 T。例如，根据测得的太阳光谱，太阳最大单色辐射力的波长 $\lambda_{max} = 0.5\mu m$，故可推算出太阳表面的热力学温度 T 为

$$T = \frac{2.9 \times 10^{-3} \text{m} \cdot \text{K}}{\lambda_{max}} = \frac{2.9 \times 10^{-3} \text{m} \cdot \text{K}}{5 \times 10^{-7} \text{m}} = 5800 \text{K} \tag{11-10}$$

11.2.3　兰贝特定律

兰贝特定律揭示了黑体表面辐射能在空间分布的规律。生活经验告诉我们，在热辐射表面上半球空间各个方向上所感受到的热辐射是不一样的。例如，对着炉门法线方向感受到的辐射热最大，位于炉门前同样距离，但与法向有一偏角时感到的辐射能就减少，且随着偏角的增加，辐射能减少更多。描述辐射能在空间分布的物理量是前面已引出的定向辐射强度，它表示沿指定辐射方向，在单位时间单位立体角内，单位可见面积发射的辐射能。兰贝特定律指出，在半球空间，黑体在各方向上的定向辐射强度是相等的，即 $I_{\theta_1} = I_{\theta_2} = I_n = \cdots = I$。

例 11-1　有一黑体表面，面积为 1cm^2，其法向的定向辐射强度 $I_n = 3500\text{W}/(\text{m}^2 \cdot \text{sr})$，在离开 A_1 中心 0.5m 的圆周上布置有 A_2、A_3、A_4，它们的面积也均为 1cm^2，相对位置如图 11-6 所示。计算 A_1 朝 A_2、A_3、A_4 表面发射的辐射能。

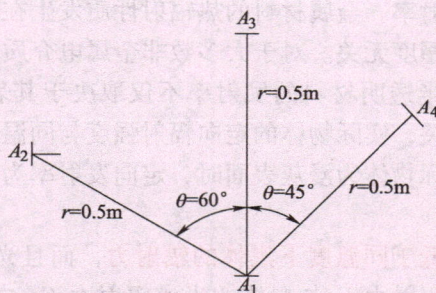

图 11-6 例 11-1 图

解：（1）A_1 的中心对 A_2、A_3、A_4 所对应的立体角

$$\omega_2 = \frac{A_2\cos30°}{r^2} = \frac{1 \times 10^{-4}\cos30°}{0.5^2}\text{sr} = 3.464 \times 10^{-4}\text{sr}$$

$$\omega_3 = \frac{A_3\cos0°}{r^2} = \frac{1 \times 10^{-4}\cos0°}{0.5^2}\text{sr} = 4.0 \times 10^{-4}\text{sr}$$

$$\omega_4 = \frac{A_4\cos0°}{r^2} = \frac{1 \times 10^{-4}\cos0°}{0.5^2}\text{sr} = 4.0 \times 10^{-4}\text{sr}$$

（2）A_1 朝 A_2、A_3、A_4 所发出的辐射能

$$\Phi_2 = A_1 E_{\theta_2}\omega_2 = A_1 I\cos\theta_2\omega_2$$

$$= (1 \times 10^{-4} \times 3500 \times \cos60° \times 3.464 \times 10^{-4})\text{W} = 0.6062 \times 10^{-4}\text{W}$$

$$\Phi_3 = A_1 E_{\theta_3}\omega_3 = A_1 I\cos\theta_3\omega_3$$

$$= (1 \times 10^{-4} \times 3500 \times \cos0° \times 4 \times 10^{-4})\text{W} = 1.4 \times 10^{-4}\text{W}$$

$$\Phi_4 = A_1 E_{\theta_4}\omega_4 = A_1 I\cos\theta_4\omega_4$$

$$= (1 \times 10^{-4} \times 3500 \times \cos45° \times 4.0 \times 10^{-4})\text{W} = 0.9899 \times 10^{-4}\text{W}$$

黑体的定向辐射强度与方向无关是因为它是以单位可见面积作为度量单位的。实际上黑体辐射能量在空间的分布是不均匀的，法线方向最大，切线方向最小。

11.3 实际物体表面的辐射特性

11.3.1 灰体

实际物体的辐射力与相同温度下黑体的辐射力之比称为物体的黑度，也叫发射率。发射率的主要影响因素包括：材料种类、表面粗糙度、材料厚度等。非金属材料和金属氧化物的发射率都比较高，一般大于 0.8，并随温度的增高而减小。金属发射率较低，随温度成正比增加。金属铝、合金、不锈钢，在喷砂处理后，比抛光表面的发射率能提高 1~2 倍。但有些非金属材料，如多晶陶瓷、聚苯乙烯和聚乙烯，其发射率对表面粗糙度不敏感。材料的化学成分以及处理、冷加工、表面处理形成的表面结晶状态，及其表面形成的沉积物、油膜和氧化膜等，都会明显影响发射率。金属材料的热辐射性质发生在表面几微米的薄层内，可看作其表面的性质、发射率与厚度无关。对于大多数非金属电介质材料，辐射有一定的贯穿深度。因此，非金属电介质和半透明材料的发射率不仅取决于其表面状态，还与样品厚度有关。物体的发射率与方向有关，实际物体的定向辐射强度与同温度下黑体的定向辐射强度之比称为定向发射率。假设实际物体为漫灰表面时，定向发射率为常数。常用材料表面的发射率见表 A-12。

实际物体的辐射力总是低于同温度下黑体的辐射力，而且光谱辐射力 E_λ 随波长的分布也不相同。实际物体的光谱辐射力 E_λ 与黑体的光谱辐射力 $E_{b\lambda}$ 之比 ε_λ 称为实际物体的光谱发射率。

$$\varepsilon_\lambda = \frac{E_\lambda}{E_{b\lambda}} \neq \text{定值}, \varepsilon_\lambda < 1 \tag{11-11}$$

实际物体的光谱发射率 ε_λ 随波长发生不规则的变化，给计算实际物体的辐射力增加了难度。假设另有一种理想物体，其光谱辐射力 E_λ 与黑体光谱辐射力 $E_{b\lambda}$ 之比不随波长变化，如图 11-7 中灰体曲线所示，而辐射力与实际物体相同，即实际物体曲线与灰体曲线下面所围的面积相同，称这样的理想物体为灰体。因而灰体的光谱发射率在整个波谱范围内为定值。

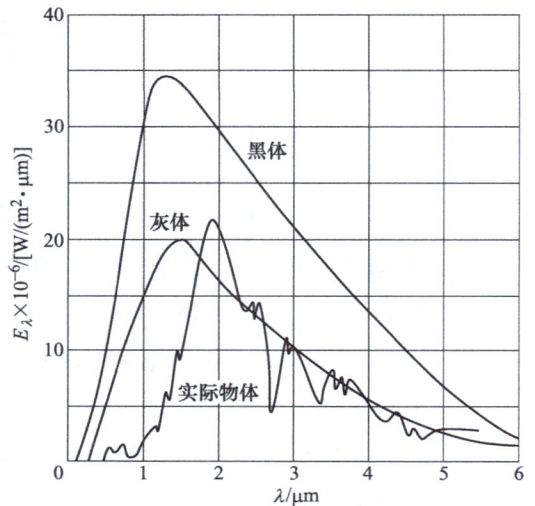

图 11-7　同温度下不同表面的 E_λ 比较

11.3.2　基尔霍夫定律

基尔霍夫定律表达了物体发射辐射的能力与它吸收投射辐射的能力之间的关系。该关系可通过分析图 11-8 所示微元面 dA_2 和 dA_1 之间的辐射换热量得到。

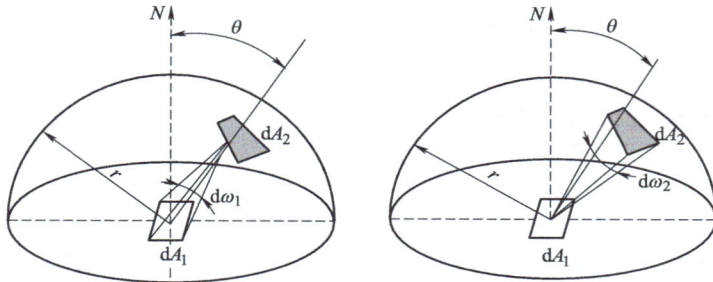

图 11-8　定向辐射和吸收特性

假定半球表面为黑体，微元面 dA_1 为实际物体表面。在热平衡条件下，单位时间沿给定方向在 $d\lambda$ 波长范围内，由黑体空腔上微元面 dA_2 投射到 dA_1 表面上的能量为

$$d\Phi_s = I_{b,\lambda,T} dA_2 d\omega_1 d\lambda \tag{11-12}$$

式中，$I_{b,\lambda,T}$ 为黑体在温度 T 时的单色定向辐射强度；$\mathrm{d}\omega_1$ 为由 $\mathrm{d}A_1$ 的中心对 $\mathrm{d}A_2$ 张成的立体角：

$$\mathrm{d}\omega_1 = \frac{\mathrm{d}A_1\cos\theta}{r^2}$$

$\mathrm{d}A_1$ 表面吸收的能量为

$$\mathrm{d}\Phi_a = \alpha_{\lambda,\theta,T} I_{b,\lambda,T} \mathrm{d}A_2 \frac{\mathrm{d}A_1\cos\theta}{r^2}\mathrm{d}\lambda$$

式中，$\alpha_{\lambda,\theta,T}$ 为 $\mathrm{d}A_1$ 表面在温度 T 时沿 θ 方向的单色吸收率。

$\mathrm{d}A_1$ 表面在单位时间内，朝着 θ 方向在 $\mathrm{d}\lambda$ 范围内发射的能量为

$$\mathrm{d}\Phi_e = I_{\lambda,\theta,T} \mathrm{d}A_1\cos\theta\mathrm{d}\omega_2\mathrm{d}\lambda$$

式中，$I_{\lambda,\theta,T}$ 为微元面 $\mathrm{d}A_1$ 在温度 T 时沿 θ 方向的单色定向辐射强度，用单色定向发射率表示则为 $I_{\lambda,\theta,T} = \varepsilon_{\lambda,\theta,T} I_{b,\lambda,T}$，$\mathrm{d}\omega_2 = \mathrm{d}A_2/r^2$，于是

$$\mathrm{d}\Phi_e = \varepsilon_{\lambda,\theta,T} I_{b,\lambda,T} \mathrm{d}A_1\cos\theta\frac{\mathrm{d}A_2}{r^2}\mathrm{d}\lambda$$

根据热平衡条件，应有

$$\mathrm{d}\Phi_a = \mathrm{d}\Phi_e$$

则

$$\varepsilon_{\lambda,\theta,T} = \alpha_{\lambda,\theta,T} \tag{11-13}$$

式（11-13）就是基尔霍夫定律最基本的表达式，它表明在热平衡条件下，表面单色定向发射率等于它的单色定向吸收率。两者均为物体表面的辐射特性，仅取决于物体自身的温度，与辐射换热面之间是否处于热平衡无关，即使表面存在辐射换热时，仍然成立。即

$$\varepsilon_{\lambda,\theta} = \alpha_{\lambda,\theta}$$

对于漫射表面，由于辐射性质与方向无关，可以表示为

$$\varepsilon_\lambda = \alpha_\lambda$$

对于灰表面，由于辐射性质与波长无关，则为

$$\varepsilon_\theta = \alpha_\theta$$

如果表面是漫射灰表面，由于辐射性质既与方向无关也与波长无关，所以对漫射灰表面基尔霍夫定律可表达为

$$\varepsilon = \alpha \tag{11-14}$$

实际物体的吸收率要比发射率更为复杂，它既受吸收物体表面因素的影响，又与射入的辐射线的性质有关。因此吸收率取决于吸收物体和发射物体的材料种类、温度和表面状况。工程上通常把实际物体近似看作漫灰表面。这种简化，在一般工程温度范围内和对多数工程材料来讲，引起的误差是可以接受的，从而给一般实际物体的辐射换热计算带来方便。

11.4 辐射换热计算

11.4.1 角系数及其性质

两个物体之间的辐射换热，除了与物体表面的温度、发射率、吸收率等因素有关以外，

还与两物体的相对位置、物体本身的几何形状有关。在一般情况下，一物体发射的辐射能只有一部分投射到另一物体上，其余部分则投射到体系以外的空间。固体表面1发出的辐射能落在表面2上的份额称为表面 A_1 对表面 A_2 的角系数，记作 $X_{1,2}$，即

$$X_{1,2} = \frac{\text{落在 } A_2 \text{ 上的由 } A_1 \text{ 发出的辐射能}}{A_1 \text{ 向外发出的总辐射能}} \qquad (11\text{-}15)$$

角系数纯系几何因子，其数值取决于辐射物体的几何形状、尺寸及相对位置，而与物体的表面性质和温度等无关。

1. 角系数的相对性

任意位置的两黑体表面 A_1 和 A_2，表面 A_1 的温度为 T_1，表面 A_2 的温度为 T_2。表面 A_1 发出的辐射能落在 A_2 上的份额全部被 A_2 吸收，即为

$$\Phi = A_1 E_{b1} X_{1,2}$$

表面 A_2 发出的辐射能落在 A_1 上的份额全部被 A_1 吸收，即

$$\Phi = A_2 E_{b2} X_{2,1}$$

表面 A_1 和 A_2 间的辐射热交换量为

$$\Phi_{1,2} = A_1 E_{b1} X_{1,2} - A_2 E_{b2} X_{2,1}$$

在热平衡条件下，$T_1 = T_2$，$\Phi_{1,2} = A_1 E_{b1} X_{1,2} - A_2 E_{b2} X_{2,1} = 0$，于是有

$$A_1 X_{1,2} = A_2 X_{2,1} \qquad (11\text{-}16)$$

这是从两黑体表面间的辐射换热得出的，但它同样适用于其他的表面。两个辐射表面间的这种属性，称为角系数的相对性，或称互换性。该式表明，任意两个辐射表面间的角系数 $X_{1,2}$ 与 $X_{2,1}$ 不是独立的，它们受式（11-16）的约束。这种关系在计算角系数时经常用到。

2. 角系数的完整性

考察几个平面或凸面组成的封闭空腔内各个面之间的辐射换热现象，如图11-9所示。离开表面1的所有辐射能必将能到达它能见到的封闭空间的其他各表面上。根据能量守恒定律，以其中表面1为例，角系数间必有如下关系：

$$X_{1,2} + X_{1,3} + \cdots + X_{1,n} = \sum_{i=2}^{n} X_{1,i} = 1 \quad (11\text{-}17)$$

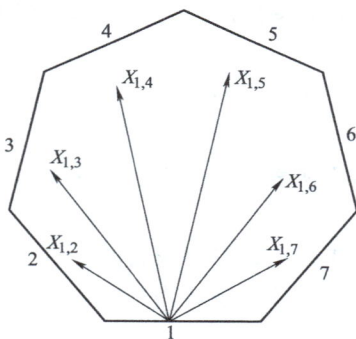

图 11-9 角系数的完整性

这一关系式称为角系数的完整性。这里强调各组成表面是平面或凸面，表示辐射能在本辐射面上的角系数 $X_{i,i} = 0$，因为非凹面的辐射能不能为本表面所接收。组成表面是凹面，则 $X_{i,i} \neq 0$。角系数的计算方法有积分法、代数法、几何法及查曲线图等。

3. 角系数的可加性

考虑如图11-10所示表面1对表面2的角系数。由于从表面1发出落到表面2上的总能量等于落到表面2上各部分的辐射能总和，则有

$$A_1 E_{b1} X_{1,2} = A_1 E_{b1} X_{1,2a} + A_1 E_{b1} X_{1,2b}$$

故有

$$X_{1,2} = X_{1,2a} + X_{1,2b} \qquad (11\text{-}18)$$

显然，式（11-18）可推广到表面 2 分割成多个区域的情况。然而，当表面 2 分割成多个区域时，表面 2 各区域对表面 1 的角系数则不存在这样的可加性。

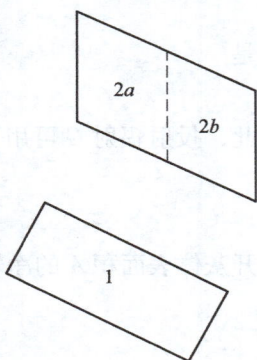

图 11-10 角系数
可加性图示

11.4.2　黑体间辐射换热

投射到黑体表面上的辐射能，黑体将全部吸收，因此黑体间的辐射换热计算比较简便。如果两黑体间辐射换热的角系数为已知，则离开黑体表面 A_1 而到达黑体表面 A_2 上的辐射能为 $E_{b1} A_1 X_{1,2}$，这也是黑体 A_2 吸收的辐射能。离开黑体表面 A_2 而到达黑体 A_1 的辐射能为 $E_{b2} A_2 X_{2,1}$，这也是黑体 A_1 吸收的辐射能。如果黑体 A_1 的温度高于黑体 A_2，则两黑体间辐射交换的热量 $\Phi_{1,2}$ 为

$$\Phi_{1,2} = E_{b1} A_1 X_{1,2} - E_{b2} A_2 X_{2,1} \tag{11-19}$$

利用角系数相对性原理，两黑体间的辐射换热的计算式可写为

$$\Phi_{1,2} = A_1 X_{1,2}(E_{b1} - E_{b2}) = A_2 X_{2,1}(E_{b1} - E_{b2})$$

或写成

$$\Phi_{1,2} = A_1 X_{1,2} C_0 \left[\left(\frac{T_1}{100} \right)^4 - \left(\frac{T_2}{100} \right)^4 \right] = A_2 X_{2,1} C_0 \left[\left(\frac{T_1}{100} \right)^4 - \left(\frac{T_2}{100} \right)^4 \right]$$

与导热和对流换热相似，黑体的辐射换热计算也可写成热阻的形式：

$$\Phi_{1,2} = \frac{E_{b1} - E_{b2}}{\dfrac{1}{A_1 X_{1,2}}} = \frac{E_{b1} - E_{b2}}{\dfrac{1}{A_2 X_{2,1}}}$$

式中，$\Phi_{1,2}$ 为辐射热流；分子 $E_{b1} - E_{b2}$ 称作辐射势差，相当于导热或对流换热中的温差，类似于电学中的电位差；分母 $1/A_1 X_{1,2}$ 和 $1/A_2 X_{2,1}$ 称为辐射空间热阻。由此也可看出确定角系数在换热中的作用。

11.4.3　有效辐射

考虑两个实际表面 A 和 B。因为实际物体的吸收率 $\alpha \neq 1$，所以表面 A 发出的辐射能落在表面 B 上的份额，一部分被表面 B 吸收，其余部分被反射出去。被表面 B 反射出去的能量一部分投射在表面 A 上，这部分能量又被表面 A 吸收一部分。在无限次的吸收、反射过程后，表面 A 和 B 热交换量达到稳定。由于热射线在空间是以光速传播的，所以这些反复吸收和反射的过程都是在瞬间进行的。为了简化辐射换热的分析和计算，引入投射辐射和有效辐射的概念。

投射辐射，用符号 G 表示，是单位时间内投射到单位表面上的辐射能，单位为 W/m^2。灰体表面接受投射辐射 G 后，其中 αG 被吸收，ρG 被反射。

有效辐射，用符号 J 表示，是单位时间内离开单位表面的辐射能，它包括灰体表面的本身辐射能 εE_b 和反射辐射能 ρG，单位为 W/m^2。人们感觉得到的或用仪器测量出物体表面的辐射能均是有效辐射。有效辐射用下式表示：

$$J = \varepsilon E_b + \rho G \tag{11-20}$$

由于反射率

$$\rho = 1 - \alpha = 1 - \varepsilon$$

于是

$$J = \varepsilon E_b + (1 - \varepsilon) G$$

由此，投射辐射 G 可用下式表示：

$$G = \frac{J - \varepsilon E_b}{1 - \varepsilon}$$

离开灰体表面积 A 的净辐射能量应是有效辐射和投射辐射之差，即

$$\Phi = A(J - G) = A\left(J - \frac{J - \varepsilon E_b}{1 - \varepsilon}\right)$$

整理可得离开表面 A 的净辐射能为

$$\Phi = \frac{E_b - J}{\frac{1 - \varepsilon}{\varepsilon A}} \tag{11-21}$$

对于式（11-21）可这样理解，分子 $E_b - J$ 为表面辐射势差，分母 $(1-\varepsilon)/\varepsilon A$ 为灰体表面 A 的辐射表面热阻，其单位是 m^{-2}。表面热阻取决于辐射表面的大小和发射率 ε。

11.4.4 灰体间的辐射换热

现在考虑表面积为 A_1 和 A_2 的两灰体间的辐射换热。假定表面 A_1 的有效辐射为 J_1，表面 A_2 的有效辐射为 J_2，两灰体表面间的角系数分别是 $X_{1,2}$ 和 $X_{2,1}$，则离开 A_1 表面的有效辐射中有 $J_1 A_1 X_{1,2}$ 投射到 A_2 表面，而离开 A_2 表面的有效辐射中有 $J_2 A_2 X_{2,1}$ 投射到 A_1 表面。两表面间的净辐射热量为

$$\Phi_{1,2} = J_1 A_1 X_{1,2} - J_2 A_2 X_{2,1} \tag{11-22}$$

根据角系数的相对性 $A_1 X_{1,2} = A_2 X_{2,1}$，式（11-22）可整理成

$$\Phi_{1,2} = \frac{J_1 - J_2}{\frac{1}{A_1 X_{1,2}}} = \frac{J_1 - J_2}{\frac{1}{A_2 X_{2,1}}} \tag{11-23}$$

式中，$J_1 - J_2$ 称作有效辐射势差；$1/A_1 X_{1,2}$ 和 $1/A_2 X_{2,1}$ 为辐射的空间热阻。由空间热阻的定义式可以看出，它的大小完全取决于辐射表面的形状、大小、距离和相对位置等几何特征。

利用灰体辐射换热的表面热阻和空间热阻的概念，可以很方便地绘出灰体间辐射换热的网络图，如图 11-11 所示。

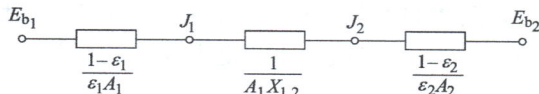

图 11-11 两灰体间的辐射换热网络

为了导出相应的两灰体表面的辐射换热的计算公式，假如表面 A_1 的温度高于表面 A_2，离开表面 A_1 的净辐射能为

$$\Phi_1 = \frac{E_{b1} - J_1}{\frac{1 - \varepsilon_1}{\varepsilon_1 A}} \tag{11-24}$$

表面 A_1 与表面 A_2 间的辐射换热量为

$$\Phi_{1,2} = \frac{J_1 - J_2}{\dfrac{1}{A_1 X_{1,2}}} \tag{11-25}$$

表面 A_2 得到的净辐射能为

$$\Phi_2 = \frac{J_2 - E_{b2}}{\dfrac{1 - \varepsilon_2}{\varepsilon_2 A_2}} \tag{11-26}$$

根据能量守恒定律，在稳定辐射换热过程中

$$\Phi_1 = \Phi_{1,2} = \Phi_2$$

于是根据式（11-24）~式（11-26）整理后可得两灰体间的辐射换热计算公式为

$$\Phi_{1,2} = \frac{E_{b1} - E_{b2}}{\dfrac{1 - \varepsilon_1}{\varepsilon_1 A_1} + \dfrac{1}{A_1 X_{1,2}} + \dfrac{1 - \varepsilon_2}{\varepsilon_2 A_2}} \tag{11-27}$$

式（11-27）中分子为总辐射势差，分母为总辐射热阻，它是两个表面辐射热阻和一个空间辐射热阻之和。

若以 A_1 为计算面积，式（11-27）可写成

$$\Phi_{1,2} = \varepsilon_{1,2} A_1 (E_{b1} - E_{b2})$$
$$= \varepsilon_{1,2} A_1 C_0 \left[\left(\frac{T_1}{100} \right)^4 - \left(\frac{T_2}{100} \right)^4 \right] \tag{11-28}$$

式中，$\varepsilon_{1,2}$ 称作两灰体间辐射换热的系统发射率。

例 11-2　一热电偶直径为 3.2mm，表面发射率 ε 为 0.6，将它放入炉膛中以测量炉膛内空气的温度。若炉壁温度为 650℃，空气的真实温度为 560℃，问热电偶指示的温度为多少？热电偶与炉膛空气之间表面传热系数按 $h = 1.32 \left(\dfrac{T_t - T_a}{d} \right)^{1/4}$ 计算，其中 T_t 为热电偶热力学温度（K），T_a 为空气热力学温度（K），d 为热电偶直径（m）。

解： 依题意知

$$T_w = 650℃ = 923K, T_a = 560℃ = 833K$$

热电偶与炉壁间的辐射换热量为

$$q_r = \varepsilon E_b = \varepsilon C_0 \left[\left(\frac{T_w}{100} \right)^4 - \left(\frac{T_t}{100} \right)^4 \right]$$

热电偶与空气间的对流换热量为

$$q_c = h(T_t - T_a)$$

在平衡时

$$q_r = q_c$$

即

$$\sigma \varepsilon (T_w^4 - T_t^4) = h(T_t - T_a) = 1.32 \left(\frac{1}{d} \right)^{1/4} (T_t - T_a)^{5/4}$$

$$5.669 \times 10^{-8} \times 0.6 \times (923^4 - T_t^4) = 1.32 \times \left(\frac{1}{0.0032}\right)^{1/4} \times (T_t - 833)^{5/4}$$

$$3.4014 \times 10^{-8} T_t^4 + 5.55(T_t - 833)^{5/4} - 24687 = 0$$

解方程得

$$T_t = 911K = 638℃$$

思 考 题

11-1 什么叫黑体？在辐射换热中为什么要引入这一概念？

11-2 黑体的辐射能按空间方向是怎样分布的？定向辐射强度与空间方向无关是否意味着黑体的辐射能在半球空间各方向上是均匀分布的？

11-3 人工黑体空腔上的小孔是黑体，还是空腔的腔体表面是黑体？请说明理由。

11-4 黑体的辐射能按波长是怎样分布的？光谱辐射力 $E_{b\lambda}$ 的单位中"m^3"代表什么？

11-5 试用传热学理论解释保温瓶保温原理。

11-6 简述热辐射区别于导热和热对流的两个特点。

11-7 试用传热原理说明冬天可以用玻璃温室种植热带植物的原理。

11-8 "善于发射的物体必善于吸收"，即物体辐射力越大，其吸收比也越大。你认为对吗？

11-9 有一台放置于室外的冷库，从减小冷库冷量损失的角度出发，冷库外壳颜色应涂成深色还是浅色？

11-10 窗玻璃对红外线几乎不透明，但为什么隔着玻璃晒太阳却使人感到暖和？

11-11 在冬季的晴天，白天和晚上空气温度相同，但白天感觉暖和，晚上却感觉冷。试解释这种现象。

习 题

11-1 两块平行放置的平板表面发射率均为 0.6，其板间距远小于板的宽度和高度，且两表面温度分别为 $t_1 = 427℃$，$t_2 = 27℃$。试确定板 1 与板 2 间的辐射换热量。

11-2 一直径为 0.8m 的薄壁球形液氧储存容器，被另一个直径为 1.2m 的同心薄壁容器所包围。两容器表面为不透明漫灰表面，发射率均为 0.05，两容器表面之间是真空的，如果外表面的温度为 300K，内表面温度为 95K，试求由于蒸发使液氧损失的质量流量。液氧的蒸发潜热为 $2.13 \times 10^5 J/kg$。

11-3 一空间飞行器散热表面的最高允许温度为 2500K，发射率为 0.8，环境温度为 0K。求所允许的最大散热功率。

11-4 求图 11-12 中半径为 r 的半球各表面 A_1、A_2 与 A_3 之间的角系数，$X_{1,2}$、$X_{1,3}$ 和 $X_{3,1}$。

11-5 求图 11-13 中表面 A_1 与 A_2 之间的角系数 $X_{1,2}$。

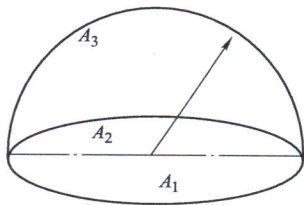

图 11-12 习题 11-4 图

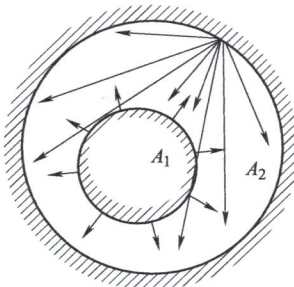

图 11-13 习题 11-5 图

11-6 如图 11-14 所示的三个非凹表面组成的封闭系统，三个表面的面积分别为 A_1、A_2 与 A_3，在垂直于纸面方向无限长，试求所有相关角系数。

11-7 有一同心圆套筒，外筒内径为 $D = 50mm$，表面温度 $t_1 = 500℃$，表面发射率 ε_1 为 0.6；内筒外径为 $d = 30mm$，表面温度 $t_2 = 300℃$，表面发射率 ε_2 为 0.3，假定套筒端部辐射热损失为零，试计算套筒之间单位长度的换热量。

11-8 热水瓶胆具有表面均匀的夹层结构，瓶内存放温度为 100℃ 的开水，环境温度为 20℃，若瓶胆内、外层温度分别与瓶内开水及环境温度相同，并且夹层内壁外侧与外壁内侧都涂银，夹层中间抽真空，夹层两侧壁面发射率均为 0.02，试求瓶胆夹层内单位面积的辐射换热量。

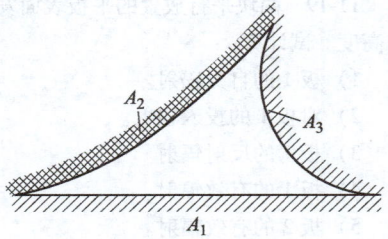

图 11-14 习题 11-6 图

11-9 用裸露的热电偶测定管道内空气流的温度，热电偶的指示值为 150℃，已知热电偶接点表面黑度为 0.6，热接点与空气流间的表面传热系数为 145W/(m² · K)，管道内壁温度为 85℃。试求空气流的真实温度和测量误差。

11-10 发射率分别为 0.3 和 0.5 的两个大平行平板，其温度分别为 800℃ 和 370℃，在它们之间放置一两侧表面发射率均为 0.05 的遮热板，试计算：

1）没有遮热板时，单位面积的换热量是多少？

2）有遮热板时，单位面积的换热量是多少？

11-11 用单层遮热罩抽气式热电偶测量一设备中的气流温度。已知设备内壁为 90℃，热接点与遮热罩表面发射率均为 0.6，气体对热接点及遮热罩的表面传热系数分别为 40W/(m² · K) 及 25W/(m² · K)。当气流真实温度为 $t_f = 180℃$ 时，热电偶的指示值为多少？

11-12 两相距 1m、直径为 2m 的平行放置的圆盘，相对表面的温度分别为 $t_1 = 500℃$ 及 $t_2 = 200℃$，发射率分别为 $\varepsilon_1 = 0.3$ 及 $\varepsilon_2 = 0.6$，另外两个表面的换热忽略不计。当两圆盘被置于 $t_3 = 20℃$ 的大房间中时，确定每个圆盘的净辐射传热量。

11-13 一水平放置的正方形太阳能集热器，边长为 1.1m，吸热表面直接暴露于空气中，其发射率 $\varepsilon = 0.2$，其上无夹层，对太阳能的吸收率 $\alpha_s = 0.9$，当太阳的投入辐射 $G = 800W/m^2$ 时，测得集热器吸热表面的温度为 90℃，此时环境温度为 30℃，天空可视为 23K 的黑体。集热器效率定义为集热器所吸收的太阳辐射能与太阳投入辐射之比。试求此集热器的效率。

11-14 一外径为 100mm 的钢管横穿过室温为 27℃ 的大房间，管外壁温度为 100℃，表面发射率为 0.85。试确定单位管长上的热损失。

11-15 两块尺寸均为 1m×2m、间距为 1m 的平行平板置于室温 $t_3 = 27℃$ 的大厂房内。平板背面不参与换热。已知两板的温度和发射率分别为 $t_1 = 827℃$、$t_2 = 327℃$ 和 $\varepsilon_1 = 0.2$、$\varepsilon_2 = 0.5$，试计算每块板的净辐射散热量及厂房墙壁所得到的辐射热量。

11-16 一圆柱直径为 0.6m，高为 0.3m，表面 1 的温度为 $T_1 = 550K$，发射率 $\varepsilon_1 = 0.8$，表面 2 的温度为 $T_2 = 275K$，发射率 $\varepsilon_2 = 0.4$，圆柱面 3 为绝热表面，角系数 $X_{3,1}$ 为 0.308。试求上表面的净辐射损失及圆柱侧面的温度（图 11-15）。

11-17 两无限大平行平板，两表面温度分别为 850K、340K，发射率均为 0.6，在其中间放置不计厚度的遮热板，遮热板两侧表面的发射率为 0.6。试求：

1）无遮热板时，单位面积的辐射换热量。

2）加一块遮热板时，单位面积的辐射换热量及遮热板的平衡温度。

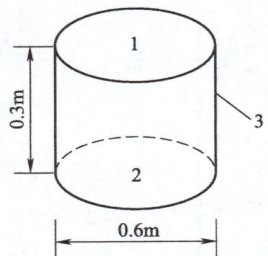

图 11-15 习题 11-16 图

11-18 考虑两平行大平板间的辐射换热，平板的发射率分别为 0.5 和 0.8，如果中间加一块铝箔遮热板，其发射率为 0.05，试计算辐射热减少的百分率。

11-19 两块平行放置的平板表面发射率均为 0.8，温度 $t_1 = 527℃$ 及 $t_2 = 27℃$，板间距远小于板的宽度与高度。试计算：

1）板 1 的自身辐射。

2）对板 1 的投入辐射。

3）板 1 的反射辐射。

4）板 1 的有效辐射。

5）板 2 的有效辐射。

6）板 1、2 间的辐射换热量。

第 12 章

传热过程和换热器热计算

12.1　传热过程的分析和计算

由第 8 章可知，传热过程通常是指热量从壁面一侧的流体通过壁面传到另一侧流体的过程，传热过程所传递的热量由以下传热方程确定：

$$\Phi = kA\Delta t_{\mathrm{m}} = kA(t_{\mathrm{f1}} - t_{\mathrm{f2}}) \tag{12-1}$$

式中，k 为传热系数；A 为传热面积；Δt_{m} 为冷、热流体的平均温差。

传热系数综合反映了热量传递路径上各部分可能出现的对流传热、导热及辐射对传热的影响。在常见的间壁式换热器中，冷、热流体被固体壁面隔开，热量从壁面一侧流体传给另一侧流体，当流体温度不是很高时，可不计辐射传热量，认为只有对流传热和导热。典型的壁面结构有平壁、圆筒壁和带肋壁面，下面介绍通过圆筒壁和带肋壁面的传热过程及其计算。

12.1.1　通过圆筒壁的传热过程

图 12-1 所示为流体通过圆筒壁的传热，壁面两侧流体温度分别为 t_{f1} 和 t_{f2}，且假定 $t_{\mathrm{f1}} > t_{\mathrm{f2}}$，两侧对流传热的表面传热系数分别为 h_1 和 h_2，圆筒壁的导热系数为 λ。

在稳定传热的情况下，管内流体传给壁面的热流量等于壁面传给管外流体的热流量，即

$$\Phi = \Phi_1 = \Phi_{\mathrm{dr}} = \Phi_2 \tag{12-2}$$

$$\Phi_1 = \pi d_1 l h_1 (t_{\mathrm{f1}} - t_{\mathrm{w1}})$$

$$\Phi_{\mathrm{dr}} = \frac{t_{\mathrm{w1}} - t_{\mathrm{w2}}}{\dfrac{1}{2\pi\lambda l}\ln\dfrac{d_2}{d_1}}$$

$$\Phi_2 = \pi d_2 l h_2 (t_{\mathrm{w2}} - t_{\mathrm{f2}})$$

整理以上各式得

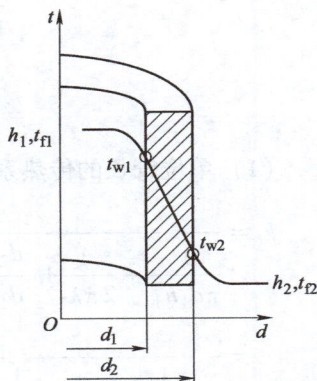

图 12-1　通过圆筒壁的传热

$$\Phi = \frac{t_{f1} - t_{f2}}{\dfrac{1}{\pi d_1 l h_1} + \dfrac{1}{2\pi\lambda l}\ln\dfrac{d_2}{d_1} + \dfrac{1}{\pi d_2 l h_2}} = \frac{t_{f1} - t_{f2}}{R} \tag{12-3}$$

对照式（12-1）可得

$$\Phi = k_1 A_1 (t_{f1} - t_{f2})$$
$$\Phi = k_2 A_2 (t_{f1} - t_{f2})$$

式中，R 为总传热热阻；$A_1 = \pi d_1 l$ 和 $A_2 = \pi d_2 l$ 分别是圆筒壁内侧和外侧的传热面积；k_1 和 k_2 分别是以圆筒壁内侧传热面积和外侧传热面积为基准的传热系数。

由于圆筒壁内、外侧传热面积不相等，因此，以内、外侧传热面积为基准计算的传热系数也不相等，对于圆筒壁有 $k_1 > k_2$。k_1 和 k_2 的表达式分别为

$$k_1 = \frac{1}{\dfrac{1}{h_1} + \dfrac{d_1}{2\lambda}\ln\dfrac{d_2}{d_1} + \dfrac{d_1}{d_2 h_2}} \tag{12-4}$$

$$k_2 = \frac{1}{\dfrac{d_2}{d_1 h_1} + \dfrac{d_2}{2\lambda}\ln\dfrac{d_2}{d_1} + \dfrac{1}{h_2}} \tag{12-5}$$

例 12-1　一蒸汽管道，内径为 200mm，管壁厚度为 8mm，导热系数 $\lambda_1 = 4.65\text{W/}(\text{m}\cdot\text{℃})$，管外包有 120mm 厚的保温层，导热系数 $\lambda_2 = 0.12\text{W/}(\text{m}\cdot\text{℃})$。蒸汽温度 $t_{f1} = 300\text{℃}$，周围空气温度 $t_{f2} = 25\text{℃}$。管内、外侧流体与壁面间的表面传热系数分别为 $h_1 = 116\text{W/}(\text{m}^2\cdot\text{℃})$，$h_2 = 10\text{W/}(\text{m}^2\cdot\text{℃})$。求单位管长的传热系数 k_l、传热量 Φ_l 及保温层外表面温度 t_{w3}。

解： 该传热过程的热阻网络如图 12-2 所示。

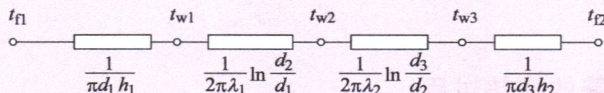

图 12-2　例 12-1 热阻网络

（1）单位管长的传热系数 k_l

$$k_l = \frac{1}{\dfrac{1}{\pi d_1 h_1} + \dfrac{1}{2\pi\lambda_1}\ln\dfrac{d_2}{d_1} + \dfrac{1}{2\pi\lambda_2}\ln\dfrac{d_3}{d_2} + \dfrac{1}{\pi d_3 h_2}}$$

$$= \frac{\pi}{\dfrac{1}{0.2\times116} + \dfrac{1}{2\times4.65}\times\ln\dfrac{0.216}{0.200} + \dfrac{1}{2\times0.12}\times\ln\dfrac{0.456}{0.216} + \dfrac{1}{0.456\times10}}\text{W/}(\text{m}\cdot\text{℃})$$

$$= \frac{\pi}{0.043 + 0.008 + 3.113 + 0.219}\text{W/}(\text{m}\cdot\text{℃}) = 0.929\text{W/}(\text{m}\cdot\text{℃})$$

（2）传热量 Φ_l

$$\Phi_l = k_l(t_{f1} - t_{f2}) = 0.929 \text{W}/(\text{m} \cdot {}^{\circ}\text{C}) \times (300 - 25){}^{\circ}\text{C} = 255 \text{W/m}$$

（3）保温层外表面温度 t_{w3}

$$t_{w3} = t_{f2} + \Phi_l \frac{1}{\pi d_3 h_2} = 25{}^{\circ}\text{C} + 255 \times \frac{1}{\pi \times 0.456 \times 10}{}^{\circ}\text{C} = 42.8{}^{\circ}\text{C}$$

从各项热阻比较可以发现，金属壁面的导热热阻较小，若忽略该项热阻，对于圆筒壁，若壁面很薄也可按平壁处理。

12.1.2　通过带肋壁面的传热过程

在前面的传热计算中已经发现，要提高传热系数和传热量，必须降低各部分的传热热阻，特别是减小热阻较大项的热阻。减小热阻可通过提高表面传热系数和增加传热面积的方法来实现。在壁面上加肋就是通过增加传热面积来减小热阻的一种方法。

图 12-3 所示带肋壁面，平壁的厚度为 δ，导热系数为 λ。平壁侧流体温度为 t_{f1}，表面传热系数为 h_1，壁面温度为 t_{w1}，面积为 A_1。带肋一侧流体温度为 t_{f2}，表面传热系数为 h_2，肋基处壁温为 t_{w2}，壁面上肋间的面积为 A_{2a}，肋表面积为 A_{2b}，加肋侧总传热面积为 $A_2 = A_{2a} + A_{2b}$。各部分传热量为

$$\Phi_1 = A_1 h_1 (t_{f1} - t_{w1})$$

$$\Phi_{dr} = A_1 \lambda \frac{t_{w1} - t_{w2}}{\delta}$$

$$\Phi_2 = A_{2a} h_2 (t_{w2} - t_{f2}) + A_{2b} h_2 \eta_f (t_{w2} - t_{f2})$$
$$= (A_{2a} + A_{2b} \eta_f) h_2 (t_{w2} - t_{f2})$$

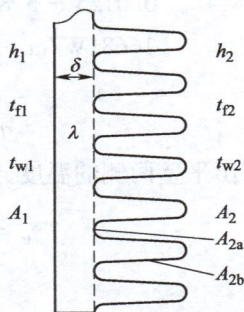

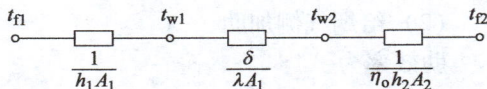

图 12-3　通过带肋壁面的传热

式中，η_f 为肋效率。定义肋总效率 $\eta_o = \dfrac{A_{2a} + A_{2b} \eta_f}{A_2}$，且 $\Phi = \Phi_1 = \Phi_{dr} = \Phi_2$，整理以上各式得

$$\Phi_{dr} = \frac{t_{f1} - t_{f2}}{\dfrac{1}{A_1 h} + \dfrac{\delta}{A_1 \lambda} + \dfrac{1}{\eta_o A_2 h_2}} = \frac{t_{f1} - t_{f2}}{R} \tag{12-6}$$

式中，R 为总传热热阻。以平壁面积为基准计算的传热系数为

$$\Phi = k_1 A_1 (t_{f1} - t_{f2})$$

$$k_1 = \frac{1}{\dfrac{1}{h_1} + \dfrac{\delta}{\lambda} + \dfrac{A_1}{\eta_o A_2 h_2}} = \frac{1}{\dfrac{1}{h_1} + \dfrac{\delta}{\lambda} + \dfrac{1}{\eta_o \beta h_2}}$$

式中，$\beta = \dfrac{A_2}{A_1}$ 称为肋化系数。

例 12-2 有一厚度为 5mm 的金属平壁，导热系数为 130W/(m·K)。平壁的一侧为烟气，温度为 280℃，表面传热系数为 80W/(m²·K)；平壁的另一侧为水，温度为 50℃，表面传热系数为 800W/(m²·K)。求烟气对水的传热量以及平壁两侧的温度。如果分别在平壁的烟气侧和水侧加肋则传热量和壁温各是多少？肋高为 10mm，肋间距为 4mm，肋厚为 2mm。

解： 平壁及加肋后的壁面如图 12-4 所示。

（1）不加肋时

$$q = \frac{T_{f1} - T_{f2}}{\frac{1}{h_1} + \frac{\delta}{\lambda} + \frac{1}{h_2}} = \frac{230}{\frac{1}{80} + \frac{0.005}{130} + \frac{1}{800}} \text{W/m}^2$$

$$= \frac{230}{0.0125 + 3.85 \times 10^{-5} + 1.25 \times 10^{-3}} \text{W/m}^2$$

$$= 16681 \text{W/m}^2$$

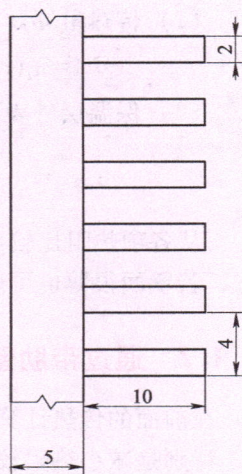

图 12-4　平壁及加肋后的壁面

由

$$q = h_1(T_{f1} - T_{w1}) = h_2(T_{w2} - T_{f2})$$

可求出平壁两侧的温度分别为

$$T_{w1} = T_{f1} - \frac{q}{h_1} = 553\text{K} - \frac{16681}{80}\text{K} = 344.5\text{K}$$

$$T_{w2} = T_{f2} + \frac{q}{h_2} = 343.9\text{K}$$

（2）给烟气侧加肋

肋效率为

$$\eta_f = \frac{\text{th}(mH)}{mH} = 0.98$$

其中

$$mH = \sqrt{\frac{2h_1}{\lambda\delta}}H = \sqrt{\frac{2 \times 80}{130 \times 0.002}} \times 0.01 = 0.248$$

单位长度肋片之间平壁的面积为

$$A_{2a} = 0.002 \times 1\text{m}^2 = 0.002\text{m}^2$$

肋片表面积为

$$A_{2b} = (2 \times 0.01 + 0.002) \times 1\text{m}^2 = 0.022\text{m}^2$$

有

$$A_2 = A_{2a} + A_{2b} = 0.024\text{m}^2$$

肋总效率为

$$\eta_o = \frac{A_{2a} + \eta_f A_{2b}}{A_2} = \frac{0.002 + 0.98 \times 0.022}{0.024} = 0.98$$

肥化系数为

$$\beta = \frac{A_2}{A_1} = \frac{0.024}{0.002 + 0.002} = \frac{0.024}{0.004} = 6$$

其中，A 为与 A_2 对应的平壁的面积。

传热量为

$$q = \frac{T_{f1} - T_{f2}}{\frac{1}{h_1 \eta_o \beta} + \frac{\delta}{\lambda} + \frac{1}{h_2}} = \frac{230}{\frac{1}{80 \times 0.98 \times 6} + 3.85 \times 10^{-5} + 1.25 \times 10^{-3}} W/m^2$$

$$= \frac{230}{0.00341} W/m^2 = 67363 W/m^2$$

求出

$$T_{w1} = T_{f1} - \frac{q}{h_1 \eta_o \beta} = 553K - \frac{67363}{80 \times 0.98 \times 6}K = 410K$$

$$T_{w2} = T_{f2} + \frac{q}{h_2} = 323K + \frac{67363}{800}K = 407K$$

（3）给水侧加肋

$$mH = \sqrt{\frac{2h_2}{\lambda \delta}} H = \sqrt{\frac{2 \times 800}{130 \times 0.002}} \times 0.01 = 0.784$$

肋效率为

$$\eta_f = \frac{th(mH)}{mH} = 0.84$$

肋总效率为

$$\eta_o = \frac{A_{2a} + \eta_f A_{2b}}{A_2} = \frac{0.002 + 0.84 \times 0.022}{0.024} = 0.85$$

传热量为

$$q = \frac{T_{f1} - T_{f2}}{\frac{1}{h_1} + \frac{\delta}{\lambda} + \frac{1}{h_2 \eta_o \beta}} = \frac{230}{0.0125 + 3.85 \times 10^{-5} + \frac{1}{800 \times 0.85 \times 6}} W/m^2$$

$$= \frac{230}{0.01278} W/m^2 = 17992 W/m^2$$

$$T_{w1} = T_{f1} - \frac{q}{h_1} - = 553K - \frac{17992}{80}K = 328.1K$$

$$T_{w2} = T_{f2} + \frac{q}{h_2 \eta_o \beta} = 323K + \frac{17992}{800 \times 0.85 \times 6}K = 327.4K$$

由本例可以看出，当给传热过程中热阻大的一侧（本例为烟气侧）加肋时，不仅可以降低该侧热阻，对降低总传热过程热阻也有重要作用。因此可以强化传热（本例中使总传热量增加了约3倍），其副作用是提高了隔热壁的温度（本例中使壁温上升了近1倍）。当给水侧加肋时，同样可以降低该侧热阻，但对总强化传热过程作用不大，仅使总传热量增加了不到8%，但这样做可以降低平壁的温度。

12.2　换热器的热计算

在工程中，**将某种流体的热量以一定的传热方式传递给其他流体的设备，称为换热器或热交换器**。在这种设备内，至少有两种温度不同的流体参与传热。一种流体温度较高放出热量，另一种流体的温度较低，吸收热量。但是有的换热器中也有多种温度不同的流体在其中传热。换热器的发展为传热学研究提供了新的研究对象，而传热学的研究又为换热器在传热性能提升和设计改进方面提供了切实有效的数据和计算方法。因此，换热器和传热学研究之间的关系是互相促进、不可分割的。

12.2.1　换热器的分类

随着科学和生产技术的发展，各种工业部门要求换热器的类型和结构要与之相适应，流体的种类、流体的运动、设备的压力和温度等也都必须满足生产过程的要求。近代尖端科学技术的发展（如高温高压、高速、低温、超低温等）促使高强度、高效率的紧凑式换热器层出不穷。虽然如此，但所有的换热器仍可按照它们的一些共同特征来加以区分。

1）按照用途来分，有预热器（或加热器）、冷却器、冷凝器、蒸发器等。

2）按照制造换热器的材料来分，有金属的、陶瓷的、塑料的、石墨的、玻璃的等。

3）按照温度工况来分，有温度工况稳定的换热器，热流大小以及在指定热交换区域内的温度不随时间改变；温度工况不稳定的换热器，传热面上的热流和温度都随时间改变。

4）按照热流体与冷流体的流动方向来分，如图12-5所示。

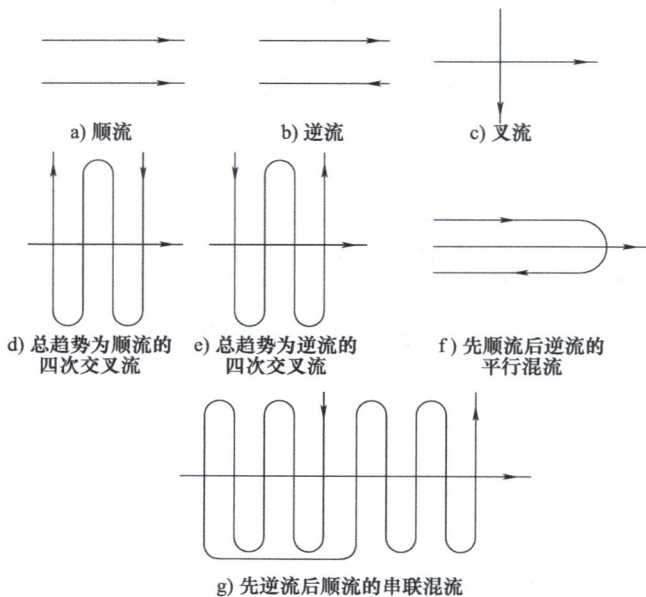

a) 顺流　　　b) 逆流　　　c) 叉流

d) 总趋势为顺流的四次交叉流　　　e) 总趋势为逆流的四次交叉流　　　f) 先顺流后逆流的平行混流

g) 先逆流后顺流的串联混流

图 12-5　流体的流动方式

顺流式（或称并流式）：两种流体平行地向着同一方向流动。

逆流式：两种流体也是平行流动，但它们的流动方向相反。

叉流式：两种流体的流动方向互相垂直交叉。当交叉次数在四次以上时，可根据两种流体流向的总趋势将其看成逆流或顺流。

混流式：两种流体在流动过程中既有顺流，又有逆流。

5）按照传送热量的方法来分，有间壁式、混合式、蓄热式三大类，这是在对换热器分类时最主要的一种分类方法。

间壁式：热流体和冷流体间有一固体壁面，两种流体不直接接触，热量通过壁面进行传递。

混合式（或称直接接触式）：这种换热器依靠热流体与冷流体的直接接触而进行传热，例如工业中的冷水塔、洗涤塔等。

蓄热式（或称回热式）：其中也有固体壁面，但两种流体轮流地和壁面进行接触，当热流体流过时，把热量储蓄于壁内，壁面温度逐渐升高，而当冷流体流过时壁面放出热量，壁面温度逐渐降低，如此反复进行以达到热交换的目的。例如炼铁厂的热风炉。

12.2.2 换热器的结构

由于间壁式换热器数量最多、应用最广，这里主要介绍几种典型的间壁式换热器。

1. 管壳式换热器

图 12-6 所示为典型的管壳式换热器结构简图。两种流体分别在管内及管外流动进行换热。流体在管外的路程称为壳程，壳程被一些圆缺形（或其他形式）的折流板分隔，管外流体绕折流板流动。折流板的作用是提高流速，使管外流体充分、良好地冲刷全部管的外表面，以提高换热器外侧的表面传热系数。折流板还起支撑管束的作用。流体在管内的路程称为管程，流体从管的一端流到另一端称为一管程。

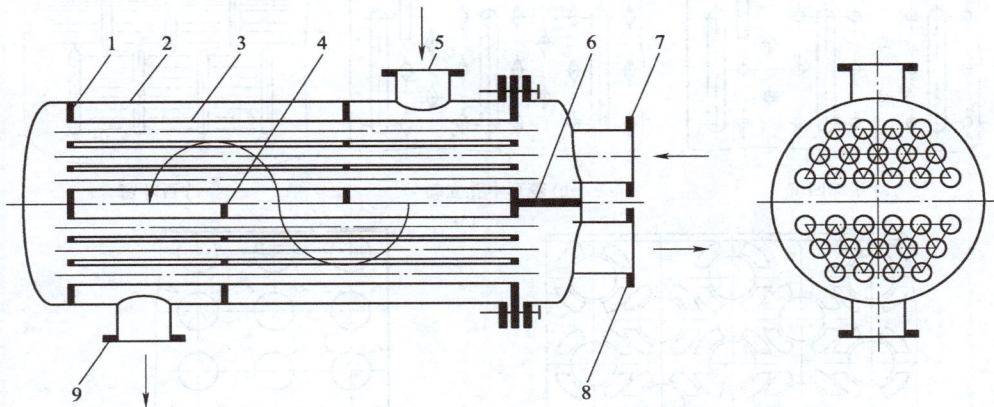

图 12-6 典型管壳式换热器结构简图

1—管板 2—壳体 3—管 4—折流板 5、9—壳程进口和出口 6—隔板 7、8—管程进口和出口

2. 管片式换热器

在管片式换热器中，由于在管的外壁加装了肋片，因而强化了传热，使其结构紧凑，它更适用于换热器中两种流体的表面传热系数相差较大的场合，如汽车、内燃机车上的散热

245

器、中冷器等。肋片的形状可以是圆盘形、方形、针形及金属丝式等。它们与管连接的方式可以是缠绕式、嵌片式、胀接、焊接、整个轧制、铸造或机加工等，但要求肋片与管壁表面接触紧密，否则将因导热不良而降低肋片的强化传热作用。管片式换热器肋片有整体式和分离式两种，前者一组管束同时穿过若干平行的连续的肋片，所以又称连续肋片式、穿片式或整体肋片式，后者只有一根管穿过若干平行的肋片，如图 12-7 所示。为了强化管外传热，通常将肋片做成波纹状，或在肋片表面加工出各种粗糙元，如百叶窗、立刺、涡产生器及间断换面槽等，如图 12-8 所示。

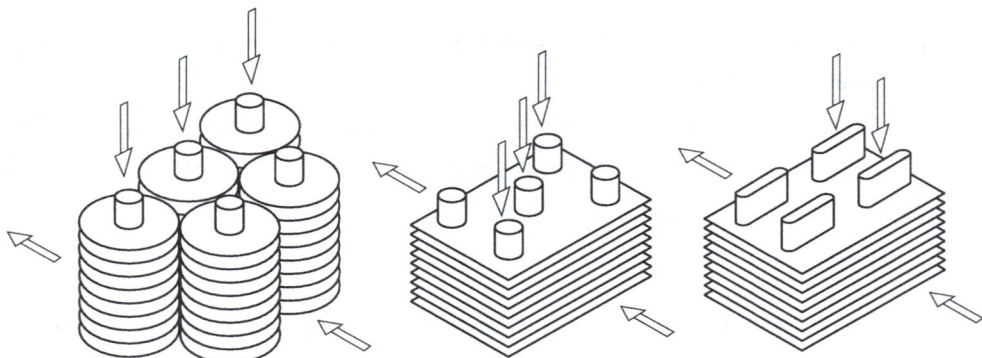

图 12-7　管片式换热器

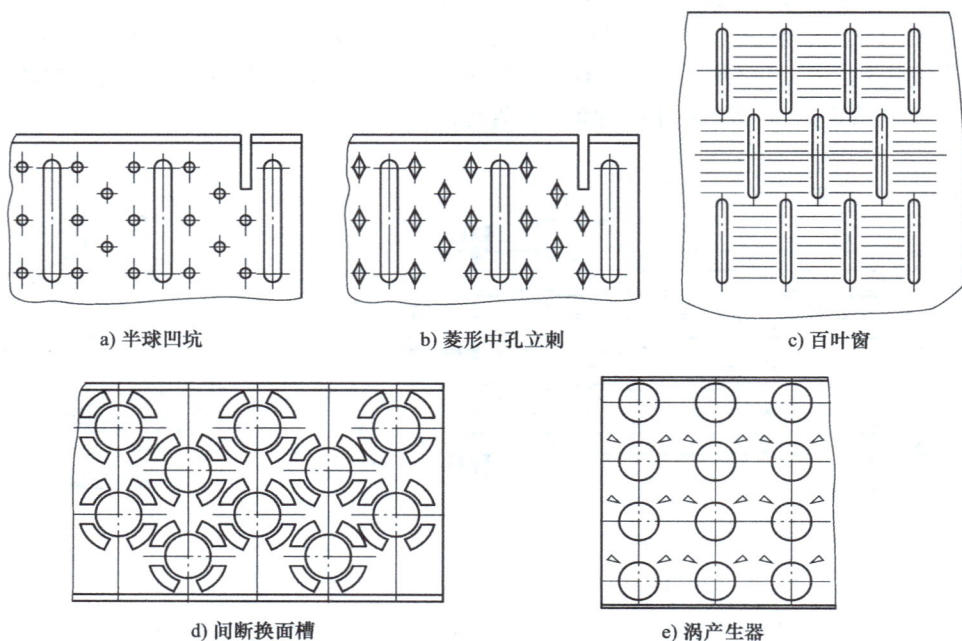

a) 半球凹坑　　　　　b) 菱形中孔立刺　　　　　c) 百叶窗

d) 间断换面槽　　　　　e) 涡产生器

图 12-8　几种强化型肋片

3. 板翅式换热器

板翅式换热器是一种高效、紧凑、轻巧的换热器。图 12-9 所示为板翅式换热器结构示意图。它的结构形式很多，但基本都是由若干基本换热元件组成。隔板、翅片和封条三部分构成了板翅式换热器的结构基本单元。冷、热流体在相邻的基本单元体的通道中流动，通过翅片及与翅片连成一体的隔板进行热交换。将这样的基本结构单元根据流体流动方式的布置叠置起来，钎焊成一体，组成板翅式换热器的板束或芯体。

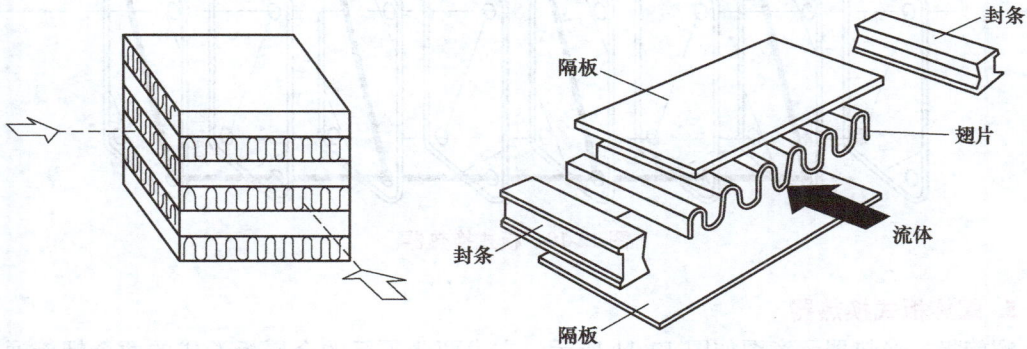

图 12-9 板翅式换热器结构示意图

板翅式换热器内参与换热的流体可以是两种以上的流体，它们可以组成顺流、逆流及叉流等形式。翅片是板翅式换热器的基本元件，传热过程主要依靠翅片完成。翅片的形式很多，常用的有平直型翅片、多孔型翅片、锯齿型翅片、百叶窗式和波纹型翅片。一般情况下，从换热器的强度、绝热和制造工艺等要求出发，板束的顶部和底部还有若干层假翅片层，又称强度层。在板束两端配置适当的流体进出口集流箱即可组成板翅式换热器。板翅式换热器的主要优点是：传热性能好。由于翅片在不同程度上促进了湍流并破坏了传热边界层的发展，故传热系数很大。冷、热流体间的传热不仅仅以隔板为传热面，大部分热量是通过翅片传递的，结构高度紧凑，单位体积的传热面积可达 $2500 m^2/m^3$，最高可达 $4300 m^2/m^3$。通常板翅式换热器采用铝合金制造，因此换热器的质量小。由于铝合金在低温条件下的延展性和抗拉强度均很高，因此板翅式换热器适用于低温和超低温操作场合。同时由于翅片对隔板的支撑作用，其允许的操作压力也较高，可达 5MPa。板翅式换热器的主要缺点是流道尺寸小，容易堵塞，而且检修和清洗困难，因此所处理的物料应较洁净或预先净制。另外，由于隔板和翅片均由薄铝板制成，故要求换热介质不腐蚀铝材。

4. 板式换热器

板式换热器主要由一组长方形的薄金属传热板片构成，用框架将板片夹紧组装于支架上。两相邻板片的边缘衬以橡胶或石棉垫片。板片四角有圆孔，形成流体通道。冷、热流体相间地在板片两侧流过，通过板片传热。板片一般压制成各种槽形或波纹形，既提高了板片的刚度，增强了流体的扰流，也增加了传热面积，使流体在传热面上分布更均匀。图 12-10 所示为板式换热器中冷、热流体的流动。板式换热器的主要优点是传热系数高。由于板片上有波纹或沟槽，可使流体在很低的雷诺数（$Re = 200$）下达到湍流，而流动阻力却不大。板式换热器的结构紧凑，一般板片的间距为 $4 \sim 6mm$，单位体积的传热面积可达 $250 \sim 1000 m^2/m^3$，比管壳式换热器（$40 \sim 150 m^2/m^3$）高出许多。它还具有可拆卸结构，可根据传热过程需要，用增减板片数目的方法方便地调节传热面积，提高了换热器的操作灵活性。此外，板式换热器的检修和清洗都比较方便。板式换热器的主要缺点是允许的操作压力和温度都比较低。通常操作压力低于1.5MPa，最高不超过2.0MPa，操作压力过高容易引起泄漏。它的操作温度受到板片密封垫片的耐热性限制，一般不超过250℃。

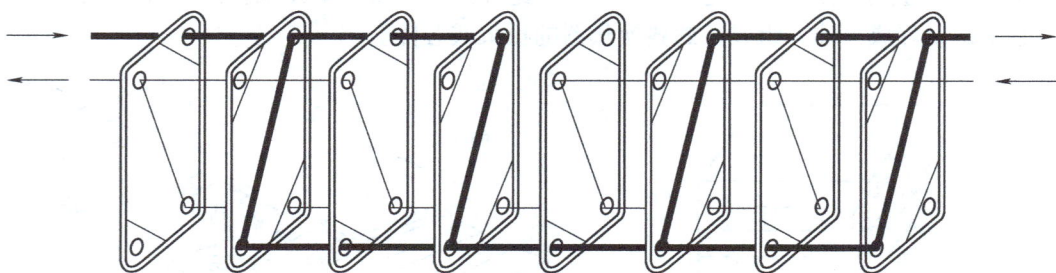

图 12-10　板式换热器

5. 螺旋板式换热器

螺旋板式换热器示意图如图12-11所示。它由两张平行的金属板卷成的两个螺旋通道、上下盖板、接管等组成。两种流体分别在两螺旋通道中流动，A流体由侧面进入，沿着螺旋通道流动到中心后流出；B流体则从中心流入螺旋通道流动到侧面后流出。螺旋通道污垢的形成速度大约是管壳式换热器的十分之一，单位体积内的传热面积为管壳式的三倍，但清洗与检修困难，承压能力较低。

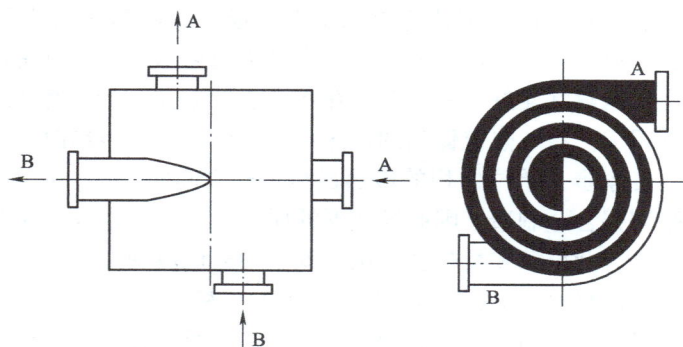

图 12-11　螺旋板式换热器示意图

12.2.3　换热器传热计算的对数平均传热温差法

换热器传热计算的基本公式为传热方程式和热平衡方程式。传热方程式为

$$\Phi = kA\Delta t_{m}$$

热平衡方程式为

$$\Phi = q_{m1}c_{1}(t_{1}' - t_{1}'') = q_{m2}c_{2}(t_{2}'' - t_{2}')$$

式中，Δt_{m}为换热器的平均温差，单位为℃，是整个换热面上冷、热流体温差的平均值，其数值与冷、热流体的相对流向及结构形式有关，如图12-12所示；q_{m1}、q_{m2}为热、冷流体的质量流量，单位为kg/s；c_{1}、c_{2}为热、冷流体的比热容，单位为J/（kg·K）；t_{1}'、t_{2}'为热、冷流体的进口温度，单位为℃；t_{1}''、t_{2}''为热、冷流体的出口温度，单位为℃。

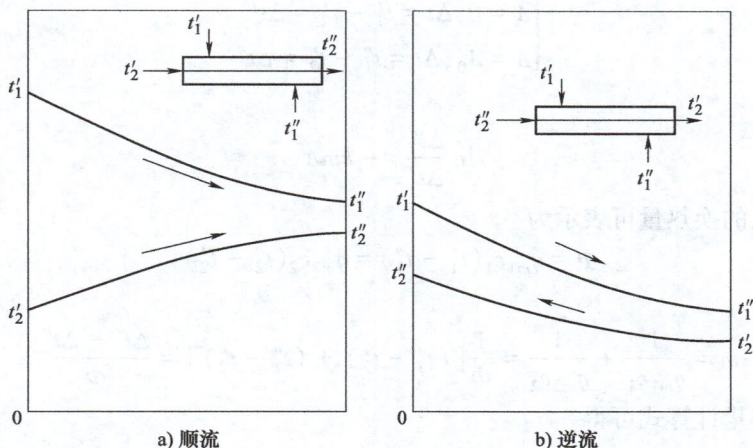

a) 顺流　　　　　　　　　b) 逆流

图 12-12　换热器中的温度分布

从图 12-12 可知，冷、热流体温度沿换热器传热面增加的方向是不断变化的。顺流时，冷流体的出口温度总小于热流体的出口温度，即 $t_2'' < t_1''$，而逆流时冷流体的出口温度有可能大于热流体的出口温度，即 $t_2'' > t_1''$。冷、热流体相对流动方向复杂时，它们的温度变化也变得复杂。下面以顺流流动为例导出平均温差表达式。

图 12-13 所示为冷、热流体温差沿换热面的变化。在距进口边 A 处任取一微元面积 $\mathrm{d}A$，在整个传热面上，认为传热系数 k 保持定值，传热温差 Δt 取 A 处的值。

冷、热流体通过微元面的传热量为

$$\mathrm{d}\Phi = k\mathrm{d}A\Delta t$$

由于传热冷流体温度升高 $\mathrm{d}t_2$，热流体温度下降 $\mathrm{d}t_1$，对应的热平衡方程式为

$$\mathrm{d}\Phi = -q_{m1}c_1\mathrm{d}t_1$$
$$\mathrm{d}\Phi = q_{m2}c_2\mathrm{d}t_2$$

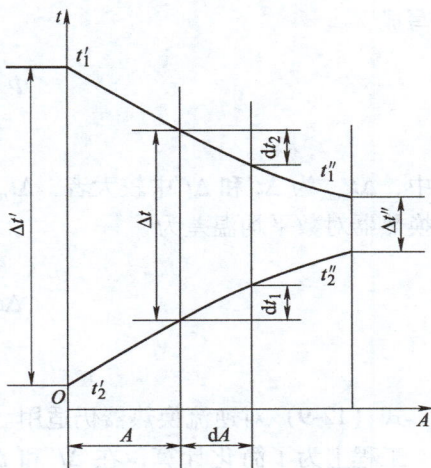

图 12-13　冷、热流体温差沿换热面的变化

两式相减得

$$\mathrm{d}(t_1 - t_2) = \mathrm{d}(\Delta t) = -\left(\frac{1}{q_{m1}c_1} + \frac{1}{q_{m2}c_2}\right)\mathrm{d}\Phi$$

令 $m = \dfrac{1}{q_{m1}c_1} + \dfrac{1}{q_{m2}c_2}$，则

$$\frac{\mathrm{d}(\Delta t)}{\Delta t} = -km\mathrm{d}A$$

该式即为顺流时温差分布的微分方程。其边界条件为

$$\begin{cases} A = 0, \Delta t = t_1' - t_2' = \Delta t' \\ A = A_0, \Delta t = t_1'' - t_2'' = \Delta t'' \end{cases}$$

解得

$$\ln \frac{\Delta t''}{\Delta t'} = - kmA$$

在整个换热面上的换热量可表示为

$$\Phi = q_{m1} c_1 (t_1' - t_1'') = q_{m2} c_2 (t_2'' - t_2') \tag{12-7}$$

由此可得出

$$m = \frac{1}{q_{m1} c_1} + \frac{1}{q_{m2} c_2} = \frac{1}{\Phi} \left[(t_1' - t_2') + (t_1'' - t_2'') \right] = \frac{\Delta t' - \Delta t''}{\Phi}$$

将上式代入换热量计算式可得

$$\Phi = kA \frac{\Delta t'' - \Delta t'}{\ln \dfrac{\Delta t''}{\Delta t'}} \tag{12-8a}$$

或写成

$$\Phi = kA \frac{\Delta t_{\max} - \Delta t_{\min}}{\ln \dfrac{\Delta t_{\max}}{\Delta t_{\min}}} \tag{12-8b}$$

式中，$\Delta t_{\max}$ 为 $\Delta t'$ 和 $\Delta t''$ 中较大者，$\Delta t_{\min}$ 为 $\Delta t'$ 和 $\Delta t''$ 中较小者。

则换热器对数平均温差为

$$\Delta t_{\mathrm{m}} = \frac{\Delta t_{\max} - \Delta t_{\min}}{\ln \dfrac{\Delta t_{\max}}{\Delta t_{\min}}} \tag{12-9}$$

式（12-9）对逆流换热器仍适用。

工程上为了简化计算，在 $\Delta t'$ 和 $\Delta t''$ 相差不大时，采用算术平均温差代替对数平均温差，即

$$\Delta t_{\mathrm{m}} = \frac{\Delta t_{\max} + \Delta t_{\min}}{2}$$

当 $\Delta t_{\max}/\Delta t_{\min} \leqslant 2.0$ 时，两者的差别小于 4%；当 $\Delta t_{\max}/\Delta t_{\min} \leqslant 1.7$ 时，两者的差别小于 2.3%。

如果冷、热流体流动方式不是纯逆流或顺流，则冷、热流体平均温差数值介于顺流和逆流之间，平均温差采用修正的方法计算，即

$$\Delta t_{\mathrm{m}} = \psi \Delta t_{\mathrm{m,nl}} \tag{12-10}$$

式中，ψ 为温差修正系数；$\Delta t_{\mathrm{m,nl}}$ 是按逆流计算的平均温差。

ψ 通过以下两个无量纲辅助参数计算：

$$P = \frac{t_2'' - t_2'}{t_1' - t_2'}, \ R = \frac{t_1' - t_1''}{t_2'' - t_2'} \tag{12-11}$$

几种复杂流动方式的 ψ 可查图 12-14～图 12-17。

$$P = \frac{t_2'' - t_2'}{t_1' - t_2'}$$

$$R = \frac{t_1' - t_1''}{t_2'' - t_2'}$$

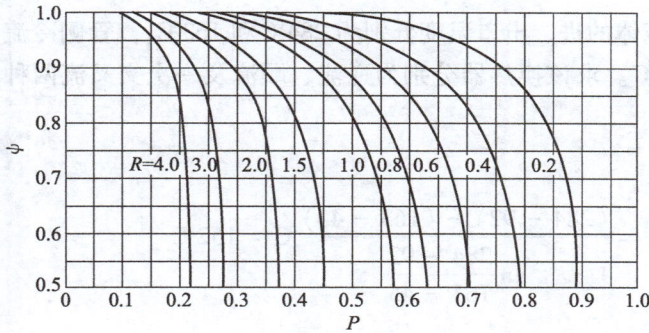

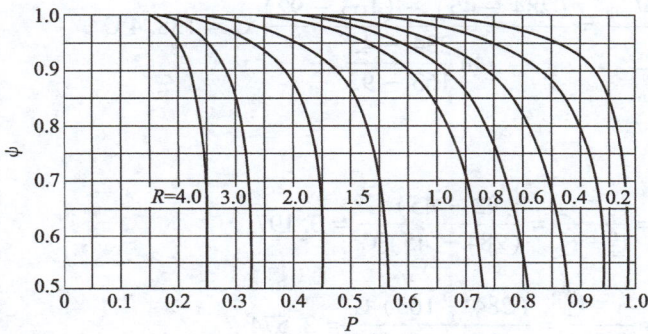

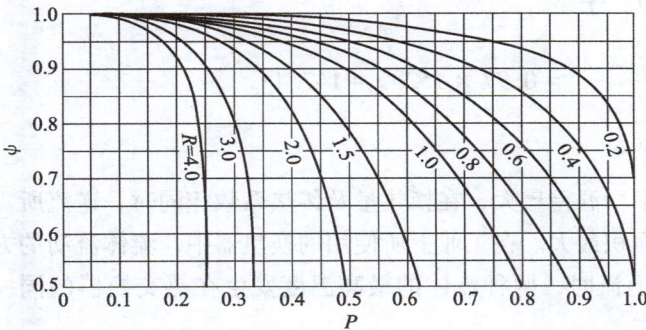

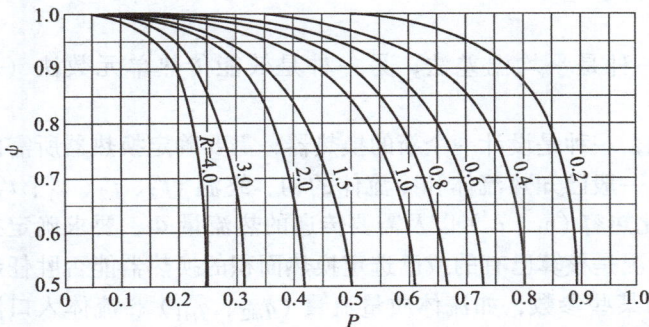

图 12-14　1 壳程 2，4，6，…管程的 ψ 值

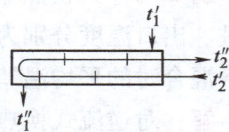

$$P = \frac{t_2'' - t_2'}{t_1' - t_2'}$$

$$R = \frac{t_1' - t_1''}{t_2'' - t_2'}$$

图 12-15　2 壳程 4，8，12，…管程的 ψ 值

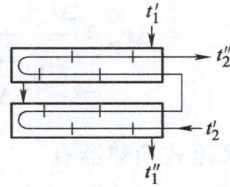

$$P = \frac{t_2'' - t_2'}{t_1' - t_2'}$$

$$R = \frac{t_1' - t_1''}{t_2'' - t_2'}$$

图 12-16　一次交叉流两种流体不混合的 ψ 值

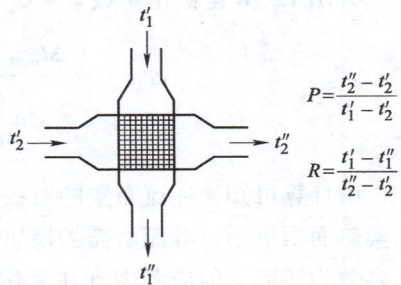

$$P = \frac{t_2'' - t_2'}{t_1' - t_2'}$$

$$R = \frac{t_1' - t_1''}{t_2'' - t_2'}$$

图 12-17　一次交叉流一种流体混合另一种流体不混合的 ψ 值

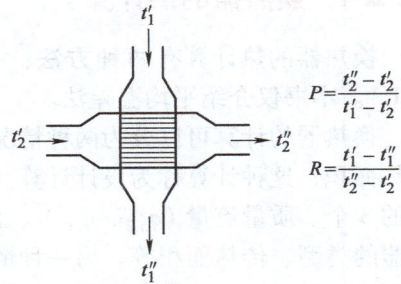

251

例 12-3 某换热器，壳侧热流体的进、出口温度分别为284℃和163℃，管侧冷流体的进、出口温度分别为45℃和92℃。求该换热器分别为逆流、顺流及一次交叉流两种流体不混合时的平均温差。

解： 对逆流式换热器有

$$\Delta t_m = \frac{\Delta t_{max} - \Delta t_{min}}{\ln \dfrac{\Delta t_{max}}{\Delta t_{min}}} = \frac{(284 - 92) - (163 - 45)}{\ln \dfrac{284 - 92}{163 - 45}} ℃ = 152℃$$

对顺流式换热器有

$$\Delta t_m = \frac{\Delta t_{max} - \Delta t_{min}}{\ln \dfrac{\Delta t_{max}}{\Delta t_{min}}} = \frac{(284 - 45) - (163 - 92)}{\ln \dfrac{284 - 45}{163 - 92}} ℃ = 138.4℃$$

对叉流式换热器有

$$P = \frac{t_2'' - t_2'}{t_1' - t_2'} = \frac{(92 - 45)℃}{(284 - 45)℃} = 0.197$$

$$R = \frac{t_1' - t_1''}{t_2'' - t_2'} = \frac{(284 - 163)℃}{(92 - 45)℃} = 2.574$$

查图 12-16 得修正系数 $\psi = 0.97$，于是

$$\Delta t_m = \psi \frac{\Delta t_{max} - \Delta t_{min}}{\ln \dfrac{\Delta t_{max}}{\Delta t_{min}}} = 0.97 \times 152℃ = 147.4℃$$

由计算可知，逆流布置的对数平均温差最大，在换热量及传热系数相同时，逆流所需的换热面积最小，顺流所需的换热面积最大。在工业上所使用的换热器中，流体流动的方向多数为逆流。但应考虑到在采用逆流时，两种流体的最高温度发生在热交换器的同一侧，从而导致该端在较高壁温下工作。

12.2.4　换热器的热计算

换热器的热计算有两种方法：一种是平均温差法；另一种是效能传热单元数法（ε-NTU）。本书仅介绍平均温差法。

换热器的计算可以分为两种情况，一种是设计一个新的换热器，需要确定换热器所需的换热面积，这种计算称为设计计算。一般已知热流体和冷流体的初、终温（t_2''、t_2'、t_1''、t_1'）中的3个、质量流量（q_{m2}、q_{m1}）、比热容（c_1、c_2）以及需要传递的热流量 Φ，要求确定换热器的类型、传热面积等。另一种情况是核算已有的或已选定换热面积的换热器能否胜任新的换热任务。一般是给定热力工况的某些参数，如流体质量流量（q_{m2}、q_{m1}）、流体入口温度 t_1' 和 t_2'，校核流体出口温度及热流量。

例12-4 某1-2型管壳式冷却设备需每小时冷却2750kg的热流体，热流体在管间流动，由120℃冷却到50℃。热流体的比热容为3.044kJ/(kg·K)。冷却水以9900kg/h的质量流量流经管内，进口温度为10℃，冷却水的比热容为4.19kJ/(kg·K)，若传热系数为116.3W/(m²·K)，求换热器所需的面积。

解： 先求冷却水出口温度，由热平衡方程式

$$\Phi = q_{m1}c_1(t'_1 - t''_1) = q_{m2}c_2(t''_2 - t'_2)$$

$$t''_2 = \frac{q_{m1}c_1(t'_1 - t''_1)}{q_{m2}c_2} + t'_2 = \frac{2750 \times 3.044 \times (120 - 50)}{9900 \times 4.19}℃ + 10℃ = 24.1℃$$

逆流平均传热温差为

$$\Delta t_m = \frac{\Delta t_{max} - \Delta t_{min}}{\ln\dfrac{\Delta t_{max}}{\Delta t_{min}}} = \frac{(t'_1 - t''_2) - (t''_1 - t'_2)}{\ln\dfrac{t'_1 - t''_2}{t''_1 - t'_2}} = \frac{(120 - 24.1) - (50 - 10)}{\ln\dfrac{120 - 24.1}{50 - 10}}℃ = 63.9℃$$

1-2型管壳式的平均传热温差为

$$P = \frac{t''_2 - t'_2}{t'_1 - t'_2} = \frac{(24.1 - 10)℃}{(120 - 10)℃} = 0.13$$

$$R = \frac{t'_1 - t''_1}{t''_2 - t'_2} = \frac{(120 - 50)℃}{(24.1 - 10)℃} = 4.96$$

从图12-14查得修正系数 $\psi = 0.94$，传热平均温差为

$$\Delta t_m = \psi\frac{\Delta t_{max} - \Delta t_{min}}{\ln\dfrac{\Delta t_{max}}{\Delta t_{min}}} = 0.94 \times 63.9℃ = 60.1℃$$

热流量为

$$\Phi = c_1 q_{m1} \Delta t = 3.044 \times 2750 \times (120 - 50)/3600 \text{kW} = 162.8\text{kW}$$

$$A = \frac{\Phi}{k\Delta t_m} = \frac{162.8 \times 10^3}{116.3 \times 60.1}\text{m}^2 = 23.3\text{m}^2$$

本例题是简单的设计计算，管壳式换热器的流动非常复杂，求解传热系数 k 很困难，需要用到第10章及本章所学的知识。

12.3 太阳能集热器的传热

12.3.1 太阳能概述

太阳是离地球最近的一颗恒星。它是一个巨大而炽热的等离子体，主要成分为氢和氦元素。太阳几乎为球形，直径为 1.39×10^9m，约为地球直径的109倍，体积约比地球大130万倍。日地平均距离约为 1.5×10^8km，如图12-18所示。太阳的质量约为 1.99×10^{30}kg，约是地球质量的33万倍。太阳的平均密度，约 1.4×10^3kg/m³，约是地球平均密度的四分之一。太阳表面的温度约为5700K（在太阳能-热能转换中，通常将太阳视为表面温度为6000K的

黑体)，核心区的温度高达 1.5×10^7 K，压力约为 250×10^9 atm（标准大气压，1atm = 101325Pa），密度高达 $150 \times 10^3 kg/m^3$，是地球上水密度的 150 倍。太阳的能量主要来自太阳内部的氢氦热核反应，太阳每秒向外辐射的能量约为 3.74×10^{26} J，相当于每秒燃烧 1.28×10^{16} t 标准煤放出的热量（1kg 标准煤低位发热量为 29271kJ）。太阳每秒发出的辐射能到达地球大气上界的能量约为 1.73×10^{14} kJ，这只相当于太阳每秒发射总能量的二十二亿分之一。地球每年接收的太阳能总量约为目前世界年耗能总量的一万倍。

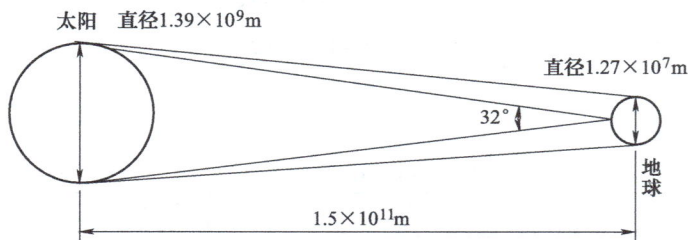

图 12-18　太阳与地球相对位置及日地距离

太阳能是一种取之不尽、用之不竭的清洁、可再生能源。太阳辐射到地球表面的太阳能一部分经植物、大气作用进行吸收和转化，如水力、风能、波浪能、海洋温差和生物质能等，这部分能量称为广义太阳能或自然能，未被自然能利用的部分称为直接太阳能。虽然太阳辐射到地球表面的能量巨大，但太阳辐射到地球的能量能流密度低，通常每平方米不到 1kW，而通过不同途径人工利用太阳能，就是指对直接太阳能的利用。直接太阳能的利用又分为热利用和光利用两个主要方面，太阳能热利用需要通过各类集热器进行收集。太阳能转换利用方式如图 12-19 所示。

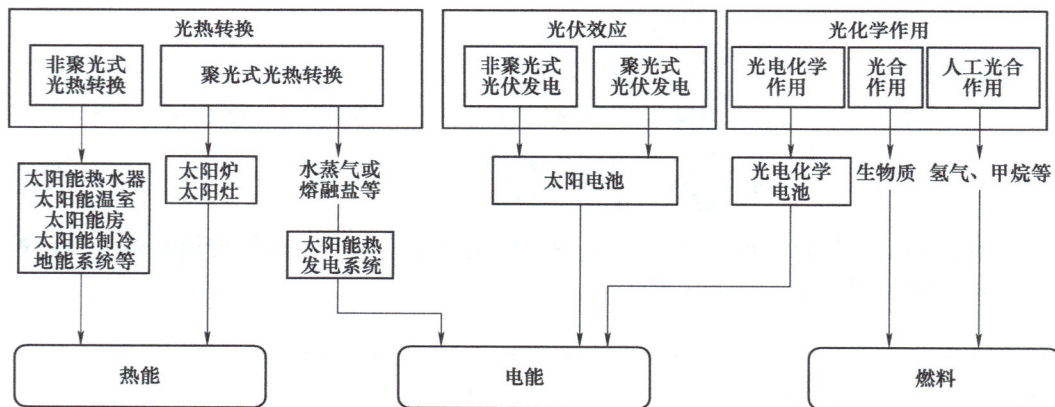

图 12-19　太阳能转换利用方式

12.3.2　抛物面槽式聚焦型太阳能集热器传热

根据集热器内载热介质温度的高低，太阳能热利用系统分为：低温太阳能利用系统（80℃以下）、中温太阳能利用系统（80~350℃）和高温太阳能利用系统（350℃以上）。利用聚焦型太阳能集热器可将载热介质加热到较高的温度。下面以抛物面槽式聚焦型太阳能热力发电为例，分析槽式聚焦型太阳能集热器的传热。典型的抛物面槽式聚焦型太阳能热力发电系统如图 12-20 所示，它主要由抛物面槽式集热器（parabolic trough solar collector, PTSC）、循环泵、蒸汽发生器、过热器、辅助加热锅炉、汽轮机、发电机、冷凝器、冷却塔组成。其中，流动介质构成三个回路，分别为载热介质回路（载热介质可以是水、熔融盐等）、蒸汽回路（水蒸气等）和冷却回路。在太阳能供热不足时，由辅助锅炉产生蒸汽并进入低压缸做功。集热管位于抛物面的焦线，太阳辐射通过抛物面发射汇集到集热管表面，通过辐射换热、导热、对流换热将太阳辐射热量传递给集热管内载热介质。

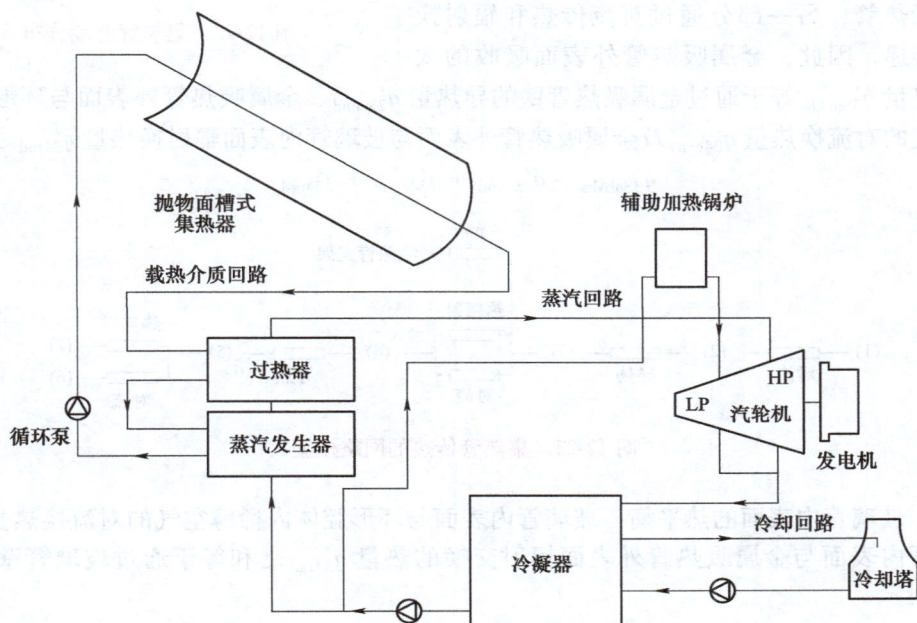

图 12-20 抛物面槽式聚焦型太阳能热力发电系统原理图

集热管主要由外层玻璃管、金属吸热管组成，如图 12-21 所示。玻璃管和吸热管之间为真空，金属吸热管内为载热介质，这里以水为载热介质。设金属吸热管内流体编号为 1；金属吸热管内外壁编号分别为 2 和 3；玻璃管内外壁编号为 4 和 5；玻璃管外空气编号为 6；天空编号为 7。单位管长的传热量用 q'（W/m）表示。玻璃管吸收的太阳辐射热量为 $q'_{5SolAbs}$，金属吸热管吸收的太阳辐射热量为 $q'_{3SolAbs}$。集热管正常工作时，金属吸热管外表面温度最高，如图 12-22 所示，因此，对于集热管来说，以金属吸热管外表面为界，热量分别向金属吸热管内和金属吸热管外传递。集热管传热的网络模型如图 12-23 所示。

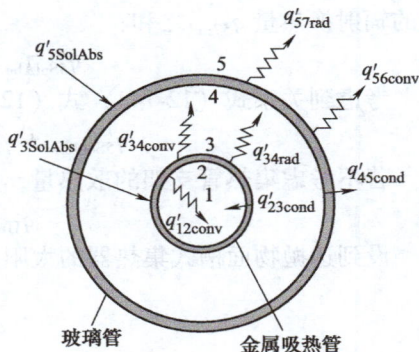

图 12-21 集热管传热模型

1. 集热管各部分热平衡关系

根据能量守恒定律，传热流体、金属吸热管和玻璃管的热平衡关系可用式（12-12）~式（12-17）表示。

（1）金属吸热管内表面的热平衡　通过金属吸热管的导热量 $q'_{23\text{cond}}$ 等于金属吸热管内表面与管内载热流体的对流换热量 $q'_{12\text{conv}}$：

$$q'_{23\text{cond}} = q'_{12\text{conv}} \tag{12-12}$$

（2）金属吸热管外表面的热平衡　金属吸热管外表面吸收的太阳辐射热量一部分通过导热进入金属吸热管，另一部分通过对流传热和辐射换热向外传递，因此，金属吸热管外表面吸收的太

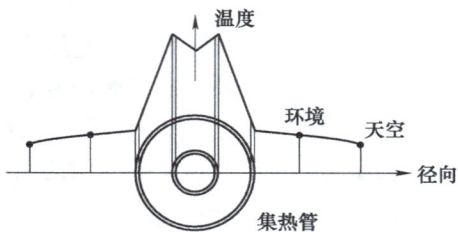

图 12-22　集热管温度分布

阳辐射热量 $q'_{3\text{SolAbs}}$ 等于通过金属吸热管壁的导热量 $q'_{23\text{cond}}$、金属吸热管外表面与环形腔体内稀薄空气的对流换热量 $q'_{34\text{conv}}$ 及金属吸热管外表面与玻璃管内表面辐射换热量 $q'_{34\text{rad}}$ 之和：

$$q'_{3\text{SolAbs}} = q'_{23\text{cond}} + q'_{34\text{conv}} + q'_{34\text{rad}} \tag{12-13}$$

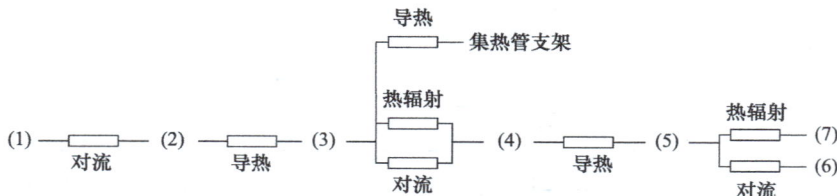

图 12-23　集热管传热的网络模型

（3）玻璃管内表面的热平衡　玻璃管内表面与环形腔体内稀薄空气的对流换热量 $q'_{34\text{conv}}$ 和玻璃管内表面与金属吸热管外表面辐射交换的热量 $q'_{34\text{rad}}$ 之和等于通过玻璃管壁的导热量 $q'_{45\text{cond}}$：

$$q'_{34\text{conv}} + q'_{34\text{rad}} = q'_{45\text{cond}} \tag{12-14}$$

（4）玻璃管外表面的热平衡　玻璃管外表面吸收的太阳辐射热量 $q'_{5\text{SolAbs}}$ 与通过玻璃管壁的导热量 $q'_{45\text{cond}}$ 之和等于玻璃管外表面与周围环境的对流换热量 $q'_{56\text{conv}}$ 和玻璃管外壁与天空的辐射换热量 $q'_{57\text{rad}}$ 之和：

$$q'_{5\text{SolAbs}} + q'_{45\text{cond}} = q'_{56\text{conv}} + q'_{57\text{rad}} \tag{12-15}$$

考虑到关系式（12-14），式（12-15）又可表示为

$$q'_{5\text{SolAbs}} + q'_{34\text{conv}} + q'_{34\text{rad}} = q'_{56\text{conv}} + q'_{57\text{rad}} \tag{12-16}$$

若不考虑集热管支架的散热量，则集热管热损失为

$$q'_{\text{HeatLoss}} = q'_{56\text{conv}} + q'_{57\text{rad}} \tag{12-17}$$

设到达抛物面槽式集热器的太阳总辐射热量为 Φ_{Solar}，则集热器效率为

$$\eta = \frac{\Phi_{12\text{conv}}}{\Phi_{\text{Solar}}} \tag{12-18}$$

2. 集热管传热计算

（1）载热流体与金属吸热管内壁之间的对流传热　由于牛顿冷却公式，从金属吸收管内表面到载热流体的对流传热为

$$\Delta\Phi_{12\text{conv}} = \pi d_2 L h_{12}(t_2 - t_1) \tag{12-19}$$

$$h_{12} = \frac{Nu_{d2}\lambda_1}{d_2} \tag{12-20}$$

金属吸热管内对流传热努塞尔数 Nu_{d2} 的计算取决于传热流体流动状态。

湍流和过渡流（$Re_{d2}>2300$）情况下，努塞尔数计算式为

$$Nu_{d2} = \frac{(f_2/8)(Re_{d2}-1000)Pr_1}{1+12.7\sqrt{f_2/8}\,(Pr_1^{2/3}-1)}\left(\frac{Pr_1}{Pr_2}\right)^{0.11} \tag{12-21}$$

其中，f_2 按下式计算：

$$f_2 = [1.82\log_{10}(Re_{d2})-1.64]^{-2} \tag{12-22}$$

管内流体为层流（$Re_{d2}<2300$）时，努塞尔数为常数，等于 4.36。

（2）金属吸热管外表面与玻璃管内表面的传热　金属吸热管外表面与玻璃管内表面间通过对流和辐射进行换热。对于对流传热，认为环形腔内压力较低，对流表面传热系数按下式计算：

$$h_{34} = \frac{\lambda_{std}}{\dfrac{d_3}{2\ln(d_4/d_3)}+bk(d_4/d_3+1)} \tag{12-23}$$

式中，λ_{std} 为金属吸热管外表面与玻璃管内表面之间环形空腔内气体的等效导热系数；b 和 k 为与空腔内气体压力和温度有关的量。

（3）玻璃管外表面与环境的对流传热　玻璃管与空气的对流传热按流体横掠单管时的经验公式计算。

$$Nu_{d5} = 0.26Re_{d5}^{0.6}Pr_6^{0.37}(Pr_6/Pr_5)^{0.25} \tag{12-24}$$

式中，下标 $d5$ 表示以玻璃管外直径为定型尺寸计算努塞尔数和雷诺数；普朗特数 Pr 下标 5 和 6 分别表示对应于玻璃管外壁面温度和环境温度下的空气普朗特数。通过金属吸热管及玻璃管导热计算按圆筒壁导热公式计算，金属吸热管外表面与玻璃管内表面的辐射换热按两无限长环形空腔辐射传热公式计算，玻璃管外表面与天空辐射换热按无限大封闭面与内包凸表面物体辐射换热计算。

3. 集热管传热过程求解

集热管传热计算中，通常给定太阳总辐射热流密度 I_{solar}，传热介质入口温度 $t_{1,in}$，环境温度 t_6，天空温度 t_7，待定参数包括传热介质出口温度 $t_{1,out}$，金属吸热管内外壁表面平均温度 t_2 及 t_3，玻璃管内外壁表面平均温度 t_4 及 t_5，共五个未知量，可通过式（12-12）~式（12-16）以及相应的传热公式进行求解。由于辐射热流量与温度的四次方成正比，因此，引入传热计算式后，热平衡方程是关于温度的非线性代数方程。这里采用 MATLAB 软件提供的求解约束优化问题的函数 fmincon 求解这一组非线性代数方程。

由式（12-12）~式（12-16）及金属吸热管内载热介质热平衡方程构造的优化问题数学模型为

$$\min f(\boldsymbol{x}) = eq_1^2 + eq_2^2 + eq_3^2 + eq_4^2 + eq_5^2 \tag{12-25}$$

约束条件：

$$\begin{cases} t_4 < t_3 \\ t_5 < t_4 \\ t_6 < t_5 \end{cases} \tag{12-26}$$

设计变量 $\boldsymbol{x}=(t_2,t_3,t_4,t_5,t_{1,out})$。

方程 $eq_i(i=1,2,\cdots,5)$ 通过对式（12-12）~式（12-15）及金属吸热管内流体热平衡方程移项，使方程右端项为零得到。

例 12-5 已知图 12-21 所示集热管，各部分结构参数见表 12-1。

表 12-1　集热管结构参数　　　　　　　　（单位：m）

名称	符号	数值
集热管长度	L	3.5
抛物面开口宽度	W	1.22
金属吸热管内径	d_2	0.0158
金属吸热管外径	d_3	0.0178
玻璃管内径	d_4	0.057
玻璃管外径	d_5	0.060

金属吸热管内载热介质为水，入口温度 $t_{1,in}=45.3℃$，体积流量 $V=0.3m^3/h$，外界风速 $u_5=3.5m/s$，外界空气温度 $t_6=25℃$，天空温度 $t_7=0℃$。太阳辐射到达玻璃管的有效辐射热流密度为 800W/m。求金属吸热管的吸热量及集热管效率。

解： 根据式（12-12）~式（12-15）的热平衡关系式及金属吸热管内流体热平衡方程建立式（12-25）、式（12-26）所示的优化模型，并利用 MATLAB 优化工具箱函数 fmincon 求解，计算程序见附录 D。

通过计算，总的计算误差较小，认为结果有效。计算结果为 $\Phi_{12}=976.73W$，集热管效率 $\eta=34.88\%$。计算结果还表明通过玻璃管与金属吸热管内的对流换热量和玻璃管与外界环境的对流换热量均较小。通过改变金属吸热管内载热介质入口温度，可以进一步获得金属吸热管载热介质吸热量、集热管效率随载热介质入口温度的变化曲线。

12.4　传热的增强与削弱

传热的增强与削弱是传热学要解决的正反两方面的问题。所谓传热的增强就是通过各种措施提高换热设备的传热能力，根据传热方式的不同，增强或强化传热的途径也不尽相同，但无论哪种传热方式，扩大传热面积、提高传热温差均能达到增强传热的目的。传热的削弱是指通过各种措施减少热量损失，如热力管道、建筑围护结构等需加设保温层减少热损失。有效地增强或削弱传热应是在可接受的补偿条件下，减少能量损失和能耗。因此，传热的增强与削弱对于节约能源、保护环境具有重要意义，是传热学持续研究的课题。

12.4.1　增强传热的措施

这里以间壁式换热器为例进行说明。对于间壁式换热器来说，冷热流体间的换热量用传热公式 $\Phi=Ak\Delta t_m$ 描述，传热系数 k 包含了传热过程各部分的热阻，因此，在一定程度上，传热系数 k 为强化包含导热、热辐射在内的复合换热指明了方向，即从提高传热系数 k 来说，就是从热阻占比较大的环节入手，尽可能减小该环节的热阻。通常导热热阻占比较小，在不计辐射换热的情况下，提高传热系数归结为提高对流传热中表面传热系数较小的一侧的表面传热系数。对流传热包括单相流体强迫对流传热、单相流体自然对流传热、沸腾换热及凝结换热。流体与壁面间的对流传热由牛顿冷却公式 $\Phi = Ah(t_w - t_f)$ 或 $\Phi = Ah\Delta t_m$ 描述，表面传热系数 h 是涉及对流传热方式、流体流动状态、流体与壁面相对位置、壁面粗糙度、流体物性参数等众多因素的一个综合参数，其本身并不能揭示对流传热的内在机理。流体与壁面之间的对流传热本质上是通过壁面附近流体薄层的导热，温度沿壁面法线方向的变化率与动量交换、质量交换密切相关，从而演化出众多强化传热的技术。根据强化传热除驱动流体流动所需泵功外是否消耗额外的驱动力，强化传热分为有源强化传热和无源强化传热。所谓有源强化传热是通过外加的电磁作用力或机械搅拌等外界作用力改变流体流动状态，达到强化传热的技术；而无源强化传热则是指通过增加传热面积、改变换热面几何形貌、在换热面上增设绕流结构、在流动域内增设扰流元件、在流体中添加异类物质的小颗粒等强化传热的技术。常用的无源强化传热途径有：

1. 增大传热面积

增大传热面积是一种常用的增加传热量的方法。采用各种形状的肋片扩展表面管、螺纹管等是增大传热面积的有效方法。需要注意的是，为了达到强化传热的效果，肋片要加在表面传热系数小的一侧，否则达不到强化传热的效果。为了有效增大传热面积，在工程实际中可采用管径较小的管，也可采用板式和板翅式换热器等紧凑式换热器。该类换热器单位体积内可以布置的换热面积比管壳式换热器要多得多，因此，在同样的体积下可以显著增加其传热量。该类换热器在制冷、石油化工、航空工业等部门中已得到较为广泛的应用。

2. 增大传热温差

在换热器中，通过冷热流体流动方式的不同布置，可以实现顺流、逆流、混合流和交叉流四种流动方式。在相同的冷热流体进出口温度条件下，逆流的平均温差最大，顺流的平均温差最小，交叉流则处于二者之间。因此，为了增加传热量，换热器应尽可能采用逆流或近似逆流的布置方式。但逆流也有缺点，即热流体和冷流体的最高温度都集中在换热器的同一端，使该处的壁温特别高。通过增大平均温度差强化传热的空间是有限的，而且平均传热温差越大，有效能损失就越大，所以从节能观点考虑是不可取的。但传热温差小，单位面积的传热量就小，对一定的热负荷所需传热面积就大，同时也会增加摩擦损耗功。在实际应用中，通过增大传热温差的方式增加换热器的传热量，需要综合考虑具体的生产工艺和换热器材料性能的要求。因为流体的进出口温度受生产工艺条件的限制，一般不能随意改变。对于高温换热器而言，为了保证材料所承受的温度不超过其允许温度，只能采用传热温差较低的顺流或顺逆流组合的布置方式。

因此，通过增大换热面积和加大平均温差增加传热量都不是理想的途径。因为，一味地增加换热面积势必会造成设备体积庞大和初投资费用的大幅度增加，而加大平均温差又要受到工艺过程条件和流体性质等的限制。只有提高表面传热系数，才是强化换热最有效的途径。

3. 提高表面传热系数

由于增大换热器的面积和提高传热温差会受到设备投资、体积和工艺过程条件等的限制，因此，提高换热器的表面传热系数成为强化传热的重要途径，尤其在换热面积和传热温差给定时，提高换热器对流传热热阻较大一侧的表面传热系数是增加换热量的重要途径。

根据对流传热微分方程，提高表面传热系数的关键是提高近壁处流体的温度梯度，为此，针对各类换热器，人们提出了各种改变流体流动状况的强化型表面或结构。对于连续翅片管换热器、板翅式换热器等，常用的强化型表面有开封表面、百叶窗表面、带凸起或凹坑的表面、带波纹的表面及带涡产生器的表面等。在冷却燃气轮机叶片、电子器件等场合，人们通过横向肋、V形肋等提高矩形截面通道的换热能力。对于圆截面通道，通过螺纹、内肋及内插绕流物、改变通道曲率等提高通道的换热能力。如果将间壁式换热器中原始的固体分界面称作一次表面，则从一次表面延伸出的肋扩展表面称作二次表面，在二次表面上安装或冲制出的绕流结构称为三次表面。虽然三次表面增加的传热面较少，但能显著提高局部和平均换热能力。不同结构的换热表面或通道，使流动边界、热边界层重新发展，或通过产生纵向或横向涡形成二次流，促进流体质量和动量交换，使对流换热得到增强。

另外，污垢热阻是一个可变因素，在换热器刚投入使用时，污垢热阻很小，不会成为主要矛盾，但随着使用时间的加长，污垢逐渐增加，便可成为阻碍传热的主要因素；对流传热热阻通常是传热过程的主要矛盾，也是强化传热研究的主要内容之一。

12.4.2 削弱传热的措施

1. 临界隔热层厚度

为减少热损失通常需要在输送热流体的管道外敷设保温层，如图 12-24 所示，图中 d_0、d_1、d_2 分别为金属管道内径、保温层内径和外径，设管道内流体温度为 t_f，金属管道内表面温度为 t_0 与流体的表面传热系数为 h_0，保温层内表面温度为 t_1，外表面温度为 t_2，保温层外空气温度为 t_∞，保温层外表面与空气的表面传热系数为 h_2，管道长度为 L，金属管道材料导热系数为 λ_0，保温材料导热系数为 λ_1，则金属管道内流体向外界传热的热阻网络如图 12-25 所示。

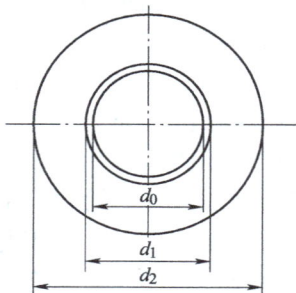

图 12-24　单层保温管道　　　　图 12-25　单层保温管道热阻网络

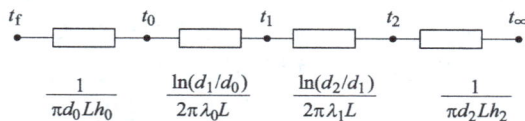

若不计保温层外表面的辐射散热，金属管道内流体向外界的散热量为

$$\Phi = \frac{t_f - t_\infty}{\dfrac{1}{\pi d_0 L h_0} + \dfrac{\ln(d_1/d_0)}{2\pi \lambda_0 L} + \dfrac{\ln(d_2/d_1)}{2\pi \lambda_1 L} + \dfrac{1}{\pi d_2 L h_2}} \tag{12-27}$$

若表面传热系数 h_0 和 h_2 保持不变，则传热量的变化仅与保温层的热阻及保温层外表面与周围空气的对流传热热阻的变化有关。由式（12-27）可知，随着保温层厚度的增加，通过保温层的热阻也增加，但保温层外对流传热热阻减小，总的热阻有一极小值，如图 12-26 所示，与总热阻最小值对应的保温层外径称为临界直径 d_c，相应地，传热量随保温层外径的增加，先增加后减小，在临界直径处，传热量最大，如图 12-27 所示。

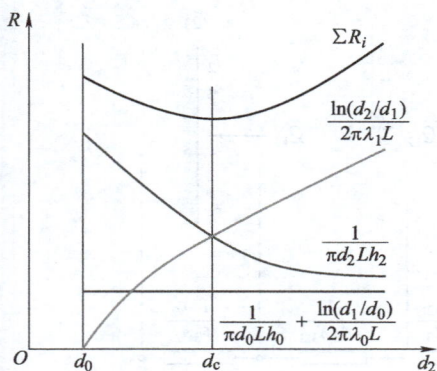

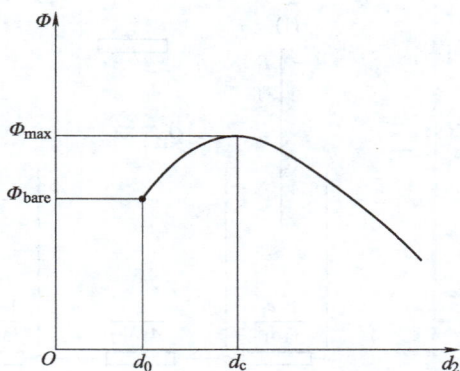

图 12-26　保温管道热阻随保温层外径变化的关系　　图 12-27　保温管道散热量随保温层外径的变化

将式（12-25）中散热量对保温层外径求导，并令其为零，$\dfrac{\mathrm{d}\Phi}{\mathrm{d}d_2}=0$，得

$$d_c=\frac{2\lambda_1}{h_2} \qquad (12\text{-}28)$$

对于需要保温的热力管道，是否要特别关注保温层直径或保温层厚度呢？答案是多数情况下无须关注所加保温层的厚度，这是因为，取表面传热系数较小和保温材料导热系数较大的情况，如在自然对流条件下，取 $h_2=5\mathrm{W/(m^2\cdot ℃)}$，保温材料导热系数取 $\lambda_1=0.05\mathrm{W/(m\cdot ℃)}$，此时，$d_c=0.02\mathrm{m}=2\mathrm{cm}$。而通常情况下，保温材料导热系数小于 $0.05\mathrm{W/(m\cdot ℃)}$，保温层与周围空气的表面传热系数大于 $5\mathrm{W/(m^2\cdot ℃)}$（如强迫对流条件下），则临界直径比 2cm 还要小，所以通常无须考虑，但对于小直径的管道需要考虑保温层临界直径问题。另外，考虑到保温层的成本，在最大散热量不超过要求的情况下，也需要关注保温层的厚度。对于有绝缘层的导线，主要考虑绝缘层外表面的温度不超过允许值，对于热力管道则主要考虑运行的经济性。

2. 遮热板

减少表面间辐射换热的有效方法是采用高反射率的表面涂层，或在表面间加设遮热板、遮热罩等。遮热板常用于高温或低温场合以减少辐射热损失，遮热罩常用于测量壁面温度较高或较低管道中流体温度的场合，以减小测量误差。为了说明遮热板的工作原理，设有两块无限大平行平板 1 和 2，它们的温度、发射率分别为 T_1、ε_1 和 T_2、ε_2，并且 $T_1>T_2$。在未加遮热板时，1、2 两表面间的辐射换热量为

$$\Phi_{1,2}=\frac{\sigma A(T_1^4-T_2^4)}{\dfrac{1}{\varepsilon_1}+\dfrac{1}{\varepsilon_2}-1} \qquad (12\text{-}29)$$

然后在 1、2 两板之间放置薄板 3，温度、发射率分别为 T_3、ε_{31}、ε_{32}，如图 12-28 所示。

此时 1、2 两表面间的辐射换热量为

$$\Phi'_{1,2}=\frac{\sigma A(T_1^4-T_2^4)}{\left(\dfrac{1}{\varepsilon_1}+\dfrac{1}{\varepsilon_2}-1\right)+\left(\dfrac{1}{\varepsilon_{31}}+\dfrac{1}{\varepsilon_{32}}-1\right)} \qquad (12\text{-}30)$$

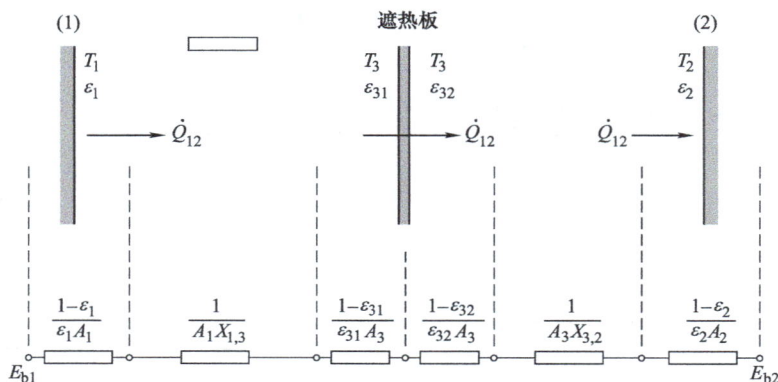

图 12-28　两板间放置遮热板的辐射换热

若各板表面的发射率相等，$\varepsilon = \varepsilon_1 = \varepsilon_2$，则有

$$\Phi'_{1,2} = \frac{\sigma A(T_1^4 - T_2^4)}{2\left(\dfrac{1}{\varepsilon} + \dfrac{1}{\varepsilon} - 1\right)}$$

若在 1、2 两板之间插入 N 块薄板，则此时 1、2 两板之间的辐射换热量为

$$\Phi'_{1,2} = \frac{1}{N+1}\Phi_{1,2}$$

即插入 N 块遮热板后，1、2 两板之间的辐射换热量是没有遮热板时辐射换热量的 $1/(N+1)$。

思　考　题

12-1　传热基本公式是什么？其中各量的物理意义是什么？

12-2　若一侧流体表面传热系数较高，另一侧流体表面传热系数较低，当采用加肋片的方法增强传热时，最有效的办法是将肋片加在哪一侧？

12-3　假设室内温度高于室外温度，试分析墙壁的散热过程，并指出各环节有哪些热量传递方式。

12-4　什么是算术平均温差？什么是对数平均温差？两者之间的区别是什么？

12-5　为了强化传热效果，应采用顺流布置还是逆流布置？为什么？

12-6　按照结构换热器分为哪几类？

12-7　有一台钢管换热器，热水在管内流动，空气在管束间做多次折流横向冲刷管束以冷却管内热水。有人提出，为提高冷却效果，采用管外加装肋片并将钢管换成铜管。请评价这一方案的合理性。

12-8　冷油器是工程上用来实现用水对热油进行冷却的管壳式换热器，一般壳侧是热油，管内为冷却水。为了强化冷油器的传热，有人采用提高冷却水流速的方法，但发现效果不明显，请分析其原因。

12-9　热水在两根相同的管内以相同流速流动，管外分别采用空气和水进行冷却。经过一段时间后，两管内产生相同厚度的水垢。试问水垢的产生对采用空冷的管道的传热系数影响较大还是对采用水冷的管道的传热系数影响较大？为什么？

12-10　什么是管壳式换热器？折流板的作用是什么？

12-11　在一定的进出口温度条件下，逆流的平均温差最小，顺流最大，故采用顺流方式有利于设备运行，这种说法是否正确？为什么？

12-12 请分析遮热板的原理及在削弱传热中所起的作用。

习 题

12-1 冬季室内温度为 20℃，室外温度为 −10℃，室内外空气对墙壁的表面传热系数分别为 10W/ (m² · K) 和 20W/(m² · K)，墙壁厚度为 240mm，壁面的导热系数为 0.5W/(m · K)，壁面面积为 15m²，求通过墙壁的热损失。

12-2 在一台螺旋板式换热器中，热水流量为 2000kg/h，冷水流量为 3000kg/h，热水进口温度为 $t_1' = 80℃$，冷水进口水温 $t_2' = 10℃$，如果将冷水加热到 $t_2'' = 30℃$，试计算顺流和逆流的平均温差。考虑到换热器最小尺寸和重量要求，应选用顺流还是逆流？两种流动条件，所需的面积比是多少？

12-3 有一逆流式换热器，已知油的进口温度为 100℃，出口温度为 60℃，比热容为 2.1kJ/(kg · ℃)，冷却水的进口温度为 20℃，出口温度为 50℃，比热容为 4.174kJ/(kg · ℃)，质量流量为 3kg/s，换热器的传热系数为 300W/(m² · ℃)。试求：

1）油的质量流量。

2）换热器的换热量。

3）换热器的传热面积。

12-4 一套管换热器，冷、热流体的进口温度分别为 55℃ 和 115℃，顺流操作时，冷、热流体的出口温度分别为 75℃ 和 95℃。试问逆流操作时，冷、热流体的出口温度分别是多少？假定流体物性数据与传热系数均为常量。

12-5 对一台氟利昂冷凝器的传热过程进行初步测算得到以下数据：管内水的对流传热表面传热系数为 8700W/(m² · K)，管外氟利昂蒸气凝结换热表面传热系数为 1800W/(m² · K)，换热管壁厚为 1.5mm。管材料是导热系数为 383W/(m · K) 的铜。试：

1）计算三个环节的热阻。

2）求冷凝器的总传热系数。

12-6 逆流式换热器的油被水冷却。水的进出口温度和流量分别为 40℃、80℃ 和 1.2kg/s，水的比热容为 4.190kJ/(kg · ℃)。油的进出口温度分别为 140℃ 和 90℃，比热容为 2.190kJ/(kg · ℃)。设传热系数为 900W/(m² · ℃)。

1）求换热器平均温差。

2）求换热器的传热量。

3）求换热器的传热面积。

12-7 蒸汽冷凝器外侧干饱和蒸汽的饱和温度为 $t_s = 110℃$，其汽化潜热系数 $\gamma = 2230kJ/kg$，内侧冷却水的进出口温度为 $t_2' = 30℃$ 和 $t_2'' = 80℃$，已知内外侧表面传热系数分别为 $h_1 = 10^4 W/(m² · K)$ 和 $h_2 = 3000W/(m² · K)$。冷凝器面积为 $A = 2m²$，现为了强化传热在外侧加肋片，肋壁面积为原面积的 4 倍，肋壁总效率为 0.9，忽略冷凝器本身导热热阻和污垢热阻。求：

1）对数平均温差。

2）总传热系数。

3）单位时间的冷凝蒸汽量。

12-8 用一外径为 25mm、壁厚为 2mm 的钢管作换热表面，已知管外烟气侧的表面传热系数 $h_o = 110W/(m² · K)$，管内水侧表面传热系数 $h_i = 4300W/(m² · K)$，烟气平均温度为 450℃，水的平均温度为 50℃，钢管的导热系数为 40W/(m · K)。若忽略钢管的曲率影响，求：

1）总传热系数。

2）每米管长的热流量。

3）当管内壁上结了厚 1mm、导热系数为 1.2W/(m·K) 的水垢，外壁面结了厚 1mm、导热系数为 0.5W/(m·K) 的灰垢时，每米管长的热流量。（提示：忽略曲率影响，按照平壁传热过程进行计算）

12-9 对一台冷油器进行传热实验测得下列参数：进口油温 $t_1' = 49.9℃$，进口水温 $t_2' = 21.4℃$，出口油温 $t_1'' = 44.6℃$，出口水温 $t_2'' = 24℃$，冷、热流体的流动方向相反。试计算该工况下冷油器的算术平均温差和对数平均温差。

12-10 在管壳式换热器中用锅炉给水冷却原油。已知换热器的传热面积为 100m²，原油的流量为 8.33kg/s，温度要求由 150℃ 降到 65℃；锅炉给水的流量为 9.17kg/s，其进口温度为 35℃；原油与水之间呈逆流流动。若已知换热器的传热系数为 250W/(m²·℃)，原油的平均比热容为 2160J/(kg·℃)。若忽略换热器的散热损失，试问该换热器是否合用？若在实际操作中采用该换热器，则原油的出口温度将为多少？

12-11 在列管换热器中，用热水加热冷水，热水流量为 4.5×10³kg/h，温度从 95℃ 冷却到 55℃，冷水温度从 20℃ 升到 50℃，传热系数为 2.8×10³W/(m²·℃)。试求：

1）冷水流量。

2）两种流体为逆流时的平均温差和所需要的换热面积。

12-12 一套管换热器用 133℃ 的饱和水蒸气将管内的氯苯从 33℃ 加热到 73℃，氯苯流量为 5500kg/h，现因某种原因，氯苯流量减少到 3300kg/h，但其进出口温度维持不变，试问此时饱和蒸汽温度应为多少才能满足要求？

12-13 考虑通过导线绝缘层的热损失。设有直径 3mm，长为 5m 的导线，外面包覆厚为 2mm 的塑料绝缘层，塑料的导热系数为 0.15W/(m·℃)。通过导线的电流为 10A，电压降为 8V。环境温度为 30℃，绝缘层与空气的表面传热系数为 12W/(m²·℃)。求绝缘层外表面的温度。

附录（二维码）

附录A 常用单位换算及图表

常用单位换算：

长度 $1m = 3.2808ft = 39.37in$

质量 $1kg = 1000g = 2.2046lb$

时间 $1h = 3600s$

力 $1N = 1kg \cdot m/s^2 = 0.102kgf = 0.2248lbf$

能量 $1J = 1kg \cdot m^2/s^2 = 0.2389 \times 10^{-3}kcal = 1N \cdot m$

          $1Btu = 252cal = 1055.0J$

          $1eV = 1.602 \times 10^{-19}J$

功率 $1W = 1J/s = 0.9478Btu/s = 0.2388kcal/s$

          1 马力 $= 75kgf \cdot m/s = 735.5W$

压力 $1atm = 760mmHg = 101325N/m^2 = 1.0333kgf/cm^2 = 1.03323at$

          $1bar = 10^5N/m^2 = 1.0197kgf/cm^2 = 750.06mmHg = 14.5038lbf/in^2$

          $1Pa = 1N/m^2 = 1.0197 \times 10^{-5}at = 0.98692 \times 10^{-5}atm$

          $1mmHg = 133.3Pa = 1.3595 \times 10^{-3}kgf/cm^2 = 0.01934lbf/in^2 = 1Torr$

          $1mmH_2O = 1kgf/m^2 = 9.80665Pa$

比热容 $1kJ/(kg \cdot K) = 0.23885kcal/(kg \cdot K) = 0.23885Btu/(lb \cdot °R)$

比体积 $1m^3/kg = 16.0185ft^3/lb$

温度 $\dfrac{t}{°C} = \dfrac{T}{K} - 273.15$

          $\dfrac{t_F}{°F} = \dfrac{9}{5}\dfrac{t}{°C} + 32 = \dfrac{9}{5}\dfrac{T}{K} - 459.67$

扫码下载下列资料，如有问题可联系 cmpedu@qq.com。

表 A-1　常用气体的热力性质表

表 A-2　饱和水与干饱和蒸汽的热力性质表（按温度排列）

表 A-3　饱和水与干饱和蒸汽的热力性质表（按压力排列）

表 A-4　未饱和水与过热蒸汽的热力性质表

表 A-5　部分金属材料的热物理性质表

表 A-6　部分非金属材料的热物理性质表

表 A-7　干空气的热物理性质表（$p = 101325\text{Pa}$）

表 A-8　饱和水的热物理性质表

表 A-9　干饱和水蒸气的热物理性质表

表 A-10　烟气的热物理性质表（$p = 101325\text{Pa}$）

表 A-11　常用油类的热物理性质表

表 A-12　常用材料的表面（法向）发射率表

图 A-1　水蒸气的焓熵图

附录 B　氨制冷剂蒸气压缩制冷循环 MATLAB 计算程序

附录 C　综合能源系统运行优化 MATLAB 程序

附录 D　太阳能真空管集热器传热计算 MATLAB 程序

参 考 文 献

[1] 童钧耕，王平阳，叶强. 热工基础 [M]. 3 版. 上海：上海交通大学出版社，2016.

[2] 华自强，张忠进，高青. 工程热力学 [M]. 4 版. 北京：高等教育出版社，2009.

[3] 傅秦生，赵小明，唐桂华. 热工基础与应用 [M]. 3 版. 北京：机械工业出版社，2015.

[4] 何雅玲. 工程热力学精要分析及典型题精解 [M]. 西安：西安交通大学出版社，2000.

[5] 金圣才. 工程热力学知识精要与真题详解 [M]. 北京：中国水利水电出版社，2011.

[6] 吴晓敏. 工程热力学精要与题解 [M]. 北京：清华大学出版社，2012.

[7] 王良璧，张永恒. 热工基础 [M]. 兰州：兰州大学出版社，2004.

[8] 沈维道，童钧耕. 工程热力学 [M]. 5 版. 北京：高等教育出版社，2016.

[9] 严家騄，余晓福，王永青. 水和水蒸气热力性质图表 [M]. 3 版. 北京：高等教育出版社，2015.

[10] 张学学，李桂馥，史琳. 热工基础 [M]. 3 版. 北京：高等教育出版社，2015.

[11] 曾丹苓，敖越，朱克雄，等. 工程热力学 [M]. 3 版. 北京：高等教育出版社，2002.

[12] 朱明善，刘颖，林兆庄，等. 工程热力学 [M]. 2 版. 北京：清华大学出版社，2011.

[13] 傅秦生，尹建国，王苗. 工程热力学 [M]. 2 版. 北京：机械工业出版社，2020.

[14] 严家騄. 工程热力学 [M]. 4 版. 北京：高等教育出版社，2006.

[15] 杨玉顺. 工程热力学 [M]. 北京：机械工业出版社，2009.

[16] 谭羽非，吴家正，朱彤. 工程热力学 [M]. 6 版. 北京：中国建筑工业出版社，2016.

[17] 童钧耕. 工程热力学 [M]. 4 版. 北京：高等教育出版社，2007.

[18] 朱明善，刘颖，史琳. 工程热力学题型分析 [M]. 2 版. 北京：清华大学出版社，2000.

[19] 陶文铨. 传热学 [M]. 5 版. 北京：高等教育出版社，2019.

[20] 赵镇南. 传热学 [M]. 3 版. 北京：高等教育出版社，2019.

[21] 刘彦丰，高正阳，梁秀俊. 传热学 [M]. 北京：中国电力出版社，2015.

[22] 陶文铨. 数值传热学 [M]. 2 版. 西安：西安交通大学出版社，2001.

[23] 于承训. 工程传热学 [M]. 成都：西南交通大学出版社，1990.

[24] 陈玉英. 槽式太阳能集热器传热模型及性能分析 [J]. 土木建筑与环境工程，2016，38（4）：53-58.

[25] 霍尔曼. 传热学：原书第 10 版 [M]. 影印版. 北京：机械工业出版社，2011.

[26] CENGEL Y A，BOLES M A. Thermodynamics：an engineering approach [M]. 8th ed. New York：McGraw-Hill，2014.

[27] MICHAEL J M，HOWARD N S. Fundamentals of engineering thermodynamics [M]. 5th ed. San Francisco：John Wiley & Sons Ltd.，2006.

[28] STRUCHTRUP H. Thermodynamics and energy conversion [M]. Berlin：Springer，2014.